新时代农村

实用法律常识

XINSHIDAI NONGCUN SHIYONG FALV CHANGSHI

余秀华　宋春波◎编著

中共中央党校出版社
The Central Party School Publishing House

图书在版编目（CIP）数据

新时代农村实用法律常识/余秀华，宋春波编著．
--北京：中共中央党校出版社，2020.1
ISBN 978-7-5035-6647-9

Ⅰ.①新…　Ⅱ.①余…　②宋…　Ⅲ.①法律-基本知识-中国　Ⅳ.①D920.5

中国版本图书馆 CIP 数据核字（2019）第 198150 号

新时代农村实用法律常识

责任编辑　任丽娜　牛琴琴
版式设计　苏彩红
责任印制　陈梦楠
责任校对　李素英
出版发行　中共中央党校出版社
地　　址　北京市海淀区长春桥路 6 号
电　　话　（010）68929580（办公室）　（010）68929899（发行部）
（010）68922815（总编室）　（010）68929342（网络销售）
传　　真　（010）68922814
经　　销　全国新华书店
印　　刷　北京盛通印刷股份有限公司
开　　本　700 毫米×1000 毫米　1/16
字　　数　355 千字
印　　张　23.75
版　　次　2020 年 1 月第 1 版　2020 年 1 月第 1 次印刷
定　　价　58.00 元

网　　址：www.dxcbs.net　**邮　　箱**：zydxcbs2018@163.com
微 信 ID：中共中央党校出版社　**新浪微博**：@党校出版社

序

ORDER

河南省人民政府参事余秀华，是一位资深检察官，全国检察业务专家，不仅担任过省级检察院检察委员会的专职委员，还担任过地市级检察院检察长。几年前，当她把一本厚厚的法制题材电视剧脚本《正义的承诺》放到我面前的时候，我略微有些惊讶。一部几十万字的剧本，以不同的视角讲述了中国的法治进程，该剧在河南卫视黄金时间播出后，反响非常好。被中宣部、国家新闻广电总局等五部委作为“思想性、艺术性、观赏性”优秀作品向全国推荐展播。

前不久，她又将这本《新时代农村实用法律常识》送给我。可能是因为我长期搞农业农村调研的原因，她希望我能为该书写个序。夜深人静我一边翻阅一边想，这究竟是一本什么样的书呢？随着阅读，答案也越来越清晰。

这是一部为农村朋友普及法律知识的书。依法治国是坚持和发展中国特色社会主义的本质要求和重要保障，建设法治国家必须增强全民法治观念，在这方面，既要紧紧抓住领导干部这个关键少数，也绝不能放松和忽视人民群众特别是广大农民这个“关键大多数”。改革开放40多年来，农民的法律意识在不断提高，法律观念在不断增强，从《秋菊打官司》到《我不是潘金莲》等文艺作品都反映了这一现实，但离法治国家的要求还有较大距离。农村法治观念强，则法治国家建设快。社会主义新农村建设呼唤法治建设先行，从这个意义上讲，本书的意义和价值是值得肯定的。

这是一本站在“三农”角度写的法律书。专为基层干部和农民朋友写书不容易，不了解基层干部和农民朋友所急、所需，不管你水平再高，再妙笔生花，读者也未必买账。为谁写的问题不难解决，关键是“站”在哪写。这个站位，说大了是立场，说小了是角度。翻阅全书共十章。公民的基本权利与义务，农村基层民主的法律保障，农村土地权益的法律保障，促进农业生产、增加农民收入的法律保障，农民专业合作社法律，维护农民工权益的法律保障，婚姻与生育的法律保障，收养与继承的法律保障，医疗与养老的法律保障，农村教育的法律保障，作者写的每一个章节，提出的每一个问题，都是农民所急所需，所想所求，故而具有很强的针对性，可以说精准到位，这也决定了本书所具有的一个鲜明特点，也就是像书名所写的那样——“实用”。

这是一本基层干部和农民朋友看了都有用的书。人为什么要读书，或者读书的目的是什么，我觉得可分三类：消闲、启迪、实用，当然，一本书能够三者兼备就更完美了。对基层干部和农民朋友来讲，最主要的就是实用。看了书能够解疑释惑，或者遇到问题看书，能够得到清晰的答案，知道该怎么办。这就是我们写书的价值和意义所在。

许宝健

中共中央党校（国家行政学院）报刊社社长

目 录

第一章 公民的基本权利与义务

农民朋友在实际生产、生活中可能对“公民”这个词汇的内涵还比较陌生，用得较多的是“集体”“群众”之类的称呼，对于自己所享有的“权利”以及应承担的“义务”的主要内容也没有深入研究过。在此，我们先来了解一下法律上是如何规定公民的基本权利与义务的。

通常情况下，我们所说“某人是中国人”就是指某人具有中国国籍，是中国公民。公民一般是指具有某国国籍，享有该国宪法、法律所赋予的权利，并且承担义务的自然人。不同的社会、不同的国家，公民的概念不尽相同。《中华人民共和国宪法》（以下简称《宪法》）第33条规定：“凡具有中华人民共和国国籍的人都是中华人民共和国公民。中华人民共和国公民在法律面前一律平等。国家尊重和保障人权。任何公民享有宪法和法律规定的权利，同时必须履行宪法和法律规定的义务。”因此，不论是农民还是城里人，只要具有中国国籍（表现形式指我们的身份证或户口本）就是中国公民，都享有中国宪法规定的公民的基本权利，都应履行宪法规定的公民的基本义务。在知道了“公民”的内涵之后，我们再来看看法律都赋予了公民哪些权利和义务。

第一节 公民的基本权利

“权利”通俗地讲就是一种“自由”，就是我们可以在一定范围和条件下不受阻碍地去做或不做某些事或享有某些利益或服务的自由。比如说，农民朋友可以在符合一定条件的前提下要求村里划分宅基地，在遭受自然灾害后获得国家、集体的帮助，等等。而基本权利是由《宪法》

规定的，全体公民都享有的，好多具体的权利都是由这些基本权利衍生出来的。因此，有必要了解一下公民的基本权利都有哪些内容。

一、公民基本权利的概念

公民的基本权利是公民根据宪法、法律规定享有的参与公共社会生活的权利。它是国家对公民所承诺和维护的权利，是社会认可赋予公民个体可做或可不做的自由，包括依照宪法和法律赋予公民所享有的各种政治、经济和社会权利。

从概念中可以得出公民的基本权利具有以下特征：

1. 主体性。公民的权利行使的主体是中国公民。外国人或无国籍人不可能享有所有的基本权利。比如说，一个外国人没有资格参加村里的干部换届选举，也不能被选为村民代表去参加乡里的人民代表大会。

2. 社会性。公民权利是由社会所认可的，而不是个人的任意主张。权利是被明文写在宪法和法律中，并由国家权力强制性维护着。也就是说，个人不能创设权利，权利只能是法律赋予的。在实际生活中遇到的那些不讲理、胡搅蛮缠的人就是没有意识到权利具有社会性，个人是不能凌驾于社会集体之上的。

3. 形式性。社会和国家只承诺公民有相应的可做和可不做的自由，但并不保证公民个体实际能够做成什么。例如，每个公民都有接受高等教育的权利，而国家维护这一权利只表现在纠正任何非法剥夺任何公民接受高等教育权利的行为，而并不保证每个公民都能实际接受高等教育。我国对公民的权利在宪法中的地位作了明确规定。

二、公民基本权利的内容

公民的基本权利在《宪法》第2章中作了详细的规定，公民享有下列基本权利：

第一，平等权。即法律面前人人平等。具体而言就是，每个公民平等地享有法律赋予的权利，平等地承担法律规定的义务，平等地受到国家的保护，不因身份、地位、性别、信仰、民族等不同而有所差异，任何公民都不能享有法律规定以外的特权，任何公民都不能强迫其他公民承担法律规定以外的义务。这是我国社会主义法治的一项基本原则，也是我国公民的一项基本权利。这一原则不仅包含立法上的平等，在执法活动中与司法适用方面，同样是平等的。例如，村干部是不能享有任何特权的，与村中的每位村民享有同等的基本权利。

第二，选举权与被选举权。按照《宪法》以及《中华人民共和国全国人民代表大会和地方各级人民代表大会选举法》（以下简称《选举法》）的规定，凡年满 18 周岁的公民，不分民族、种族、性别、职业、家庭出身、宗教信仰、教育程度、财产状况和居住期限，都有选举权和被选举权。依照法律被剥夺政治权利的人没有选举权和被选举权。

在这里需要指明，这里的选举和被选举是指自己选举他人作为人民代表和自己被选举为人大代表的一项政治性权利。若是村集体的其他选举事项，就没有这么严格的规定了，可以根据村规民约的规定进行选举。千万不能理解为村里的任何选举都必须按此规定进行。另外，剥夺政治权利是由人民法院对犯罪人员做出的定罪处罚，其他任何个人、集体和组织无权剥夺个人的政治权利。

第三，言论、出版、集会、结社、游行、示威的自由。这些权利也属于公民的政治权利，与“选举权和被选举权”共同构成了我国公民所享有的政治权利。言论自由包括说话的自由和不说话的自由，例如，在实际生活中或村集体会议上有权公开发表自己的意见和想法，不受他人的限制和干涉。同时，也需要注意对所说内容的真实性和合法性负责，不能侵害他人和国家的利益，不能损害他人的名誉和人格。出版自由是指公民可以把自己的思想观点或知识通过写作的方式表达出来，但要符合国家出版管理的相关政策和规定。集会、结社、游行、示威的自由是表达我们的信仰和想法的一种方式，由于这些方式涉及的人数较多，容易出现失控而造成社会不稳定，故国家对公民在行使这些权利时有严格的程序限定，需要我们遵守。

第四，宗教信仰自由。是指公民完全按照个人意愿决定宗教信仰问题，既可以按照自己意愿选择信仰或者不信仰宗教，也可以自由选择信仰这个宗教或者那个宗教，在同一宗教里信仰这个教派或者那个教派，可以过去不信教现在信教，也可以过去信教现在不信教，不受外界强制或干涉。《宪法》规定，公民有宗教信仰自由。任何国家机关、社会团体和个人不得强制公民信仰宗教或者不信仰宗教，不得歧视信仰宗教的公民和不信仰宗教的公民。正常的宗教活动受国家保护。但任何人不得利用宗教进行破坏社会秩序、损害公民身体健康、妨碍国家教育制度的活动。

宗教作为一种社会现象有其存在的思想文化根源和现实因素。国家对于公民在信仰宗教的问题上，既不限制也不鼓励，并且扶持正常宗教事业的发展，尤其是对有益于民族团结和国家稳定的宗教给予物质帮助和引导管理。对于歪门邪教要坚决打击，尤其是偏远落后的农村地区，要防止封建迷信活动借着宗教信仰自由的口号从事违法活动。农民朋友也要提高防范意识，不信邪教，例如法轮功。

第五，人身自由、人格尊严、住宅不受侵犯和通信自由。人身自由又称身体自由，指公民的人身不受非法侵犯的自由，是以人身保障为核心的权利体系，是公民参加政治生活和社会生活的基础。公民必须首先享有人身自由才能正常地进行生活、学习、劳动，因此人身自由是公民最基本的人身权利，更是公民参加社会活动、参与政治活动的前提和基础。《宪法》第 37 条规定："中华人民共和国公民的人身自由不受侵犯。任何公民，非经人民检察院批准或者决定或者人民法院决定，并由公安机关执行，不受逮捕。禁止非法拘禁和以其他方法非法剥夺或者限制公民的人身自由，禁止非法搜查公民的身体。"《中华人民共和国刑事诉讼法》（以下简称《刑事诉讼法》）、《中华人民共和国刑法》（以下简称《刑法》）中对保护公民人身自由有更为具体的规定。

人格尊严也受法律保护，指与人身有密切联系的名誉、姓名、肖像等不容侵犯的权利。具体体现为人格权，如姓名权、肖像权、名誉权、荣誉权、隐私权等。《宪法》第 38 条规定："中华人民共和国公民的人格尊严不受侵犯。禁止用任何方法对公民进行侮辱、诽谤和诬告陷害。"另外，通信自由是指公民和外界的书信、电话、短信、邮件以及微信等新媒体沟通方式不受任何组织和个人的非法干预。《宪法》第 40 条规定："中华人民共和国公民的通信自由和通信秘密受法律的保护。除因国家安全或者追查刑事犯罪的需要，由公安机关或者检察机关依照法律规定的程序对通信进行检查外，任何组织或者个人不得以任何理由侵犯公民的通信自由和通信秘密。”

第六，劳动权、休息权、退休人员生活保障权和公民在年老疾病或者丧失劳动力时获得物质帮助的权利。《宪法》第 42 条第 1、2 款规定：“中华人民共和国公民有劳动的权利和义务。国家通过各种途径，创造劳动就业条件，加强劳动保护，改善劳动条件，并在发展生产的基础上，提高劳动报酬和福利待遇。”第 43 条规定：“中华人民共和国劳动者有休息的权利。国家发展劳动者休息和休养的设施，规定职工的工作时间和休假制度。”第 44 条规定：“国家依照法律规定实行企业事业组织的职工和国家机关工作人员的退休制度。退休人员的生活受到国家和社会的保障。”第 45 条第 1 款规定：“中华人民共和国公民在年老、疾病或者丧失劳动能力的情况下，有从国家和社会获得物质帮助的权利。国家发展为公民享受这些权利所需要的社会保险、社会救济和医疗卫生事业。”

第七，受教育权，进行科研、文艺创作和其他文化活动的自由。文化教育权是一种综合的权利体系，在基本权利体系中处于基础地位。教育方面体现为受教育权，文化方面体现为科学研究自由、文艺创作自由和其他文化活动自由。《宪法》第 46 条规定：“中华人民共和国公民有受教育的权利和义务。国家培养青年、少年、儿童在品德、智力、体质等方面全面发展。”第 47 条规定：“中华人民共和国公民有进行科学研究、文学艺术创作和其他文化活动的自由。国家对于从事教育、科学、技术、文学、艺术和其他文化事业的公民的有益于人民的创造性工作，给以鼓励和帮助。”

在农村中由于还存在一些重男轻女的思想，限制女孩上学的现象比较多，这种做法是不对的。《宪法》中规定，任何适龄儿童都有接受九年义务教育的权利，所以作为家长是无权限制女孩上学的。《中华人民共和国未成年人保护法》（以下简称《未成年人保护法》）中也规定了父母不能限制孩子受教育的权利，否则也要承担相应的法律责任。

第八，婚姻、家庭、母亲和儿童受国家的保护。妇女在政治上不受歧视，同男人一样可以参政议政及参加各项社会活动，曾获得“妇女能顶半边天”的赞誉；经济上同男性一样享有劳动报酬的平等权，即同工同酬，有独立经济地位。国家法律对妇女、儿童作出了特殊保护的规定，如对怀孕分娩、哺乳期间的妇女，均有特殊保护的措施。《宪法》第48条规定：“中华人民共和国妇女在政治的、经济的、文化的、社会的和家庭的生活等各方面享有同男子平等的权利。国家保护妇女的权利和利益，实行男女同工同酬，培养和选拔妇女干部。”第49条第1、4款规定：“婚姻、家庭、母亲和儿童受国家的保护。禁止破坏婚姻自由，禁止虐待老人、妇女和儿童。”

第九，保护华侨、归侨和侨眷的合法权益。《宪法》第50条规定：“中华人民共和国保护华侨的正当的权利和利益，保护归侨和侨眷的合法的权利和利益。”

第十，保障残疾军人和残疾人的合法权益。《宪法》第45条第2、3款规定：“国家和社会保障残疾军人的生活，抚恤烈士家属，优待军人家属。国家和社会帮助安排盲、聋、哑和其他有残疾的公民的劳动、生活和教育。”

第十一，公民有权检举、控告、揭发国家机关及其工作人员的违法失职行为，如果合法权益受到侵害还可依法享有获得国家赔偿的权利。《宪法》第41条规定：“中华人民共和国公民对于任何国家机关和国家工作人员，有提出批评和建议的权利；对于任何国家机关和国家工作人员的违法失职行为，有向有关国家机关提出申诉、控告或者检举的权利，但是不得捏造或者歪曲事实进行诬告陷害。对于公民的申诉、控告或者检举，有关国家机关必须查清事实，负责处理。任何人不得压制和打击报复。由于国家机关和国家工作人员侵犯公民权利而受到损失的人，有依照法律规定取得赔偿的权利。”

从以上关于基本权利内容的规定上看，我国公民基本权利具有广泛性、平等性、真实性以及权利和义务的一致性。

我国公民权利的广泛性。主要表现为主体的广泛性和内容的广泛性。不仅绝大多数公民享有权利，而且享有权利的范围和种类是丰富多样的，被剥夺政治权利的仅为极少数。

我国公民权利的真实性。首先，表现在它的可行性。根据我国国情，凡是规定的权利都可以办到，凡是不具备条件的就不写进宪法或法律，体现了原则和实践的统一。其次，表现在对公民基本权利的实现，《宪法》作了法律上和物质上的保证措施规定。如关于公民基本权利的规定，除授权性规范外，还有禁止性的规范，而且又有《刑法》加以具体化和保障。

我国公民权利具有平等性或公平性。任何公民违法和犯罪都要受到法律的制裁，不允许享有超越法律之外的任何特权，这是我国社会主义法治的一个基本原则。

我国公民权利和义务具有一致性。在我国，国家、集体同公民个人，三者利益在根本上是一致的，这是《宪法》第 33 条第 4 款的明确规定。

除此之外，农民还有权依照法律法规规定享有其他各项权利。比如，依照《中华人民共和国村民委员会组织法》（以下简称《村民委员会组织法》）规定享有参与民主选举决策、管理、监督的权利；依照《中华人民共和国土地管理法》（以下简称《土地管理法》）规定享有对集体所有的土地、林地、果园、水面、荒山承包经营的权利等。同时，中共中央《关于推进农村改革发展若干重大问题的决定》要求建设社会主义新农村，形成城乡经济社会发展一体化新格局，必须扩大公共财政覆盖农村范围，发展农村公共事业，使广大农民学有所教、劳有所得、病有所医、老有所养、住有所居。应当注意的是，公民在行使自由和权利的时候有一定的限度。《宪法》第 51 条规定："中华人民共和国公民在行使自由和权利的时候，不得损害国家的、社会的、集体的利益和其他公民的合法的自由和权利。"

第二节　公民的基本义务

《宪法》规定，公民享有广泛的权利和自由，公民在享有宪法和法律规定的权利的同时，也要履行宪法和法律规定的义务。"义务"简言之就是一种"负担"，是我们作为社会中的一员，必须为社会做出贡献的活动。不履行"义务"就无法享有"权利"，两者是不能分开谈的。

公民的基本义务是社会和国家对公民最重要的、最基本的要求。公民的基本义务决定着公民在国家生活中的政治与法律地位。对国家来讲，公民的基本义务就是国家的权利，国家有权要求公民按照宪法和法律的规定，做出一定行为或者不做出一定行为，否则就要受到舆论的谴责、纪律的处分，严重的还要承担法律责任。下面我们就来看看我国公民必须履行的基本义务都有哪些。

一、公民的基本义务的概念

公民的基本义务是指宪法和法律规定的公民应该履行的对国家、社会和他人的某种责任，是对权利主体应当做出或者不做出一定行为的约束。公民义务是法律关系的构成要素之一，要依靠国家的强制力来保证履行。任何一项权利必有相应的义务，在法律上以明示或者默示的形式予以规定。我国公民的基本义务，体现了国家利益、集体利益和个人利益的结合，体现了权利和义务的一致性。我国公民的义务具有以下特征：

1. 法定性。法律义务产生与存在的前提是法律的规定，即法律义务的设定权在于国家权力，并且义务的履行是由国家强制力给予保障的。现实生活中的义务并不都是来源于法律的规定，有些道德民俗也是一种义务。法律只是规定了最低的道德义务。

2. 强制性。法律义务是法律上必须做出或不做出一定行为，当事人不能放弃和改变，不履行法律规定的义务要承担相应的法律责任。权利是可以放弃的，但义务是不能放弃的，必须履行。

3. 约束性。这也是和强制性一脉相连的，这种约束不仅表现为义务人对自己行为的抑制，还表现为义务人实现其权利与自由的手段。

二、公民基本义务的内容

我国公民权利与义务具有一致性，《宪法》第 33 条规定，任何公民享有宪法和法律规定的权利，同时必须履行宪法和法律规定的义务。宪法规定公民的基本义务有：

1. 维护国家统一和全国各民族团结。《宪法》第 52 条规定："中华人民共和国公民有维护国家统一和全国各民族团结的义务。"维护国家统一是指维护国家主权独立和领土完整。国家主权是国家最重要的属性，是国家独立自主地处理国内、外交事务，管理自己国家的权力。历史事实证明，国家统一则人民安居乐业，国家分裂则生灵涂炭。为了反对和“遏制”台湾分裂势力分裂国家，促进祖国和平统一，维护台湾海峡地区和平稳定，维护国家主权和领土完整，维护中华民族根本利益，2005 年 3 月 14 日，第十届全国人民代表大会第三次会议通过了《反分裂国家法》。2019 年 1 月 3 日习近平总书记发表了题为“携手推进民族复兴　实现和平统一目标”的《告台湾同胞书》。对于我国的国家主权，任何人都不得以任何方式把它割让，也不允许任何人进行分裂、破坏或者危害国家主权统一的一切活动。我国是统一的多民族国家，要像石榴籽一样紧密地拥抱在一起、团结在一起，团结起来建设我们美好的祖国。因此，携手国家统一是顺利开展国家建设的前提和基础，只有国家主权独立和领土完整，人民幸福才能得到保障。在我国，维护国家统一的重要内容与标志是维护民族团结。法律严厉制裁任何破坏民族团结、制造民族分裂的行为。

2. 必须遵守宪法和法律，保守国家秘密，爱护公共财产，遵守劳动纪律，遵守公共秩序，尊重社会公德。

（1）遵守宪法和法律。这是公民的基本行为准则，应该成为每位公民的习惯与自觉。

（2）保守国家秘密。国家秘密直接关系到国家的安全和利益，每位公民都应严格守护。

（3）爱护公共财产。国家在保护公民合法权益的同时，也保护社会主义公共财产，包括国有财产和集体财产。

（4）遵守劳动纪律。生产劳动必须在一定的秩序下才能顺利进行，每名劳动者都应遵守劳动规则和工作程序。

（5）遵守公共秩序。良好的公共秩序是国家安定、社会稳定、人民生活祥和的重要体现。

（6）尊重社会公德。社会公德是公民参加社会生活时必须遵守的基本道德，有助于实现良好的社会秩序。

当我们每位村民都做到模范地遵守宪法和法律，爱护村里的集体财产，按村规民约办事，维护基本传统道德，我们的生活才会更加稳定、和谐，也才能更好更快地建设社会主义新农村。

3. 维护祖国安全、荣誉和利益的义务。《宪法》第54条规定：“中华人民共和国公民有维护祖国的安全、荣誉和利益的义务，不得有危害祖国的安全、荣誉和利益的行为。”

（1）维护祖国安全。祖国安全是每一名公民的根本利益所在，维护国家领土完整、确保主权不受干扰、政权不受威胁是公民的基本义务。

（2）维护祖国荣誉。祖国荣誉关系着国家的国际形象，对外展现着民族形象，不容任何组织和个人的侮辱和损害。

（3）维护祖国利益。祖国利益是全国各民族人民利益的集中和升华，需要每一名中华儿女共同维护，与损害祖国利益的行为作斗争。

4. 劳动的义务。劳动既是公民的一项权利，也是公民的一项义务。只有通过劳动为社会的发展作出贡献，才能获得社会的承认与保障。《宪法》第42条第3、4款规定：“劳动是一切有劳动能力的公民的光荣职责。国有企业和城乡集体经济组织的劳动者都应当以国家主人翁的态度对待自己的劳动。国家提倡社会主义劳动竞赛，奖励劳动模范和先进工作者。国家提倡公民从事义务劳动。国家对就业前的公民进行必要的劳动就业训练。”

5. 受教育的义务。我们常讲“百年大计，教育为本”。作为每个公民，都有义务接受教育，为国家的建设和发展做出自己应尽的努力。尤其在农村，受经济条件和各种落后思想的影响，教育的作用和意义还没有得到应有的重视。从现在起，我们要明白接受教育是每个公民应尽的义务。

6. 保卫祖国、抵抗侵略、依法服兵役和参加民兵组织。《宪法》第55条规定：“保卫祖国、抵抗侵略是中华人民共和国每一个公民的神圣职责。依照法律服兵役和参加民兵组织是中华人民共和国公民的光荣义务。”维护国家主权和领土完整需要以强大国防力量为保障，因此公民在享受国家的安全保障的同时必须积极履行保卫祖国的义务，依法服兵役或参加民兵组织。

7. 依法纳税的义务。纳税义务是指纳税人依法向税收部门按一定比例缴纳税款的义务。《宪法》第56条规定：“中华人民共和国公民有依照法律纳税的义务。”国防的组织、基础设施的建设、公共服务事务的承担离不开税收的支持和保障，公民依法纳税是权利和义务相统一原则的重要体现，偷税、骗税、抗税是国家打击的违法犯罪行为。除此之外，税收还具有调控宏观经济的作用。税收作为国家进行宏观调控的经济杠杆，有利于调节经济运行，而且政府可以通过税收为纳税人提供公共设施和公共服务。

8. 实行计划生育，抚养教育未成年子女，赡养扶助父母的义务。《宪法》第49条第2、3款规定：“夫妻双方有实行计划生育的义务。父母有抚养教育未成年子女的义务，成年子女有赡养扶助父母的义务。”计划生育是我国的一项基本国策。父母对未成年子女的抚养和教育、成年子女对父母的赡养不仅是一项道德上的要求，同时也是法律上的义务，不履行义务将受到法律制裁。

我国宪法法律规定的权利和义务具有平等性，体现在男女平等等方面。同时，权利和义务还具有一致性，不允许存在只享受权利而不履行义务的特殊公民，也不允许只履行义务而不享受权利。公民必须正确认识和行使自己所享有的权利，不得滥用权利。

案 例

1. 村委会有权拘留人吗?

村民王二向村委会举报同村刘三偷了自己的汽车。村委会为了本村的名誉决定暂不报案，而是找到刘三问话。刘三坚决否认是自己偷了王二的汽车，村支书觉得其态度恶劣拒不交代，遂将刘三锁在村委会的办公室内，并派人看守三天三夜。刘三被逼无奈，承认偷了王二的汽车，村委会这才将刘三放回。刘三回家后越想越窝囊，于是一纸诉状将村委会告上法庭，而村委会则宣称刘三是因盗窃行为将其抓获才被拘留的，属于罪有应得。

分析

人身自由是我国《宪法》确认的公民的基本权利，我国宪法明确规定，中华人民共和国公民的人身自由不受侵犯。任何公民非经人民检察院批准或者决定或者人民法院决定，并由公安机关执行，不得被逮捕。禁止非法拘禁和以其他方法非法剥夺或者限制公民的人身自由，禁止非法搜查公民的身体。依照我国《村民委员会组织法》的规定，村委会具有维护治安的职能，可以根据需要设立人民调解、治安保卫和公共卫生等委员会。但是村民委员会只能在法律授权限度内行使维护治安的职能。《宪法》和相关法律也未赋予村委会限制公民人身自由的权利。所以，案例中村委会擅自拘禁刘三属于对公民人身自由权的侵犯。本案中，村委会怀疑刘三偷盗理应向公安机关报案并反映情况，交由公安机关处理。但是，村委会擅自主张对刘三私设公堂，侵犯了刘三的人身自由权，构成了非法拘禁罪。

2. 父母是否有权任意剥夺女孩子接受教育的权利？

某村农民李某头脑灵活，在村里开办了个小卖部。由于李某卖的东西质量好、价钱公道，小卖部生意越做越大。通过几年的努力，李某在当地过上了比较富裕的生活。李某有一子一女，都在上小学。李某经常需要到几十里外的县城进货，而妻子又常年生病，小卖部缺少帮手，于是李某要求其 12 岁的女儿不再上学，留在家里帮忙卖货及做家务活。村民委员会的干部及学校的老师得知情况后，多次到李某家劝说李某将女儿送到学校上学读书，但均遭到李某的拒绝。李某表示，自己的孩子，他想怎么样就怎么样，别人管不着！

分析

青少年是我国现代化建设事业的主力军和后备力量，他们受教育的程度直接关系到我们国家的未来发展。教育是提高人们科学、文化知识水平和思想品德素质的手段，公民的受教育程度是衡量社会文明的重要尺度，也是关系国家发展的重要条件。凡是我国公民都享有平等的受教育的机会，享有平等的受教育权，在《宪法》和法律所规定的范围内，公民不因性别、宗教、社会身份等原因而受不平等待遇。

《宪法》第 46 条规定："中华人民共和国公民有受教育的权利和义

务。国家培养青年、少年、儿童在品德、智力、体质等方面全面发展。”《未成年人保护法》第13条规定：“父母或者其他监护人应当尊重未成年人受教育的权利，必须使适龄未成年人依法入学接受并完成义务教育，不得使接受义务教育的未成年人辍学。”《中华人民共和国义务教育法》(以下简称《义务教育法》) 第5条规定：“各级人民政府及其有关部门应当履行本法规定的各项职责，保障适龄儿童、少年接受义务教育的权利。适龄儿童、少年的父母或者其他法定监护人应当依法保障其按时入学接受并完成义务教育。依法实施义务教育的学校应当按照规定标准完成教育教学任务，保证教育教学质量。社会组织和个人应当为适龄儿童、少年接受义务教育创造良好的环境。”

无论是男孩还是女孩，凡到了规定年龄都有接受教育的权利，父母有送适龄子女入学接受教育的义务。在本案中，李某的两个子女都有平等接受教育的权利，李某也有送其两个子女接受教育的义务。所以，李某不送女儿上学的行为实际上是剥夺了女儿接受教育的权利，违反了相关法律规定，其认为自己的子女想怎样就怎样的观念是错误的。

3. 县人大代表选举当天，带走选票上访是否构成破坏选举罪?

某县进行县人大代表选举。当日上午8时，姚某(选区选举工作领导小组成员)、陈某领取本选区选民选票后，村民高某以姚某剥夺了其媳妇侯某的选举权为由，与姚某发生争执、撕扯，并踩坏票箱，不让选举。后经干部劝解，当日11时，高某及其家人被做通工作后，选区领导小组通过村委广播通知村民到老年俱乐部进行选举，但姚某、陈某将该村选票带走。此后，姚某、陈某商量下午一同上访。同时，选区领导小组决定下午组织村民进行选举，让姚、陈二人回村组织选民进行选举或者交出选票，但二人均予以拒绝。16时许，街道办事处选举工作指导小组请示县人大后，组织人员在备用选票上重新加章并填写选民选票。同时组织两名工作人员在村干部的配合下，于17时40分到选民家中进行入户选举。待选举结束，将选举情况汇总后向县人大代表选举委员会上报选举结果时已超过法定时间。姚某、陈某是否构成破坏选举罪?

分析

《刑法》第256条规定：破坏选举罪，是指在选举各级人民代表大会代表和国家机关领导人员时，以暴力、威胁、欺骗、贿赂、伪造选举文件、虚报选举票数等手段破坏选举或者妨害选民和代表自由行使选举权和被选举权，情节严重的行为。一是该罪的犯罪主体是一般主体，既可以是普通公民也可以是国家机关工作人员。二是该罪所侵犯的客体是公民的选举权利和国家的选举制度。三是主观上必须表现为故意，行为人明知自己的行为会发生侵犯选举权与被选举权的危害结果，并且希望或者放任这种结果的发生。如因过失影响选举工作的正常进行，则不构成犯罪。四是在客观表现上，首先，必须发生在特定时期即选举各级人民代表大会代表和国家机关领导人的时候。其次，破坏选举的方式表现为破坏选举工作的正常进行，如伪造选举文件、虚报选举票数、扰乱选举会场、强行宣布合法选举结果无效等；妨害选民与代表自由行使选举权与被选举权，如诱使或迫使选民违反自己的意志选举某人，其行为有暴力、威胁、欺骗、贿赂等。

同时要认识到，破坏选举罪为情节犯。2006年最高人民检察院《关于渎职侵权犯罪定罪标准》规定指出：国家机关工作人员利用职权破坏选举，涉嫌下列情形之一的应予立案：①以暴力、威胁、欺骗、贿赂等手段，妨害选民、各级人民代表大会代表自由行使选举权和被选举权，致使选举无法正常进行，或者选举无效，或者选举结果不真实的。②以暴力破坏选举场所或者选举设备，致使选举无法正常进行的。③伪造选民证、选票等选举文件，虚报选举票数，产生不真实的选举结果或者强行宣布合法选举无效、非法选举有效的。④聚众冲击选举场所或者故意扰乱选举场所秩序，使选举工作无法进行的。⑤其他情节严重的情形。

本案中，姚某、陈某在县人大代表选举中作为选区选举工作领导小组成员，明知能够将选举进行下去时，不组织选民选举，拒不交出选票，妨害选民无法正常行使选举权，属于破坏选举情节严重的行为，符合破坏选举罪的构成要件，构成破坏选举罪。

4. 齐某苓诉陈某琪侵犯姓名权、受教育权纠纷案。[①]

原告：齐某苓（曾用名齐某玲），女，28 岁。

被告：陈某琪（曾用名陈某燕），女，28 岁。

被告：陈某政，男，47 岁，系被告陈某琪之父。

被告：某省某市商业学校。

被告：某省某市第八中学。

被告：某省某市教育委员会。

原告齐某苓因与五被告发生侵犯姓名权、受教育权纠纷，向某市中级人民法院提起诉讼。

原告齐某苓诉称：原告经统考后，按照原告填报的志愿，由被告某市商校录取为财会专业委培生。由于各被告共同弄虚作假，促成被告陈某琪冒用原告的姓名进入某市商校学习，致使原告的姓名权、受教育权以及其他相关权益被侵犯。请求判令各被告停止侵害、赔礼道歉，并给原告赔偿经济损失 16 万元，赔偿精神损失 40 万元。被告陈某琪辩称：本人使用原告齐某苓的姓名上学一事属实。齐某苓当年的考试成绩虽然过了委培分数线，但她表示过不想上委培，因此她没有联系过委培单位，也没有交纳委培费用，不具备上委培的其他条件。本人顶替齐某苓上学，不侵犯其受教育权。受教育权不是《中华人民共和国民法通则》规定的民事权利，齐某苓据此主张赔偿，没有法律依据，而且其诉讼请求已明显超过了民法通则规定的两年诉讼时效。

分析

《中华人民共和国民法总则》（以下简称《民法总则》）第 110 条规定："自然人享有生命权、身体权、健康权、姓名权、肖像权、名誉权、荣誉权、隐私权、婚姻自主权等权利。"《民法通则》第 99 条规定："公民享有姓名权，有权决定、使用和依照规定改变自己的姓名，禁止他人干涉、盗用、假冒。"被告陈某琪在中考落选、升学无望的情况下，由

① 参见《齐某苓诉陈某琪等以侵犯姓名权的手段侵犯宪法保护的公民受教育的基本权利纠纷案》，中国法院网，2002 年 11 月 4 日。

其父、被告陈某政策划并主要实施冒用原告齐某苓姓名上学的行为，目的在于利用齐某苓已过委培分数线的考试成绩，为自己升学和今后就业创造条件，其结果构成了对齐某苓姓名的盗用和假冒，是侵害姓名权的一种特殊表现形式。由于侵权行为延续至今，故陈某琪关于齐某苓的诉讼请求已超过诉讼时效的答辩理由，显然不能成立。

原告齐某苓主张的受教育权，属于公民一般人格权范畴。它是公民丰富和发展自身人格的自由权利。本案证据表明，齐某苓已实际放弃了这一权利，即放弃了上委培的机会。其主张侵犯受教育权的证据不足，不能成立。

某市中级人民法院作出判决：

一、被告陈某琪停止对原告齐某苓姓名权的侵害；

二、五被告向原告齐某苓赔礼道歉；

三、原告齐某苓支付的律师代理费 825 元，由被告陈某琪负担；

四、原告齐某苓的精神损失费 30000 元，由被告陈某琪、陈某政各负担 5000 元，被告某市商校负担 15000 元，被告某市八中负担 6000 元，被告某市教委负担 4000 元，于判决生效后 10 日内给付；

五、驳回齐某苓的其他诉讼请求。

原审判决认定被上诉人陈某琪等侵犯了上诉人齐某苓的姓名权，判决其承担相应的民事责任，是正确的。但原审判决认定齐某苓放弃接受委培教育，缺乏事实根据。齐某苓要求各被上诉人承担侵犯其受教育权的责任，理由正当，应予支持。据此，某省高级人民法院依照宪法第 46 条、最高人民法院（2001）法释 25 号批复以及《中华人民共和国民事诉讼法》第 153 条第 1 款第 3 项的规定，判决如下：

一、维持一审民事判决第一项、第二项、第三项；

二、被上诉人陈某琪、陈某政于收到本判决书之日起 10 日内，赔偿上诉人齐某苓因受教育的权利被侵犯造成的直接经济损失 7000 元，被上诉人某市商校、某市八中、某市教委承担连带赔偿责任；

三、被上诉人陈某琪、陈某政、某市商校、某市八中、某市教委于收到本判决书之日起 10 日内，赔偿上诉人齐某苓精神损害费 30000 元；

四、驳回上诉人齐某苓的其他诉讼请求。

5. 平等权。

王某英、李某文两人同时辞去了教育学院公职，打算成立两家私立幼儿园。经过一段时间的筹备后，两人先后分别办妥了有关成立手续，并开始正式对外招生，由于认为私立幼儿园不需要办理工商登记，因此未依法办理税务登记。之后不久，两家幼儿园同时收到区地方税务分局的书面通知，告知应到税务部门办理税务登记。王某英收到区地方税务分局作出的《关于某市×英幼儿园税务违章行为的处理决定》，该《决定》认定×英幼儿园逾期未办理税务登记，依法处以8000元的罚款。同时，王某英了解到，与×英幼儿园情况相同的李某文注册的×文幼儿园也受到了税务机关的处罚，但罚款数额只有500元。因此，申请人认为，同样的情况应作同样的处理，不应出现如此大的差别。于是向其上级税务机关申请复议，请求市地方税务局依法撤销某区地方税务分局作出的处罚决定，依法从轻作出罚款500元的处理。市地方税务局复议机构受理税务行政复议申请书后，对申请人提出的事实进行了调查。经查，申请人所述事实基本属实。同时还查实，区地方税务分局在作出《关于×英幼儿园税务违章行为的处理决定》之前，没有依法履行告知义务，因此，复议机关认为，区地方税务分局的上述行为违反了法定程序，同时对相同违法行为没有作出平等处理，根据有关法律规定，决定：依法撤销区地方税务分局作出的《关于某市×英幼儿园税务违章行为的处理决定》；区地方税务分局应依法对×英幼儿园税务违法行为重新作出处理。

分析

从税务机关角度来讲，税务分局实施的税收行政执法行为明显地存在两个方面的问题：一是税收行政执法程序违法。按照《行政处罚法》的有关规定，行政机关在作出行政处罚决定之前，应当告知当事人作出行政处罚决定的事实、理由及依据，并告知当事人依法享有的权利。本案例中区地方税务分局在下达处理决定之前，没有履行告知义务，属于程序违法。二是没有公正执法。对于案例中两个违法事实、情节、性质、后果、社会危害程度基本相当的税收违法行为，税务机关罚款的数额竟相差10余倍，违反了《行政处罚法》第4条“行政处罚应遵循公正、公开的原则”的规定，同时违背了“法律面前人人平等”的法制原则，严重损害了税务机关公正执法的形象。

从纳税人角度来讲，有要求税务机关在税收执法过程中，对相同条件的纳税人一视同仁对待的权利，非因法定事由及非经法定程序，不得剥夺。因此，本案中当事人提出税务行政复议的理由成立，复议机关的处理也是合法的、适当的。

第二章

农村基层民主的法律保障

基层民主是我国民主建设的重要组成部分，也是目前民主政治改革中的突破口。我国向来重视基层民主建设，认为只有在广大的基层实现了民主，才能保证整体民主政治改革的成功。人民对民主和自由的渴望从来都没有停止过，对于民主制度的设计和实施，必然需要法律给出指导并加以保障。

第一节 村民自治

我国政权组织到乡一级，乡政府是国家处理公共事务的最低级政府。在我国农村常见的“村民委员会”“村民会议”等不是我国的政权组织，而是村民自治的组织形式。“村民自治”的提法最初见于1982年我国修订颁布的《宪法》第111条，规定“村民委员会是基层群众性自治组织”。村民自治的核心内容是“四个民主”，即民主选举、民主决策、民主管理、民主监督。“四个民主”的提法始见于1993年民政部下发的《关于开展村民自治示范活动的通知》。从村民自治到“四个民主”，体现了我国对基层民主的认识逐步提高。村民自治是改革开放以来我国亿万农民的伟大创造，是党和政府发展基层民主政治、保证农民当家作主的重大举措，也是党在农村贯彻依法治国方略的具体实践。应当看到，经过多年的实践和努力，以民主选举、民主决策、民主管理、民主监督为基本内容的村民自治得到了长足的发展，以《村民委员会组织法》为核心的法律体系也已初步形成。全面推进村民自治，全面推进村级民主选举、村级民主决策、村级民主管理和村级民主监督，需要农民朋友了解一些相关知识。

一、村民自治的概念与范围

1. 村民自治的概念。村民自治是广大农民群众直接行使民主权利，依法办理自己的事情，实行自我管理、自我教育、自我服务的一项基本社会政治制度。《宪法》第 111 条规定："城市和农村按居民居住地区设立的居民委员会或者村民委员会是基层群众性自治组织。"《村民委员会组织法》第 2 条第 1 款规定："村民委员会是村民自我管理、自我教育、自我服务的基层群众性自治组织，实行民主选举、民主决策、民主管理、民主监督。"从以上定义可以看出，村民自治是指特定村落中的全体村民，通过自治组织与程序依法办理与村民利益相关的村内事务，实现自我管理、自我教育和自我服务的一种特殊的自治形式。这里应当强调的是，村民自治绝不是村民个人的自治，也不是村民委员会的自治，而是全体村民有组织按程序、依照国家法律法规进行的自我治理。

根据村民自治的概念以及长期的工作实践，村民自治具有如下法律特征：

（1）村民自治是法律赋予村民的一种权利，一种依法自治的民主权利。

（2）村民自治的主体，是以村为单位的全体村民。村民自治实质是以村为单位的"村自治"，在法律上实行自治的"村"才是"村民自治"的主体。那种把"村民自治"的主体视为"村民个人"或者"村民委员会"的观点都是不科学、不完整的，都无法处理"村民自治"中自治主体与基层政权之间的关系问题，无法有效地保护村民依法享有的自治权利。

（3）村民自治的地域范围是村，即与农村居民生活联系十分紧密的社区，这是农村社会最基本的组织单位。

（4）村民自治的内容为村务，即一村的公益事业和公共事务。

（5）村民自治的方式，是以国家法律、法规、村民自治章程为准则，以村民会议、村民代表会议、村民委员会为自治组织形式，其中村民会议是最高的一种组织形式，来依法处理与全村村民切身利益相关的公共事务。

(6) 村民自治的目的，是通过加强社会主义民主的教育和引导，实现村民对本村事务的有效管理，根本目的是实现国家对农村基层社会的有效治理，将社会主义民主落实到最基层。

正确理解村民自治的法律特征，对于广大农民朋友增强自身的民主意识，增强主人翁意识，积极参与村民自治，更加有效地发挥村民委员会的职权和作用，切实地通过村民自治来参与村务管理，维护村集体的利益等都有重要的作用。

2. 村民自治的范围和机构。村民自治的事项由国家法律加以规定，这样做可以有效地避免“都不管”和“抢着管”的现象产生，更加有利于村务的处理。哪些事项是由村民自治的呢？根据《村民委员会组织法》，村民自治的事项主要有：村民委员会的设立、撤销、范围调整；村民委员会成员的直接选举与罢免；通过召开村民会议决定重要事项；村民委员会对村民会议负责并报告工作，村民会议对村民委员会工作报告进行审议，对村民委员会成员工作进行评议；村民小组长的推选产生；法律规定的村民委员会提请村民会议讨论决定的事项；村民代表的推选和村民代表会议的召开，村民会议授权村民代表会议讨论决定的事项；监督法律规定的村民委员会职责、任务、权利和义务的实行和履行情况，如要求村务公开。

村民自治必须通过一定的组织形式来实现有效治理。这种组织在法律上被称为“自治机构”。按照《村民委员会组织法》的规定，村民自治机构包括以下四种：

(1) 村民会议。村民会议由本村年满 18 岁的全体村民组成，它是村民自治中的决策性和权力性组织，是村民自治的最高权力机构。

(2) 村民代表会议。实质上是村民会议的“代议机构”。《村民委员会组织法》第 25 条规定：“人数较多或者居住分散的村，可以设立村民代表会议，讨论决定村民会议授权的事项。村民代表会议由村民委员会成员和村民代表组成，村民代表应当占村民代表会议组成人员的 4/5 以上，妇女村民代表应当占村民代表会议组成人员的 1/3 以上。村民代表由村民按每 5～15 户推选一人，或者由各村民小组推选若干人。村民代表的任期与村民委员会的任期相同。村民代表可以连选连任。村民代表应当向其推选户或者村民小组负责，接受村民监督。”所以说，村民会议与村民代表会议的关系是委托人与被委托人的关系，村民代表会议只有在村民会议授权的范围内才能讨论决定有关事项。

（3）村民委员会。村民自治机构的执行机构，是村民会议的常设机构，而不是村民自治的权力机构。由此可见，村民会议与村民委员会的关系是决策者与执行者（管理者）、监督者与被监督者的关系。

（4）村民小组。村民自治机构的特殊组成部分，它虽然是村民委员会的内设机构，接受村委会的领导，但在司法实践中，由于村民小组是由人民公社制度下的“三级所有，队为基层”的生产队演变过来的，在“土地集体所有权”的法律规定上享有独立的主体资格。因此，不能简单地认为它与村委会的关系就是上下级的层级关系，也不能把它独立于村民委员会外，只能把它看作村民自治机构的特殊组成部分，在一些财产关系中具有特殊的法人资格。

正确划分村民自治的机构设置和职权范围，对于我们广大农民朋友参与到农村自治之中，以主人翁的姿态维护自己的合法利益具有重要的意义和作用。下面我们就来具体地认识这些机构。

二、村民委员会

与农民朋友日常工作生活中联系最密切的基层组织可能要数村民委员会了。大到宅基地分配，小到鸡毛蒜皮的邻里矛盾解决，都离不开村民委员会。村民委员会工作内容涉及农村生活的方方面面，包括办学、铺路、兴修水利等公共事务，解决农民生活中的大小事情，调解纠纷及维护农村的治安等。

1. 村民委员会的性质。村民委员会就是我们平时所说的“村委会”，它是村民自治机构中的执行机构，是村民会议的常设机构，而不是村民自治机构的权力机构。村民委员会是在农村建立的基层群众性自治组织，是村民自我管理、自我教育、自我服务的基层群众性自治组织，实行民主选举、民主决策、民主管理、民主监督。它虽然不是国家基层政权组织，不是一级政府，也不是乡镇政府的派出机构，但它是一个村的核心和领导，在村民自治中发挥着重要作用。

2. 村民委员会的组成。村委会是处理村中日常事务的主要组织，村委会的组成与快捷有效地处理村中事务具有密不可分的联系。村委会的组成应当遵循有利于进行村务管理这个总的指导原则。具体来讲，有以下几个方面。

(1) 关于村委会成员的人数。村委会作为基层群众性自治组织，为了完成所承担的各项任务，需要相应的组织机构和人员。《村民委员会组织法》规定，村委会由主任、副主任和委员共 3～7 人组成。从实行过程中各地反映的情况来看，这一规定是比较符合我国农村的实际情况的。村委会的成员既不宜过多，也不宜过少。村委会由多少人组成比较合适，主要应当考虑两个因素：一是便于自治，能够完成村委会作为自治组织的各项任务；二是尽量减轻农民的负担。之所以要对村委会成员的数量规定一个限度，是由于我国农村地域辽阔，各地区经济、社会发展很不平衡，村的自然条件及村民的人口数量、居住状况差别也很大。相应地，村委会所承担的工作量也就不同。一般来说，村民多、居住分散，村委会承担任务重的，村委会成员应当多一些；村民少、居住集中、村委会承担任务轻的，村委会成员可以少一些。村委会成员少的可以为 3 人，多的可以达到 7 人，但不能少于 3 人，也不能多于 7 人。具体人数，各地可以根据本地的实际情况予以确定。为了便于讨论决定问题，村委会成员应为单数。

(2) 关于村委会成员的构成。根据《村民委员会组织法》第 6 条第 2 款的规定：“村民委员会成员中，应当有妇女成员，多民族村民居住的村应当有人数较少的民族的成员。”

村委会中的妇女成员更有利于维护广大妇女的权益，便于听取、吸纳“半边天”的意见、建议，并且调动妇女同胞参与自治、投入生产劳动的积极性；村委会中有少数民族成员，有利于维护不同民族同胞的利益，有助于民族团结。在村委会组成成员中妇女应当有适当的名额，多民族村民居住的村应当有人数较少的民族的成员，这是男女平等、民族平等精神在基层自治领域的具体体现，也是我国大杂居小聚居民族分布状态的现实需要。这是根据我国《宪法》第4条、第48条[①]、《妇女权益保障法》第10条的规定。[②]

3. 村民委员会的任务。为了使村委会在处理日常工作中能够有所侧重，积极响应党建设社会主义新农村的号召，合理安排村集体的各项资源，明确村委会的主要任务不可忽视。根据《村民委员会组织法》第2条的规定，村民委员会的主要任务有：

（1）办理本村的公共事务和公益事业。一是办理与全村村民生产、生活直接相关的公共福利事业；二是办理关乎全村村民切身而长远利益的需要动员其共同参加的事项。包括学校、养老、水利设施等的建设，架桥铺路，美化村容，救灾济困等。开展工作时要注意以下几点：

一要为民解困。村委会要着眼于村民生产生活中遇到的实际困难，把村民所急、所烦、所怨作为要重点解决的问题，在上学、出行、养老等民生方面积极作为，真正为村民办实事、解难题。

二要量力而行。从目前农村实际情况看，各村需要办理的公共事务和公益事业很多，但多数地方还不发达，农民还不富裕，承受不起过大的支出。因此必须因地制宜，一切从实际出发，充分考虑现有条件，不能好大喜功、好高骛远。

三要民主自愿。重大决策均要民主决定，上项目、办企业，都要尊重大多数村民的意愿，不能再像过去那样由少数几个村干部拍脑瓜决策。只有经过民主讨论决定的事情，大家行动起来积极性才会高，即便最后没有达到目标也会得到村民的谅解。

（2）调解民间纠纷。民间纠纷是指村民之间、家庭成员之间有关人身、财产权益方面的纠纷和其他日常生活中发生的纠纷。调解民间纠纷

---

① 《宪法》第4条规定："中华人民共和国各民族一律平等。国家保障各少数民族的合法的权利和利益，维护和发展各民族的平等团结互助和谐关系。"第48条规定："中华人民共和国妇女在政治的、经济的、文化的、社会的和家庭的生活等各方面享有同男子平等的权利。国家保护妇女的权利和利益，实行男女同工同酬，培养和选拔妇女干部。"

② 《中华人民共和国妇女权益保障法》第10条规定："妇女有权通过各种途径和形式，管理国家事务，管理经济和文化事业，管理社会事务。制定法律、法规、规章和公共政策，对涉及妇女权益的重大问题，应当听取妇女联合会的意见。妇女和妇女组织有权向各级国家机关提出妇女权益保障方面的意见和建议。"

是村民委员会的一项重要的日常性工作。这项工作主要由村民委员会下设的调解委员会完成。在日常生活中，由于各种利益的冲突，邻里之间、家庭内部、村民之间，不可避免地会发生一些纠纷，如婚姻、家庭、继承、房屋、财产、借贷、宅基地、买卖、委托、保管、水利、土地、山林、损害赔偿等。村民之间发生的这些纠纷，并不是根本利益的对立和冲突，往往是因为某种局部利益或者暂时的利益引起的纠纷，但如不及时调解，或者调解不当，就会引起矛盾的激化，甚至发生刑事案件。由于民间纠纷数量很多，单靠司法机关处理难以及时解决，村民委员会及其下属的调解委员会具有深入基层、贴近群众的优势，是村民自己选举产生的，便于及时介入矛盾纠纷的调解，防止其进一步激化。调解民间纠纷时必须坚持以下原则：

一是依法调解。严格根据法律、法规和国家政策进行调解，绝对不能和国家法律、法规相抵触。有法依法，无法依政策，法律和政策都没有规定的，可根据当地风俗习惯进行调解，但不能与社会公德和公序良俗相违背，更不能与国家法律相抵触。

二是调解协议必须出于各方当事人自愿。调解必须要在双方自愿的基础之上，同时要在查明事实的基础之上，不能以欺骗、隐瞒、强迫等方式促使当事人达成协议，否则仅仅是一时掩盖了矛盾，矛盾不会从根本上得到解决，不但不会案结事了，反而会使矛盾愈加激烈。

三是尊重当事人的诉讼权利。对于重复多次调解，但久调不决的矛盾纠纷，要告知当事人有向人民法院起诉的权利。不得强行要求当事人必须通过调解解决问题，阻碍其行使诉讼权利。村民委员会及其下属的调解委员会可以根据当事人的申请予以调解，也可以在发现纠纷后主动进行调解。调解纠纷要进行登记，制作笔录，并可制作调解协议书让双方当事人签字，并由调解人签名、加盖人民调解委员会的印章。

（3）协助维护当地治安，起到政府和村民之间桥梁、纽带作用。公安机关作为维护社会治安的重要力量，由于警力有限，面对广阔的国土范围和庞大的人口数量，需要基层自治组织和广大群众的协助才能有效履行职能。因此，村民委员会就被赋予了协助维护社会安全稳定的重要任务。村民委员会协助维护社会治安，广泛开展法制宣传和教育工作，深入开展社会治安综合治理工作，村民委员会还可向政府反映村民的意见、建议和要求。维护社会治安，保证人民的生命财产安全维护正常的社会秩序和经济秩序，是人民政府和公安机关的一项重要职责。但由于社会治安与人民群众的生产生活密切相关，加上我国农村人口众多，地域辽阔，单靠公安机关的力量是不够的，而且村民之间大量的矛盾属于人民内部矛盾，村民委员会作为基层群众性自治组织，有责任也有义务协助政府机关做好社会治安工作。

一是协助公安机关做好治安防范工作。要组织群众做好以防盗、防火、防灾害事故为中心的安全防范，大力抓好治安联防，发现有违反治安管理的案件，要及时予以劝阻和制止，最大限度地减少犯罪；发现有犯罪行为的，及时向公安机关报告，协助公安部门保护好犯罪现场，维护公共秩序。

二是广泛开展法治宣传，深入进行法治教育。让村民清楚哪些行为是正当合法的，是法律所提倡的，哪些行为是法律禁止的，如果违反是要受到法律制裁的，从而明白行为的边界，增加法律意识；要使村民增强正义感，敢于同各种违法犯罪行为作斗争，弘扬社会正气，营造良好氛围。

三是协助公安机关依照法律规定对被管制的、被剥夺政治权利的、监外执行的、假释的、缓刑的人员进行监督管理和教育，做好教育、感化和挽救失足青少年的工作。

4. 村民委员会应当履行的职责。为了有效地规范村民委员会的各项活动，在明确村民委员会总体的工作任务后，《村民委员会组织法》又明确规定了几项村民委员会必须履行的职责。

（1）召集村民会议，并向村民会议报告工作。

（2）执行村民会议的决定、决议，接受村民的评议和监督。

（3）编制本村年度经济和公益事业发展规划、基础设施建设和组织实施方案，以推动乡村发展振兴。

（4）编制年度财务预算草案，管理村级财务和集体财产，提出村集体重大事项开支的草案。

（5）依法管理属于本村村民集体所有的土地，尊重和支持村民、集体经济组织和其他经济组织依法独立进行经济活动的自主权，合理开发利用自然资源，保护和改善生态环境。

（6）调解民间纠纷，协助维护社会治安秩序。教育村民遵规守法，团结友爱，教育村民履行法定义务，发展科技文化教育卫生事业，提高村民的道德修养和法治意识。

（7）履行法律、法规规定的其他职责。[①]

5. 村民委员会的任期。村民委员会每届任期 5 年，届满应当及时举行换届选举。村民委员会成员可以连选连任。[②]

6. 村民委员会成员可以享受补贴。《村民委员会组织法》规定，根据工作实际并经村民会议讨论决定，可以给予村民委员会成员适当补贴。

7. 村民委员会无权对村民进行罚款。村民委员会作为群众自治组织，并非是有权作出行政处罚的机关，在没有法律授权或行政机关委托的情况下，不能进行罚款等行政处罚。

三、村民会议

村民会议是村民自治组织中最理想、最有效的组织形式，能将村民最大范围地集中起来，是由村民直接表达意见和利益诉求的一种组织形式，在村民自治中拥有最高的决策权。村民会议在村民自治活动中，具有不可替代的地位和作用。村民委员会向村民会议负责，执行其决定并向其报告工作，对于涉及全体村民利益的重大事项，必须提请村民会议讨论决定。有些人把村民委员会成员的位置视为自己牟私利的宝座，如果村民委员会成员有以权谋私、侵害村民合法权益的情况发生，村民可以通过村民会议，监督、检举这些不法行为，包括对村民委员会成员的罢免，以及通过村民会议对村里的重大事项行使决定权等。

1. 村民会议的性质。村民会议在村民自治组织体系中具有最高决策地位，凡是涉及全体村民利益的重大问题，都必须由它批准、同意和

---

① 参见《村民委员会组织法》。

② 参见《村民委员会组织法》第 11 条第 2 款。

最后作出决定。但村民会议的决定不是由自己组织执行，而是由村民委员会及其下属的各个工作委员会和村民小组等其他自治组织负责执行。

2. 村民会议的组成。村民会议由本村 18 周岁以上的村民组成。对此应把握以下几点：

（1）参加村民会议的村民应年满 18 周岁。《宪法》第 34 条规定："中华人民共和国年满 18 周岁的公民……有选举权和被选举权；但是依照法律被剥夺政治权利的人除外。"《民法总则》第 17、18 条规定："18 周岁以上的自然人为成年人。不满 18 周岁的自然人为未成年人"，"成年人为完全民事行为能力人，可以独立实施民事法律行为。" 18 周岁以下的人属于未成年人，不具备完全民事行为能力，即使已经参加了生产劳动，以自己的劳动收入为主要生活来源，也不能参加村民会议，不是村民会议的组成人员。

（2）参加村民会议的必须是本村村民。包括户籍在本村并且在本村居住的村民；户籍在本村，不在本村居住，本人表示参加选举的村民；户籍不在本村，在本村居住 1 年以上，本人申请参加选举，并且经村民会议或者村民代表会议同意参加选举的公民；另外，已在户籍所在村或者居住村登记参加选举的村民，不得再参加其他地方村民委员会的选举。①

（3）被剥夺政治权利的人可以参加村民会议。法律没有明确规定被剥夺政治权利的本村村民是否可以参加村民会议。根据刑法第 54 条的规定，剥夺政治权利是剥夺下列权利：选举权和被选举权；言论、出版、集会、结社、游行、示威自由的权利；担任国家机关职务的权利；担任国有公司、企业、事业单位和人民团体领导职务的权利。被剥夺政治权利的本村村民应和一般公民一样享有宪法规定的其他权利，如劳动权、休息权、受教育权、财产权、继承权等。参加村民会议并不在刑法第 54 条规定的剥夺政治权利的范围。因此，被剥夺政治权利的村民可以参加村民会议并发表意见，但是根据法律规定不享有选举权和被选举权，不享有罢免村民委员会组成人员的表决权。

---

① 参见《村民委员会组织法》第 13 条第 2 款、第 3 款。

(4) 相关单位和代表可以列席村民会议。随着农村社会主义市场经济的快速发展、壮大，村一级经济组织同外界的联系日益密切，经济交往频繁，有些单位还派有驻村联络机构和人员，村民会议研究的事项如果和这些企业、事业单位、其他经济组织有诸方面的利害关系，就应邀请他们派代表列席会议。

3. 村民会议的职权。根据《村民委员会组织法》规定，村民会议具有以下几个方面的职权：

(1) 决策权。涉及村民利益的下列事项，经村民会议讨论决定方可办理：①本村享受误工补贴的人员及补贴标准。②村集体经济所得收益的使用。③本村公益事业的兴办和筹资筹劳方案及建设承包方案。④土地承包经营方案。⑤村集体经济项目的立项、承包方案。⑥宅基地的使用方案。⑦征地补偿费的使用、分配方案。⑧以借贷、租赁或者其他方式处分村集体财产。⑨村民会议认为应当由村民会议讨论决定的涉及村民利益的其他事项。村民会议可以授权村民代表会议讨论决定前款规定的事项。法律对讨论决定村集体经济组织财产和成员权益的事项另有规定的，依照其规定。[①]

(2) 立约权。村民会议可以制定和修改村民自治章程、村规民约，并报乡、民族乡、镇的人民政府备案。村民自治章程、村规民约以及村民会议或者村民代表会议的决定不得与宪法、法律、法规和国家的政策相抵触，不得有侵犯村民的人身权利、民主权利和合法财产权利的内容。村民自治章程、村规民约以及村民会议或者村民代表会议的决定违反前款规定的，由乡、民族乡、镇的人民政府责令改正。[②]

(3) 监督权。村民委员会向村民会议负责并报告工作。[③] 村民会议审议村民委员会的年度工作报告，评议村民委员会成员的工作；有权撤销或者变更村民委员会不适当的决定；有权撤销或者变更村民代表会议不适当的决定。村民会议可以授权村民代表会议审议村民委员会的年度工作报告，评议村民委员会成员的工作，撤销或者变更村民委员会不适

① 参见《村民委员会组织法》第 24 条。
② 参见《村民委员会组织法》第 27 条。
③ 参见《村民委员会组织法》第 2 条第 3 款。

当的决定。[①]

（4）罢免权。《村民委员会组织法》第 16 条规定："本村 1/5 以上有选举权的村民或者 1/3 以上的村民代表联名，可以提出罢免村民委员会成员的要求，并说明要求罢免的理由。被提出罢免的村民委员会成员有权提出申辩意见。罢免村民委员会成员，须有登记参加选举的村民过半数投票，并须经投票的村民过半数通过。"罢免权是村民对选举产生的村委会干部的最后制约权。当村委会干部发生严重过失或由于其他原因不适宜再担任村干部时，由村民会议对其实行罢免，表明村民作为村的主人，有权收回他们通过选举委托出去的权力，是村民民主权利的重要体现。

需要提请大家注意的是，村民会议制定的村民自治章程、村规民约必须符合国家法律、法规和相关政策，不得侵犯他人的政治权利、人身权利、财产权利等，否则就是无效的。

4. 村民会议的召开。参加村民会议是广大农民朋友参与本村自治管理的重要方式之一。为防止村民会议被操纵，从而使村民会议能有效地代表民意，我国法律对村民会议的召开也做了一些保障性的规定。《村民委员会组织法》第 21 条规定："村民会议由本村 18 周岁以上的村民组成。村民会议由村民委员会召集。有 1/10 以上的村民或者 1/3 以上的村民代表提议，应当召集村民会议。召集村民会议，应当提前 10 天通知村民。"第 22 条规定："召开村民会议，应当有本村 18 周岁以上村民的过半数，或者本村 2/3 以上的户的代表参加，村民会议所作决定应当经到会人员的过半数通过。法律对召开村民会议及作出决定另有规定的，依照其规定。召开村民会议，根据需要可以邀请驻本村的企业、事业单位和群众组织派代表列席。"

（1）会期制度。村民会议作为村民的一种民主决策形式，必须有定期召开会议的制度，否则就难以发挥村民会议的根本作用。根据《村民委员会组织法》的规定，每年要至少召开 1 次村民会议评议村委会工作；并且在涉及村民利益的 9 个方面的事项，符合法律规定人数的村民

① 参见《村民委员会组织法》第 23 条。

提议罢免村委会成员，以及 1/10 以上的村民提议召开时，应该召开村民会议；并且根据实际工作需要可以随时召开。

（2）召集和主持。村民会议由村民委员会召集，一般情况下由村民委员会主任或者副主任主持。但在涉及村民委员会成员利益的情况下，如由村民委员会主任、副主任主持会议将引起村民的合理怀疑，为了保证村民会议对问题讨论的客观、公正，当事人应当回避，可以推选在村内有一定威望、被村民信得过的人进行主持。

四、村民代表会议

村民代表会议是指由村民推选产生的代表，开会讨论决定村民会议授权的部分事项，这种形式多用于村民人数庞大或者居住距离较远的情形。村民代表会议是农民群众在村民自治实践活动中的一个创造。很多村民委员会都是由以前的生产大队演变而来，规模较大，村民人数较多，有的一个行政村有 2000 多人，甚至人数更多；在一些地形复杂的地方，往往由 2 个以上的自然村组成村民委员会，各村相距较远，聚在一起较为不便，并且随着外出务工人员的增多，村内留守人员逐渐变少，这就导致经常召开村民会议不太现实。为了确保能够及时作出相关决定，就需要以村民代表会议这种形式进行表决。从法律规定来看，村民代表会议具有以下特点：

一是村民代表会议不是常设形式，而是对村民会议的补充，只有在村民居住分散或者人口较多的情况下才召开。

二是村民代表会议的地位从属于村民会议，只有村民会议授权才可在授权的范围内行使职权。如果村民会议认为村民代表会议作出的决定与村民会议的决定相抵触，或者超越了村民会议的授权范围，有权撤销。

三是村民代表会议不定期召开，只有在有需要决定的事项，并且难以召开村民会议时才召开。村民代表会议由村民委员会提出议题并召集和主持，有时也可由村民联名提出召开请求，方可召开。

在实践中应当注意一种倾向，即用村民代表会议取代村民会议。由于村民代表会议人数少，召开方便，遇有不同意见也好做工作。因此，有的地方图省事、怕麻烦，只开村民代表会议，而不开村民会议。这种做法是不妥当的。应当明确，只有人口较多、居住分散的村，才可以召开村民代表会议，行使村民会议授予的职权。如果召开村民会议比较方便，应当坚持通过村民会议的形式讨论决定问题，决不能由村民代表会议包揽或取代村民会议。对于一些涉及全村的重大问题，如选举或罢免村委会委员、制定村经济发展规划或修订村民自治章程、村规民约等等，必须要召开村民会议，这样才能最广泛地收集村民意见，体现村民利益和意愿。

1. 村民代表会议的性质。村民代表会议是村民会议授权的议事决策机构，由村民推选的村民代表组成，代行村民会议的部分职权，讨论决定村民会议授权的事项。《村民委员会组织法》第25条对村民代表会议给予了法律上的认可，明确了其法律地位。村民代表会议由村民推选代表而产生，其职权来源于村民会议的授权，所以说，村民代表会议是村民会议闭会期间的常设机构，是村民会议的组成部分，是村民实行民主决策的有效形式，它既是村里的权力机构，也是议事机构，还是监督机构。

2. 村民代表会议的职责。村民代表会议的职权和职责，实质上涉及村民代表会议和村民会议、村民委员会的关系。村民代表会议是村民会议的常设机构，在村民会议闭会期间代行村民会议的部分职权，因此村民代表会议在村民会议的授权范围内具有与村民会议同等的权力。村民会议的授权是有限的，如选举、罢免和补选村委会成员，制定村规民约和村民自治章程等都不能授权村民代表会议行使。村民代表会议与村民委员会的关系是决策机构和执行机构的关系，同时也是监督和被监督的关系。因此总的来说，村民代表会议主要有制定规章权、人事任免权、议事决策权、民主监督权等权力。具体来说村民代表会议的主要职责包括：

（1）讨论决定本村涉及村民利益的有关事项，向村民代表报告工作。

（2）听取村民委员会工作报告，监督村民委员会的工作。

（3）广泛听取村民意见，及时向村民委员会提出工作建议。

（4）必要时提请召开村民会议。

3. 村民代表会议召开的条件。具体分为两种情况：一是村民人数较多，人口密度大；二是村民居住空间特别分散，相互之间距离遥远。在这两种情况下，既要保证及时决策推进相关事项，又要保证村民的民主权利，村民代表会议制度是适当的选择。

4. 村民代表的产生。《村民委员会组织法》第25条规定："人数较多或者居住分散的村，可以设立村民代表会议，讨论决定村民会议授权的事项。村民代表会议由村民委员会成员和村民代表组成，村民代表应当占村民代表会议组成人员的4/5以上，妇女村民代表应当占村民代表会议组成人员的1/3以上。村民代表由村民按每5户至15户推选1人，或者由各村民小组推选若干人。村民代表的任期与村民委员会的任期相同。村民代表可以连选连任。村民代表应当向其推选户或者村民小组负责，接受村民监督。"因此，村民代表的产生具体有两种方式：一是由村民按户推选，如果一村户数较多，可15户推选一人，如果户数较少，则可以5户推选1人，具体多少户推选1人要根据实际情况而定。二是由各村民小组推选，每一村民小组推选代表的数量要根据各地实际情况确定。在方法上既可以是一人提名，其他人同意，也可以通过多次协商一致产生，还可以通过选举产生。这两种推选方式各有各的特点，但无论采取哪种方式都要保证村民充分行使民主权利，享有知情权，充分表达意见，这样才能保障村民的合法权益。

5. 村民代表的任期和职责。法律没有对村民代表的任期加以限制。实践中，有的任期与村委会任期相同，有的任期短为1年，有的为3年，长的为5年，有的商议决定一次事项就推选一次。相较而言，每商议一次事项就推选一次代表更能激励代表认真履行职责的积极性，强化对村民代表监督的自觉性，同时一次一选也有助于村民对代表的监督。被选出的代表要在讨论研究时认真发表意见，充分反映所代表的村民的意见建议，加强与村民的沟通联系。概括地讲，村民代表的职责、义务是：参加村民委员会召集的村民代表会议，讨论决定村民会议授权的事项；与推选自己做代表的村民联系，代表村民发表意见和建议；会议作出决定后，负责向推选自己的村民传达贯彻，动员村民认真遵守和执行。

五、正确认识几种关系

1. 村民委员会与村民会议的关系。

（1）村民委员会对村民会议负责，受其监督，并向其报告工作。

（2）村民会议对村民委员会工作进行评议。

（3）村民委员会每年至少召集一次村民会议，讨论决定本村重大事项。

（4）村民委员会对村民会议负责，村民会议由村民委员会召集。有1/10以上的村民提议，应当召集村民会议，依法定期召集村民会议是村民委员会的职责和义务。

2. 村民代表会议和村民会议关系。村民代表会议和村民会议既有联系也有区别，二者都是村里重大事务的决策机构，但村民代表会议决定的事项必须有村民会议的授权，村民代表会议向村民会议负责。二者的区别在于：

（1）性质不同。村民会议是由全体村民直接进行表决，属于直接民主；村民代表会议由村民推选出来的代表代为发表意见，属于代议民主。

（2）权力大小不同。村民会议有权研究决定本村的全部涉及整体利益的重大事项，村民代表会议只能在村民会议的授权范围内行使职权，村民会议有权否决村民代表会议作出的不适当的决定。

（3）组成人数不同。所有成年村民都有权参加本村村民会议，而村民代表会议只由村民代表组成。

3. 村民委员会与乡政府的关系。村民委员会协助乡、民族乡、镇的人民政府开展工作。乡、民族乡、镇的人民政府对村民委员会的工作给予指导、支持和帮助，但是不得干预依法属于村民自治范围内的事项。

第二节　村务公开

村务公开，是指村民委员会将涉及本村村民重大利益的事项和村民委员会的工作开展情况向全体村民进行公开告知，接受村民的管理和监督。因为村务公开与家庭承包、统分结合的双层经营体制相契合，所以一直以来被各级党委政府倡导和推广。加强村务公开工作的范围和力度，有利于保障村民民主权利的实现，有利于加强基层的民主政治建设，树立巩固基层政权威信，是促进基层党风廉政建设一项重要制度保障，也是广大村民评判农村党风、政风好坏的一个重要方面。村民要求公开的内容，村委会应及时公布。为了防止村务公开流于形式，法律赋予村民对公开的内容有监督权，可以对公开的内容提出质疑，对存在的问题提出意见和建议等。

一、村务公开的内容

《村民委员会组织法》第 30 条规定：村民委员会实行村务公开制度。村民委员会应当及时公布下列事项，接受村民的监督：由村民会议、村民代表会议讨论决定的事项及其实施情况；国家计划生育政策的落实方案；政府拨付和接受社会捐赠的救灾救助、补贴补助等资金、物资的管理使用情况；村民委员会协助人民政府开展工作的情况；涉及本村村民利益、村民普遍关心的其他事项。

由于村务公开直接关系到农民朋友的切身利益，所以只要是属于群众关心的问题，农民群众要求公开的重大问题，比如将土地征用补偿及分配农村机动地和“四荒地”发包、村集体债权债务、税费改革和农业税减免政策、村内“一事一议”筹资筹劳、新型农村合作医疗、种粮直接补贴、退耕还林还草款物兑现，以及国家其他补贴农民、资助村集体的政策落实情况，这些都应该进入村务公开的内容。只有这样做了，才能一方面切实维护农民群众的切身利益，加大农民群众对村委活动的监督、支持；另一方面也可以使村务公开化，提高村委的办事效率和公开公正。

二、财务公开的要求

村中财务是十分容易出现问题的部分，也是农民朋友非常关心的部分，直接关系到农民朋友的切身利益，是村务公开中极为重要的内容。故而要加强对村财务的监督力度，对村财务监督不严有可能产生村委会成员滥用职权，私自占用、挪用村集体财务的现象，严重的还会构成贪污、受贿、挪用公款罪等。因此，要把财务公开作为村务公开的重要方面，村里都有哪些收入，都有哪些支出每笔钱都是怎么花的，是否花之合理，用之必须，要让村民清楚明白，给予监督。所以，所有收支必须逐项、逐笔公布明细账目。虽然近年来一些地方在财务公开方面进步很大，逐步地走上规范化、制度化、法治化的道路，但是仍有一些地方的干部公开的意识不强、意愿不足，公开不全面、不及时，妨碍了村民了解具体情况。

为了加强对农村集体财务活动的管理和民主监督，促进农村经济发展和农村社会稳定，《村民委员会组织法》规定，一般事项至少每季度公布一次，集体财务往来较多的，财务收支情况应当每月公布一次；涉及村民利益的重大事项应当随时公布。

农业部、监察部联合下发的《农村集体经济组织财务公开规定》，就村级财务公开的内容做了详细规定，主要包括以下几个方面：

第一，财务计划。包括财务收支计划；固定资产购建计划；农业基本建设计划；公益事业建设及“一事一议”筹资筹劳计划；集体资产经营与处置、资源开发利用、对外投资等计划；收益分配计划；经村集体经济组织成员会议或成员代表会议讨论确定的其他财务计划。

第二，各项收入。包括产品销售收入、租赁收入、服务收入等集体经营收入；发包及上交收入；投资收入；“一事一议”筹资及以资代劳款项；村级组织运转经费财政补助款项；上级专项补助款项；征占土地补偿款项；救济扶贫款项；社会捐赠款项；资产处置收入；其他收入。

第三，各项支出。包括集体经营支出；村组（社）干部报酬；报刊费支出；办公费、差旅费、会议费、卫生费、治安费等管理费支出；集体公益福利支出；固定资产购建支出；征占土地补偿支出；救济扶贫专项支出；社会捐赠支出；其他支出。

第四，各项资产。包括现金及银行存款；产品物资；固定资产；农业资产；对外投资；其他资产。

第五，各类资源。包括集体所有的耕地、林地、草地、园地、滩涂、水面、“四荒地”、集体建设用地等。

第六，债权债务。包括应收单位和个人欠款；银行（信用社）贷款；欠单位和个人款；其他债权债务。

第七，收益分配。包括收益总额；提取公积公益金数额；提取福利费数额；外来投资分利数额；成员分配数额；其他分配数额。

第八，其他需要公开的事项。

关于财务公开的形式。主要有张榜公布，书面公布，多媒体形式公布。对于采用何种形式公开公布合适，一般采用张榜公布的方式。但对以下两项内容，法律法规作出特殊要求，即必须书面公布到户。一项为集体专业承包地、鱼塘、荒滩、林地等集体资产的承包金、一事一议、筹资筹劳，及以资代劳总额和各户情况；另一项则是每户与集体发生的经济往来；三是采用会议、广播、电子专栏等多媒体形式，对一些重大经济项目和年度工作任务完成情况，予以公布，使之公开透明，让村民及时知晓一些重大项目进度和完成情况。

关于财务公开的时间。凡涉及村民利益的重大问题要及时公开，日常的财务收支每季度至少公开一次，在财务活动比较密集的情况下要每月进行公布；对于一些重大项目或需用时较长的经济活动成果，要分阶段公布进展中的财务情况，待项目完成后公布总体情况。

关于财务公开的程序。要推进村级财务公开事项由办理结果公开到事前、事中、事后全过程公开。具体可分四个阶段：一是公开前审议阶段。村委会按照统一要求，广泛收集和听取村民意见，整理、准备好财务公开内容；对财务公开的内容，须由乡镇代理记账人员填写专门的财务公开表格，经民主理财小组审查，村主任、民主理财小组组长和村会计签字后，报乡镇农经部门审核认可。二是公开阶段。公开的内容要遵循“真实可靠、全面完整、清晰易懂”的原则，以合适、规范的形式公布，每次公开都应以适当的方式通知农户。三是收集群众意见和处理落实阶段。村主要负责人应安排专门的时间，接待群众来访，解答群众提出的问题，听取群众的意见和建议。对群众在财务公开中反映的问题要及时解决，一时难以解决的，要作出解释。四是收集整理资料向乡镇报告阶段。村收集整理好每期财务公开的有关资料，按照要求向乡镇财务公开领导小组报告。

三、村务公开的监督

村务公开的内容都是农民朋友极为关心的，而且直接关系到他们的切身利益。故而，村务公开内容的真实性，村委会要接受村民的查询就显得非常必要了。村民对村务公开享有的监督权包括：

有权对所公布的财务账目提出质疑；有权委托民主理财小组查阅审核有关财务账目；有权要求有关当事人对有关财务问题进行解释或解答；有权逐级反映村务公开中存在的问题，提出意见和建议。

村民委员会不及时公布应当公布的事项或者公布的事项不真实的，村民有权向乡、民族乡、镇人民政府或者县级人民政府及其有关主管部门反映，有关政府机关应当负责调查核实，责令公布；经查证确有违法行为的，有关人员应当依法承担责任。

可见，农民朋友要积极地关注村里的政务，对村委会进行监督，保持村务公开的透明度，才能从根本上维护自身的利益。

第三节　村民委员会的选举与罢免

选举权和罢免权是村民自治权利的重要组成部分。拥有选举权与罢免权是村民自治权利的主要表现，也是农民表达意愿、化解矛盾、调整利益关系的重要途径。村民的选举权与罢免权是否具有普遍性、真实性和制度保障性，关系着农民的地位与福祉。只有保证农民选举权和罢免权的顺利行使，村民自治制度才能充满活力，才能发挥积极效力。也只有这样，基层农村民主才能实现，农民的利益才能得到重视和维护。只有依照法律的规定，严格依法行使权利，才能保障村民选举权和罢免权的顺利实现。下面介绍一下我国法律中关于选举权和罢免权的规定。

一、村民委员会的选举

选举权是指我国公民依照法律规定享有参加选举全国和地方各级人大代表的各项活动的权利，包括参加提名代表候选人，参加讨论、酝酿、协商代表候选人名单，参加投票选举等。根据《村民委员会组织法》第13条的规定，年满18周岁的村民，不分民族、种族、性别、职业、家庭出身、宗教信仰、教育程度、财产状况、居住期限，都有选举权和被选举权；但是，依照法律被剥夺政治权利的人除外。可见，《村民委员会组织法》采用列举的方式指出了不能限制选举权的9个方面，根据“法不禁止即自由”的原则，《村民委员会组织法》给予了地方性法规在设定被选举权条件方面适度的自由空间，只要符合条件的农民都有选举权。村民委员会的选举工作是一个村的重大事件，一个优秀的村委会领导班子可以起到龙头作用，为村民办实事，带领村民走向富裕的道路，因此每个村民有权利也有义务选举自己信任的村委会成员。

近年来，村民委员会选举工作在全国各地农村深入开展，对保障村民实行自治、发展农村基层民主发挥了重要作用。但有的地方的村民委员会选举竞争行为不规范、贿选现象严重，影响了选举的公正性；有的地方没有严格执行村民委员会选举的法律法规和相关政策，影响了村民的参与热情；有的地方对村民委员会选举中产生的矛盾纠纷化解不及时，影响了农村社会稳定。[①] 所以，规范选举就显得无比重要，而农民群众在这种选举监督中发挥着主要作用，这样就有必要了解选举的相关法律程序。

1. 村民委员会的投票原则。根据《村民委员会组织法》有关规定，选举村民委员会，由登记参加选举的村民直接提名候选人。村民提名候选人，应当从全体村民利益出发，推荐奉公守法、品行良好、公道正派、热心公益、具有一定文化水平和工作能力的村民为候选人。候选人的名额应当多于应选名额。村民选举委员会应当组织候选人与村民见面，由候选人介绍履行职责的设想，回答村民提出的问题。选举村民委员会，有登记参加选举的村民过半数投票，选举有效；候选人获得参加投票的村民过半数的选票，始得当选。当选人数不足应选名额的，不足的名额另行选举。另行选举的，第一次投票未当选的人员得票多的为候选人，候选人以得票多的当选，但是所得票数不得少于已投选票总数的1/3。选举时，设立秘密写票处。选举实行无记名投票、公开计票的方

① 参见《中共中央办公厅、国务院办公厅关于加强和改进村民委员会选举工作的通知》。

法，选举结果应当当场公布。

2. 村民委员会的选举程序。任何一项工作的顺利进行都离不开程序的保障。在民主选举中，程序还有一项重要的作用就是保证结果的公正。由于程序公正对结果公正具有重要的作用，即村民委员会选举的程序合法公正，选举结果才能有效。我国法律对于选举的程序做了严格的规定。

（1）成立村民选举委员会。经村民会议，或者各村民小组，或者村民代表会议推选，产生村民选举委员会。村民选举委员会负责选举期间的日常工作，行使职能一直到村民委员会选举结束。

（2）公布选民名单。有选举权和被选举权的村民名单会在选举日的20日以前进行公布。名字在名单当中，但本人在外地在选举日不能回村进行投票的，可以委托自己信任的其他村民代为投票，但需要办理书面委托手续。这种委托形式既可以是文字、书信，也可以是电报、录音、微信、通讯记录等。有了委托凭证，即视为委托关系成立，且经村民选举委员会批准后才可代为投票。被委托的人必须亲自投票，不得将选民委托投票再“委托”他人投票，并且不能接受超过3人的委托。

（3）进行投票。村民投票可以作出四种选择：第一种是投赞成票，但投票赞成的人数不能超过应选人数，否则无效。第二种是投反对票，对候选人可以部分反对，也可以全部反对。第三种是另选其他村民。对部分候选人不同意或者对全部候选人不同意，可以另选其他选民。第四种是弃权，对全部候选人或者部分候选人都可以弃权。领取选票后，既不填写也不投票或者投空白选票的，即视为全部弃权。

（4）进行计票。投票结束后，选举工作人员首先应清点收回的选票数。选举所投的票数多于投票人数的，选举无效；等于或少于投票人数的，选举有效。接着向选民宣布本次投票收回的选票数是多少张，是否符合法律规定，本次投票选举是否有效。然后，选举工作人员再检验每张选票是有效票、废票，还是弃权票，并向村民报告本次选举收回的选票中，有效票多少张、废票多少张、弃权票多少张。

计算选票时，如果发现从票箱里取出的选票多于发出的选票总数（即投票人数），这意味着有人多投了票、投了假票或者有其他舞弊的行为，选举应无效。如果开箱取出的选票少于发出的选票总数，可能有人领票后未投票，则该次选举仍然有效。如果票箱中的选票数量和发出的选票数量相等，属于正常情况，选举有效。如果选票选举的人数少于应选人数，也属正常情况，选举有效，如果选票选举的人数多于应选人数，则可能存在弄虚作假等情况，选票必须作废。这是因为在选举中，应选人数是确定的，是由村民委员会成员的职位数决定的。如果选票上所选的人数多于应选人数，那么，在计票中就无法判定该张选票究竟要选举谁为村民委员会成员。因此，该张选票只能作废票处理。对于因涂改、揉搓等无法辨认是赞成、反对，还是另选其他选民的，经监票人认定，同样作废票处理。但废票仍然计入选票总数。这里的“废票”应是特指全部无法辨认的选票。可以辨认的部分有效，无法辨认的部分无效。如果监票人对认定结果有分歧，全体监票人在各自辨认的基础上，经过表决形成最终的认定结果。

3. 选举监督。选举的公平公正离不开有效的监督。选举监督是村民委员会选举工作中的一个重要环节和重要内容，是防止和克服选举中可能发生的各种违法现象，保证村民选举工作依法进行和村民委员会选举质量的重要保障。选举监督按监督主体分类可以分为两种：

（1）县乡机关的监督。在村委会换届选举中，由县级人大及其常委会和乡级人大及其主席团，组织同级人民政府及民政部门等，始终地参加村委会换届选举的领导和监督。首先成立换届选举领（指）导小组，对村民委员会的选举工作进行领导、监督。从选举程序上，依时间阶段，可划分为前、中、后三个阶段。①前阶段。是在选举程序启动的同时，就由领导小组组成、建立特定问题调查委员会，对村民在选举中的申诉、检举、控告或者根据村民委员会换届选举领（指）导小组在工作中发现的问题组织特定调查。②中阶段。听取汇报和质询，即县乡两级人大应听取同级人民政府关于村民委员会选举工作的汇报，对选举中的重大问题提出质询，两级政府及其职能部门必须到会予以回答。③后阶段。检查，即村民委员会选举工作结束后，县乡两级机关应当派出工作组或者检查组，对选举工作的每一个阶段是否严格依法执行，进行事后监督。总之，通过以上三个阶段的工作，确保村委会换届选举工作的质量和成功。

（2）选民监督。法律赋予选民资格的公民，具有双重身份，既是选举的参与者，又是选举的监督者，既可以作为选举人和被选举人参加选举活动，又可以对选举活动进行监督。选民监督主要通过以下方式：①提出选民资格诉讼。选举权和被选举权是我国宪法赋予公民的一项重要的政治权利。根据《选举法》规定，选举前，应当按选区进行选民登记，并在选举日前30日公布选民名单，发给选民证。公民对选举委员会公布的选民资格名单有不同意见的，可以向选举委员会提出申诉。选举委员会对申诉必须在3日内依法作出决定。申请人如果对申诉决定不服，可以向人民法院起诉。以此为根据，民事诉讼法还规定了人民法院审理选民资格案件的不同于普通诉讼程序的特别程序。《选举法》虽然未对村民选举中出现的问题作出具体规定，但为保证广大选民选举权的实现，借鉴其上位法的相关规定也是切实可行的。②对于村民选举委员会和乡级人大及同级人民政府的违法指导，可向县级人大常委会和人民政府及其有关主管部门举报。选举活动中的违法违纪行为，选民可以向选举委员会或者人大、政府进行反映、举报。③对于其他选民在选举中的违法行为，向乡镇人大和人民政府或者县级人大常委会和人民政府及其有关主管部门举报。[①]

二、村民委员会的罢免

选举权体现的是如何实现人民当家作主的权利，而罢免权体现的是如何保障人民当家作主的权利。村民委员会成员的罢免是指在村民委员会成员的任期届满之前，选民用以撤免其职务的行为。它是民主选举制度的重要组成部分，是基层民主政治参与的重要途径及村民自治的重要体现。选民享有罢免权，这和选举权是互相对应的，既然有权选举就有权罢免，正如一个硬币的两面。罢免权的存在对村委会成员形成了监督和制约，使村民委员会成员的意志和行为不敢轻视民意、亵渎民意，其玩忽职守、滥用职权、粗鲁专断、罔顾村民利益的行为，就能够实现有效遏制和减少。同时，也保证村民委员会及其成员的工作更加符合广大

---

① 参见《全国人民代表大会和地方各级人民代表大会选举法》。

村民意愿。罢免权只有本村村民可以享有，其他任何组织和个人都无权罢免或撤换村民委员会成员。有权提出罢免要求的村民是指那些有选举权和被选举权的本村村民。未成年人和被剥夺政治权利的村民无权提出罢免村民委员会成员的要求。因为罢免是村内政治生活中的一件大事，会对相关人员和村委会工作产生重大影响，因此必须遵守严格的条件和程序。

1. 关于罢免的条件。本村 1/5 以上有选举权的村民联名，并且有充足的理由，才能启动罢免程序。对于下列行为的，村民可以提出罢免要求：

（1）违反党的路线、方针、政策的。

（2）违反国家的法律法规的。

（3）滥用职权、玩忽职守、以权谋私，造成重大损失或产生恶劣影响的。

（4）无正当理由长期不参加村民委员会工作的。

（5）连续两次被民主评议为不称职的。

2. 关于罢免的程序。罢免村民委员会成员，必须按以下程序进行：

（1）提出罢免案。采用书面形式向村民委员会和乡级政府同时提出罢免要求，写明罢免理由并签名。

（2）被提出罢免的人进行申辩。村民委员会收到罢免要求后，应当将罢免理由通知被提出罢免的人，告知其有申辩的权利。对于提出罢免的人员姓名等信息，应当保密。

（3）调查核实。乡级政府接到村民罢免要求后，应当在 10 日内派人到村调查核实罢免理由。罢免理由不成立的，应告知提出罢免要求的村民相关情况；罢免理由成立的，应当召开村民会议投票表决罢免要求。

（4）投票表决。罢免会议应在接到罢免要求后的 1 个月内召开，由本村有选举权的村民参加，并在过半数的有选举权的村民同意时通过。

（5）备案。罢免决议通过后，收回当选证书，报乡镇政府备案。村民委员会成员在任期内被依法追究刑事责任或者被劳动教养的，其职务自行终止，不再启动罢免程序，直接报乡镇政府备案。

三、破坏选举应承担的责任

以威胁、贿赂、伪造选票等不正当手段，妨害村民行使选举权、被选举权，破坏村民委员会选举的，村民有权向乡、民族乡、镇的人民代表大会和人民政府或者县级人民代表大会常务委员会和人民政府及其有关主管部门举报，有关机关应当负责调查并依法处理。[①] 非法的选举行为以及其他干扰甚至阻碍选举正常进行的行为是要受法律制裁的。选举的违法行为主要有以下四种：

1. 以暴力、威胁、欺骗、贿赂、伪造选票等不正当手段，妨害选民行使选举权，破坏村民委员会选举的行为。“暴力”是指对选民、候选人、选举工作人员进行人身攻击或实行强制，如殴打、绑捆等，也包括以暴力扰乱选举场所，使选举无法正常进行等情况。“威胁”是指以杀人、伤害、毁坏财产、破坏名誉等手段进行要挟，迫使选民、候选人、选举工作人员不能自由行使选举权和被选举权或者在选举工作中不能正常履行组织和管理职责。“欺骗”是指捏造事实、颠倒是非，并加以宣传，以虚假的事实扰乱正常的选举活动，影响选民、候选人自由地行使选举权和被选举权。“贿赂”是指用金钱或者其他物质利益收买选民、候选人、选举工作人员违反自己的意愿参加选举或者在选举工作中进行舞弊活动：“伪造选票”是指假冒选民的名义，伪造选票来破坏选举。除此之外，还有“虚报选举票数”，是指选举工作人员对统计出来的选票数、赞成票数、反对票数、弃权票数等进行虚报、假报的行为。行为人通过上述不正当手段，为达到破坏村民委员会选举的目的，实施的行为危害治安管理的，依照《中华人民共和国治安管理处罚法》（以下简称《治安管理处罚法》）进行处罚；触犯了《刑法》的，依照《刑法》进行定罪量刑。如故意杀人罪、故意伤害罪、聚众扰乱社会秩序罪等，由司法机关依照《刑法》的规定，追究行为人的刑事责任。这里需要明确的是，破坏村民委员会选举的犯罪行为，不应以“破坏选举罪”论处，即不适用刑法第 256 条的规定。因为刑法第 256 条规定的“破坏

① 参见《村民委员会组织法》第 17 条。

选举罪”，侵犯的客体是选举各级人民代表大会代表和国家机关领导人员的选举活动，不包括村民委员会的选举。但是，为了保护村民的选举权和被选举权不受侵犯，对破坏村民委员会选举的行为或在选举中进行违法活动造成破坏后果的行为，构成犯罪的，由司法机关依照刑法的有关规定追究刑事责任。

2. 调整、变更村民委员会成员候选人或者指定、委派、撤销村民委员会成员的行为。选民依法直接提名并通过预选产生的候选人，任何组织和个人不得调整或者变更。否则，即构成违法。村民委员会的成员应当由选民直接选举产生或者依法罢免，任何组织或者个人不得指定、委派、撤换村民委员会成员。在选举结果产生前指定、委派村民委员会成员，或者在选举结果产生后，指定、委派、撤换村民委员会成员，都是违法行为。这些行为的主体多为村民选举委员会成员或者其他利用工作、职务便利的人员。由于这些行为违法程度较轻微，尚不具备治安管理处罚的要件，也未构成犯罪，所以不应给予治安处罚和刑事处罚。因此，对这类违法人员，由有关机关对直接责任人员给予纪律处分。

3. 对检举村民委员会选举中违法行为的村民或者提出罢免村民委员会成员的村民进行压制、报复的行为。对村民进行压制、报复的行为人，要根据其情节和后果，依照法纪严肃处理。

4. 破坏村民委员会选举的其他违法行为。指除上述三项所列违法行为以外的其他破坏村民委员会选举的行为。如冒领、多领选票，以不正当方式拉选票，以家族、宗派势力干扰选举，等等。

案　例

1. 怀疑选举过程中有人伪造选票是否可以用暴力妨碍选举?

在某村委会换届选举会场，选民李某因其支持的候选人未能当选，遂以有人伪造选票、选举结果无效为由，将选民名单撕毁，又用木凳砸坏投票箱，把箱内选票烧掉。选委会主任张某和指导选举工作的镇干部赵某上前阻拦时，李某纠集几名村民用木凳将张某砸伤，又用板凳砸赵某腰部，造成会场秩序混乱，选举工作被迫停止。经鉴定，张某的伤情为轻微伤。公安机关以李某等人破坏选举秩序为由处以行政拘留10日的处罚。

分析

《村民委员会组织法》第17条规定，以暴力、威胁、欺骗、贿赂、伪造选票、虚报选举票数等不正当手段当选村民委员会成员的，当选无效。对以暴力、威胁、欺骗、贿赂、伪造选票、虚报选举票数等不正当手段，妨害村民行使选举权、被选举权，破坏村民委员会选举的，村民有权向乡、民族乡、镇的人民代表大会和人民政府或者县级人民代表大会常务委员会和人民政府及其有关主管部门举报，由乡级或者县级人民政府负责调查并依法处理。《关于进一步做好村民委员会换届选举工作的通知》中指出，对以暴力、威胁、欺骗、贿赂、伪造选票等违法手段破坏选举或者妨碍选民依法行使选举权和被选举权的，以及对控告、检举选举违法行为的人进行压制、迫害的，要根据情节轻重分别给予查处，构成违反治安管理行为的，由公安机关依法处理。《管理处罚法》第23条规定："有下列行为之一的，处警告或者200元以下罚款；情节较重的，处5日以上10日以下拘留，可以并处500元以下罚款。……（五）破获依法进行的选举秩序的。"据此，公安机关以李某等人破坏选举秩序为由处以行政拘留10日的处罚。可见，选民李某如怀疑选举过程中有人伪造选票，妨害选民行使选举权和被选举权的，应依法向有关部门检举、控告，不能以暴力破坏选举秩序。

2. 村民委员会有权决定向村民集资修建水窖吗？

西南某村十年九旱，是干旱重灾区。为了解决生产生活用水问题，村民委员会主任老王决定修建水窖，改善干旱状况。于是，村民委员会讨论决定全体村民集资修水窖，根据村民家里人口多少，每户出资1000～2000元。由于村民们本来经济就十分困难，村民委员会的这一决定遭到了许多村民的抵制。

分析

村民委员会是村民自我管理、自我教育、自我服务的基层群众性自治组织。村民委员会在发展本村经济的过程中，可在兴建公益事业等项目上通过村民会议的讨论决定，向村民筹措经费。而《村民委员会组织法》第24条第3项规定，本村公益事业的兴办和筹资筹劳方案及建设承包方案，必须经过村民会议讨论决定方可办理。根据上述规定，村民委员会的决定必须经过村民会议的讨论通过，才可以实施，即必须遵循严格的村民会议的决议程序，得到全体村民的同意。

本案中，村民委员会主任老王修水窖的出发点是好的，但违反了《村民委员会组织法》的规定。村民委员会未经村民会议讨论决定，擅自向村民们筹建集资款，没有遵循相关的民主决议程序，超越了自身职权，因而也没有得到村民们的支持。所以未经村民会议讨论决定，村民委员会是无权向村民集资修建水窖的。

3. 村委会是否有权决定土地补偿款的分配方案？①

甲村150亩耕田和15亩桑树田被征用，因被征用土地不涉及农业人口安置，无安置补助费，甲村只获得青苗费和土地补偿费共150万元。村委会召集该村村民，通过民主程序对土地补偿款的分配作出了决议，因桑树田未签订承包合同，村民一致决定按照各户耕田占总耕田亩数的比例进行分配，未将青苗费、土地补偿费区分进行补偿，各户均在协议上签字确认。乙系该村村民，其认为自己代其他7户村民种植了桑树田，理应取得自己种植桑树田及代种其他7户桑树田的青苗费，在与村委会交涉无果的情况下，诉至法院，要求甲村给付自己以及代种7户的桑树田青苗费。甲村委认为分配方案已经通过民主议定程序，且乙已经进行签字确认，不同意另外支付原告种植桑树田的青苗费。

分析

我国设置青苗费的目的是对财产所有人财产损失的补偿，应归实际耕种人所有。《村民委员会组织法》第27条规定：村民会议可以制定和修改村民自治章程、村规民约，并报乡、民族乡、镇的人民政府备案。村民自治章程、村规民约以及村民会议或者村民代表会议的决定不得与

① 参见2013年国家司法考试案例。

宪法、法律、法规和国家的政策相抵触，不得有侵犯村民的人身权利、民主权利和合法财产权利的内容。村民自治章程、村规民约以及村民会议或者村民代表会议的决定违反前款规定的，由乡、民族乡、镇的人民政府责令改正。可见，法律赋予村民委员会的自治权利，前提是不侵犯村民个人的人身、财产等各项权利。村委会作为村民自治组织，按照村民的意见，未将青苗费、土地补偿费区分进行补偿，并讨论通过了分配方案，乙未提出异议并签字确认，故该项决议应当是合法有效的，在村民自治范畴之内。乙向村委会要求获得其代种其他村民桑树田的青苗费的请求不能支持。乙代种其他村民桑树田，并未得到村委会的认可，村委会有理由不将代种桑树的青苗费直接分配给乙。村委会按照分配协议进行分配，是村民意愿的体现，没有过错；同时按照分配协议，代种桑树田的青苗费已经分配给被代种的村民，如果乙与其他村民之间有约定，可以依据约定获得该部分的青苗费。这是两个法律关系。可见，村委会作为基层自治组织，在无法确定种植面积的情况下，可以在不侵犯村民权利的基础上，通过民主决议进行青苗费的分配，以充分发挥村民自治的法制精神。

4. 乡政府是否有权任免村主任？

刘某华以过60%的票数当选某省某某村村主任。然而，仅仅4个月后，刘某华的村主任一职就被“暂停”，原因是该村有3位村民建房超标，乡党委、乡政府给予处罚，提议对其免职。刘某华将某乡政府诉至某区人民法院，要求人民法院确认乡政府在未经法定程序免去其村主任职务的情况下，指定他人代行职权的行为违法。

分析

某区人民法院公开审理此案。某乡政府辩称，这一被诉行为是乡政府的内部工作安排，具有不可诉性。因为这一行为不会对原告的权利义务产生实际影响，对外不产生法律效力，同时根据行政诉讼法第13条规定，人事奖惩和任免等决定是排除在行政诉讼受案范围之外的。实际对刘某华职务身份作出处理的是乡党委，乡党委发文对乡政府、村委相关责任人作出处理决定，而这一行为是建议，不是实质处理行为。

某区人民法院作出一审判决：确认某乡政府在未经过法定程序免去刘某华村委会主任职务的情况下，指定他人代理村委会主任的行为违法。

村民委员会主任作为村民委员会的重要组成人员，在村民自治体系中处于领头羊的地位。村民的自治权，特别是作为村民自治重要核心的村民委员会成员的选举罢免，必须由村民依法自我行使，由村民会议决定，即便是乡党委和乡政府也不得干预。因此，某乡政府提议罢免并直接指定他人代理村主任职务的行为违反了《村民委员会组织法》的规定，显然不具有合法效力。

5. 乡政府指导村民委员会选举的行为是否具有可诉性?①

某村举行村民委员会选举，由乡政府负责指导、监督村民的选举活动。但村民彭某认为选举活动程序违法，没有严格按照《某市村民委员会选举办法》规定进行，选举结果无效。于是向法院提起行政诉讼，要求确认乡政府指导村民选举程序违法，并确认选举结果无效。

分析

根据《村民委员会组织法》第5条的规定，乡镇人民政府与村委会的工作关系是指导、支持和帮助的关系，乡镇政府对村委会无直接领导权，村委会对乡镇政府负有协助工作的义务。乡镇政府只是指导村民选举委员会的选举活动，而没有作出具体的行政决定。同时，根据《最高人民法院关于执行〈中华人民共和国行政诉讼法〉若干问题的解释》第一条的规定，“不具有强制力的行政指导行为”不在行政诉讼范围之内。乡政府的指导选举行为只是为了选举活动正常有序地进行，指导村民完成选举是乡政府的一项义务，没有对任何公民权利产生实质性影响。因此，本案乡政府指导村民选举委员会进行选举的行为不具有可诉性。

① 参见刘宏、吴平：《乡政府指导村民委员会选举的行为不具可诉性》，《人民法院报》2015年2月4日。

第三章 农民土地权益的法律保障

第一节 集体土地所有权

一、集体土地所有权的概念

我国是一个传统的农业大国，中央政府曾多次强调“三农”问题的重要性，“坚持把解决好‘三农’问题作为重中之重，实行工业反哺农业、城市支持农村，推进社会主义新农村建设”。然而，“面朝黄土背朝天”的传统经营耕作模式至今还在农村延续。随着我国经济的迅速发展和城市化进程的加快，城乡差距进一步拉大，因而“三农”问题尤显重要。而其中土地问题又无可争议的是其根本。

土地所有权，是我国民法典立法和物权立法所要解决的一个重要问题。而农村集体土地所有权问题更是当前亟须在法律上进行调整解决的核心。评价中国物权立法成败得失的一个关键点就是对农村土地问题的解决。中国农村未来的发展在很大程度上取决于土地问题的解决。明晰农村集体土地所有权主体，明确和完善集体土地所有权的行使，充分尊重和保障集体土地所有权的权益，实现土地资源的优化配置，关系中国现代化进程中深化土地使用制度改革，保护农民切身利益，推动社会经济发展，维护社会稳定和建设社会主义和谐社会的大局。

集体土地所有权，是指农村集体经济组织对依法属于其所有的土地享有的占有、使用、收益、处分的权利。占有是指农村集体对土地的实际控制；使用是指在法律规定的范围内，农村集体可以按照自己的意志使用土地；收益是指农村集体可以通过对土地的使用等获得经济利益；处分是所有权的核心，决定着土地的归属，如农村集体在符合法定的条件时，可以通过法定的程序将其所有的土地转让给国家。

二、集体土地所有权的特征

农民朋友有必要先对集体土地所有权的特征有所了解，其特征包括：

1. 集体土地所有权享有所有权的各项权能，即占有、使用、收益、处分权。根据《中华人民共和国物权法》（以下简称《物权法》）第40条的规定，所有权人可以在自己所有的不动产或者动产上设定用益物权和担保物权。用益物权是物权的一种，是指以一定范围内的使用、收益为目的，非所有人对他人之物所享有的占用、使用、收益的排他性的权利。比如，土地承包经营权、建设用地使用权、宅基地使用权、地役权、自然资源使用权（海域使用权、探矿权、采矿权、取水权和使用水域、滩涂从事养殖、捕捞的权利）。担保物权，是与用益物权相对应的他物权，指为确保债权的实现而设定的，以直接取得或者支配特定财产的交换价值为内容的权利。也就是说，在借贷、买卖等民事活动中，债务人或者第三人将自己所有的财产作为履行债务的担保。所有权包括占有、使用、收益处分四项权能，但是用益物权和担保物权只享有占有、使用、收益等部分权能，因此所有权被称为完全物权，用益物权和担保物权被称为限制物权。

2. 集体土地所有权的主体是农村集体。农民集体所有的土地依法属于村民集体所有，由村集体经济组织或者村民委员会作为所有者代表经营、管理。根据《物权法》第60条和《土地管理法》第10条的规定，农村集体包括三种形式，即村农民集体、村以下农村集体经济组织和乡镇农民集体。除此之外，不存在其他的主体。

3. 集体土地所有权有特定的客体范围。根据《物权法》第58条的规定，集体所有权定义中的不动产和动产主要包括以下几类：

（1）法律规定属于集体所有的土地和森林、山岭、草原、荒地、滩涂。

（2）集体所有的建筑物、生产设施、农田水利设施。

（3）集体所有的教育、科学、文化、卫生、体育等设施。

（4）集体所有的其他不动产和动产。

4. 集体所有的土地包括宅基地、自留地和自留山。《宪法》第10条规定，城市的土地属于国家所有。农村和城市郊区的土地，除由法律规定属于国家所有的以外，属于集体所有；宅基地和自留地、自留山也属于集体所有。

5. 农村集体所有的土地。这些土地可分为两类：一类是农业用地，包括耕地和其他用于种植业、林业、畜牧业和渔业生产的土地，也包括为农业生产服务的水库等配套设施用地；一类是非农业用地，包括宅基地、乡镇公共设施用地等。

农民朋友在理解集体土地所有权时要注意：一是中华人民共和国的土地所有权属于国家或集体，私人不能成为土地所有权的主体。二是国家禁止买卖土地，集体所有的土地可以通过征收等法定程序转让给国家，如果集体放弃其土地所有权，土地所有权自动归国家所有。

三、集体土地所有权的登记

根据我国《物权法》的规定，除国家所有的自然资源的所有权不需要登记外，其余不动产物权的产生、设立、转让和消灭，都应当到有关部门办理登记。土地作为不动产，其物权变动也应当办理登记。《土地管理法》规定：农民集体所有的土地，由县级人民政府登记造册，核发证书，确认所有权。农民集体所有的土地依法用于非农业建设的，由县级人民政府登记造册、核发证书，确认建设用地使用权。土地登记可以明确土地归谁所有，是处理土地权属争议和土地纠纷的重要依据。由于历史原因，目前全国大部分地区尚未颁发集体土地所有权证书，这是造成土地权属纠纷的一个重要原因。

集体土地所有权登记分为两种：初始登记和变更登记。农村集体刚获得土地所有权的，应当办理初始登记；依法改变土地权属和用途的，应当办理土地变更登记。

集体土地所有权证书是农村集体享有土地所有权的证明。在办理集体土地所有权登记时，要注意如下问题：第一，申请主体是集体土地的所有者，包括村农民集体、村以下农村集体经济组织和乡镇农民集体。

第二，颁发主体是县级以上人民政府土地行政主管部门。第三，农民集体所有的土地依法改变土地用途的，如依法变为非农业用地的，必须向土地所在地的县级以上人民政府土地行政主管部门提出土地变更申请，由原土地登记机关依法进行变更登记，核发集体土地使用权证书。

四、集体土地所有权的行使

集体土地所有权人行使集体土地所有权。集体土地的所有权人是所有的集体成员，但要求所有的成员共同行使集体土地所有权是不现实的，需由一定的组织代表农民集体行使所有权。同时，鉴于集体土地所有权的特殊性，在行使所有权时也应受到一定的限制。

一般来说，在行使集体土地所有权时应注意：

1. 行使集体土地所有权的主体是分散的。同国家土地所有权不同，国家土地所有权由国务院代表国家行使，而集体所有的土地属于各级劳动群众所有。《物权法》第 60 条和《土地管理法》第 10 条规定，行使集体土地所有权的主体分为三种情况，一是土地属农村农民集体所有的，由村集体经济组织成员或者村民委员会代表集体行使所有权；二是土地分别属于村内两个以上农民集体所有的，由村内各集体经济组织或者村民小组代表集体行使所有权；三是土地属于乡镇农民集体所有的，由乡镇集体经济组织代表集体行使所有权。

2. 集体土地所有权不得随意转让。《宪法》第 10 条和《物权法》第 42 条规定，国家可以征收集体所有的土地，但征收的目的必须是基于公共利益的需要，在征收程序上必须符合法定的条件和程序。集体土地所有权只能通过此种方式转让给国家，禁止以其他形式转让给其他主体。

3. 集体土地所有权不得随意出让。《中华人民共和国城市房地产管理法》（以下简称《房地产管理法》）第 9 条规定，城市规划区内的集体所有的土地，经依法征用转为国有土地后，该国有土地的使用权方可有偿转让。

4. 集体所有土地的用途有严格的限制。《土地管理法》第 43 条和第 63 条的规定，集体所有的土地只能用于农业生产或农民宅基地和兴办乡镇企业等与集体密切相关的建设。

5. 集体土地的地表或者地下的矿产资源均属于国家所有。根据《中华人民共和国矿产资源法》（以下简称《矿产资源法》）第 3 条规定，地表或者地下的矿产资源的国家所有权，不因其所依附的土地的所有权或者使用权不同而改变。这就意味着集体土地的地表或者地下的矿产资源一律属于国家所有，这是法律对集体土地所有权范围的限制。

第二节 集体土地使用权

一、集体土地使用权概念与特征

集体土地使用权，是指农村集体经济组织成员依照法律的规定对集体土地享有的占有、使用和收益的权利，并有权依照法律规定的方式对集体所有的土地进行开发和利用。

集体土地使用权的主体一般是集体经济组织及其成员、集体经济组织设立的企业和公益性组织，是特殊主体。特殊情况下，还包括集体经济组织以外的单位和个人。

目前，中国集体土地使用权的来源有：一是乡（镇）、村企事业集体土地使用权来源：第一，依法使用集体土地（参照国家建设征用土地的标准进行过用地补偿和安置）。第二，1982 年以前通过与被用地单位签订协议使用的集体土地。第三，1962 年以前调用集体土地没有退还的。第四，1982 年以前农民集体自行使用本集体的土地。第五，过去经有关领导批准或同意，并进行一定的土地调整或补偿的。第六，沿用已撤销企业、事业单位闲置的土地。

二是宅基地集体土地使用权来源：第一，集体拨用。第二，私有宅基地转来。第三，通过继承、购买房产使用集体土地。

三是农业用地集体土地使用权来源：第一，与集体签订承包合同。第二，与原承包人（使用人）在集体参与下签订转包合同。第三，承包开发利用集体“四荒”地（荒山、荒沟、荒丘、荒滩）。第四，以拍卖、协议、招标等方式有偿取得集体荒地的开发、使用权。

农民朋友需要了解的集体土地使用权有以下特征：

1. 集体土地使用权的主体是农村集体组织的成员。我国集体土地所有权属于农村集体共同所有，主体具有团体性，将集体土地使用权的主体主要限定为农村集体组织的成员，可以起到保护耕地、防止变更土地用途等作用。

2. 集体土地使用权的形式。集体土地使用权的形式有以下几种：

(1) 宅基地使用权。根据《物权法》第152条，农民有权获得宅基地使用权来建造房屋。农民对其在农村依法所有的房屋的宅基地享有使用权。使用权客体的范围一般以房檐滴水线为准，房屋所有权人只对房檐滴水线内的土地享有使用权。对于房屋周围的空地，如果这些空地面积和宅基地面积之和不超过该房主人依法可使用的宅基地面积的最高限额，可以作为宅基地进行使用权登记，但必须在一定期限内（一般为2年）作为宅基地使用；超过面积多占部分，应退还集体耕种。新修房屋，一般应利用原有的宅基地空地和荒地，尽量不占用良田。申请取得宅基地使用权，除经土地所有权人同意外，还须经土地管理部门批准，并按批准的面积和地理位置建房，不得少批多占、批东占西。易地建房的，原宅基地的土地使用权由集体收回。

(2) 土地承包经营权。根据《物权法》第125条，土地承包经营权的本质也是一种土地使用权。

(3) 自留地、自留山的使用权。自留地、自留山是农业合作化以后集体分配给社员长期使用的土地。自留地主要是菜地，自留山主要为解决社员的生活用材。这种使用权形式自确立后一直保持了下来，1982年《宪法》也明确肯定了农民对自留地、自留山的使用权。自留地只能用来种植农作物，自留山只能用来种植林木，未经批准，不得改作他用。

(4) 乡村企业和公用事业用地的使用权。农民兴办乡村企业，或乡、村兴建公用设施需要占用集体所有的土地的，除经集体土地所有权人同意或决定外，根据《土地管理法》第61条规定，还要依据法律规定的程序和方式经过专门的核准审批，土地使用者才能取得土地使用权。利用集体所有的土地兴办乡村企业，土地使用权必须折价作为企业的出资，由土地所有权人依法享有出资的收益。乡村企业终止时，土地使用权由集体收回。

3. 集体土地使用权的期限。《农村土地承包法》第 21 条规定：“耕地的承包期为 30 年，草地的承包期为 30 年至 50 年，林地的承包期为 30 年至 70 年。前款规定的耕地承包期届满后再延长 30 年，草地、林地承包期届满后依照前款规定相应延长。”

4. 集体土地使用权的限制。集体土地使用权在行使时会受到诸多限制。根据《物权法》第 125 条规定，土地承包经营权人依法对其承包经营的耕地、林地、草地等享有占有、使用和收益的权利，有权从事种植业、林业、畜牧业等农业生产。《土地管理法》第 10 条规定：“国有土地和农民集体所有的土地，可以依法确定给单位或者个人使用。使用土地的单位和个人，有保护、管理和合理利用土地的义务。”《土地管理法》第 63 条规定：“土地利用总体规划、城乡规划确定为工业、商业等经营性用途，并经依法登记的集体经营性建设用地，土地所有权人可以通过出让、出租等方式交由单位或者个人使用，并应当签订书面合同，载明土地界址、面积、动工期限、使用期限、土地用途、规划条件和双方其他权利义务。前款规定的集体经营性建设用地出让、出租等，应当经本集体经济组织成员的村民会议 2/3 以上成员或者 2/3 以上村民代表的同意。通过出让等方式取得的集体经营性建设用地使用权可以转让、互换、出资、赠与或者抵押，但法律、行政法规另有规定或者土地所有权人、土地使用权人签订的书面合同另有约定的除外。集体经营性建设用地的出租，集体建设用地使用权的出让及其最高年限、转让、互换、出资、赠与、抵押等，参照同类用途的国有建设用地执行。具体办法由国务院制定。”《土地管理法》第 64 条、第 65 条规定：“集体建设用地的使用者应当严格按照土地利用总体规划、城乡规划确定的用途使用土地。在土地利用总体规划制定前已建的不符合土地利用总体规划确定的用途的建筑物、构筑物，不得重建、扩建。”《土地管理法》第 66 条规定：“有下列情形之一的，农村集体经济组织报经原批准用地的人民政府批准，可以收回土地使用权：（一）为乡（镇）村公共设施和公益事业建设，需要使用土地的；（二）不按照批准的用途使用土地的；（三）

因撤销、迁移等原因而停止使用土地的。依照前款第（一）项规定收回农民集体所有的土地的，对土地使用权人应当给予适当补偿。收回集体经营性建设用地使用权，依照双方签订的书面合同办理，法律、行政法规另有规定的除外。”

二、集体土地使用权转让

为了防止受转让人改变土地的用途，破坏国家的土地利用总体规划，集体土地使用权的转让受到较严格的限制。为合理利用土地，我国法律作出了很多相关规定。《物权法》和《土地管理法》都规定要严格保护农用地尤其是耕地。农业用地在集体内是可以依法转让的，但不得改变其农业用途。建设用地中的宅基地，符合法律规定也可以在一定范围内转让。下面我们了解一下几种类型集体土地使用权的转让。

1. 承包土地的转让。我国《物权法》和《中华人民共和国农村土地承包法》（以下简称《农村土地承包法》）都允许土地承包经营权的流转，这就意味着承包的土地可以依法转让，即转包。由于多种原因，原承包户不愿继续耕种，经发包方同意，进行土地承包权有偿转让。为便于操作管理，根据相互间承包田块的地理位置、远近距离、肥沃程度等也可进行承包互换。

2. 集体内部农业用地的转让。在农业集体内部自愿流转，属于土地使用权在集体内部的自愿调整，有利于农民调剂余缺，并未改变集体土地使用权的性质。但转让以后的土地，不得改变其农业用地的用途。受转让人受让他人土地取得农业用地使用权后，其拥有的土地面积不得超过当地政府规定的最高限额。

3. 荒山、荒滩、荒沟、荒丘的使用权的转让。为促进对“四荒”土地的开发和利用，《物权法》第 133 条规定，可以通过招标、拍卖、公开协商等方式承包荒地等农村土地。这就意味着对“四荒”土地开发和利用的主体不限于农村集体经济组织的成员，任何企事业单位、社会团体、个人都可以开发“四荒土地”，其转让对象也不应受到限制。

4. 集体土地使用权转让用于非农业建设。根据《土地管理法》第 63 条的规定：土地利用总体规划、城乡规划确定为工业、商业等经营性用途，并经依法登记的集体经营性建设用地，土地所有权人可以通过出让、出租等方式交由单位或者个人使用，并应当签订书面合同，载明土地界址、面积、动工期限、使用期限、土地用途、规划条件和双方其他权利义务。

三、用集体土地使用权作抵押

集体土地使用权能否抵押是一个需要探讨的问题。我国对集体土地使用权的转让规定了严格的限制条件，而将集体土地使用权抵押有可能发生使用权转移的后果。因此，我国法律对集体土地使用权的抵押根据不同的情况，作出不同的规定，具体如下：

1. 用于农业生产的集体土地使用权禁止抵押。为了保护耕地和其他农用地，防止耕地数量的减少，防止改变农用地的用途，《物权法》第 183 条明确规定，耕地、宅基地、自留地、自留山等集体所有的土地使用权禁止抵押。

2. 荒山、荒滩、荒沟、荒丘等地的土地使用权在一定条件下允许抵押。《物权法》第 180 条以及《农村土地承包法》第 53 条都作出了有关规定。“四荒”土地的承包方式包括招标、拍卖、公开协商等方式。根据相关法律的规定，“四荒”土地的土地使用权如果用来抵押，需要满足以下条件：一是抵押人必须是合法承包人；二是抵押需经过发包方同意；三是用来抵押的必须确实是荒山、荒滩、荒沟、荒丘等土地的使用权；四是在实现抵押权后，未经法定程序不得改变土地集体所有的性质和土地用途。

3. 乡镇、村企业的土地使用权不得单独抵押。《物权法》第 182 条规定，以建筑物抵押的，该建筑物占有范围内的建设用地使用权一并抵押。乡（镇）、村企业的土地使用权属于非农业的建设用地，允许将乡（镇）、村企业的厂房连同占有范围内的土地使用权一并抵押，可以起到融通资金的作用。但应当注意的是《物权法》第 201 条作出了一定的限制，即以乡（镇）、村企业的厂房等建筑物占用范围内的建设用地使用权一并抵押的，实现抵押权后，未经法定程序，不得改变土地所有权的性质和土地用途。

四、用集体土地使用权出资

用集体土地使用权出资是个复杂的问题。

《物权法》允许集体出资设立有限责任公司、股份有限公司或者其他企业,《中华人民共和国公司法》(以下简称《公司法》)第 27 条规定:“股东可以用货币出资,也可以用实物、知识产权、土地使用权等可以用货币估价并可以依法转让的非货币财产作价出资;但是,法律、行政法规规定不得作为出资的财产除外。”《公司法》所指的作为出资方式的土地使用权仅指国有土地使用权。

《土地管理法》第 60 条规定:“农村集体经济组织使用乡(镇)土地利用总体规划确定的建设用地兴办企业或者与其他单位、个人以土地使用权入股、联营等形式共同举办企业的,应当持有关批准文件,向县级以上地方人民政府自然资源主管部门提出申请,按照省、自治区、直辖市规定的批准权限,由县级以上地方人民政府批准;其中,涉及占用农用地的,依照本法第四十四条的规定办理审批手续。按照前款规定兴办企业的建设用地,必须严格控制。省、自治区、直辖市可以按照乡镇企业的不同行业和经营规模,分别规定用地标准。”

第三节　土地承包经营权

一、土地承包经营权的概念和特点

土地承包经营权是土地承包经营户在其承包期限内依法对集体所有的土地享有占有、经营、使用和收益的权利,是指农村集体经济组织成员在法律规定或者合同约定的范围内享有的,对本村集体经济组织所有的土地、森林、山岭、草原、荒地、滩涂、水面等进行占有、使用和收益、流转等方面权利的总和,就是公民集体对集体所有或国家所有由全民所有制或集体所有制单位使用的国有土地的承包经营权。该项权利的权利主体为公民或集体;权利客体为集体所有土地或国家所有由全民所有制单位或集体所有制单位使用的国有土地；权利内容由合同约定。[1]土地承包经营权是国家对农村土地使用制度进行重大改革的一项根本措施。土地承包经营权是村集体经济组织成员享有的法定权利，任何组织和个人不能剥夺和非法限制农民的该项权利，特别是要保护农村妇女的土地承包经营权。在承包期限内，发包方没有法定的理由不能收回土地。不能以欠缴税费和土地撂荒为由收回农户的承包地，已经收回的要立即纠正，予以退还。《物权法》第125条规定，土地承包经营权人依法对其承包经营的耕地、林地、草地等享有占有、使用和收益的权利。《民法通则》和《土地管理法》对土地承包经营权也都作了明确规定。

土地承包经营权有以下特点：

1. 土地承包经营权的主体是农村集体经济组织内部的农户以及农村集体经济组织以外的单位和个人。根据《农村土地承包法》第3条规定，土地承包经营权的主体有两类：一是农村集体经济组织内的农户，由集体经济组织内部的农户进行的家庭承包；二是农村集体经济组织以外的单位和个人，通过招标、拍卖、公开协商等方式承包不宜采取家庭承包方式的荒山、荒沟、荒丘、荒滩等农村土地。

2. 土地承包经营权的客体是农村土地。根据《农村土地承包法》第2条，农村土地是指农民集体所有和国家所有依法由农民集体使用的耕地、林地、草地，以及其他依法用于农业的土地。

3. 土地承包经营权的目的是进行农业生产。为保护耕地，农户承包的土地不得用于非农建设。

4. 土地承包经营权的内容主要包括对农村土地的占有、使用与收益的权利。承包经营权人对土地的支配方式体现在土地上进行农业生产，即进行耕作、造林、畜牧、养殖等，这与建设用地使用权以及宅基地使用权在土地上建造、保有建筑物、构筑物和附属设施显然不同。

农民朋友要了解土地承包经营权，还要注意以下几点：

第一，承包经营权是存在于集体所有或国家所有的土地或森林、山

---

① 参见汪灵姗：《如何认定土地承包经营权转让合同的效力》，《国土资源导刊》2013年12月5日。

岭、草原、荒地、滩涂、水面的权利。农民集体所有的土地由本集体经济组织的成员承包经营的，由发包人与承包人订立承包合同，约定双方的权利和义务。而农民集体所有的土地由本集体经济组织以外的单位或个人承包经营的，根据农村土地承包法第19条的规定，必须经村民会议2/3以上成员或者2/3以上村民代表的同意。

第二，承包经营权是承包使用、收益集体所有或国家所有的土地或森林、山岭、草原、荒地、滩涂、水面的权利。承包人对于承包土地等生产资料有权独立进行占有、使用、收益，进行生产经营活动，并排除包括集体组织在内的任何组织或个人的非法干涉。这里应当指出的是，承包人并不取得承包土地或其他生产资料的全部收益的所有权，而是要依约定数额（承包合同）将一部分收益交付与发包人，其余的收益归承包人所有。所谓“承包”，其意义主要在此。由于土地这一生产资料的特殊法律地位，承包人对之并无处分权。

第三，承包经营权是为种植业、林业、畜牧业、渔业生产或其他生产经营项目而承包使用、收益集体所有或国家所有的土地等生产资料的权利。这里的种植，不仅是指种植粮食、棉花油料等作物，也包括树木、茶叶、蔬菜等。另外，在承包的土地或森林、山岭、草原、荒地、滩涂、水面经营林业、牧业、渔业等，都属承包经营权的范围。

第四，承包经营权具有一定的期限和条件。根据《土地管理法》第13条和《农村土地承包法》第21条规定：农民集体所有和国家所有依法由农民集体使用的耕地、林地、草地，以及其他依法用于农业的土地，采取农村集体经济组织内部的家庭承包方式承包，不宜采取家庭承包方式的荒山、荒沟、荒丘、荒滩等，可以采取招标、拍卖、公开协商等方式承包，从事种植业、林业、畜牧业、渔业生产。耕地的承包期为30年。草地的承包期为30年至50年。林地的承包期为30年至70年。前款规定的耕地承包期届满后再延长30年，草地、林地承包期届满后依照前款规定相应延长。国家所有依法用于农业的土地可以由单位或者个人承包经营，从事种植业、林业、畜牧业、渔业生产。发包方和承包方应当依法订立承包合同，约定双方的权利和义务。承包经营土地的单位和个人，有保护和按照承包合同约定的用途合理利用土地的义务。

二、土地承包经营权的主体

受传统文化中的旧观念影响，男尊女卑的观念在农村地区仍然一定范围地存在，在土地承包方面体现为：有的妇女在出嫁后，原本在娘家所在村的承包地被收回，而嫁入村又不分给承包地；有的妇女离婚后，原来的土地承包权被前夫独占；有的妇女丧偶后，土地承包权就被收回；等等。

农村妇女出嫁后，在娘家的土地应不应该收回？这个备受关注的问题有了权威答案。2018 年 12 月 29 日下午，十三届全国人大常委会第七次会议表决通过了关于修改农村土地承包法的决定。在随后举行的新闻发布会上，有关负责人表示，新农村土地承包法一个重要修改就是关于保护农村妇女的土地承包经营权。“其实修改前的农村土地承包法，就很注重保护农村妇女的承包经营权”，全国人大常委会法工委民法室副主任杜涛说，“比如说规定了农村土地承包，妇女与男子享有平等的权利，承包中应当保护妇女的合法权益，任何组织和个人不得剥夺、侵害妇女应当享有的土地承包经营权”。新农村土地承包法在此基础上，增加了两项规定：承包农户内家庭成员依法平等享有承包土地的各项权益；土地承包经营权证和林权证，应当将具有土地承包经营权的全部家庭成员列入。“这两项新增加的规定，实际主要的考虑也是关于保护农村妇女的土地承包经营权”。农业农村部政策与改革司副巡视员孙邦群表示，我国实行土地集体所有，采取的是集体经济组织内部家庭承包方式，承包家庭的成员平等地享有承包土地的各项权益。“这就是说，无论是妇女，无论是小孩，无论是老人，都要平等地享有土地的各项权益。修订后的土地承包法特别体现了这条，这也是对妇女权益保护的一种强调”，“妇女结婚，新居住地未取得承包地的，发包方不能收回其原承包地，妇女离婚、丧偶，仍在原居住地生活，或不在原居住地生活，但在新居住地没取得承包地的，发包方也不能收回她的承包地”。

根据《农村土地承包法》第 6 条、第 31 条、第 57 条的规定，妇女与男子享有平等的权利：

第一，妇女在承包中的合法权益应当受到保护，任何组织和个人不得剥夺、侵害妇女应当享有的土地承包经营权。

第二，承包期内，妇女结婚，在新居住地未取得承包地的，发包方不得收回其原承包地。

第三，妇女离婚或者丧偶，仍在原居住地生活或者不在原居住地生活但在新居住地未取得承包地的，发包方不得收回其原承包地。

第四，剥夺、侵害妇女依法享有的土地承包经营权行为的，应当承担停止侵害、返还原物、恢复原状、排除妨害、消除危险、赔偿损失等民事责任，从而保障了妇女与男子平等享有土地承包权。

另外，对外出务工农民是否享有土地承包经营权的问题，十三届全国人大常委会委员、农业与农村委员会副主任委员刘振伟对此作了解读。党的十八届五中全会决定提出，“维护进城落户农民土地承包权、宅基地使用权、集体收益分配权，支持引导其依法自愿有偿转让上述权益”。《农村土地承包法》修正案按照党的十八届五中全会精神作了衔接。2018年，进城务工农民约有2.8亿人，其中1.1亿在乡内务工，亦工亦农；1.7亿在乡外务工，离土离乡。近些年每年进城落户大约1500万～1600万人。由于历史形成的城乡二元结构，城乡居民在经济权利实现上差别较大，农民形式上落户城市，但要完全融入城市将是长期的历史过程。进城务工落户农民在承包期内的土地承包经营权、宅基地使用权和集体收益分配权，是基于其集体经济组织成员身份享有的财产性权利，在农民落户就业还处于不稳定状态时，不能剥夺其享有的上述权利。

对此，在制度设计上把握了三个原则：

第一，承包期内，农民进城落户，无论是部分成员或者举家迁入，都不以退出土地承包权为前置条件，稳定是主基调；

第二，承包期内，农民全家在城镇落户后，引导支持其依法自愿有偿转让承包地或流转土地经营权；

第三，把是否交回承包地的选择权交给进城落户农民和其原所在的集体经济组织，不代替农民和集体经济组织选择。从地方的试验看，只要补偿到位，自愿转让土地承包权是可以做到的，少数人交回承包地也是有的，补偿水平成为能否顺利转让或是否交回承包地的关键。

根据《农村土地承包法》第 5 条、第 27 条的规定，只要是农村集体经济组织成员，就有权依法承包由本集体经济组织发包的农村土地。任何组织和个人不得剥夺和非法限制农村集体经济组织成员承包土地的权利。承包期内，发包方不得收回承包地。国家保护进城农户的土地承包经营权。不得以退出土地承包经营权作为农户进城落户的条件。承包期内，承包农户进城落户的，引导支持其按照自愿有偿原则依法在本集体经济组织内转让土地承包经营权或者将承包地交回发包方，也可以鼓励其流转土地经营权。承包期内，承包方交回承包地或者发包方依法收回承包地时，承包方对其在承包地上投入而提高土地生产能力的，有权获得相应的补偿。

三、土地承包的原则

依据《农村土地承包法》第 19 条的规定，土地承包应当遵循以下原则：

1. 按照规定统一组织承包时，本集体经济组织成员依法平等地行使承包土地的权利，也可以自愿放弃承包土地的权利。集体经济组织成员均享有土地承包经营的权利，并且集体经济组织应该按照规定统一组织承包以确保成员的平等权。集体经济组织不得以任何理由剥夺农户的承包经营权并要确保其不受到不平等待遇。

2. 民主协商，公平合理。家庭承包关系到每个成员的利益，承包过程中必须充分尊重集体经济组织成员的意愿，充分发扬民主，广泛进行协商，发挥村委会自治性组织的作用，确保集体经济成员的民主权利。承包过程和承包方案都要做到公平合理，不能采取不当措施强迫部分成员接受，或者偏向某一部分成员，损害其他成员的利益。

3. 承包方案应当按照《农村土地承包法》第 13 条的规定，依法经本集体经济组织成员的村民会议 2/3 以上成员或者 2/3 以上村民代表的同意。

4. 承包程序合法。承包小组应该制定公正的程序，严格按照程序办事。

四、土地承包经营权的内容

土地承包经营权具体包含六个方面的内容：

1. 经营自主权。承包人有权在法律和政策的范围内自主决定怎样经营土地，不受其他组织和个人的干涉。

2. 收益权。承包的目的在于获取收益，承包人有权获得经营土地所产生的收益，并且有权自主对收益进行处分。

3. 流转权。承包人可以在法律规定的范围内，通过转让、转包、互换、出租等方式将其享有的土地承包经营权流转给第三人。

4. 优先承包权。本集体经济组织成员有权在土地承包经营权发包或流转过程中，优先于本集体外的单位和个人获得承包权。

5. 继承权。如果承包人在承包期内死亡，那么该承包人的法定继承人可以继承原承包合同约定的权利，并且承担相应的义务。

五、土地承包程序

根据《农村土地承包法》第20条的规定，土地承包应当按照以下程序进行：

1. 本集体经济组织成员的村民会议选举产生承包工作小组。土地承包关系到农民的切身利益，必须在民主的基础上产生土地承包工作的负责人。一般情况下，承包工作小组由村党支部、村集体经济组织、村民委员会部分成员和一定数量的村民组成。

2. 承包工作小组依照法律、法规的规定拟订并公布承包方案。承包工作小组的主要任务就是拟订承包方案，承包工作小组应该学习掌握有关土地承包的法律法规政策，并严格遵循承包原则及承包程序，拟订方案，并在村集体经济组织内部公示。承包方案不得违反国家的法律法规。

3. 依法召开本集体经济组织成员的村民会议，讨论通过承包方案。根据《物权法》第59条的规定，土地承包方案由本集体成员讨论通过。

4. 公开组织实施承包方案。方案通过以后，应当按照方案的原则程序、方法、要求，将土地分配到户。

5. 签订承包合同。承包方案落实后，村集体应与农户签订承包合同，明确双方的权利义务关系。

六、“四荒”地承包经营

1. “四荒”地承包原则。“四荒”地指荒山、荒沟、荒丘、荒滩。这些荒地承包方式的原则有：

（1）本集体经济组织成员优先承包原则。“四荒”等土地资源与耕地、草地、林地一样，都属于集体经济组织的农民所有，在一些贫困地区，“四荒”资源也是农民赖以生存和发展的重要资源。为了维护集体经济组织成员的利益，以其他方式承包的“四荒”地，如果承包人在承包期间、承包费用等方面的条件基本相同，集体经济组织成员应该享有优先权，即优先于集体经济组织以外的单位和个人取得承包经营权。

（2）民主协商并报批的原则。土地承包经营权涉及广大村民的切身利益，发包前要拟定发包方案，确定“四荒”承包的范围、期限、方式和程序等，发包时必须充分听取本集体经济组织成员的意见，做到程序公开、步骤有序、结果公正，使村民平等地享有权益。实践中有的地方将工作方案提请村民会议或村民代表大会讨论通过，这是一个有益的做法。其中承包给本集体经济组织外的单位和个人的，应当对承包方的资信情况和经营能力进行审查后，确定承包人资信良好、有充分的经营能力再签订合同。发包方和本集体经济组织成员应当切实依照承包合同保障本集体组织外的单位和个人的合法权益，不得随意变更、解除合同，特别是不能在治理见到效益后产生“红眼病”，侵犯承包人的利益。

（3）遵循其他法律规定的原则。承包“四荒”地进行开发应当注意防止水土流失和土地荒漠化，注重保护、改善生态环境，按照土地利用总体规划，合理开展生产，有条件的要进行植树种草，安排好农、林、牧、副、渔各业的生产。承包涉及农业资源方面的，必须遵守有关法律、行政法规的规定。例如：不得在25度以上坡地上开垦种植农作物；在5度以上坡地上整地造林、抚育幼林、垦复油茶、油桐等经济林木，必须采取水土保持措施，防止水土流失；开垦“四荒”地，禁止毁坏森林、草原开垦荒地、耕地，禁止围湖造田侵占江河滩地，禁止毁林开荒、烧山开荒、围湖造田以及开垦国家禁止开垦的坡地。[①]

2. “四荒”地承包方式。

(1) 直接通过招标、拍卖、公开协商等方式承包。将“四荒”地承包给有经营能力的承包人，不管是集体经济组织成员还是其他单位和个人。实行其他方式的承包必须做到公开、公平、公正，使本集体经济组织成员清楚明白承包的方法、程序、过程，及时了解工作的进展情况，决不能在本集体大部分成员都不知道的情况下进行承包，更不能将招标、拍卖、公开协商等方式变相搞成私人承包。

(2) 将“四荒”地承包经营权入股分配后承包。“四荒”地可以由本集体组织内部的农户和个人承包，也可以由其他单位或者个人承包。如果采用其他方式承包，会造成本集体经济组织内部成员因暂时没有足够的资金、技术和劳动力，从而影响到本集体成员的长远利益，就不能承包。因此，可以先将“四荒”地的承包经营权折股分给本集体经济组织成员。在此基础上，实行承包经营或股份合作制经营。这样，本集体经济组织成员，无论以何种形式，都能够从经营权收益中获得股份分红。这样，就有效保护了村集体经济组织成员的利益，特别是没有承包能力的成员的利益。

七、土地经营权的流转

为引导农村土地经营权有序流转、发展农业适度规模经营，2014年11月，中共中央办公厅、国务院办公厅印发了《关于引导农村土地经营权有序流转发展农业适度规模经营的意见》。

1. 土地经营权流转的方式。为了充分利用土地资源，承包方可以将经营权流转，流转的形式包括转让、转包、互换、入股、出租等。流转的对象是农村土地经营权。对经营权的流转，我国法律都有明确规定。《物权法》第128条规定：“土地承包经营权人依照农村土地承包法的规定，有权将土地承包经营权采取转包、互换、转让等方式流转。流转的期限不得超过承包期的剩余期限。未经依法批准，不得将承包地用

① 参见《中华人民共和国水土保持法》第20条、第34条。

于非农建设。”《农村土地承包法》第 36 条规定：“承包方可以自主决定依法采取出租（转包）、入股或者其他方式向他人流转土地经营权，并向发包方备案。”

（1）转包。指在承包期内，承包方将部分或全部土地使用权以一定条件转给第三方从事农业经营，原承包方与发包方的权利和义务关系不变。第三方按转包时约定的条件对承包方负责。如果承包方将土地交他人代耕不足 1 年的，可以不签订书面合同。若采取转包流转的，应当报发包方备案。

（2）转让。指在承包期内，承包方经发包方同意将部分或全部承包土地的使用权让渡给本集体经济组织其他成员从事农业经营。转让后，承包方相应的土地承包经营权自然丧失，原与发包方确立的权利义务关系自愿终结。转让出来的土地由新的承包方与发包方确立权利义务关系。采取转让方式流转土地承包经营权的，当事人可向县级以上地方人民政府办理土地承包经营权登记手续，未经登记，不得对抗善意第三人。

（3）出租。指承包方将自己原承包的全部或部分土地的经营权在承包期限内，租赁给第三方从事农业生产经营。承包方继续履行原土地承包合同规定的权利义务。第三方根据出租时的合同约定对承包方负责。出租后，原土地承包关系不变。采取出租方式流转的，应当报发包方备案。

（4）互换。指在承包期内，主要是承包方之间为各自需要和耕种管理的方便，在对等的条件下，将自己原承包土地经营权互相交换。互换后，原土地承包合同规定的权利义务有的仍由原承包方承担。此种形式的互换，应当报发包方备案。

（5）入股。指承包期内，承包方将土地承包权量化为股权，农民凭股权入股组成合作社或股份公司，合作社或股份公司将土地用于直接开发或者实行招标承包、租赁的，农民按股份分红。

2. 土地经营权流转的条件。根据《农村土地承包法》第 38 条的规定，土地经营权流转应当遵循以下原则：

（1）依法、自愿、有偿，任何组织和个人不得强迫或者阻碍土地经营权流转；

（2）不得改变土地所有权的性质和土地的农业用途，不得破坏农业综合生产能力和农业生态环境；

（3）流转期限不得超过承包期的剩余期限；

（4）受让方须有农业经营能力或者资质；

（5）在同等条件下，本集体经济组织成员享有优先权。

根据《农村土地承包法》第40条的规定，土地经营权流转，当事人双方应当签订书面流转合同。土地经营权流转合同一般包括以下条款：

（1）双方当事人的姓名、住所；

（2）流转土地的名称、坐落、面积、质量等级；

（3）流转期限和起止日期；

（4）流转土地的用途；

（5）双方当事人的权利和义务；

（6）流转价款及支付方式；

（7）土地被依法征收、征用、占用时有关补偿费的归属；

（8）违约责任。

承包方将土地交由他人代耕不超过1年的，可以不签订书面合同。

3. 土地经营权流转中承包方的条件。《农村土地承包法》和《农村土地承包经营权流转管理办法》都没有对土地承包经营权的受让方作出资质和条件方面的硬性规定，只是原则性地要求。因此，承包人可以将土地承包经营权转让给本集体经济组织外的单位和个人。但是本集体经济组织成员在同等条件下享有优先受让权。

应当注意的是，土地经营权流转的过程中不允许“反租倒包”。“反租倒包”是指农村集体经济组织将已经承包给本集体经济组织农户的土地经营权赎买回来，另外承包给他人生产经营，或者作为出资入股收取红利。中央之所以禁止对农村土地流转过程中进行“反租倒包”，一是因为“反租倒包”的受让方通常是具有一定资金实力的企事业单位或者本集体经济组织内的大户，由于力量相较悬殊，在实际操作中农户利益缺乏有效保护，或是在“反租”时不是出于自己的真实意愿，或是约定的收益得不到按时给付。二是因为农村集体经济组织为防止对农村土地占有、管理权的失控，避免对集体和承包农户利益损害行为发生，而有必要面对实力强大的受让方，对土地用途等实行有效监管。

4. 土地经营权的抵押。抵押，是指债务人或者第三人转移法定财产的占有，将该财产作为债权的担保。土地经营权的本质是集体土地的使用权。《中华人民共和国担保法》（以下简称《担保法》）第 37 条规定：耕地、宅基地、自留地、自留山等集体所有的土地使用权不得抵押，但是《担保法》第 34 条第 5 项、第 36 条第 3 项规定的除外。《担保法》第 34 条第 5 项规定，抵押人依法承包并经发包人统一抵押的荒山、荒沟、荒丘、荒滩等荒地的土地使用权可以抵押。《担保法》第 36 条第 3 项规定，乡（镇）、村企业的土地使用权不得单独抵押，以乡（镇）、村企业的厂房等建筑物抵押的，其占用范围内的土地使用权同时抵押。根据《农村土地承包法》第 53 条规定："通过招标、拍卖、公开协商等方式承包农村土地，经依法登记取得权属证书的，可以依法采取出租、入股、抵押或者其他方式流转土地经营权。"

5. 土地承包经营权的继承。

（1）除林地以外的家庭承包中，承包经营权不发生继承问题，承包期间取得的收益，可以作为遗产继承。承包人在承包期间内获得的承包收益，构成公民的私有财产的组成部分。承包人死亡的，其依法获得的承包收益按照《中华人民共和国继承法》（以下简称《继承法》）的规定继承。除法律规定承包人应得的承包收益可以依法继承外，承包经营权不能继承。在承包期内，家庭成员之一死亡的（如户主去世），承包地由家庭其他成员继续耕种，即继续履行承包合同至期满；承包户的家庭成员全部死亡的，该土地上承包关系的承包方消灭，由发包方收回土地。

（2）林地承包人死亡，继承人享有继续承包经营权。由于林地承包投资周期长，见效慢，收益时间长，因此合同具有长期性。在合同履行期内，承包方死亡的情况是存在的，如果不允许承包方的继承人享有继续承包经营权，会损害承包方基于合同履行取得的收益。如承包方合同履行了 16 年，林木已经成林且进入收获期，此时若承包方死亡，由发包方收回承包地，即使由继续承包者就前一承包方继续履行合同获得的收益进行补偿也难以弥补损失，而且又会导致承包方发包方以及继续承包方之间的矛盾，不利于社会的稳定，不利于鼓励林地承包经营形式。林地家庭承包中，承包主体是农户，而非某一特定的农民。家庭成员之一死亡的，并不导致农户的消亡，农户仍然存在，其他家庭成员可按照合同的约定继续履行合同，不发生继承问题。只有在家庭成员全部死亡的情况下，才发生继承问题。家庭承包的林地在家庭成员全部死亡的情况下，最后一个死亡的家庭成员的继承人（可以是本集体经济组织成员，也可以是集体经济组织成员以外的人）在承包期内可以继续承包，直至承包期满。

(3) 其他方式承包中的继承问题。采招标、拍卖、公开协商等方式的承包，承包方可以是个人或者单位。如果承包人是个人，而在承包期内死亡，其应得的收益应当作为遗产，由该承包人的继承人继承。承包人为单位的，在承包期内，单位主体消亡，承包人应获得的收益属于单位的财产，由消亡单位的权利义务承接者接受。在承包期内，承包人死亡的，承包人的继承人可以继续承包。在这种情况下，承包人的继承人既可以是本集体经济组织成员，也可以是本集体经济组织成员外的人，对此没有限制。

八、土地承包经营权的保护与承包纠纷解决

1. *对土地承包经营权的保护*。2016 年 11 月 4 日，中共中央、国务院印发《关于完善产权保护制度依法保护产权的意见》，规定“深化农村土地制度改革，坚持土地公有制性质不改变、耕地红线不突破、粮食生产能力不减弱、农民利益不受损的底线，从实际出发，因地制宜，落实承包地、宅基地、集体经营性建设用地的用益物权，赋予农民更多财产权利，增加农民财产收益”，进一步加强了对土地承包经营权的保护。

现实生活中某些地方基层组织违反基本农田保护的法律法规以及政策，盲目推行退耕还林或者规模化经营等农业产业结构调整的现象时有发生，一些农户的承包地被违法收回或者调整；有的因为村委会换届选举，新一届村委会“新官不认旧账”，调整或者收回承包地。为遏制这

种现象的发生，物权法严格保护承包户的土地承包经营权，保护措施体现在：

（1）承包期内发包方不得收回承包地。为了稳定农村土地承包关系，保护农民的土地承包经营权，在承包期内，发包方原则上不得随意收回承包地。根据《农村土地承包法》第27条规定："承包期内，发包方不得收回承包地。国家保护进城农户的土地承包经营权。不得以退出土地承包经营权作为农户进城落户的条件。承包期内，承包农户进城落户的，引导支持其按照自愿有偿原则依法在本集体经济组织内转让土地承包经营权或者将承包地交回发包方，也可以鼓励其流转土地经营权。承包期内，承包方交回承包地或者发包方依法收回承包地时，承包方对其在承包地上投入而提高土地生产能力的，有权获得相应的补偿。"

（2）承包期内发包方不得随意调整承包土地。土地承包纠纷频发的主要原因就是在承包期内发包方任意调整土地。为了避免承包土地的频繁变动，农村集体经济组织应该严格按照"增人不增地，减人不减地"的原则，必须坚持承包期内不得调整承包地。《农村土地承包法》第28条规定："承包期内，发包方不得调整承包地。承包期内，因自然灾害严重毁损承包地等特殊情形对个别农户之间承包的耕地和草地需要适当调整的，必须经本集体经济组织成员的村民会议2/3以上成员或者2/3以上村民代表的同意，并报乡（镇）人民政府和县级人民政府农业农村、林业和草原等主管部门批准。承包合同中约定不得调整的，按照其约定。"除此以外，发包方不得以其他任何理由调整承包地。因此在实践中，那些在合同中约定的每隔几年调整一次的，或者是约定"承包期至调整土地时为止"的都是无效的。

（3）承包方获得补偿的权利。在承包纠纷中，农业承包合同是重要的依据和凭证，因此在最初订立合同时，就应明确双方的权利义务。产生争议时，解决方式有和解、调解、仲裁、诉讼等，可以由当事人在合同中约定，也可于发生争议后自行选择。如果双方约定了用仲裁方式解决争议，约定有效的，就不能直接向法院诉讼。国家鼓励承包方对土地增加投入提高土地的生产能力。承包方在土地上投入的，例如，将山地改为梯田的，修建防洪、排涝设施的，修建基本水利设施的，改造盐碱地等的承包方依法自愿交回承包地的或者发包方依法收回承包地的，承包方有权获得相应的补偿，具体补偿数额双方可以协商确定，也可以由评估机构予以评估。

2. 土地承包经营权纠纷解决方式。根据《农村土地承包法》第 55 条规定，因土地承包经营发生纠纷的，有以下几种方式解决：

（1）协商解决。协商解决是指由发包方和承包方就争议进行协商，达成共识，解决纠纷。因农村承包合同发生纠纷，当事人双方的关系实际上是集体与社员之间的关系，只要在兼顾集体与社员家庭利益的原则下，互谅互让，有过错的一方主动承担责任，适当赔偿对方的损失，事情是能够得到圆满解决的。如果动辄打官司，不但伤了彼此的和气，还增加了解决矛盾的成本。

（2）调解解决。调解解决指双方当事人就合同纠纷达不成协议时，由当事人以外的第三人作为调解人，促使当事人双方自愿达成协议，解决纠纷的办法。

（3）仲裁解决。仲裁解决是指仲裁委员会根据承包合同纠纷当事人的申请，在查明事实、分清责任的基础上，依法对纠纷作出裁决。我国在许多地方都有专门针对农业承包合同纠纷的仲裁机关，仲裁的结果具有法律效力，生效后可以向法院申请强制执行。

（4）诉讼解决。诉讼解决是指人民法院根据承包合同纠纷当事人的起诉，在查明案件事实、分清责任的基础上，依法作出判决，以解决合同纠纷的方法。

第四节　完善土地“三权”分置制度①

党的十八大以来，以习近平同志为核心的党中央对稳定和完善农村基本经营制度、深化农村土地制度改革提出一系列方针政策。党的十九大报告进一步明确提出，“巩固和完善农村基本经营制度，深化农村土

① 参见中共中央办公厅、国务院办公厅印发《关于完善农村土地所有权承包权经营权分置办法的意见》，《人民日报》2016 年 10 月 30 日。

地制度改革，完善承包地‘三权’分置制度，保持土地承包关系稳定并长久不变，第二轮土地承包到期后再延长30年”。2018年12月29日第十三届全国人民代表大会常务委员会第七次会议《关于修改〈中华人民共和国农村土地承包法〉的决定》，以法律形式正式明确了农村集体土地所有权、土地承包权、土地经营权“三权”分置。

“三权”分置改革是继家庭承包责任制之后农村改革的重大制度创新，从理论和实践丰富了农村双层经营体制的内涵。家庭联产承包责任制实现集体土地的“两权”分离，主要解决调动亿万农民的生产积极性问题，“三权”分置主要解决农业适度规模经营、集约化经营及发展现代农业问题。

一、重要意义①

我国人口多，特别是农村人口多。农民问题始终是贯穿我们党领导的革命、建设、改革开放进程中的根本性问题。“三农”问题的核心是农民问题，农民问题核心现阶段仍然是土地问题。改革开放之初，在农村实行家庭联产承包责任制，将土地所有权和承包经营权分设，所有权归集体，承包经营权归农户，极大地调动了亿万农民积极性，有效解决了温饱问题，农村改革取得重大成果。近年来大量的农业人口转向二、三产业，家家包地、户户种田的局面已经发生很大的变化。截至2016年6月，全国2.3亿农户流转土地农户超过了7000万，比例超过30%，东部沿海发达省份农民转移多的地区这一比例更高，超过50%。土地承包权主体同经营权主体分离现象越来越普遍，农业生产者的构成发生了深刻的变化，2.3亿农户还是土地承包者，但是已经将很大一部分承包的土地流转出去，不再从事农业生产。有哪些新主体呢？就是家庭农场、农民合作社、农业企业，全国已经有270多万，它们不一定拥有土地承包权，但是流入了较大规模的土地搞农业，拥有土地经营权，是真正的农业生产经营者。应当在坚持农村土地集体所有基础上，处理好传

① 参见《农业部部长：“三权分置”可有效避免和化解土地流转中的纠纷》，人民网，2016年11月3日。

统承包农户和新型经营主体二者的关系。

2016年4月，习近平总书记在小岗村的座谈会上指出，我国农村改革是从调整农民和土地的关系开启的，新形势下深化农村改革主线仍然是处理好农民和土地的关系。现阶段深化农村土地制度改革，顺应农民保留土地承包权、流转土地经营权的意愿，将土地承包经营权分为承包权和经营权，实行所有权、承包权、经营权（以下简称“三权”）分置并行，着力推进农业现代化，是继家庭联产承包责任制后农村改革又一重大制度创新。“三权分置”是农村基本经营制度的自我完善，符合生产关系适应生产力发展的客观规律，展现了农村基本经营制度的持久活力，有利于明晰土地产权关系，更好地维护农民集体、承包农户、经营主体的权益；有利于促进土地资源合理利用，构建新型农业经营体系，发展多种形式适度规模经营，提高土地产出率、劳动生产率和资源利用率，推动现代农业发展。各地区各有关部门要充分认识“三权分置”的重要意义，妥善处理“三权”的相互关系，正确运用“三权分置”理论指导改革实践，不断探索和丰富“三权分置”的具体实现形式。

二、指导思想

全面贯彻党的十九大精神和习近平新时代中国特色社会主义思想，紧紧围绕统筹推进“五位一体”总体布局和协调推进“四个全面”战略布局，牢固树立新发展理念，认真落实党中央、国务院决策部署，围绕正确处理农民和土地关系这一改革主线，科学界定“三权”内涵、权利边界及相互关系，逐步建立规范高效的“三权”运行机制，不断健全归属清晰、权能完整、流转顺畅、保护严格的农村土地产权制度，优化土地资源配置，培育新型经营主体，促进适度规模经营发展，进一步巩固和完善农村基本经营制度，为发展现代农业、增加农民收入、建设社会主义新农村提供坚实保障。要围绕正确处理农民和土地关系这一改革主线，不断探索农村土地集体所有制的有效实现形式。农村土地农民集体所有必须牢牢坚持。要严格保护农户承包权，任何组织和个人都不能取代农民家庭的土地承包地位，都不能非法剥夺和限制农户的土地承包权。要放活土地经营权，在依法保护集体所有权和农户承包权的前提下，平等保护经营主体依流转合同取得的土地经营权，保障其有稳定的经营预期。

三、基本原则

第一，尊重农民意愿。坚持农民主体地位，维护农民合法权益，把选择权交给农民，发挥其主动性和创造性，加强示范引导，不搞强迫命令、不搞一刀切。

第二，守住政策底线。坚持和完善农村基本经营制度，坚持农村土地集体所有，坚持家庭经营基础性地位，坚持稳定土地承包关系，不能把农村土地集体所有制改垮了，不能把耕地改少了，不能把粮食生产能力改弱了，不能把农民利益损害了。

第三，坚持循序渐进。充分认识农村土地制度改革的长期性和复杂性，保持足够耐心，审慎稳妥推进改革，由点及面开展，不操之过急，逐步将实践经验上升为制度安排。

第四，坚持因地制宜。充分考虑各地资源禀赋和经济社会发展差异，鼓励进行符合实际的实践探索和制度创新，总结形成适合不同地区的“三权分置”具体路径和办法。

四、逐步形成“三权分置”格局

完善“三权分置”办法，不断探索农村土地集体所有制的有效实现形式，落实集体所有权，稳定农户承包权，放活土地经营权，充分发挥“三权”的各自功能和整体效用，形成层次分明、结构合理、平等保护的格局。

第一，始终坚持农村土地集体所有权的根本地位。农村土地农民集体所有，是农村基本经营制度的根本，必须得到充分体现和保障，不能虚置。土地集体所有权人对集体土地依法享有占有、使用、收益和处分的权利。农民集体是土地集体所有权的权利主体，在完善“三权分置”办法过程中，要充分维护农民集体对承包地发包、调整、监督、收回等各项权能，发挥土地集体所有的优势和作用。农民集体有权依法发包集体土地，任何组织和个人不得非法干预；有权因自然灾害严重毁损等特殊情形依法调整承包地；有权对承包农户和经营主体使用承包地进行监督，并采取措施防止和纠正长期抛荒、毁损土地、非法改变土地用途等行为。承包农户转让土地承包权的，应在本集体经济组织内进行，并经农民集体同意；流转土地经营权的，须向农民集体书面备案。集体土地被征收的，农民集体有权就征地补偿安置方案等提出意见并依法获得补偿。通过建立健全集体经济组织民主议事机制，切实保障集体成员的知情权、决策权、监督权，确保农民集体有效行使集体土地所有权，防止少数人私相授受、谋取私利。

第二，严格保护农户承包权。农户享有土地承包权是农村基本经营制度的基础，要稳定现有土地承包关系并保持长久不变。土地承包权人对承包土地依法享有占有、使用和收益的权利。农村集体土地由作为本集体经济组织成员的农民家庭承包，不论经营权如何流转，集体土地承包权都属于农民家庭。任何组织和个人都不能取代农民家庭的土地承包地位，都不能非法剥夺和限制农户的土地承包权。在完善“三权分置”办法过程中，要充分维护承包农户使用、流转、抵押、退出承包地等各项权能。承包农户有权占有、使用承包地，依法依规建设必要的农业生产、附属、配套设施，自主组织生产经营和处置产品并获得收益；有权通过转让、互换、出租（转包）、入股或其他方式流转承包地并获得收益，任何组织和个人不得强迫或限制其流转土地；有权依法依规就承包土地经营权设定抵押、自愿有偿退出承包地，具备条件的可以因保护承包地获得相关补贴。承包土地被征收的，承包农户有权依法获得相应补偿，符合条件的有权获得社会保障费用等。不得违法调整农户承包地，不得以退出土地承包权作为农民进城落户的条件。

第三，加快放活土地经营权。赋予经营主体更有保障的土地经营权，是完善农村基本经营制度的关键。土地经营权人对流转土地依法享有在一定期限内占有、耕作并取得相应收益的权利。在依法保护集体所有权和农户承包权的前提下，平等保护经营主体依流转合同取得的土地经营权，保障其有稳定的经营预期。在完善“三权分置”办法过程中，要依法维护经营主体从事农业生产所需的各项权利，使土地资源得到更有效合理的利用。经营主体有权使用流转土地自主从事农业生产经营并获得相应收益，经承包农户同意，可依法依规改良土壤、提升地力，建设农业生产、附属、配套设施，并依照流转合同约定获得合理补偿；有权在流转合同到期后按照同等条件优先续租承包土地。经营主体再流转土地经营权或依法依规设定抵押，须经承包农户或其委托代理人书面同意，并向农民集体书面备案。流转土地被征收的，地上附着物及青苗补偿费应按照流转合同约定确定其归属。承包农户流转出土地经营权的，不应妨碍经营主体行使合法权利。加强对土地经营权的保护，引导土地经营权流向种田能手和新型经营主体。支持新型经营主体提升地力、改善农业生产条件、依法依规开展土地经营权抵押融资。鼓励采用土地股份合作、土地托管、代耕代种等多种经营方式，探索更多放活土地经营权的有效途径。

第四，逐步完善“三权”关系。农村土地集体所有权是土地承包权的前提，农户享有承包经营权是集体所有的具体实现形式，在土地流转中，农户承包经营权派生出土地经营权。支持在实践中积极探索农民集体依法依规行使集体所有权、监督承包农户和经营主体规范利用土地等的具体方式。鼓励在理论上深入研究农民集体和承包农户在承包土地上、承包农户和经营主体在土地流转中的权利边界及相互权利关系等问题。通过实践探索和理论创新，逐步完善“三权”关系，为实施“三权分置”提供有力支撑。

五、确保“三权分置”有序实施

完善“三权分置”办法涉及多方权益，是一个渐进过程和系统性工程，要坚持统筹谋划、稳步推进，确保“三权分置”有序实施。

第一，扎实做好农村土地确权登记颁证工作。确认“三权”权利主体，明确权利归属，稳定土地承包关系，才能确保“三权分置”得以确立和稳步实施。要坚持和完善土地用途管制制度，在集体土地所有权确权登记颁证工作基本完成的基础上，进一步完善相关政策，及时提供确权登记成果，切实保护好农民的集体土地权益。加快推进农村承包地确权登记颁证，形成承包合同网签管理系统，健全承包合同取得权利、登记记载权利、证书证明权利的确权登记制度。提倡通过流转合同鉴证、交易鉴证等多种方式对土地经营权予以确认，促进土地经营权功能更好实现。

第二，建立健全土地流转规范管理制度。规范土地经营权流转交易，因地制宜加强农村产权交易市场建设，逐步实现涉农县（市、区、旗）全覆盖。健全市场运行规范，提高服务水平，为流转双方提供信息发布、产权交易、法律咨询、权益评估、抵押融资等服务。加强流转合同管理，引导流转双方使用合同示范文本。完善工商资本租赁农地监管和风险防范机制，严格准入门槛，确保土地经营权规范有序流转，更好地与城镇化进程和农村劳动力转移规模相适应，与农业科技进步和生产手段改进程度相适应，与农业社会化服务水平相适应。加强农村土地承包经营纠纷调解仲裁体系建设，完善基层农村土地承包调解机制，妥善化解土地承包经营纠纷，有效维护各权利主体的合法权益。

第三，构建新型经营主体政策扶持体系。完善新型经营主体财政、信贷保险、用地、项目扶持等政策。积极创建示范家庭农场、农民专业合作社示范社、农业产业化示范基地、农业示范服务组织，加快培育新型经营主体。引导新型经营主体与承包农户建立紧密利益联结机制，带动普通农户分享农业规模经营收益。支持新型经营主体相互融合，鼓励家庭农场、农民专业合作社、农业产业化龙头企业等联合与合作，依法组建行业组织或联盟。依托现代农业人才支撑计划，健全新型职业农民培育制度。

第四，完善“三权分置”法律法规。积极开展土地承包权有偿退出、土地经营权抵押贷款、土地经营权入股农业产业化经营等试点，总结形成可推广、可复制的做法和经验，在此基础上完善法律制度。加快农村土地承包法等相关法律修订完善工作。认真研究农村集体经济组织、家庭农场发展等相关法律问题。研究健全农村土地经营权流转、抵押贷款和农村土地承包权退出等方面的具体办法。

第五节　宅基地使用权

我国农村人多地少的情况普遍存在，宅基地使用权纠纷不断增多。因此有必要对宅基地使用权的相关法律问题进行介绍。

一、宅基地的性质和特点

我国《物权法》第152条规定："宅基地使用权人依法对集体所有的土地享有占有和使用的权利，有权依法利用该土地建造住宅及其附属设施。"宅基地使用权是我国特有的一种用益物权，宅基地的所有权属于集体，使用权属于本村村民（自然人），是农村居民依法享有的在集体所有的土地上建造、保有房屋及附属设施的权利。

1. 宅基地使用权人的权利。

（1）占有和使用宅基地。宅基地使用权人有权占有宅基地，并在宅基地上建造个人住宅以及与居住生活相关的附属设施。

（2）收益和处分。宅基地使用权人有权获得因使用宅基地而产生的收益，如在宅基地空闲处种植果树等经济作物而产生的收益。同时，宅基地使用权人有权依法转让房屋所有权，则该房屋占用范围内的宅基地使用权一并转让。

（3）宅基地因自然灾害等原因灭失的，宅基地使用权消灭。对没有宅基地的村民，应当重新分配宅基地。

（4）出卖、出租宅基地上住房。宅基地使用权人出卖、出租住房后，再申请宅基地的，土地管理部门将不再批准。并且，宅基地使用权的受让人只限于本集体经济组织的成员。

2. 宅基地使用权的特点。

（1）农村的宅基地与集体经济组织成员的利益相联系。农民能够获得宅基地使用权的前提和基础是其集体经济组织成员身份，集体以外的人员一般不能获得宅基地使用权。因为宅基地使用权更多地具有一种福利性质，目的是能够使集体成员无偿或者以较小代价获得住房用地，实现住有所居，有利于农村社会的稳定。因此，宅基地使用权和农民的集体成员身份是紧密联系的。

（2）宅基地使用权是一种用益物权。拥有宅基地使用权的农民对宅基地依法享有占有和使用的权利，可以建造房屋及其附属物。宅基地是生活资料，供建房居住使用。宅基地非生产资料，不能用来从事农业生产活动，且不能用来建设厂房使用。也正因为宅基地是用来建设住宅的，所以通常具有较长的期限，并且由于房屋可以继承，房屋不是空中楼阁，是建设在宅基地之上。随着房产继承权的实现，宅基地的使用权亦会一并转移给继承人使用。宅基地使用权在集体中的分配是相对稳定的，但是宅基地使用权并非不会改变。在国家征用土地、村镇调整规划、农村集体根据实际调剂使用等情形下，经过法定程序，宅基地使用权可以发生变更。

（3）集体经济组织的成员只能申请一处宅基地。因为宅基地具有福利性质，在我国土地资源紧张的情况下仅限于保证村民基本生活所需。《土地管理法》第 62 条规定："农村村民一户只能拥有一处宅基地，其宅基地的面积不得超过省、自治区、直辖市规定的标准。人均土地少、不能保障一户拥有一处宅基地的地区，县级人民政府在充分尊重农村村民意愿的基础上，可以采取措施，按照省、自治区、直辖市规定的标准保障农村村民实现户有所居。农村村民建住宅，应当符合乡（镇）土地利用总体规划、村庄规划，不得占用永久基本农田，并尽量使用原有的宅基地和村内空闲地。编制乡（镇）土地利用总体规划、村庄规划应当统筹并合理安排宅基地用地，改善农村村民居住环境和条件。农村村民住宅用地，由乡（镇）人民政府审核批准；其中，涉及占用农用地的，依照本法第四十四条的规定办理审批手续。农村村民出卖、出租、赠与住宅后，再申请宅基地的，不予批准。国家允许进城落户的农村村民依法自愿有偿退出宅基地，鼓励农村集体经济组织及其成员盘活利用闲置宅基地和闲置住宅。国务院农业农村主管部门负责全国农村宅基地改革和管理有关工作。"实践中，村民可能会因为分家、继承，子女成婚另外申请等原因拥有两处以上宅基地，如果出现土地闲置的情形，集体应当进行调整，确保土地资源的有效利用。

二、宅基地的取得

农村村民一般是在原有的宅基地上拆旧建新或是申请新的宅基地，独立建造自家的房屋。一户村民一般只能拥有一处宅基地，而且宅基地的面积也不是无限制的，具体标准因地区而异。如果村民把自己的房屋出租、出卖或赠予他人，就不能再申请新的宅基地了。

1. 申请宅基地的主体。申请宅基地的主体一般应当是本集体经济组织的成员。非本集体经济组织成员，通常无法取得宅基地使用权。但是经村民大会同意并经政府相关部门严格审批，符合下列条件的，可以依法获取宅基地使用权：一是居住拥挤，宅基地面积少于规定的限额标准的；二是确实需要分居分家，分家后无宅基地使用的；三是批准回乡定居的职工、离退休干部、复员退伍军人；四是回乡定居的华侨、侨眷、港澳台同胞；五是规划新村、新镇后需要安排宅基地的农户。

2. 宅基地申请的基本原则。根据《土地管理法》第 62 条规定："农村村民一户只能拥有一处宅基地。"国土资源部《关于加强农村宅基地管理的意见》第 5 项规定："严格宅基地申请条件。坚决贯彻'一户一宅'的法律规定。农村村民一户只能拥有一处宅基地，面积不得超过省（区、市）规定的标准。各地应结合本地实际，制定统一的农村宅基地面积标准和宅基地申请条件。不符合申请条件的不得批准宅基地。"宅基地申请的基本原则是"一户一宅"，即户口本上登记的一家人只能拥有一处宅基地的使用权。如果子女成家分户，可另行申请宅基地。如果农户将宅基地上的房屋出卖或者出租，则不可以再申请宅基地。因为宅基地是具有福利保障性质的，如果村民放弃对宅基地的占有使用，再允许其申请新的宅基地就会偏离设立宅基地制度的初衷，也会损害集体的公共利益。

宅基地具体的申请条件如下：一是因子女结婚等原因确需分户，缺少宅基地的。二是外来人口落户，成为本集体经济组织成员，没有宅基地的。三是因发生或者防御自然灾害、实施村庄和集镇规划以及进行乡（镇）村公共设施和公益事业建设，需要搬迁的。

农村村民有下列情形之一的，不予批准使用宅基地：一是年龄未满

18 周岁的。二是原有宅基地的面积已经达到规定标准或者能够解决分户需要。三是出卖或者出租村内住房的。

此外，由于各地关于宅基地具体的申请条件的规定有些出入，还要到当地的土地部门进行咨询后才能确定。

3. 宅基地申请的程序。村民申请宅基地，要遵循法律规定的相应程序。通常要依照下列程序办理申请用地手续：

(1) 需要申请宅基地建房的村民，首先应向所在地村农村集体经济组织或村民委员会提出建房申请。

(2) 接到宅基地使用申请后，经由村民大会或者村民委员会讨论、表决通过后，上报乡（镇）人民政府审核或者按规定办理批准手续。

(3) 政府办理批准手续。占用原有宅基地、村内空闲地等非耕地的一般报乡镇人民政府审核批准；占用耕地的，由乡镇人民政府审核，经县人民政府土地管理部门审查同意，报县人民政府批准。①

(4) 由乡镇土地管理所按村镇规划定点划线，准许施工。

(5) 房屋竣工后，经有关部门检查验收符合用地要求的，发给集体土地使用证。若未经批准，就擅自占地建房的，属违法占地行为，所建房屋不受法律保护，应当限期拆除，恢复土地原貌。

根据《土地管理法》第 78 条规定，农村村民未经批准或者采取欺骗手段骗取批准，非法占用土地建住宅的，由县级以上人民政府土地行政主管部门责令退还非法占用的土地，限期拆除在非法占用的土地上新建的房屋。超过省、自治区、直辖市规定的标准，多占的土地以非法占用土地处理。

三、宅基地使用权的流转

目前，我国不允许城镇居民购买农村宅基地。《宪法》第 10 条第 4 款规定："任何组织或者个人不得侵占、买卖或者以其他形式非法转让土地。土地的使用权可以依照法律的规定转让。"宅基地是集体所有的土地，而按照我国现行的法律规定，只有国有土地使用权才可以在市场

① 参见《土地管理法》相关规定。

上流通和交易。集体土地要想进入流通领域，则必须首先将集体土地征用，变成国有土地之后才能够流通。城镇居民购买农村的宅基地显然是违法的。国土资源部《关于加强农村宅基地管理的意见》第 13 项规定："严格日常监管制度。各地要进一步健全和完善动态巡查制度，切实加强农村村民住宅建设用地的日常监管，及时发现和制止各类土地违法行为。要重点加强城乡接合部地区农村宅基地的监督管理。严禁城镇居民在农村购置宅基地，严禁为城镇居民在农村购买和违法建造的住宅发放土地使用证。"因此，从政府的态度看，是严禁城镇居民购买农村宅基地的。如果发现城镇居民购买宅基地，政府应当对当事人作出一定的处罚，并不给购买宅基地方发给宅基地使用证。

我国目前法律实际上是禁止宅基地流转的，买卖、赠予、抵押、投资入股等都是不允许的。

村民取得宅基地使用权是基于其集体经济组织成员的身份，在脱离了集体后不享有此项权利。宅基地具有福利保障的性质，不允许继承，否则就违背了法律规定的"一户一宅"的原则和精神。但是由于宅基地上的房屋可以继承的，按照"地随房走"的原则，如果继承人继承了房屋，那么可以继续使用房屋占用的宅基地。村集体经济组织不能强行要求拆除房屋将宅基地给腾退出来。如果房屋因毁损而不复存在，那么一般应当将宅基地归还集体。

村民取得宅基地时一般还要向村集体缴纳一定的费用，从表面上看好像宅基地是"卖"给了村民，其实这种认识是错误的，宅基地是不能买卖和营利的。村民经审批取得了宅基地之后，只是拥有了宅基地的使用权，并未取得宅基地的所有权，不得非法转让，但随房屋一起转让的除外。

四、宅基地使用权的管理

通过合法的途径取得宅基地后，要合法合理地使用。宅基地被闲置一定期限又未恢复使用的，村集体可以将宅基地收回。根据《土地管理法》第 77 条，未经批准或者采取欺骗手段骗取批准，非法占用土地的，由县级以上人民政府自然资源主管部门责令退还非法占用的土地，对违反土地利用总体规划擅自将农用地改为建设用地的，限期拆除在非法占用的土地上新建的建筑物和其他设施，恢复土地原状，对符合土地利用总体规划的，没收在非法占用的土地上新建的建筑物和其他设施，可以并处罚款；对非法占用土地单位的直接负责的主管人员和其他直接责任人员，依法给予处分；构成犯罪的，依法追究刑事责任。超过批准的数量占用土地，多占的土地以非法占用土地论处。

转让、购买、继承房屋所取得的宅基地能否确定其建设用地使用权？根据国家土地管理局发布的《确定土地所有权和使用权的若干规定》第49条规定，接受转让、购买房屋取得的宅基地，与原有宅基地合计面积超过当地政府规定标准，按照有关规定处理后允许继续使用的，可暂确定其集体土地建设用地使用权。继承房屋取得的宅基地，可确定集体土地建设用地使用权。同时《确定土地所有权和使用权的若干规定》第51条规定，对第49条的规定确定农村居民宅基地集体土地建设用地使用权时，其面积超过当地政府规定标准的，可在土地登记卡和土地证书内注明超过标准面积的数量。以后分户建房或现有房屋拆迁、改建、翻建或政府依法实施规划重新建设时，按当地政府规定的面积标准重新确定使用权，其超过部分退还集体。

根据《宪法》第10条和《土地管理法》第8条的规定，宅基地的性质并非私人所有，而是集体所有性质的。村民在符合法律规定的条件下，可以申请宅基地建房。由于农村土地属于当地集体经济组织所有，村民对宅基地拥有的是使用权，而不是所有权。但是宅基地使用权人对宅基地的使用有着一定的特殊性，村委会虽然代表村民行使对其土地的所有权，但并不意味着村委会可以不受限制地随时收回他人占有的宅基地。根据《确定土地所有权和使用权的若干规定》第52条的规定，农村集体经济组织可以将下列宅基地收回：一是空闲宅基地；二是房屋坍塌两年以上未恢复使用的宅基地；三是房屋被拆除两年以上未恢复使用的宅基地。上述土地不再确定宅基地使用权的，直接由集体经济组织收回。但如果已经被确定集体土地使用权的，由集体报经县级人民政府批准，注销其土地登记，然后收回上述宅基地。这就无形地限制了收回权的滥用。

五、宅基地“三权分置”改革①

2018年1月2日，中共中央、国务院发布《关于实施乡村振兴战略的意见》，提出要“深化农村土地制度改革。系统总结农村土地征收、集体经营性建设用地入市、宅基地制度改革试点经验，逐步扩大试点，加快土地管理法修改，完善农村土地利用管理政策体系。扎实推进房地一体的农村集体建设用地和宅基地使用权确权登记颁证。完善农民闲置宅基地和闲置农房政策，探索宅基地所有权、资格权、使用权‘三权分置’，落实宅基地集体所有权，保障宅基地农户资格权和农民房屋财产权，适度放活宅基地和农民房屋使用权。”宅基地“三权分置”改革是又一项关乎亿万农民切身利益的重大土地制度改革举措。

1. 农村宅基地问题形成的原因。第一，城镇化进程加快。据相关数据统计，全国农民工总量已逾2.7亿人，其中外出农民工1.66亿人，外出务工农民以每年600万左右递增，他们常年在城市生活甚至定居，而老家大量宅基地长期闲置无法流转，成为他们心中挥之不去的“另类乡愁”。中国目前正处在快速的城市化进程中，越来越多的农村人口进城务工并落户城镇，导致在农村的住房长期闲置，形成了大量的“空心村”“空心房”，造成农村宅基地大量闲置和严重浪费。

第二，相关法律法规的禁止。《宪法》第10条第4款规定：“任何组织或个人不得侵占、买卖或者以其他形式非法转让土地。土地的使用权可以依照法律的规定转让。”该条明确了宅基地所有权严格禁止买卖，宅基地使用权转让需依照法律规定的原则进行。《土地管理法》作为现行调整土地管理法律关系的专项法律规范，其中第8条规定：“农村和城市郊区的土地，除由法律规定属于国家所有的以外，属于农民集体所有；宅基地和自留地、自留山，属于农民集体所有。”第62条规定：“农村村民一户只能拥有一处宅基地，其宅基地的面积，不得超过省、自治区、直辖市规定的标准”，“农村村民出卖、出租住房后，再申请宅

① 参见董祚继：《“三权分置”——农村宅基地制度的重大创新》，《国土资源》2018年第3期、第4期。

基地的，不予批准。”上述规定确立了宅基地“一户一宅”的原则，并承认了农村房屋可以买卖和出租，但对农村房屋购买方的主体资格并未作出明确规定。1999 年 5 月 6 日国务院办公厅发布的《关于加强土地转让管理严禁炒卖土地的通知》、2004 年 10 月 21 日国务院发布的《关于深化改革严格土地管理的决定》、2007 年 12 月国务院办公厅发布的《关于严格执行有关农村集体建设用地法律和政策的通知》等文件禁止城镇居民在农村购置宅基地。这些限制性规定无疑导致农民无法获得应有的土地收益，拉大了城乡收入差距，也不利于土地资源的优化配置。

2. 宅基地“三权分置”改革的意义。第一，改革能加快推动宅基地有效流转。宅基地有偿使用制度和自愿有偿退出机制，一方面让闲置宅基地发挥其应有作用，另一方面可增加农民的财产性收入。土地和住宅是农民生活中最重要的资产组成部分，解决好宅基地相关的产权问题，不仅是对农民权益的保护，也有利于城镇化的推进和土地的规模化管理。

第二，改革能加强农村社会稳定和促进全局经济发展。新中国成立后，农村宅基地归集体所有，农民个人仅享有宅基地的使用权，宅基地不准出卖和出租；宅基地上的房屋可以自由买卖，农民住房由房地合一的所有者主体转变为所有者主体相分离。农村宅基地改革加强农村社会稳定，促进了农民参与社会主义经济建设的积极性，也促进了农民能有效参与其他经济行业，带动了全局经济的发展。

第三，土地供给多元化，撬动更多改革机会。据相关资料统计显示，我国约有 19 万平方千米的农村集体建设用地，其中宅基地约占 13 万平方千米，是当前农村集体建设用地中最为广泛的用途。在城市建设用地供给总体趋紧的背景下，包括宅基地在内的农村集体建设用地被准许用于建设租赁住房试点，将进一步促进住房市场的改革进程。改革将增加土地供应，有助于控制房价上涨。国家鼓励支持集体用地建设租赁房，有利于大城市增加租赁房源的供应，能缓解城市居民住房难的问题。

3. 宅基地“三权分置”的法理基础。宅基地“三权分置”契合现代产权理论的基本主张。土地利用是外部性问题显著的社会领域之一，在涉及人数很多、交易费用极大的情形下，主要通过设计土地用途管制制度和不动产税收制度，解决土地过度开发、公共用地保护不力等外部性问题，实现土地利用的社会利益；在涉及人数较少，交易费用可控的情形下，主要通过界定产权、产权细分并建立产权公平交易机制，促使经济活动的土地成本与土地收益直接对应，提高资源配置效率。宅基地“三权分置”，核心思想与现代产权理论高度契合。农村土地产权安排既要解决土地资产利用问题，增加农民土地财产性收入，更要解决土地利用外部性问题，确保土地可持续利用和农村社会稳定，以现代产权理论诠释宅基地“三权分置”无疑更加彻底、更加全面。

宅基地“三权分置”是“两权分离”的继承和发展。公有土地“两权分离”的基本制度，能够容纳不同生产力水平，具有旺盛生命力和广泛适应性，目前仍然是观察、解构农村土地制度改革的指针和逻辑主线。但是，“两权分离”并未穷尽中国土地制度创新，也不可能要求这一制度解决发展中遇到的所有问题。在坚持“两权分离”思想内核和制度精髓的基础上，有序推进产权分置改革，是土地公有制框架下赋权于民的进一步深化，是市场经济发展的必然要求，也是农村社会经济发展的现实需要。

宅基地“三权分置”与相关法律的衔接。从法律衔接上看，可行的解决方案是，要么结合中国实际，将经过实践证明可行的宅基地“三权分置”做法写进《物权法》，建立中国特色的物权理论；要么维持物权理论传统，将宅基地“三权分置”写进《土地管理法》，并通过修改《物权法》做好使用权细分。

4. 宅基地“三权分置”的实现形式。第一，落实宅基地集体所有权。前提是明确处分权。首先，应明确集体经济组织对村庄用地的规划利用权。现阶段，在城镇化地区应立足未来，提倡统一规划、集中建设，在传统农区应因地制宜，提倡统规自建、多户联建。其次，应适度强化集体经济组织收回宅基地的权利。再次，应赋予集体经济组织对宅基地使用的监督权。核心是明确收益权。应明确集体经济组织在宅基地使用权转让时按照一定比例分享流转收益，在征地补偿时参与收益分配。这样规定，有利于保障集体土地所有权在经济上得到实质性体现。

第二，保障宅基地农户资格权。关键是处理好居住权与财产权的关系。居住权是农户作为集体经济组织成员的基本权利，不论宅基地如何流转，都不能改变农民家庭作为集体经济组织成员的居住权。不得违法调整农户宅基地，不得以退出宅基地作为农民进城落户的条件。农户有权自愿有偿退出宅基地，但资格权的退出应以农民在城市里稳定就业和稳定居住为前提。可建立资格权退出的反悔机制，允许进城务工农民基于身份，重新从集体经济中取得使用权，但原退出所获补偿应退还集体。

第三，适度放活宅基地使用权。鉴于各地经济发展水平差距较大，应允许各地结合实际，采取差别性办法，适度放活宅基地使用权，确保风险可控。适度放活宅基地使用权，包括允许农户通过转让、互换、赠予、继承、出租、抵押、入股等方式流转宅基地使用权，其中转让、互换、赠予只能在本集体经济组织成员之间进行，出租、抵押、入股、继承可以在非本集体经济组织成员之间进行。放活宅基地租赁权和抵押权，有利于释放土地价值潜能，吸引产业资本投向农村，促进乡村新业态发展。但要防止租赁权变性为无限期使用，抵押权过度发展，从而冲击农村社会正常秩序。考虑到宅基地制度的敏感性，现阶段放活宅基地使用权应当严格限定期限、用途，特别是不能进行商品住宅开发，严禁利用农村宅基地建设别墅大院和私人会馆，维护农村土地市场秩序，保障广大农民土地权益。

六、宅基地纠纷的解决

一般来说，如果村民宅基地使用权的取得合法，手续完备且凭证齐全，有利于避免宅基地争议的发生。现实生活中，宅基地纠纷主要有两种类型：一是宅基地使用权确权纠纷。所谓确权纠纷，即确认宅基地所有权、使用权的权属，比如因宅基地界线不清引发的争议，这类纠纷的解决，不能直接向法院提起诉讼，一般先由当事人协商解决，协商不成的，由相关的行政部门解决。在此过程中，如果对政府作出的行政决定不服，村民可以通过行政复议和行政诉讼的途径寻求救济。二是宅基地使用权侵权纠纷。宅基地使用权侵权纠纷是指在权属明确的情况下，一方侵害了另一方的宅基地使用权，这类纠纷既可以直接向法院诉讼，也可通过和解、调解的方式解决。

1. 宅基地纠纷的解决原则。纠纷处理要遵循一定的原则。在农村实际生活中，因宅基地使用权而发生的纠纷在民事纠纷中比较常见。对宅基地使用权纠纷应按下列原则妥善处理：

（1）依法保护国家、集体的宅基地所有权。我国土地分别属于国家和集体所有。根据《土地管理法》的规定，土地改革前的旧契约不能作为土地权属的依据。处理宅基地（土地）纠纷，应切实保护国家和集体的土地所有权。属于国家或集体所有的宅基地，集体组织或个人不得侵占、买卖或者以其他形式非法转让。

（2）依法保护公民、法人合法取得的宅基地使用权。根据《土地管理法》的规定，使用国有土地的单位或者个人，由县级以上人民政府登记造册，核发证书，确认使用权。土地使用权受法律保护，任何单位或者个人不得侵犯。农村居民建住房，应当使用原有的宅基地和村内空闲地。使用耕地的，由乡级人民政府审核后，报县级人民政府批准。未经批准的，不予保护。法人、公民合法继承的宅基地使用权除经统一规划或个别调整外，长期不变。但是，在宅基地使用过程中，对于非法扩大、抢占宅基地甚至耕地的行为，应依法宣布其无效，并可给予法律制裁；对于妨碍公共利益，侵害他人房屋、通行、排水、通风、采光等相邻权的，应当承担法律责任。

（3）宅基地使用权随房屋转移的原则。宅基地使用权随着宅基地上的房屋所有权的转移而转移。在农村经常有宅基地使用权随着房屋的继承、赠予等而转移的事例。为处理好此类问题，应依据最高人民法院《关于贯彻执行民事政策法律若干问题的意见》的规定："公民在城镇依法买卖房屋时，该房屋宅基地的使用权应随房屋所有权一起转归新房主使用。"但在办理农村房屋宅基地使用权转移手续时，应注意一个时间界限问题。根据 1982 年的《村镇建房用地管理条例》，宅基地使用权转移需要经过审批。但在此条例出台之前已经发生转移的，该条例不溯及既往，即不需要经过审批。

（4）尊重历史、面对现实，有利于生产、生活的原则。我国对土地、山林大体上进行了四次确权，即土改、合作化、1962 年“四固定”、1982 年《宪法》颁布前后土地权属的重新登记。在处理土地、山林纠纷时，一般应以“四固定”确定的权属为准，任何以其他理由而否认“四固定”时的确权均不予以支持；如果“四固定”时未确权的，发生纠纷应参照合作化或者是土改时确定的产权处理。在新中国成立后，已通过双方协商并达成合法协议或经上级处理决定或经人民法院裁决了宅基地的权属，具有法律效力。经过统一规定的宅基地，如果对宅基地的使用权发生纠纷，一般应以规划确定的使用权为准。未经规划的宅基地，对地界有争议的，可以参照土改时的确权情况处理。土改确权是对房屋宅基地的确权，但自 1962 年《农村人民公社工作条例修正草案》公布后，土改时确认的农村个人宅基地所有权即丧失法律效力，但宅基地的使用权仍归原所有人。[①] 依照最高人民法院解释的规定，如果原来“四至”明确的，应以四至为准；“四至”不明确的，应参照长期以来的实际使用情况，本着有利于生产、方便生活的原则合理地解决。[②]

(5) 促进经济发展，维护社会稳定的原则。土地的使用和经营管理情况直接影响到生产和经济发展，事关重大。及时、正确解决宅基地纠纷，能够促进经济发展。否则，将会激化矛盾，不利于社会稳定。因此，一定要耐心细致地做好矛盾双方当事人的思想工作，审慎稳妥地及早解决矛盾纠纷，确保农村社会的稳定，为生产发展营造良好的环境。

2. 宅基地纠纷的解决方式。

根据《土地管理法》第 14 条规定：“土地所有权和使用权争议，由当事人协商解决；协商不成的，由人民政府处理。单位之间的争议，由县级以上人民政府处理；个人之间、个人与单位之间的争议，由乡级人民政府或者县级以上人民政府处理。当事人对有关人民政府的处理决定不服的，可以自接到处理决定通知之日起 30 日内，向人民法院起诉。在土地所有权和使用权争议解决前，任何一方不得改变土地利用现状。”这一规定明确了宅基地使用权发生争议的解决方式。

---

① 参见《宅基地纠纷解决办法和处理原则》，土流网，2015 年 12 月 7 日。

② 参见最高人民法院《关于贯彻执行民事政策法律若干问题的意见》。自 2019 年 7 月 20 日起，该《意见》不再适用，但此前依据该司法解释对有关案件作出的判决、裁定仍然有效。

第一种方式是宅基地使用权的争议双方协商解决。当事人双方应当本着平等互利、公平合理的原则协商解决宅基地使用权争议，但不得违反有关法律、法规的规定，不得损害国家、集体的利益和其他公民的合法权益。

第二种方式是双方协商解决不了时，由乡（镇）人民政府解决。这就必须由一方当事人提出处理申请。处理申请应当以书面的形式向政府提交。在处理申请书中写明申请人以及对方当事人姓名、性别、年龄、民族、住址；写明申请处理的事项；写明具体的要求；写明事实和理由；并附上争议地块示意图、有关证据材料及其来源。政府机关受理处理申请后，受理机关可以对争议进行调解，调解不成可以依法作出处理决定。

第三种方式是提起行政复议。根据《中华人民共和国行政复议法》（以下简称《行政复议法》）第 9 条规定："公民、法人或者其他组织认为具体行政行为侵犯其合法权益的，可以自知道该具体行政行为之日起 60 日内提出行政复议，但是法律规定的申请期限超过 60 日的除外。因不可抗力或者其他正当理由耽误法定申请期限的，申请期限自障碍消除之日起连续计算。"第 5 条规定："公民、法人或者其他组织对行政复议决定不服的，可以依照行政诉讼法的规定向人民法院提起行政诉讼，但是法律规定行政复议决定为最终裁决的除外。"

第四种方式是对有关人民政府的处理决定、复议决定不服的，可以向人民法院提起诉讼。从《土地管理法》第 14 条第 3 款的规定可以看出：第一，因宅基地使用权发生了争议，当事人不能直接向人民法院提起诉讼，应先由人民政府处理，即人民政府对宅基地使用权的争议作出处理决定。这是法律确定的前置程序。第二，因宅基地使用权发生了争议，不能向人民法院提起民事诉讼，即不能以对方侵权而提起停止侵权、排除妨碍或者其他类型的民事诉讼。由于宅基地使用权争议没有得到解决，人民法院无法确定争议宅基地地块使用权的归属，故不能对是否侵权作出判断。第三，对有关人民政府机关作出宅基地使用权争议处理决定不服，只能提起行政诉讼，不能提起民事诉讼。行政诉讼必须在接到处理决定通知之日起 30 日内提出，否则人民法院将不再受理。

第六节 农村房屋所有权

宅基地不能单独买卖，但可以买卖房屋。“地随房走”，土地的使用权也要一并转让，当然还要依法办理相关手续。在农村，以前买卖房屋大都是在同一个村的村民之间进行的，但如今不少城里人厌倦了城市的喧嚣，向往着农村的宁静和安逸，就筹划在农村买房建房，其实这里也有限制性规定，因此买房、卖房者都有必要了解这方面的规定，以免引起不必要的麻烦。

涉及房屋的另一个问题，就是拆迁补偿。根据国家建设的需要，在征收土地过程中，一些农村房屋被划进拆迁之列，这时农户就要依法配合国家的建设计划，同时也会得到国家相应的补偿。

一、房屋产权证

房屋产权证，也就是房屋所有权的证明。由于农村房屋一般都是各家独立建造的，也没有建立类似城市的房屋产权登记制度，因此，农户一般都没有房屋产权证。但即使没有房屋产权证，农村居民在房屋发生转让、赠予或继承时，宅基地使用权证书可以起到一定的证明作用，因此在这方面发生纠纷的情况并不多见。农村房屋的所有权人能够用来证明自己对房屋享有所有权的证书一般是当地区、县（自治县）或市人民政府土地管理部门颁发的宅基地使用证书。一般来说，不存在将房屋建立在其他人享有使用权的宅基地之上的可能性，所以，这个证书同时也能证明被该证书记录的人享有宅基地之上房屋的所有权。

农村的房屋属于私产，依法可以转让和继承。继承的前提是有证据证明房屋属于被继承人。这时，产权证书最有证明力。如果没有产权证，那当事人必须提供其他有效的证据来证明。否则，就不能继承房屋。另外，需要注意的是，要留意被继承人是否有遗嘱或者是否已将房屋赠予他人。如果有，必须遵照被继承人的意愿；如果没有，才能够按照法定继承的规定，由被继承人的直系亲属继承。

二、房屋买卖

宅基地不能非法转让，但宅基地上的房屋却是可以转让的。一般来说宅基地和房屋是不可分离的，买卖房屋的同时，宅基地使用权也要一并转让，也就是所说的“地随房走”。但需要注意的是，由于宅基地的转让有限制，即只能在本集体经济组织范围内进行，也就相当于限制了农村房屋的转让范围。也就是说，本村村民和“外来人员”签订的房屋买卖合同是无法受到法律保护的，因此双方在签订这样的合同时，要权衡好利弊，或者可以考虑其他的形式，如租赁等。本村村民之间的房屋买卖不受这样的限制，需要注意的就是办好宅基地使用权的变更手续，以避免发生纠纷。

农村土地属于农村集体所有，村民委员会对其所有的集体土地享有占有、使用、收益和有限的处分权。本村村民可依法申领宅基地使用权，虽仅限于申请户本户使用，其对使用的集体土地不能自行处分，但根据《土地管理法》有关规定，农村村民出卖自住房屋法律并未禁止，因此买卖房屋行为应为有效，根据房地不可分离原则，该宅基地也应一同转让予买受人，此种房屋买卖必须经过有关部门的同意。

1. *本村村民之间的房屋买卖*。村民之间相互购买房屋在签订合同的同时，也需办理在土地方面相应的手续。国务院《土地管理法实施条例》第6条规定：依法改变土地所有权、使用权的，因依法转让地上建筑物、构筑物等附着物导致土地使用权转移的，必须向土地所在地的县级以上地方人民政府土地行政主管部门提出土地变更登记申请，由原土地登记机关依法进行土地所有权、使用权变更登记。所以，村民之间在购买房屋时，还需办理农村房屋集体土地使用权证变更的手续，否则容易引发纠纷，难以获得法律上的保护。

2. *外地农民购买本村村民房屋*。宅基地使用权具有鲜明的人身属性，一般只为本集体经济组织成员所享有。因此，本集体经济组织以外的单位和个人与本村村民签订的房屋买卖协议因为违反相关法律规定是无效的。但如果购买者已经对房屋进行了装修、翻建、扩建，则有权要求补偿。

第七节　农村征地、安置、补偿

土地是直接关系到农民的生产资料，“民以食为天”，而粮食要靠农民在土地上耕种收获。在征地过程中，政府和被征地农户都应依法行事。政府部门要依法定程序进行土地征收，包括审批、登记、公告、听证等程序。在土地征收过程中，容易产生纠纷的还有征地补偿费用的支付和分配问题。农民应该对补偿费用的内容和分配方式有一定的了解，以维护自身的合法权益。

一、征地程序

土地征收是国家基于公共利益的需要，按法定程序将集体所有的土地收归国家所有，并给予法定补偿的行为。因为农村土地的征收关系到农民生计的切身利益，在征地前及征地过程中，农民都享有知情权，有关部门应将相关内容告知被征地的村集体和农民。对于征地的补偿标准、安置方案等，农民有要求听证的权利，对该项权利土地行政主管部门有告知的义务。程序合法是征地行为合法的前提和保障，在这一过程中，相关部门有违法行为的，农民有检举、揭发和控告的权利。农用地转为建设用地的，还要履行农用地转用审批手续。

1. 征地批准机关。根据《土地管理法》规定，市、县级人民政府无权批准征收土地。我国最初制定的《土地管理法》中，市、县级人民政府在一定的范围是可以批准征收土地的，这在一定程度上造成了地方政府为了所谓经济发展滥用征收土地的权力，产生了非常不利的后果，后来我国对《土地管理法》进行了修改。现行的《土地管理法》已经将市、县级人民政府征收土地的权力收归省级政府和国务院。因此，市、县级人民政府无权批准征收土地。

（1）须由国务院批准的征收土地类型。征收下列土地的，由国务院批准：基本农田；基本农田之外的耕地超过 35 公顷的；其他土地超过 70 公顷的。各省、自治区、直辖市人民政府批准征收土地类型的范围是除了国务院批准征收土地范围之外的土地。

（2）须由省级人民政府批准的征收土地类型。下列土地的征收须由各省、自治区、直辖市人民政府批准：基本农田之外的耕地且不超过35公顷的；基本农田和耕地之外的其他土地不超过70公顷的。各省、自治区、直辖市人民政府在批准征收上述土地之后，报国务院备案。市、县级人民政府虽然没有批准征收土地的权力，但是具体征收土地都是由市、县级人民政府及其相关部门进行的。

2. 征地前期程序。根据国土资源部《关于完善征地补偿安置制度的指导意见》第3条，在征地报批前，需要经过以下前期程序：

（1）告知征地情况。将拟征地的用途、位置、补偿标准、安置途径等以书面形式告知被征地农村集体经济组织和农民。

（2）确认征地调查结果。当地国土资源部门对拟征土地的权属、地类、面积以及地上附着物权属、种类、数量等现状进行调查，调查结果应与被征地农村集体经济组织、农户和地上附着物产权人共同确认。

（3）组织征地听证。告知被征地农村集体经济组织和农户，对拟征土地的补偿标准、安置途径有申请听证的权利。当事人申请听证的，应按照《国土资源听证规定》规定的程序和有关要求组织听证。根据《国土资源听证规定》的程序和有关要求组织听证。

二、补偿登记和计算

被征地的村集体和农民有权获得相应的补偿，这是法律规定的权利，但分配下来的征地补偿费用都包含了些什么，每一部分又是如何计算得来的，了解相关内容的人或许并不多。这部分内容通过对征地补偿费用的种类和计算方法的介绍，让农民对征地补偿款有更多的了解。如果发生了补偿款被私分、截留的情况，这些知识或许能够帮助农民朋友维护相关权利。

1. 土地补偿登记。在征地方案被批准之后的征地补偿登记的办理上，根据国土资源部《关于完善征地补偿安置制度的指导意见》第3条的规定，在征地方案被批准之后，应该由被征土地的所有权人及使用权人在公告规定的期限内，持土地权属证书（集体土地所有权证书或者集体土地使用权证书）到公告指定的人民政府土地行政主管部门办理征地补偿登记。因此，如果国家征收某一块集体的土地，应由代表该村集体经济组织的村民委员会或农村经济合作社，或者具有独立地位的村民小组去办理征地补偿事宜。

2. 补偿费用种类。根据《土地管理法》第 48 条第 1、2 款规定："征收土地应当给予公平、合理的补偿，保障被征地农民原有生活水平不降低、长远生计有保障。征收土地应当依法及时足额支付土地补偿费、安置补助费以及农村村民住宅、其他地上附着物和青苗等的补偿费用，并安排被征地农民的社会保障费用。"具体来说包括：

(1) 土地补偿费。指因国家征收土地对土地所有者在土地上的投入和收益造成损失的补偿。按照国家政策的有关规定，土地补偿费由被征地单位用于恢复和发展生产，土地补偿费的补偿对象是土地所有权人。

(2) 安置补助费。指因国家建设征收农民集体土地后，为了解决以土地为主要生产资料并取得生活来源的农业人口因失去土地造成的生活困难，而给予的补助费用。

(3) 青苗补偿费。指农作物正处于生长期未能收获，因征收土地需要及时让出土地，致使农作物不能收获而使农民造成损失，给予土地承包经营或土地使用者的经济补偿费用。

(4) 地上附着物补偿费。指对被征收土地上的各种地上建筑物、构筑物，如房屋、水井、道路、管线、水渠等的拆迁和恢复费以及被征收土地上林木的补偿或者砍伐费等。

(5) 其他补偿费。指除土地补偿费、地上附着物补偿费、青苗补偿费、安置补助费以外的其他补偿费用，即因征收土地给被征收土地的单位或农民造成的其他方面损失而支付的费用，如水利设施恢复费、误工费、搬迁费、基础设施恢复费等。

3. 补偿费用的计算。

(1) 土地补偿费、安置补偿费的计算。根据《土地管理法》第 48 条第 3 款规定："征收农用地的土地补偿费、安置补助费标准由省、自治区、直辖市通过制定公布区片综合地价确定。制定区片综合地价应当综合考虑土地原用途、土地资源条件、土地产值、土地区位、土地供求关系、人口以及经济社会发展水平等因素，并至少每三年调整或者重新公布一次。”

（2）地上附着物补偿费、青苗补偿费的计算。根据《土地管理法》第48条第4款规定：“征收农用地以外的其他土地、地上附着物和青苗等的补偿标准，由省、自治区、直辖市制定。对其中的农村村民住宅，应当按照先补偿后搬迁、居住条件有改善的原则，尊重农村村民意愿，采取重新安排宅基地建房、提供安置房或者货币补偿等方式给予公平、合理的补偿，并对因征收造成的搬迁、临时安置等费用予以补偿，保障农村村民居住的权利和合法的住房财产权益。”

三、征地补偿费用的支付和分配

征地补偿费用的支付和分配是整个征地工作的重点环节，必须稳妥审慎实施。如果监督不力，这部分款项就可能被人私分、占用，村民的利益就会受损。因此要充分发挥民众的监督作用，防止集体财产的流失，维护好集体和村民个人的合法权益。

1. 征地补偿费支付期限。根据《中华人民共和国土地管理法实施条例》第25条第4款，征收土地的各项费用（土地补偿费、安置补助费、青苗补偿费、地上附着物补偿费和其他补偿费）应当自征地补偿、安置方案批准之日起3个月内全额支付。法律虽对此做了较明确的规定，但在实践中，许多征地单位并没有按时支付土地补偿费用，应当加强社会对政府征地行为的监督。

2. 征地补偿费的分配。征地单位应将土地补偿费支付给谁是个很重要的问题。

根据我国《土地管理法》第49条的规定及有关政策，征地单位将土地补偿款支付给土地所有者，也就是农村集体经济组织，通常是由代表农村集体经济组织的村委会或村经济合作社管理，这就有必要对他们的行为进行监督。农村集体经济组织要分配土地补偿费，须按照法定的程序召开村民大会，由村民大会讨论并通过分配方案，然后按照分配方案进行分配。如果不能对村委会或村经济合作社使用村民集体的财产进行监督，则无法确保农村集体经济组织的财产不流失。因此，作为农村集体经济组织成员的村民有权要求村委会或村经济合作社将征地补偿费用收支情况向其公布，如果村委会或村经济合作社不公布，村民可以向有关政府部门反映，由政府有关部门进行督促。

3. 常遇见的几个问题。

（1）到小城镇落户的承包人的征地补偿款分配。《农村土地承包法》第 26 条第 2 款规定，承包期内，承包方全家迁入小城镇落户的，应当按照承包方的意愿，保留其土地承包经营权或者允许其依法进行土地承包经营权流转。虽然承包人的户口已迁出，但其不是迁往设区的市，而是小城镇。依据法律规定，在此期间，承包人承包的土地，应当按照其意愿保留土地承包经营权，或者允许其依法进行土地承包经营权的流转。既然承包人仍然享有合法土地承包经营权，就有权得到适当的征地补偿款。

（2）进城务工人员的征地补偿费分配。进城务工人员离开乡村来到城镇这并不意味着他们放弃村集体经济组织成员资格，也不意味着放弃村集体经济组织各种收益的分配。他们有权与其他村民一样享有征地补偿费的分配。但进城务工人员如果考取了公务员就不应再享受村民的待遇，这是因为如果考取了公务员其已经不再是农业户口了，享有稳定的经济收入以及各种社会保障制度，再参与村集体经济组织收益的分配显然与我国相关政策相矛盾。

（3）户籍迁出农村的在校大中专学生的征地补偿款分配。进城就读大中专院校的农村学生有时会将户口迁出，这是因为学校学籍管理规定的需要。由于学习并非就业，没有生活来源，虽然在校读书大中专学生离开了原户籍所在地村集体，但农村学生在大中专院校就读期间，仍被视为集体经济组织成员，应当有权参与征地补偿费的分配。

（4）超生子女的征地补偿分配。我国实行计划生育政策，按照法律规定，一对夫妻只准生育一定个数的子女。超生的子女是指超过法律规定准许生养小孩范围而额外生养的小孩。按照国家法律和地方性法规的规定，超生小孩的一般会受到政府相关部门一定处罚。超生子女的农民夫妇，如已接受了处罚并已执行到位，并且进行了户口登记的，超生的子女应当享有本村村民的同等待遇，即有权享有征地补偿款的分配权。

案例

1. 镇政府是否有权随意改变农民集体所有的土地所有权？

某镇政府未取得合法征用土地许可，即下文要求本镇靠近镇边土地搞商业性开发。原土地承包农民不同意镇政府强行占地，与土地承包人之间引起纠纷。土地承包人向县政府反映情况。因为要求各乡镇大力搞好商业性开发本身是县政府开会号召的，县政府要求农民应同镇政府配合，完成开发任务，并威胁农民如不按要求做，后果自负。这种做法最终导致矛盾激化。

分析

《宪法》第10条规定，农村和城市郊区的土地，除由法律规定属于国家所有的以外，属于集体所有；宅基地，除由法律规定属于国家所有的以外，属于集体所有；宅基地和自留地、自留山，也属于集体所有。任何组织或者个人不得侵占、买卖或者以其他形式非法转让土地。《农村土地承包法》第8条规定，国家保护集体土地所有者的合法权益，保护承包方的土地承包经营权，任何组织和个人不得侵犯。根据《土地管理法》的规定，农业用地改为非农业用地的，应进行合法登记。即经法定程序，由法定机关批准后征用并变更登记。本案中，某镇政府只是为完成县政府号召搞商业开发区，未取得合法占地、变更土地使用性质的合法审批，就以镇政府文件形式强令农民交出承包土地，是对农民集体所有的土地所有权的侵犯，是非法的。农村集体所有的土地所有权，应受法律保护，任何组织和个人不得侵犯。

2. 土地承包经营权能否分割？

陈女士与蔡先生双方均为再婚，1988年他们喜结连理。陈女士与前夫生有一女儿阿甲，蔡先生也与前妻生下一子阿乙和一女阿丙。婚后，他们共同生活并育有一女，名叫阿丁。1990年后，由于陈女士和蔡先生双方感情不和，两人开始分居。2003年，蔡先生因抢劫入狱，陈女士与蔡先生最终于2004年5月8日离婚，但却未对夫妻共同财产及时进行分割，也因此留下家庭矛盾的隐患。

离婚不久后，陈女士便提出要与蔡先生分割财产，包括自建房、耕地以及耕地上的龙眼树，但蔡先生的儿子阿乙却拒绝分割土地。他认为自己长期经营管理该地块，若要分割，则要赔偿他的损失。陈女士说，自己再次出嫁后，原来拥有的土地已被收回，如今本应该分得的土地却又被蔡先生的儿子占用。经村委会多次出面调解无效，陈女士不得不把阿乙告上法庭。法庭上，蔡先生的儿子说："我是长期种植这片土地的主人，在土地上还种植很多龙眼树，而继母根本就没有参与种植和管理，所以根本没有资格要求分割这块土地。再说我上面种植了那么多龙眼树，如果分给继母，那就是一大损失。"陈女士则表示，她曾经参与龙眼树的种植。可村里人不愿意得罪他们家人，没人肯出来为陈女士作证。之后，工作人员费尽周折才在档案室找到"承包证"。上面显示，1998年12月31日，30年土地延包过程中，某镇A村村民委员会（以下简称"A村委会"）发包水田1.67亩、旱地6亩给以蔡先生为户主，以陈女士以及他们的6个孩子为户员的承包户，共让他们承包经营了7.67亩土地。之后，他们在这些承包的土地上种植了大量龙眼树等，长期以来均由蔡先生与其前妻生下的儿子阿乙经营管理。陈女士认为，土地是自己赖以生存的"命根子"，况且今后土地还可能大大升值，所以并未同意折价补偿的方案，而坚决要求拿回属于自己的土地。同样，她对于土地肥沃与否也"很较真儿"，因为贫瘠土地让庄稼难以得到好收成。2005年，陈女士以及两个女儿向人民法院起诉，她们还具体提出要分割哪块土地。对于蔡先生一家，特别是实际管理土地的阿乙来说，他对土地的情况也相当了解，同样希望分得较为肥沃的地块。

一审人民法院经审理认为，蔡先生为户主、陈女士等7人为户员的承包户在30年土地延包过程中，他们共承包土地7.67亩。若按人均计算，陈女士、阿甲、阿丁3人共可分得承包地2.876亩。据此，一审法院判处陈女士以及两个女儿共同享有的土地承包经营权的份额为2.876亩。判决后，阿乙和其他家人不服判决提起上诉，二审法院经审理后维持了原判。

分析

随着城市化进程的加快，农村土地被征用，农民获得价格不菲的土地征用款已不是什么稀奇事，稀奇的是由此衍生出的一个新现象："分割土地承包经营权"，也成为农村离婚夫妻分割财产的新内容。近年来，涉及农村妇女土地承包经营权的诉讼有日渐增多的趋势，在基层法院受理的农村土地承包纠纷案中占有相当大的比例。自愿离婚后或者法院在审理离婚时，土地承包经营权到底应该如何归属呢？在一般情况下，在承包合同履行期间夫妻双方自愿解除婚姻关系，并就承包经营权达成了协议，分割了承包的土地，就用不着人民法院来处理。但是如果夫妻双方虽自愿离婚，但对土地承包经营权达不成协议，或者人民法院在审理离婚案件的过程中准备判决离婚，人民法院是否可以对承包经营权进行分割呢？根据司法解释的规定，法院在审理离婚案件时，如果双方就其承包经营权利义务达不成协议，而且双方均具有承包经营主体资格的，法院可以依法对承包经营权进行分割。当然，如果双方自愿离婚，但对土地承包经营权达不成协议，也可以向人民法院提起诉讼，要求依法对承包地的承包经营权进行分割。这对于依法保护妇女、儿童的利益是非常重要的。

司法实践中，离婚妇女主张分割土地承包经营权通常会遇到几种障碍：首先是农村传统思想的阻挠，农村长期重男轻女的思想观念，使农村妇女离婚后，其土地权益长期得不到重视与解决；其次是法律的障碍，离婚妇女主张分割土地承包经营权时，法律并未设定其必然可以实际分割土地承包经营权，最终可能得到的只是折价补偿。本案中的陈女士不愿选择折价补偿的方案，坚决要求拥有耕地，而正是由于陈女士正确运用法律的手段才维护了自己的合法权益。

3. 农村村民一户可以拥有几处宅基地？

50 岁的陈某系河南省某县某乡农民，育有两子，23 岁的长子陈甲和 16 岁的次子陈乙，其全家共同居住在村委会为其划定的宅基地上建造的房屋内。某日陈某向村委会提出申请，要求为其两个儿子各申请一处宅基地。村委会经审查，其长子陈甲将举办婚礼分户另住，并且符合婚姻法规定的结婚年龄，已进行结婚登记，同意为陈甲另划一处宅基地，手续按照法律相关规定办理；次子陈乙尚未成年，且与其父陈某共同居住，不同意为陈乙另划宅基地。

分析

农村村民一户只能拥有一处宅基地。《土地管理法》第 62 条规定："农村村民一户只能拥有一处宅基地。"国土资源部《关于加强农村宅基地管理的意见》第 5 项规定："严格宅基地申请条件。坚决贯彻'一户一宅'的法律规定。农村村民一户只能拥有一处宅基地，面积不得超过省（区、市）规定的标准。各地应结合本地实际，制定统一的农村宅基地面积标准和宅基地申请条件。不符合申请条件的不得批准宅基地。"

拥有一处宅基地的主体是指农村村民的"一户"。是否为一户，应根据户籍管理的户口本来判断，即如果在户口本上登记的是一家人，那么该户口本所登记的家庭就属于一户，该一户应当然只能拥有一处宅基地。当然，如果子女已长大成人并已成家，如在分户后不够居住则可以另行申请宅基地。

4. 宅基地是否可以继承？[①]

温某和其伯父都是农民，住在同一村。温某伯父现年 61 岁，一辈子光棍一人，身体一直都较好，一直都是自己照顾自己，后在一次重大的车祸中死亡，遗留下农村的房子三间。温某是唯一的亲人，于是他就把伯父的后事办了。事情忙完之后，温某把其伯父遗留的三间破房子扒了，准备在此宅基地上建一处新房。可镇上土地管理所等有关单位出面阻止温某建房。温某认为这房子和宅基地是其伯父的，温某作为其伯父唯一的继承人当然有权继承。温某继承其伯父生前占有的宅基地的说法正确吗？

分析

温某的认识是不正确的。本案中温某所提及的宅基地继承，实际上

① 参见李勤古：《宅基地是否可以继承》，《农村财务会计》2007 年第 10 期。

是指宅基地使用权的继承。遗产是公民死亡时遗留的个人合法财产。可是农村宅基地的使用权不是一般的“合法财产”。首先，因为宅基地使用权具有很强的人身依附性，在通常情况下，宅基地使用权的取得必须是具有农村集体经济组织成员资格才行，因集体经济组织成员资格的丧失而失去，不产生在不同农民个体之间的流转，即不可以继承。其次，农村宅基地使用权主要是为了保障每户农民的居住需求，具有社会保障功能，如果允许继承，将导致宅基地无限扩大，违背了《土地管理法》关于村民一户只能拥有一处宅基地的有关规定。据此，农村宅基地不是遗产，故从法律上讲是不可以继承的。

但在特殊情况下，根据“地随房走”的原则，继承人对宅基地上所造房屋的继承将导致其对宅基地的继承。也就是说，如果继承人继承了房屋，那么继承人是可以继续使用房屋的，村集体经济组织是不会强行要求你拆除房屋将宅基地给腾出来的。但本案中的温某已经扒掉其伯父的旧房子，因此也就无法在其伯父的宅基地上建房了。

5. 非本村村民能否取得宅基地使用权？[①]

王某原来居住在某省某县某乡甲村，山路崎岖，交通不便。2013年，他了解到隔壁村乙村村民方某迁居县城，家中老屋闲置，于是前去商谈，达成了房屋买卖协议。2014年，王某花32万元买下方某的那栋房屋。然而，交易后他去政府部门咨询，却办不了相关的产权证书，担心房子被要回去，心里不踏实。2018年初，他听说县里正在开展宅基地“三权分置”改革，去村里咨询，再向国土部门咨询，提交了办证申请。农村宅基地三权，即宅基地所有权、宅基地资格权、宅基地使用权。

分析

收到申请后，多方讨论政策依据，研究发证方式，并于2018年2月底将首本证书印成一式三份，发给王某等使用权人、资格权人和所有

---

① 参见林远、姜刚：《农村宅基地“三权分置”改革全面提速》，《经济参考报》2018年6月26日。

权人。王某的不动产权证书权利人一栏写明“三方”：王某（宅基地使用权人）、方某（宅基地资格权人）、某县某乡乙村民委员会（宅基地所有权人）。

目前，很多地区已明确选取部分区域开展农村宅基地所有权、资格权、使用权等“三权分置”的改革试点，自然资源部近期也派出多个小组对这项改革进行专题调研。已有部分地区颁发了农村宅基地“三权分置”不动产权登记证，金融机构也加大了对农民住房抵押贷款的发放力度，宅基地的融资功能正在逐渐破题。这项2018年初提出的改革在经过半年左右的探索后，已经进入全面提速时期。除了安徽省开始发放证书外，浙江省也于2018年4月在某县为当地村民发放了全省第一本农村宅基地“三权分置”不动产权登记证。

实际上，发放证书只是整个改革环节中的一部分。除了全国最早定下的33个农村土地制度改革三项试点外，一些省份也专门选取了部分地区进行专项试点。例如，山东省就选定了17个县市区开展宅基地“三权分置”改革试点。这些试点要探索宅基地有偿转让、有偿调剂、有偿收回等方式，引导农村宅基地以多种形式规范有序退出，为乡村振兴发展提供更多内涵空间。与此同时，中央部委也在加紧这项改革的统筹规划工作。据悉，自然资源部近期派出了多组人员，分别前往江西、安徽、湖南等地进行专题调研，调研重点是盘活利用农户闲置宅基地和闲置农房，尤其是处分权和收益权虚置问题，内容包括认定农户资格、确权方式、保障形式、退出方式以及放活宅基地使用权等方面的实践探索和做法等。

值得一提的是，很多地区在落实宅基地“三权分置”试点改革时特别提出要完善农房抵押处置相关规定，希望能借此次改革契机加强对“三农”的金融支持。据悉，上述农民王某一直在家乡从事特种野猪养殖，2018年欲扩大养殖规模导致资金需求大，但缺乏有效抵押物、难以找到担保人。在其获得宅基地不动产权证书后，农行安徽分行开办了“三权分置”使用权证抵押贷款业务，并迅速就业务开办作出批复、实现放款。王某在一周后就拿到了10万元抵押贷款资金。在全国层面上，自从确定开展农民住房财产权抵押贷款试点以来，据中国人民银行有关负责人介绍，截至2017年9月末，59个试点地区累计发放了贷款261亿元。

宅基地“三权分置”的实施，将有效激活农村闲置土地资源，让老百姓更多地享受到改革的红利，是得民心的举措。探索宅基地“三权分置”的重点，不是买卖宅基地，而是在坚持宅基地所有权属于农民集体、资格权属于集体经济组织成员的基础上，适度放活宅基地的使用权，并通过多种方式，使宅基地能够更好地得到利用，充分发挥其融资功能。

6. 户口未迁走的出嫁女能否享受村民待遇?①

张某（女）系某市某区某村农民。1983年土地承包、1988年土地延包时，与村民委员会签订“土地承包经营合同”，并经乡政府登记取得土地承包经营权证书，确定的土地承包经营权期限至2028年9月3日止。自2004年以来，村民组组长李某以张某出嫁为由，将其土地租赁给他人，并取消了张某作为村民组成员的分红款。请问张某能否享受村民待遇?

分析

《物权法》第125条规定：土地承包经营权人依法对其承包经营的耕地、林地、草地等享有占有、使用和收益的权利，有权从事种植业、林业、畜牧业等农业生产。《物权法》第130条进一步规定：承包期内发包人不得调整承包地。因自然灾害严重毁损承包地等特殊情形，需要适当调整承包的耕地和草地的，应当依照农村土地承包法等法律规定办理。张某系该村村民组的村民，与村民委员会签订“土地承包经营合同”，并经乡政府登记取得土地承包经营权证书。无论张某是否结婚出嫁，在土地承包合同存续期间，都应当享有承包地的占有、使用和收益的权利。同时张某户口一直未迁出该村，也应当享受其户籍所在地村民组成员分红的权利。张某请求享受正常村民待遇属于正当要求，若能证

① 参见风卫、谭熠龙:《出嫁女无土地承包权?》，中国法院网，2011年3月15日。

明已分红的具体数额，张某有权请求支付拖欠的分红款。

7. 出卖农村房屋后能否再申请宅基地?

农民杨某将自己家的房子卖给同村村民后便外出打工。某年春节回来过年时，闻悉村里有部分土地闲置，无人承包，杨某便决定回村扎下根来，搞土地承包经营。当他向乡政府申请宅基地重新盖房子时，乡政府工作人员说他原有的房子卖了后便不能再申请宅基地了。杨某怎么也想不通，认为自己虽然卖了房子，但还是本村村民，咋就不能在村里再盖房呢?

分析

农村宅基地是本村村民在符合条件的情况下无偿取得的，农民在出卖原有房屋后，如果又重新获得新宅基地盖房子，实际上是农民用无偿取得的集体宅基地使用权获利后再次无偿用地，此举将变相侵害村集体的公共利益。对此，我国《土地管理法》第62条和国土资源部《关于加强农村宅基地管理的意见》等法律法规明确规定：农村村民一户只能拥有一处宅基地，农民将原有住宅出卖、出租或赠予他人后，再申请宅基地的，不予批准。

8. 抢栽抢种是否可获得赔偿?

某市某区人民政府发布征地公告，征用某镇某村的部分土地，公告载明了补偿标准及补偿方式。外省的张先生找到某村村民付先生及王五、赵六等人商议，由他提供苗木在各家土地上栽种，遇拆迁时各分得一半补偿款。为获得征地补偿款，张先生购买了价值17万元的苗木，与付先生签订协议，约定在其土地上栽树，遇拆迁时各分得一半补偿款。之后，付先生得知，种植树木是在征地公告发布后“抢栽抢种”的，依法不能获得补偿，遂通知张先生拉走苗木。张先生未拉走苗木并诉至法院，要求付先生赔偿青苗费17万元。

分析

根据国土资源部发布的《关于完善征地补偿安置制度的指导意见》，

在征地依法报批前，当地国土资源部门应将拟征地的用途、位置、补偿标准、安置途径等，以书面形式告知被征地农村集体经济组织和农户。在告知后，凡被征地农村集体经济组织和农户在拟征土地上抢栽、抢种、抢建的地上附着物和青苗，征地时一律不予补偿。某区人民法院经审理认为，该协议属于恶意串通损害国家利益，应当无效。合同无效后，双方都有过错的，各自承担相应责任。张先生投资购买苗木的损失应当由其自行负担。一审判决，驳回张先生的诉讼请求。

据了解，征地补偿过程中，在被征土地上抢种植物、抢建大棚、抢盖房屋甚至虚设坟头等骗取征地补偿金的案件屡屡发生。这不仅是违法行为，甚至是犯罪行为。如果骗取补偿金数额较大，情节严重的，以诈骗罪追究刑事责任。

第四章

促进农业生产、增加农民收入的法律保障

农民除土地这种最基本的生产资料外，农资产品在农业生产中也是必不可少的，如种子、农药、化肥、农机等，农资产品的质量会直接或间接地影响农产品的收成。俗话说：庄稼一枝花，全靠肥当家。农资产品质量问题关乎农业增产、农民增收、农村发展，关乎我国改革开放和现代化建设大局。加强农资产品质量监管，是保证农业增产和农民增收的重要环节，也是质量系统服务社会主义新农村建设，实现农业现代化的重要切入点。现实生活中，坑农害农的现象时有发生，由于农资产品不同于一般的消费品，农作物的生长需要一定的周期，有损害难以及时发现，而一造成损失就已经难以挽回。因此，一方面执法者要严厉打击制造、销售伪劣农资产品的行为，保护农民的合法权益。另一方面农民朋友在购买农资时也要提高警惕，尽量到正规的销售单位购买产品，购买时要多加留意，看有没有合格证等，并保留好证据，一旦买到的是伪劣农资产品，就可以依法向生产者或销售者索赔，尽量减少损失。

第一节　有关种子的法律法规

随着科技的发展，市场上的农资产品越来越丰富，质量也鱼龙混杂。由于农资产品不同于一般的消费品，如果使用了假冒伪劣产品，对农作物的生长产生危害，可能会造成减产甚至绝收。为了对种子市场加强规制，我国颁布了《中华人民共和国种子法》（以下简称《种子法》）《农作物种子标签和使用说明管理办法》《关于加强种子管理工作的意见》等法律法规。农民朋友了解一些关于种子的相关法律知识有利于农

业生产。

一、假、劣种子认定

1. 假种子的认定。根据《种子法》，假种子分为两种类型。

第一种类型是指以非种子冒充种子或者以此品种种子冒充其他品种种子的。非种子是指不能作为种子使用的材料，如普通商品粮、育种过程中的中间材料以及沙粒、草籽等。就农作物种子来讲，以非种子冒充种子，一般是指以非农作物或者林木的种植材料或者繁殖材料冒充种子。主要有以下几种情况：

（1）以不能作为种子使用的非农作物或者林木的种植材料或者繁殖材料冒充种子的。例如，李某收购普通大豆 4 万千克，冒充大豆种子对外销售。经查，李某没有取得种子生产许可证；普通大豆没有采取任何隔离措施，含有多个品种，作为种子又未经过品种审定，也未经过种子检验。该批大豆种子只是普通大豆，而非大豆良种，可以认定李某为销售假大豆种子。

（2）以杂交种子（指良种）的后代冒充种子。例如，用父本和母本杂交繁殖出的玉米杂交种子（即良种）种植后的下一代是粮食，不能再作为种子。如果以杂交种子的后代当作种子销售，就是销售假种子。

（3）擅自引种的跨生态区域的种子。“以此品种种子冒充他种品种种子的”。往往是将淘汰或农民不欢迎的品种冒充优良品种。品种名称不同，则为不同种子。以此品种的种子冒充他品种的种子是同一种“张冠李戴”的行为。这种行为往往是用一般品种冒充知名品种。在现实生活中，只要查证种子的真实品种名称与种子标签标注的品种名称不符，即可以认定该种子为假种子。

第二种类型是指种子种类、品种与标签标注的内容不符或者没有标签的。种子标签是消费者购买和使用种子的重要依据，也是种子生产者和经销者向使用者的质量承诺。种子的种类、品种的说明要在包装上的标签中得到体现。消费者购种以后，按品种要求的条件种植，若出现问题也便于追查责任。具体分为以下三种情形：

（1）种子的种类与标签标注不符。第一，种子的种类是植物分类学意义上的“种”和“类”的概念。按照《农作物种子标签和使用说明管理办法》第8条第1款规定：“作物种类明确至植物分类学的种。”具体到种子来说，应该按农业部《关于植物新品种保护名录》区分不同的“种”。如果某一种子标签标注的种子的“种”与种子实际所属的“种”“属”不同，该种子可以认定为假种子。例如水稻与粳稻为不同“种”。如果某人以水稻种冒充粳稻种，查证属实，可以认定为假种子。第二，常规种子和杂交种子不属于同一类别的种子。这是从“类”的角度说的。按照《农作物种子标签和使用说明管理办法》第6条第2款规定：“种子类别按照常规种和杂交种标注……”目前，我国玉米、高粱大部分采用杂交种子，但也存在一部分常规种子；一部分水稻也有杂交种子。如果有证据证明某人将常规的玉米、高粱、水稻等种子，冒充杂交玉米、高粱、水稻等种子销售，或者反之，可以认定为种子的种类与标签不符，可以认定其为销售假种子。第三，种子的世代类别标注不实的，属于假种子。按照《农作物种子标签和使用说明管理办法》第8条第2款规定，种子的类别要“标注种子世代类别”，即“……类别为常规种的按照育种家种子、原种、大田用种标注”。所谓种子的“世代类别”，通俗地说，是指种子的“辈分”。按照国家标准的解释，育种家种子是指育种家育成的遗传性状稳定的品种或亲本的最初一批种子；良种是指用常规种原种繁殖的第一代至第三代和杂交种达到良种质量标准的种子。每一代类别的种子功能、属性是不同的，不能以大田用种（良种）冒充常规种子的“原种”、育种家种子，或者冒充杂交种子的“亲本”、育种家种子；或者反之，以育种家种子、原种、亲本冒充大田种子（当然这后一种情况因为价格原因一般不太可能发生）。

（2）种子的品种与标签标注不符。按照《农作物种子标签和使用说明管理办法》第9条的规定：“品种名称应当符合《农业植物品种命名规定》，一个品种只能标注一个品种名称。审定、登记的品种或授权保护的品种应当使用经批准的品种名称。”第一，凡属于主要农作物标签标注的品种名称，应当与审定通过的品种名称相一致。凡与审定品种名称不同的种子，不得在市场流通。第二，标签标注的品种名称，应当与种子的实际品种相一致，否则可以认定为假种子。第三，完成育种的单位和个人可以向国务院农业、林业部门申请保护其植物新品种权。凡授予植物新品种权的主要农作物种子应当按前述的审定制度申请省级或国家级审定通过，方可进入市场经营、推广。

(3) 种子的注册地与标签标注的不符。按照《农作物种子标签和使用说明管理办法》第10条规定："种子生产经营者名称、种子生产经营许可证编号、注册地地址应当与农作物种子生产经营许可证载明内容一致；联系方式为电话、传真，可以加注网络联系方式。"第15条规定："品种适宜种植区域不得超过审定、登记公告及省级农业主管部门引种备案公告公布的区域。审定、登记以外作物的适宜区域由生产经营者根据试验确定。种植季节是指适宜播种的时间段，由生产经营者根据试验确定，应当具体到日，采用下列示例：5月1日至5月20日。"按照这一规定，种子拣选、包装地不应标注为种子的注册地。因为种子生物学、遗传学特性特征与其生产地的地理环境，即气候、温度、湿度、土质等息息相关，即使同一个品种，在此地繁殖与在彼地繁殖会有很大的差异，对种植地区的适用性有很大的不同，将不适合本地种植的种子引种，可能造成大面积减产。因此，《种子法》对种子的"注册地"标注作出严格规定，必须真实标注。凡是种子的实际产地与标签标注的注册地不符的，以假种子论处。

在实际查处案件的过程中，工商部门查办假种子主要有两种方法。第一种方法是委托种子检验机构鉴定。这种方法最简单，往往也是最难办的。说简单，是说只要检验机构出具检验结果，办案机关按照检验结果认定即可；说难办，是说目前检验的难度较大，时间周期较长，需要种植，委托检验非常困难。第二种方法是查证。最常见的情形就是农民朋友提供线索举报查证。此种情况多为知情者举报，一般能提供比较确切的线索，办案人员可以根据举报线索核实，提取证据。此外还包括工商人员现场检查发现疑点查证。

每年种子销售旺季，工商部门往往会组织人员到农资经营集中的市场进行检查。主要检查以下内容：种子包装及标签标注的各项内容；种子的形状特征：大小、形状、颜色等。执法人员要对本地比较知名种子的外观有一个基本的了解和掌握，这样有可能从外观特征上发现假种子线索。要询问当事人有关种子的来源地、价格、购货渠道、运输工具以及入库时间，并与种子标签标注的内容相对照发现疑点或破绽即应逐一查实。例如，当事人对种子来源地的叙述与标签标注的注册地是否一致；价格与当地该品种的价格是否一致，如果价格明显低于当地平均价格，该种子可能有问题；从入库时间可以发现该批种子是否为陈旧的种子等。在实际生产中，农民朋友若买到了假种子一定要及时地向工商管理部门举报，提供线索帮助及时查处案件。

2. 劣种子的认定。劣质种子主要是指以下五种情形：

（1）质量低于国家规定的种用标准。国家规定的种子质量标准主要有四项指标：种子含水量、种子净度、发芽率和品种纯度。如玉米种子含水量低于13%，种子净度高于98%，发芽率高于85%，纯度高于96%。国家对大部分农作物有明确的种用标准。这个标准是种子在田间正常生长，得以收获的前提。如我国国家标准规定玉米种子发芽率为85%，如果种子标签标注发芽率84%，就可判为劣种子。其中品种纯度为主要定级标准。凡净度、发芽率两项中的一项比品种纯度级别低一级；两项中无论一项或两项高于品种纯度级别的都按品种纯度等级定级。凡净度、发芽率两项都比品种纯度级别低一级；两项中的一项与品种纯度同级，另一项比品种纯度级别低两级，都按品种纯度等级降低一级定级。凡净度、发芽率两项都比品种纯度级别低两级的，按品种纯度等级降低两级定级，但两项均不得低于其最低级标准。

（2）质量低于标签标注指标的。依据种子质量是否达到标签标注的质量指标可以判定种子是否劣质。特别是对于国外引进的品种或国家对此种作物没有规定种用标准的，可以根据标签标注的质量指标来鉴别和衡量。种子的质量不能低于其标签上各项标注。比如，种子标签标发芽率为95%，而种子实际发芽率为80%。

（3）因变质不能作种子使用的。例如，在阴雨、温度偏高等条件下保存致使种子霉烂、发芽率降低等而不能作为种用。这表明我国实施的种子标签真实制度，与国外的种子标签真实制度有所不同，对于尚未制定国家规定的种用标准的，其承诺的质量指标不能太低，必须符合可以作种子使用的。

（4）杂草种子的比率超过规定的。种子质量指标中，净度是检测杂草及异种含量的重要指标。杂草种子比率直接影响种子播种量和发芽率。过多的杂草种子自然增加用种量，而且杂草的幼苗与作物幼苗混杂，减少实际田间产量，甚至传播病虫害。这里的杂草种子主要是指限制性的杂草种子，一般表示为“××粒/千克”。如规定小麦种子，每千克野燕麦不得超过5粒。

（5）带有国家规定检疫对象的有害生物的。预防检疫对象，是农业部门维护正常农业生产的重要工作。如果引进了带有检疫对象的种子，就会造成检疫对象的扩散，严重的会给当年和以后的农业生产带来灾害性的后果。在小麦种子中，如果含有毒麦或者假高粱种子，就可判为劣种子。因为毒麦或者假高粱种子已被列入全国植物检疫性有害生物名单。

二、种子标签应当标注的事项

种子标签是指固定在种子包装物表面及内外的特定图案及文字说明。根据《种子法》第41条有关规定，在我国境内销售的种子应当附有标签。

1. 种子标签标注的主要内容。

（1）作物种类：应明确到植物分类学的种。

（2）品种名称：应当符合《中华人民共和国植物新品种保护条例》的规定，属于授权品种或审定通过的品种，应当使用批准的名称。

（3）产地：指种子繁育所在地，按照行政区标注至县级。

（4）质量指标：指生产商承诺的质量指标，按品种纯度、净度、发芽率、水分指标标注。

（5）检疫证明编号：标注产地检疫证明的编号。进口种子是指引进种子、苗木检疫审批单的编号。

（6）种子批号：指种子生产商检验种子质量时的种子批号。

（7）生产年月：指种子收获的时间。

（8）净含量：指种子的实际重量或数量，以千克（kg）、克（g）、粒或株表示。

(9) 生产商：指最初的商品种子供应商，进口商指直接从境外购买种子的单位。

(10) 生产商地址：应当按种子经营许可证注明的地址标注。

(11) 种子经营许可证编号。

(12) 种子类别：按常规种和杂交种标注，类别为常规种的，可以不具体标注。

2. 种子标签加注内容。种子标签在标注以上内容的同时属于下列情况之一的，还应当分别加注：

(1) 主要农作物种子应当加注种子生产许可证编号和品种审定编号。

(2) 药剂处理的种子应当标明药剂名称、注意事项，并根据药剂毒性附骷髅或十字骨的警示标志，标注红色“有毒”字样。

(3) 属于杂交种及转基因种子的应当注明。

(4) 销售进口种子应当附有中文标签并加注进口商名称。

(5) 两种以上混合种子应当标注“混合种子”字样，标明各类种子的名称及比率。

(6) 转基因种子应当标注“转基因”字样，农业转基因生物安全证书编号和安全控制措施。

(7) 分装种子应注明分装单位和分装日期。

(8) 种子中含有杂草种子的，应加注有害杂草的种类和比率。

标签标注内容可直接印制在包装物表面，也可制成印刷品固定在包装物外或放在包装物内，但作物种类、品种名称、生产商、质量指标、净含量、警示标志和“转基因”标识内容必须在包装物外。

三、购买种子应当注意的问题

为了科学地选用优良的品种，广大农民在选购种子时，应该注意以下问题：

1. 看证照是否齐全。要到有经营资格、证照齐全、经营规范、信誉良好的合法农资经营商店购买。不要购买流动商贩和无证、无照经营的农资产品。从事种子经营必须持有种子经营许可证和营业执照，否则就属于违法经营。申领种子经营许可证必须具备相应的条件，比如承担民事责任的能力、必要的经营设施、技术力量等。在具备资质、证照齐全的经营单位中注意挑选信誉高服务好的单位购种，使用中更为放心，即使真的出现问题，也便于解决。千万不可在集市上购买种子，以防上当。

2. 选择合适品种。主要农作物品种（稻、小麦、玉米、大豆、棉花等）管理实行审定制度，审定通过的品种是经农业行政主管部门组织有关单位按照严格程序进行试验、筛选出的适宜种植的优良品种，这些品种使用安全、性能适宜，有推广价值。非主要农作物品种的选择也应注意品种的适应性。特别是到外地购种，包括各级农技服务组织到外地引种，不可盲目，要坚持先试验后推广的原则。此外，还要根据自己的栽培方式、地力条件、种植茬口选择对路的品种。

3. 检查种子包装及种子标签。《种子法》规定，不包装的种子不准上市经营和经营的种子必须附有标签。购种时要选择包装良好、数量适宜的种子，不标注种子种类、品种名称、经营单位和地址的种子属于不合格种子，种子种类、品种名称、产地与标签标注不符的应视为假种子，不能购买。没有标注种子质量指标或标注指标低于国家标准的属于劣种，这样的种子也不要购买。另外，注意标签中介绍的品种特征、特性是否符合自己的需要，栽培技术要点是否符合自己的生产条件。有些种子经营单位在种子包装时采取了防伪措施，广大农户可根据需要按防伪措施的特征或要求进一步识别所购种子的真假。要认真查看产品包装和标签标识上的登记证号、批准证号、产品名称、生产厂家、厂址、生产日期、有效期、产品说明等事项，查验产品质量合格证。不要盲目轻信广告宣传。

4. 要保留各种购买凭证。购买种子时要向经营者索要发票等凭证，并连同产品包装物、标签等妥善保存好，以备出现质量等问题时作为索赔依据。尽量不要接受未注明品种、名称、数量、价格及销售者的字据或收条。同时认真阅读产品使用说明书，弄清适用范围和禁用事项以及正确的使用方法。万一买到假冒伪劣的农资产品，尽快采取措施减少损失，收集好证据向相关责任人要求赔偿，及时请当地农业部门组织鉴定，评估损失，并及时收集和携带相关证据向当地农业、工商、质量监督等部门投诉举报，维护自己的合法权益。

四、对经营种子资格的限制

根据《中华人民共和国种子管理条例》和《中华人民共和国农作物种子实施细则》的规定，国家对主要的农作物杂交种子的经营实行计划管理，其组织经营者由县级以上人民政府指定。国家对常规种子实行多渠道的制度，允许单位和个人在县级以上种子管理机构的指导下经营。个人一般只能是经营常规种子，杂交种子一般只能由县级以上人民政府指定的单位经营。但不论是单位还是个人，经营种子都必须持有种子管理机构颁发的种子经营许可证，严格核查肥料、农药、种子的经营资格，制止和查处非法经营农业生产资料等不法行为。具体分为以下 8 种情形：

1. 申领种子生产许可证的资格条件。

（1）资本条件：生产常规种子（含原种）和杂交亲本种子的，注册资本 100 万元以上；生产杂交种子的，注册资本 500 万元以上。

（2）设施设备条件。①有种子晒场 500 平方米以上或者有种子烘干设备。②有必要的仓储设施，种子仓库符合国家有关技术标准。③有能够满足检验需要的检验室。④有完好的种子检验仪器设备，包括 250 升光照培养箱 2 台、300℃电热干燥箱 1 台、电冰箱 1 台、快速水分测定仪 2 台、0.001 克和 0.0001 克电子天平各 1 台、钟鼎式分样器大中小各 1 套、横格式分样器 1 台、不同孔径的套筛 1 套、电动粉碎机 1 台、生物显微镜 1 台、净度分析台 1 台。以上条件中烘干、仓储、检验设施设备应为自有产权，或有正规报建手续并正在办理产权登记（产权过户）。

（3）技术人员条件：有经省级农业行政主管部门考核合格的种子检验人员 2 名以上、种子生产技术人员 3 名以上。

（4）品种条件。生产品种应通过审定，或通过省级农业行政主管部门组织的对其特异性、一致性和稳定性的实质审查；品种为授权品种的，应有品种权人的授权书或品种转让合同。

（5）生产基地条件。种子生产基地应无检疫性病虫害，隔离条件符合规定。

2. 向农业部申领转基因农作物种子生产许可证的种子公司的资格审核条件。

(1) 具有申领主要农作物种子生产许可证的资格条件。

(2) 取得相应适宜生态区域的农业转基因生物安全证书，并通过相应区域省级以上品种审定。

(3) 在县级以上农业行政主管部门指定的区域生产。

(4) 有相应的安全管理防范措施，具备专门的安全管理人员。

3. 申领主要农作物杂交种子经营许可证的资格条件。

(1) 资本条件。注册资本500万元以上。

(2) 设施设备条件。①有必要的仓储设施，种子仓库符合国家有关技术标准。②有能够满足检验需要的检验室。③有固定的种子经营场所。④有达到一般种子质量检验机构标准的检验仪器设备，包括250升光照培养箱2台、300℃电热干燥箱1台、电冰箱1台、电泳仪及其配套设备1套、快速水分测定仪2台、0.001克和0.0001克电子天平各1台、钟鼎式分样器大中小各1套、横格式分样器1台、不同孔径的套筛1套、电动粉碎机1台、生物显微镜1台、净度分析台1台。⑤有成套的种子加工设备。以上条件中仓储、检验、加工设施设备应为自有产权，或有正规报建手续并正在办理产权登记（产权过户）。

(3) 技术人员条件。有经省级农业行政主管部门考核合格的种子检验人员2名以上，种子贮藏保管人员和种子加工技术人员1名以上。

4. 申领主要农作物杂交种子以外的种子经营许可证的资格条件。

(1) 资本条件。注册资本100万元以上。

(2) 设施设备条件。①有必要的仓储设施，种子仓库符合国家有关技术标准。②有能够满足检验需要的检验室。③有固定的种子经营场所。④有必要的种子检验仪器设备，包括250升光照培养箱1台、300℃电热干燥箱1台、电冰箱1台、快速水分测定仪2台、0.001克电子天平1台、钟鼎式分样器大中小各1套、横格式分样器1台、不同孔径的套筛1套、电动粉碎机1台、生物显微镜1台、净度分析台1台。⑤有种子加工设备。以上条件中仓储、检验、加工设施设备应为自有产权，或有正规报建手续并正在办理产权登记（产权过户）。

（3）技术人员条件。有经省级农业行政主管部门考核合格的种子检验人员1名以上，种子贮藏保管人员和种子加工技术人员1名以上。

5. 申领从事种子进出口业务，向农业部申请种子经营许可证的种子公司的资格审核条件。

（1）资本条件。注册资本1000万元以上。

（2）设施设备条件和技术人员条件。同上述“3. 申领主要农作物杂交种子经营许可证的资格条件”。

6. 实行选育、生产经营相结合，向农业部申请种子经营许可证的种子公司的资格审核条件。

（1）资本条件。注册资本3000万元以上。

（2）设施设备条件。①有必要的仓储设施，种子仓库符合国家有关技术标准。②有能够满足检验需要的检验室，检验场所面积不得少于100平方米。③有固定的种子经营场所。④种子检验仪器设备符合部级种子检验机构的标准，包括250升光照培养箱4台或发芽室1间、300℃电热干燥箱2台、电冰箱2台、电泳仪及其配套设备1套、快速水分测定仪5台、0.001克和0.0001克电子天平各1台、钟鼎式分样器大中小各2套、横格式分样器2台、套筛2套、电动粉碎机2台、生物显微镜2台、净度台2台。⑤有加工成套设备。⑥有专门的育种机构及相应的育种条件。⑦有稳定的种子繁育基地。⑧有相对稳定的销售网络。以上条件中仓储、检验、加工设施设备应为自有产权，或有正规报建手续并正在办理产权登记（产权过户）。

（3）技术人员条件。有经省级农业行政主管部门考核合格的种子检验人员5名以上、种子贮藏保管人员和种子加工技术人员1名以上。

（4）品种条件。自有品种的种子销售量占公司总经营量的50%以上。

7. 申领转基因农作物种子经营许可证的种子公司的资格审核条件。

（1）具有申领主要农作物杂交种子经营许可证的资格条件。

（2）销售转基因农作物品种必须取得相应适宜生态区域的农业转基因生物安全证书，并通过相应区域省级以上品种审定。

（3）有相应的安全管理防范措施，具备专门的安全管理人员。

8. 农作物种子委托代销商的资格条件。

（1）有固定的种子经营场所。

（2）有适合种子贮存保管的场所。

（3）有1名以上具备一定种子专业知识的人员。需提供的全部材料：农作物种子生产经营许可证申请表；注册资本证明材料；种子检验人员、种子生产技术人员、加工技术人员和贮藏保管人员的资格证明。

（4）检验设施和仪器设备、加工设备清单、照片及产权证明。

（5）种子晒场情况介绍或种子烘干设备照片及产权证明。

（6）种子仓储设施清单、照片及产权证明，种子经营场所照片。

（7）种子生产地点的检疫证明和情况介绍。

（8）生产品种介绍。品种为授权品种的，还应提供品种权人同意的书面证明或品种转让合同。生产种子是转基因品种的，还应当提供农业转基因生物安全证书。

（9）种子生产质量保证制度。

（10）实行选育、生产、经营相结合，向农业部申请种子经营许可的，还应向审核机关提交育种基地照片或说明，自有品种证明，育种条件、检验室条件、生产经营情况的说明。

五、违反《种子法》的行政责任和刑事处罚

为了保护和合理利用种子资源，规范品种选育和种子生产、经营、使用行为，维护品种选育者和种子生产者、经营者、使用者的合法权益，《种子法》《刑法》明确规定了各种违法犯罪行为。

1. 违反《种子法》的行政责任。违反《种子法》的规定，应承担相应的法律责任：

（1）有侵犯植物新品种权行为的，赔偿数额按照权利人因被侵权所受到的实际损失确定；实际损失难以确定的，可以按照侵权人因侵权所获得的利益确定。权利人的损失或者侵权人获得的利益难以确定的，可以参照该植物新品种权许可使用费的倍数合理确定。赔偿数额应当包括权利人为制止侵权行为所支付的合理开支。侵犯植物新品种权，情节严

重的，可以在按照上述方法确定数额的 1 倍以上 3 倍以下确定赔偿数额。权利人的损失、侵权人获得的利益和植物新品种权许可使用费均难以确定的，人民法院可以根据植物新品种权的类型、侵权行为的性质和情节等因素，确定给予 300 万元以下的赔偿。县级以上人民政府农业、林业主管部门处理侵犯植物新品种权案件时，为了维护社会公共利益，责令侵权人停止侵权行为，没收违法所得和种子；货值金额不足 5 万元的，并处 1 万元以上 25 万元以下罚款；货值金额 5 万元以上的，并处货值金额 5 倍以上 10 倍以下罚款。假冒授权品种的，由县级以上人民政府农业、林业主管部门责令停止假冒行为，没收违法所得和种子；货值金额不足 5 万元的，并处 1 万元以上 25 万元以下罚款；货值金额 5 万元以上的，并处货值金额 5 倍以上 10 倍以下罚款。

（2）生产经营假种子的，由县级以上人民政府农业、林业主管部门责令停止生产经营，没收违法所得和种子，吊销种子生产经营许可证；违法生产经营的货值金额不足 1 万元的，并处 1 万元以上 10 万元以下罚款；货值金额 1 万元以上的，并处货值金额 10 倍以上 20 倍以下罚款。因生产经营假种子犯罪被判处有期徒刑以上刑罚的，种子企业或者其他单位的法定代表人、直接负责的主管人员自刑罚执行完毕之日起 5 年内不得担任种子企业的法定代表人、高级管理人员。

（3）生产经营劣种子的，由县级以上人民政府农业、林业主管部门责令停止生产经营，没收违法所得和种子；违法生产经营的货值金额不足 1 万元的，并处 5000 元以上 5 万元以下罚款；货值金额 1 万元以上的，并处货值金额 5 倍以上 10 倍以下罚款；情节严重的，吊销种子生产经营许可证。因生产经营劣种子犯罪被判处有期徒刑以上刑罚的，种子企业或者其他单位的法定代表人、直接负责的主管人员自刑罚执行完毕之日起 5 年内不得担任种子企业的法定代表人、高级管理人员。

（4）有下列行为之一的，由县级以上人民政府农业、林业主管部门责令改正，没收违法所得和种子；违法生产经营的货值金额不足 1 万元的，并处 3000 元以上 3 万元以下罚款；货值金额 1 万元以上的，并处货值金额 3 倍以上 5 倍以下罚款；可以吊销种子生产经营许可证：未取得种子生产经营许可证生产经营种子的；以欺骗、贿赂等不正当手段取得种子生产经营许可证的；未按照种子生产经营许可证的规定生产经营种子的；伪造、变造、买卖、租借种子生产经营许可证的。被吊销种子生产经营许可证的单位，其法定代表人、直接负责的主管人员自处罚决定作出之日起5年内不得担任种子企业的法定代表人、高级管理人员。

（5）有下列行为之一的，由县级以上人民政府农业、林业主管部门责令停止违法行为，没收违法所得和种子，并处2万元以上20万元以下罚款：对应当审定未经审定的农作物品种进行推广、销售的；作为良种推广、销售应当审定未经审定的林木品种的；推广、销售应当停止推广、销售的农作物品种或者林木良种的；对应当登记未经登记的农作物品种进行推广，或者以登记品种的名义进行销售的；对已撤销登记的农作物品种进行推广，或者以登记品种的名义进行销售的。对应当审定未经审定或者应当登记未经登记的农作物品种发布广告，或者广告中有关品种的主要性状描述的内容与审定、登记公告不一致的，依照《中华人民共和国广告法》的有关规定追究法律责任。

（6）有下列行为之一的，由县级以上人民政府农业、林业主管部门责令改正，没收违法所得和种子；违法生产经营的货值金额不足1万元的，并处3000元以上3万元以下罚款；货值金额1万元以上的，并处货值金额3倍以上5倍以下罚款；情节严重的，吊销种子生产经营许可证：未经许可进出口种子的；为境外制种的种子在境内销售的；从境外引进农作物或者林木种子进行引种试验的收获物作为种子在境内销售的；进出口假、劣种子或者属于国家规定不得进出口的种子的。

（7）有下列行为之一的，由县级以上人民政府农业、林业主管部门责令改正，处2000元以上2万元以下罚款：销售的种子应当包装而没有包装的；销售的种子没有使用说明或者标签内容不符合规定的；涂改标签的；未按规定建立、保存种子生产经营档案的；种子生产经营者在异地设立分支机构、专门经营不再分装的包装种子或者受委托生产、代销种子，未按规定备案的。

（8）侵占、破坏种质资源，私自采集或者采伐国家重点保护的天然种质资源的，由县级以上人民政府农业、林业主管部门责令停止违法行为，没收种质资源和违法所得，并处5000元以上5万元以下罚款；造成损失的，依法承担赔偿责任。

(9) 向境外提供或者从境外引进种质资源，或者与境外机构、个人开展合作研究利用种质资源的，由国务院或者省、自治区、直辖市人民政府的农业、林业主管部门没收种质资源和违法所得，并处2万元以上20万元以下罚款。未取得农业、林业主管部门的批准文件携带、运输种质资源出境的，海关应当将该种质资源扣留，并移送省、自治区、直辖市人民政府农业、林业主管部门处理。

(10) 抢采掠青、损坏母树或者在劣质林内、劣质母树上采种的，由县级以上人民政府林业主管部门责令停止采种行为，没收所采种子，并处所采种子货值金额2倍以上5倍以下罚款。

(11) 收购珍贵树木种子或者限制收购的林木种子的，由县级以上人民政府林业主管部门没收所收购的种子，并处收购种子货值金额2倍以上5倍以下罚款。

(12) 种子企业有造假行为的，由省级以上人民政府农业、林业主管部门处100万元以上500万元以下罚款；不得再依照《种子法》第17条的规定申请品种审定；给种子使用者和其他种子生产经营者造成损失的，依法承担赔偿责任。

(13) 未根据林业主管部门制订的计划使用林木良种的，由同级人民政府林业主管部门责令限期改正；逾期未改正的，处3000元以上3万元以下罚款。

(14) 在种子生产基地进行检疫性有害生物接种试验的，由县级以上人民政府农业、林业主管部门责令停止试验，处5000元以上5万元以下罚款。

(15) 拒绝、阻挠农业、林业主管部门依法实施监督检查的，处2000元以上5万元以下罚款，可以责令停产停业整顿；构成违反治安管理行为的，由公安机关依法给予治安管理处罚。

(16) 私自交易育种成果，给本单位造成经济损失的，依法承担赔偿责任。

(17) 强迫种子使用者违背自己的意愿购买、使用种子，给使用者造成损失的，应当承担赔偿责任。

2. 违反《种子法》的刑事处罚。根据《刑法》第 147 条的规定：

(1) 违反《种子法》规定，有下列行为之一，构成犯罪的，依法追究刑事责任：未取得种子生产许可证或者伪造、变造、买卖、租借种子生产许可证，或者未按照种子生产许可证的规定生产种子的；未取得种子经营许可证或者伪造、变造、买卖、租借种子经营许可证，或者未按照种子经营许可证的规定经营种子的。

(2) 违反《种子法》规定，有下列行为之一，构成犯罪的，依法追究刑事责任：为境外制种的种子在国内销售的；从境外引进农作物种子进行引种试验的收获物在国内作商品种子销售的；未经批准私自采集或者采伐国家重点保护的天然种质资源的。

(3) 违反《种子法》规定，抢采掠青、损坏母树或者在劣质林内和劣质母树上采种，构成犯罪的，依法追究刑事责任。

(4) 种子质量检验机构出具虚假检验证明的，与种子生产者、销售者承担连带责任；构成犯罪的，依法追究刑事责任。

六、种子纠纷的处理方法

在实际生产中，会发生一些种子纠纷，即种子使用者因为种子质量问题遭受损失的，出售种子的经营者应当予以赔偿。赔偿的范围，包括购种价款、有关费用和可得利益损失。经营者赔偿后，属于种子生产者或其他经营者责任的，经营者有权向生产者或者其他经营者追偿。按《种子法》的规定，农民等种子使用者因使用种子发生民事纠纷的，主要有四种解决方法：

1. 协商和解。由当事人双方自行友好磋商解决纠纷。

2. 协调解决。由政府及其有关职能部门如农业、林业行政主管部门或者人民调解委员会作为第三方出面主持公道，在当事人自愿的基础上依法协商解决纠纷。

3. 通过仲裁机构仲裁解决。当事人不愿通过协商、调解解决或者协商、调解不成的，可以依据当事人在纠纷发生前事先达成的书面仲裁协议或者在纠纷发生后当事人自愿达成的书面仲裁协议，将种子纠纷提请仲裁机构依法裁决从而解决纠纷。

4. 直接向人民法院提起民事诉讼。当事人没有书面仲裁协议或者虽有仲裁协议但当事人双方都不愿提请仲裁机构裁决的，可以在法定诉讼时效期间内向人民法院提请民事诉讼，由法院依法调节或者判决处理。

可见，法律上对于纠纷的解决提供了多种方案，农民朋友可以根据自身的情况，选择最有利于自己的方式进行解决。同时，在这里也要提醒广大农民朋友，在购买种子的时候，要做好事前调查工作，考察该商户的信誉，也可以到政府制定或推荐的机构购买。购买后要注意保留好发票和相关凭证。

第二节　有关农药的法律法规

农药质量的好坏在农作物成长过程中也起着重要的作用。若农民朋友使用了假、劣农药，那将直接影响到农作物的收成，也会影响到农民的家庭收入，所以需要农民朋友了解一下法律上对假、劣农药的认定、处罚是如何规定的。一方面在遇到问题时可以据法力争，维护自己的合法权益；另一方面也可以做到事前防范。

一、假、劣农药的认定

根据2017年2月8日修订通过的《农药管理条例》规定，假农药包括：以非农药冒充农药或者以此种农药冒充他种农药的；所含有效成分的种类、名称与产品标签或者说明书上注明的农药有效成分的种类、名称不符的；禁用的农药，未依法取得农药登记证而生产、进口的农药，以及为附具标签的农药，按照假农药处理。劣质农药包括：不符合农药产品质量标准的；混有导致药害等有害成分的；超过农药质量保质期的农药按劣质农药处理。

假劣农药的危害众所周知，有没有辨别假劣农药的方法呢？业界专家指出，准确的判定一个农药产品的真假、伪劣，一般需要通过法定的农药质量检测单位，根据产品标准规定的各项技术指标及检验方法来判定。但农民朋友在购买农药时，也可以通过以下几种简易的方法进行初步的辨别。

1. 根据标签辨别。合格的标签应包括品种名称、生产日期、生产商名称、地址、联系方式等主要内容。标签残缺不全或不清楚的标签产品，就值得怀疑。另外，农药都有保质期，如发现超过保质期的农药千万不要去买，接近于保质期的农药，要尽量做到用多少买多少，现买现用。最好选择近期出厂的产品；过期的产品药效下降，不宜购买。

2. 根据包装辨别。一般来说，符合国家有关农药包装规定的，直观来看，包装、商标、产品说明书、出厂检验合格证等都是新的，如果发现包装用的材料陈旧、密封不好或有破损或包装有大有小等问题，其质量值得怀疑。

3. 根据外观上某些特征辨别。不同的农药具有不同的特征，形状和色泽不同，剂型不一样。粉剂或可湿性粉剂，应为疏松粉末，无团块，颜色均匀。如药粉成团块，药味不浓或有霉酸异味，表明此药质量可能发生变化，影响使用效果。其鉴别方法是：取粉剂数克，置于瓶中，加水调成糊状，再加水搅拌均匀，观察农药在水中的悬浮物、沉淀多少和沉淀快慢，如果浮物多、沉淀多且沉淀快，则说明农药已经变质。瓶装的乳油如果发现浑浊、分层或有沉淀物、絮状物等，说明农药质量可能存在问题。其鉴别方法是：观察其性状，如呈絮结状和有沉淀物，可将瓶装农药放置于热水中，片刻后若沉淀物不能溶解，则表明此农药已变质。悬浮剂若发现有严重的结块，也表明质量可能存在问题。

二、禁止使用的农药

为解决农产品尤其是蔬菜、水果、茶叶等农药超标问题，2002 年农业部公布了禁止使用的高度农药的品种。

1. 国家明令禁止使用的农药。六六六（HCH）、滴滴涕（DDT）、毒杀芬（Damphechlor）、二溴氯丙烷（Dibromochloropane）、杀虫脒（Chlordimeform）、二溴乙烷（EDB）、除草醚（Nitrofen）、艾氏剂（Aldrin）、狄氏剂（Dieldrin）、汞制剂（Mercury compounds）、砷（Arsena）、铅（Acetate）类、敌枯双、氟乙酰胺（Fluoroacetamide）、甘氟（Gliftor）、毒鼠强（Tetramine）、氟乙酸钠（Sodium fluoroace-

tate)、毒鼠硅（Silatrane）。

2. 在蔬菜、果树、茶叶、中草药材上不得使用和限制使用的农药。甲胺磷（Methamidophos）、甲基对硫磷（Parathion-methyl）、对硫磷（Parathion）、久效磷（Monocrotophos）、磷胺（Phosphamidon）、甲拌磷（Phorate）、甲基异柳磷（Isofenphos-methyl）、特丁硫磷（Terbufos）、甲基硫环磷（Phosfolan-methyl）、治螟磷（Sulfotep）、内吸磷（Demeton）、克百威（Carbofuran）、涕灭威（Aldicarb）、灭线磷（Ethoprophos）、硫环磷（Phosfolan）、蝇毒磷（Coumaphos）、地虫硫磷（Fonofos）、氯唑磷（Isazofos）、苯线磷（Fenamiphos）19 种高毒农药不得用于蔬菜、果树、茶叶、中草药材上。三氯杀螨醇（Dicofol），氰戊菊酯（Fenvalerate）不得用于茶树上。任何农药产品都不得超出农药登记批准的使用范围使用。

三、过期农药的购买及处理

"过期农药"不同于"过期食品"或其他普通过期商品。首先，农药毒性大、污染性强，将其销毁必须由专业人员采用特殊技术进行处理，才能尽量做到不污染或少污染环境，不具备相关知识的经销商若要将其销毁自己根本无能为力。其次，过期农药并不是假农药或劣质农药，过期农药并非全部都不能使用。实践证明，很多过期农药，只要严格按照科学的方法使用，仍然有很好的杀虫、防病效果。而且，从环保角度讲，将其"用掉"比花费力气将其销毁更为划算。所以，对过期农药并不一律禁止销售。销售的过期农药应当符合以下条件：

第一，必须是经过省级农药检定机构或者农业部的农药检定机构检验，仍然符合农药的标准的。如果经检定已经丧失了使用效能，不符合国家规定的农药标准的过期农药，不得销售。

第二，只能在限定的期限内销售。

第三，必须在农药产品包装上注明"过期农药"的字样。由于农药过期后，其效能肯定会发生一定的变化，因此，还必须根据实际效能，明确载明使用方法和剂量。

在此，需要提出来的是，对零星分布于广大乡镇基层门市部的过期农药到底应当如何处理，既是一个普遍的、长期存在的问题，也是一个事关农民利益与环境保护的重要问题。随着农业的不断发展，农药的用量与使用范围还将进一步拓宽，滞留于基层的过期农药可能会越来越多。因此，对于基层的过期农药，我国有必要尽快制定一项切实可行的管理办法，如指令厂家必须回收，或采取由政府相关部门定期回收等措施，堵住相关法律漏洞，在最大限度地保护农民利益的同时，保护经销商的正当权益，更重要的是保护我们的环境。

四、使用农药应遵守的规定

随着健康饮食理念的盛行，消费者对于绿色无公害蔬菜的需求会越来越大，国家也对农作物农药残留量做出了限制。另外，农民朋友在使用农药的过程中也应该注意相关的法律规定。

《农药管理条例》中关于农药使用主要有两方面的规定：一是规定使用农药应当遵守农药防毒规程，正确配药、施药，防止农药污染环境和农药中毒事故。二是规定农药使用要遵守国家有关农药安全、合理使用的规定，按照规定的用药量、用药次数、用药方法和安全间隔期施药，防止污染农副产品。

根据《农药管理条例》，农民使用农药应遵守以下规定：使用剧毒、高毒农药应当设置警告标志；农药使用后的箱、瓶、袋等包装物和标签不得随意弃置，应采取安全措施进行处理；不得在河流、湖泊、水库、渠道、鱼塘和饮用水源保护区、海洋养殖区、自然保护区等敏感区域内倾倒农药或者清洗施药器械；使用农药后，在农药标签载明的安全间隔期内不得采收；禁止使用农药毒鱼、虾、鸟、兽等；剧毒高毒农药不得用于防治卫生虫害，不得用于蔬菜、瓜类、果树、茶叶和中草药材。

五、经营化肥、农药的资格

农药、化肥作为农业生产资料，如果其经营者不具备一定的资格和条件，就很难保证产品的质量，也不能指导农民正确使用这些产品。

按照《国务院关于进一步深化化肥流通体制改革的决定》，申请从事化肥经营的企业要有相应的住所，申请从事化肥经营的个体工商户要有相应的经营场所；企业注册资本（金）、个体工商户的资金数额不得少于 3 万元人民币。

根据《农药管理条例》第 24 条规定，国家实行农药经营许可制度，但经营卫生用农药的除外。农药经营者应当具备下列条件，并按照国务院农业主管部门的规定向县级以上地方人民政府农业主管部门申请农药经营许可证：

（1）有具备农药和病虫害防治专业知识，熟悉农药管理规定，能够指导安全合理使用农药的经营人员。

（2）有与其他商品以及饮用水水源、生活区域等有效隔离的营业场所和仓储场所，并配备与所申请经营农药相适应的防护设施。

（3）有与所申请经营农药相适应的质量管理、台账记录、安全防护、应急处置、仓储管理等制度。

经营限制使用农药的，还应当配备相应的用药指导和病虫害防治专业技术人员，并按照所在地省、自治区、直辖市人民政府农业主管部门的规定实行定点经营。

六、违反我国农药管理相关规定应承担的法律责任

根据《农药管理条例》规定，违反我国农药管理相关规定应承担下列法律责任：

第一，未取得农药生产许可证生产农药或者生产假农药的，由县级以上地方人民政府农业主管部门责令停止生产，没收违法所得、违法生产的产品和用于违法生产的工具、设备、原材料等，违法生产的产品货值金额不足 1 万元的，并处 5 万元以上 10 万元以下罚款，货值金额 1 万元以上的，并处货值金额 10 倍以上 20 倍以下罚款，由发证机关吊销农药生产许可证和相应的农药登记证；构成犯罪的，依法追究刑事责任。取得农药生产许可证的农药生产企业不再符合规定条件继续生产农药的，由县级以上地方人民政府农业主管部门责令限期整改；逾期拒不整改或者整改后仍不符合规定条件的，由发证机关吊销农药生产许可证。农药生产企业生产劣质农药的，由县级以上地方人民政府农业主管

部门责令停止生产，没收违法所得、违法生产的产品和用于违法生产的工具、设备、原材料等，违法生产的产品货值金额不足1万元的，并处1万元以上5万元以下罚款，货值金额1万元以上的，并处货值金额5倍以上10倍以下罚款；情节严重的，由发证机关吊销农药生产许可证和相应的农药登记证；构成犯罪的，依法追究刑事责任。

委托未取得农药生产许可证的受托人加工、分装农药，或者委托加工、分装假农药、劣质农药的，对委托人和受托人均依照上述规定处罚。

第二，农药生产企业有下列行为之一的，由县级以上地方人民政府农业主管部门责令改正，没收违法所得、违法生产的产品和用于违法生产的原材料等，违法生产的产品货值金额不足1万元的，并处1万元以上2万元以下罚款，货值金额1万元以上的，并处货值金额2倍以上5倍以下罚款；拒不改正或者情节严重的，由发证机关吊销农药生产许可证和相应的农药登记证：采购、使用未依法附具产品质量检验合格证、未依法取得有关许可证明文件的原材料；出厂销售未经质量检验合格并附具产品质量检验合格证的农药；生产的农药包装、标签、说明书不符合规定；不召回依法应当召回的农药。

农药生产企业不执行原材料进货、农药出厂销售记录制度，或者不履行农药废弃物回收义务的，由县级以上地方人民政府农业主管部门责令改正，处1万元以上5万元以下罚款；拒不改正或者情节严重的，由发证机关吊销农药生产许可证和相应的农药登记证。

第三，农药经营者有下列行为之一的，由县级以上地方人民政府农业主管部门责令停止经营，没收违法所得、违法经营的农药和用于违法经营的工具、设备等，违法经营的农药货值金额不足1万元的，并处5000元以上5万元以下罚款，货值金额1万元以上的，并处货值金额5倍以上10倍以下罚款；构成犯罪的，依法追究刑事责任：违反《农药管理条例》规定，未取得农药经营许可证经营农药；经营假农药；在农药中添加物质；有前述行为，情节严重的，由发证机关吊销农药经营许可证。取得农药经营许可证的农药经营者不再符合规定条件继续经营农药的，由县级以上地方人民政府农业主管部门责令限期整改；逾期拒不整改或者整改后仍不符合规定条件的，由发证机关吊销农药经营许可证。

农药经营者经营劣质农药的，由县级以上地方人民政府农业主管部门责令停止经营，没收违法所得、违法经营的农药和用于违法经营的工具、设备等，违法经营的农药货值金额不足 1 万元的，并处 2000 元以上 2 万元以下罚款，货值金额 1 万元以上的，并处货值金额 2 倍以上 5 倍以下罚款；情节严重的，由发证机关吊销农药经营许可证；构成犯罪的，依法追究刑事责任。

农药经营者有下列行为之一的，由县级以上地方人民政府农业主管部门责令改正，没收违法所得和违法经营的农药，并处 5000 元以上 5 万元以下罚款；拒不改正或者情节严重的，由发证机关吊销农药经营许可证：设立分支机构未依法变更农药经营许可证，或者未向分支机构所在地县级以上地方人民政府农业主管部门备案；向未取得农药生产许可证的农药生产企业或者未取得农药经营许可证的其他农药经营者采购农药；采购、销售未附具产品质量检验合格证或者包装、标签不符合规定的农药；不停止销售依法应当召回的农药。

农药经营者有下列行为之一的，由县级以上地方人民政府农业主管部门责令改正；拒不改正或者情节严重的，处 2000 元以上 2 万元以下罚款，并由发证机关吊销农药经营许可证：不执行农药采购台账、销售台账制度；在卫生用农药以外的农药经营场所内经营食品、食用农产品、饲料等；未将卫生用农药与其他商品分柜销售；不履行农药废弃物回收义务。

第四，境外企业直接在中国销售农药的，由县级以上地方人民政府农业主管部门责令停止销售，没收违法所得、违法经营的农药和用于违法经营的工具、设备等，违法经营的农药货值金额不足 5 万元的，并处 5 万元以上 50 万元以下罚款，货值金额 5 万元以上的，并处货值金额 10 倍以上 20 倍以下罚款，由发证机关吊销农药登记证。

取得农药登记证的境外企业向中国出口劣质农药情节严重或者出口假农药的，由国务院农业主管部门吊销相应的农药登记证。

第五，农药使用者有下列行为之一的，由县级人民政府农业主管部门责令改正，农药使用者为农产品生产企业、食品和食用农产品仓储企业、专业化病虫害防治服务组织和从事农产品生产的农民专业合作社等单位的，处 5 万元以上 10 万元以下罚款，农药使用者为个人的，处 1 万元以下罚款；构成犯罪的，依法追究刑事责任：不按照农药的标签标注的使用范围、使用方法和剂量、使用技术要求和注意事项、安全间隔期使用农药；使用禁用的农药；将剧毒、高毒农药用于防治卫生害虫，用于蔬菜、瓜果、茶叶、菌类、中草药材生产或者用于水生植物的病虫害防治；在饮用水水源保护区内使用农药；使用农药毒鱼、虾、鸟、兽等；在饮用水水源保护区、河道内丢弃农药、农药包装物或者清洗施药器械。县级人民政府农业主管部门还应当没收禁用的农药。

第六，农产品生产企业、食品和食用农产品仓储企业、专业化病虫害防治服务组织和从事农产品生产的农民专业合作社等不执行农药使用记录制度的，由县级人民政府农业主管部门责令改正；拒不改正或者情节严重的，处 2000 元以上 2 万元以下罚款。

第七，伪造、变造、转让、出租、出借农药登记证、农药生产许可证、农药经营许可证等许可证明文件的，由发证机关收缴或者予以吊销，没收违法所得，并处 1 万元以上 5 万元以下罚款；构成犯罪的，依法追究刑事责任。

第八，未取得农药生产许可证生产农药，未取得农药经营许可证经营农药，或者被吊销农药登记证、农药生产许可证、农药经营许可证的，其直接负责的主管人员 10 年内不得从事农药生产、经营活动。农药生产企业、农药经营者招用前述规定的人员从事农药生产、经营活动的，由发证机关吊销农药生产许可证、农药经营许可证。被吊销农药登记证的，国务院农业主管部门 5 年内不再受理其农药登记申请。

第九，生产、经营的农药造成农药使用者人身、财产损害的，农药使用者可以向农药生产企业要求赔偿，也可以向农药经营者要求赔偿。属于农药生产企业责任的，农药经营者赔偿后有权向农药生产企业追偿；属于农药经营者责任的，农药生产企业赔偿后有权向农药经营者追偿。

第三节　有关兽药的法律法规

一、生产、经营兽药的条件

1. 生产兽药的条件。2016 年 2 月 6 日修订的《兽药管理条例》第 11 条规定：“从事兽药生产的企业，应当符合国家兽药行业发展规划和产业政策，并具备下列条件：

（1）与所生产的兽药相适应的兽医学、药学或者相关专业的技术人员；

（2）与所生产的兽药相适应的厂房、设施；

（3）与所生产的兽药相适应的兽药质量管理和质量检验的机构、人员、仪器设备；

（4）符合安全、卫生要求的生产环境；

（5）兽药生产质量管理规范规定的其他生产条件。

符合前款规定条件的，申请人方可向省、自治区、直辖市人民政府兽医行政管理部门提出申请，并附具符合前款规定条件的证明材料；省、自治区、直辖市人民政府兽医行政管理部门应当自收到申请之日起 40 个工作日内完成审查。经审查合格的，发给兽药生产许可证；不合格的，应当书面通知申请人。”

《兽药管理条例》第 12 条规定：“兽药生产许可证应当载明生产范围、生产地点、有效期和法定代表人姓名、住址等事项。兽药生产许可证有效期为 5 年。有效期届满，需要继续生产兽药的，应当在许可证有效期届满前 6 个月到发证机关申请换发兽药生产许可证。”

2. 经营兽药的条件。《兽药管理条例》第 22 条规定：“经营兽药的企业，应当具备下列条件：

（1）与所经营的兽药相适应的兽药技术人员；

（2）与所经营的兽药相适应的营业场所、设备、仓库设施；

（3）与所经营的兽药相适应的质量管理机构或者人员；

（4）兽药经营质量管理规范规定的其他经营条件。

符合前款规定条件的，申请人方可向市、县人民政府兽医行政管理部门提出申请，并附具符合前款规定条件的证明材料；经营兽用生物制品的，应当向省、自治区、直辖市人民政府兽医行政管理部门提出申请，并附具符合前款规定条件的证明材料。

县级以上地方人民政府兽医行政管理部门，应当自收到申请之日起30个工作日内完成审查。审查合格的，发给兽药经营许可证；不合格的，应当书面通知申请人。”

《兽药管理条例》第23条规定：“兽药经营许可证应当载明经营范围、经营地点、有效期和法定代表人姓名、住址等事项。兽药经营许可证有效期为5年。有效期届满，需要继续经营兽药的，应当在许可证有效期届满前6个月到发证机关申请换发兽药经营许可证。”

二、假、劣兽药的认定

根据《兽药管理条例》，假兽药包括：以非兽药冒充兽药或者以他种兽药冒充此种兽药的；兽药所含成分的种类、名称与兽药国家标准不符合的。同时，有以下情形之一的，按照假兽药处理：国务院兽医行政管理部门规定禁止使用的；依照本条例规定应当经审查批准而未经审查批准即生产、进口的，或者依照本条例规定应当经抽查检验、审查核对而未经抽查检验、审查核对即销售、进口的；变质的；被污染的；所标明的适应症或者功能主治超出规定范围的。

劣兽药是指：成分含量不符合兽药国家标准或者不标明有效成分的；不标明或者更改有效期或者超过有效期的；不标明或者更改产品批号的；其他不符合兽药国家标准，但不属于假兽药的。

在此向农民朋友介绍几种一般的识假方法：一看包装上有无批准文号。兽药包装上必须有农业部或省、直辖市、自治区农牧行政管理机关发给的批准文号，进口兽药有农业部发给的进口兽药许可证。另外，标签或说明书上必须注明商标、兽药名称、规格、企业名称和地址、产品批号，写明兽药的主要成分含量、作用、用途、用法、用量、有效期和注意事项等。如果上述内容标注不全，则多是假冒伪劣兽药。二看是不是淘汰产品。凡国家宣布淘汰的兽药，均应禁止使用。三看兽药上有无加盖兽用字样。有些药品是人用的，但因质量不合格而不能出厂，这类药品一般也不符合兽药标准，不能作为兽药用。

三、生产、经营假、劣兽药的处罚

根据《兽药管理条例》第56条规定："违反本条例规定，无兽药生产许可证、兽药经营许可证生产、经营兽药的，或者虽有兽药生产许可证、兽药经营许可证，生产、经营假、劣兽药的，或者兽药经营企业经营人用药品的，责令其停止生产、经营，没收用于违法生产的原料、辅料、包装材料及生产、经营的兽药和违法所得，并处违法生产、经营的兽药（包括已出售的和未出售的兽药）货值金额2倍以上5倍以下罚款，货值金额无法查证核实的，处10万元以上20万元以下罚款；无兽药生产许可证生产兽药，情节严重的，没收其生产设备；生产、经营假、劣兽药，情节严重的，吊销兽药生产许可证、兽药经营许可证；构成犯罪的，依法追究刑事责任；给他人造成损失的，依法承担赔偿责任。生产、经营企业的主要负责人和直接负责的主管人员终身不得从事兽药的生产、经营活动。擅自生产强制免疫所需兽用生物制品的，按照无兽药生产许可证生产兽药处罚。"

四、刑事责任

生产、经营假兽药等行为是违法行为，如果情节严重，可能会构成犯罪，需要依法承担刑事责任。根据《刑法》第147条的规定，生产假农药、假兽药、假化肥，销售明知是假的或者失去使用效能的农药、兽药、化肥、种子，或者生产者，销售者以不合格的农药、兽药、化肥、种子冒充合格的农药、兽药、化肥、种子，使生产遭受较大损失的，处3年以下有期徒刑或者拘役，并处或者单处销售金额50%以上2倍以下罚金；使生产遭受重大损失的，处3年以上7年以下有期徒刑，并处销售金额50%以上2倍以下罚金；使生产遭受特别重大损失的，处7年以上有期徒刑或者无期徒刑，并处销售金额50%以上2倍以下罚金或者没收财产。

第四节　有关农产品销售的法律法规

一、农产品购销实行市场调节

《中华人民共和国农业法》（以下简称《农业法》）第 26 条规定："农产品的购销实行市场调节。国家对关系国计民生的重要农产品的购销活动实行必要的宏观调控，建立中央和地方分级储备调节制度，完善仓储运输体系，做到保证供应，稳定市场。"由价值规律自发地调节经济的运行，即由供求变化引起价格涨落，调节社会劳动力和生产资料在各个部门的分配，调节生产和流通。符合商品经济的客观要求，能够比较合理地进行资源配置，使企业的生产经营与市场直接联系起来，促进竞争。但市场调节具有盲目性的一面，因而在社会主义条件下，有必要加强宏观调控。由市场供求关系的变化引起的价格变动对社会经济活动进行调节。

《农业法》第 27 条规定："国家逐步建立统一、开放、竞争、有序的农产品市场体系，制定农产品批发市场发展规划。对农村集体经济组织和农民专业合作经济组织建立农产品批发市场和农产品集贸市场，国家给予扶持。县级以上人民政府工商行政管理部门和其他有关部门按照各自的职责，依法管理农产品批发市场，规范交易秩序，防止地方保护与不正当竞争。"

二、保护价收购制度

为了保护农民种粮的积极性，促进粮食生产的稳定增长，国务院决定建立粮食收购保护价格制度。粮食收购保护价格的制定要以补偿生产成本并有适当利润，有利于优化品种结构，并考虑国家财政承受能力为原则。随着国家财力的增强，要逐步提高保护价格水平，在条件具备时向支持性价格过渡。为了既保护农民利益，又不过多增加财政负担，保护价的实施范围限于原国家定购和专项储备的粮食。各地根据当地实际情况，可在此基础上适当增加执行保护价的粮食品种和数量，但不得调减。粮食收购保护价格由国务院和省、自治区、直辖市人民政府制定。全国主要粮食品种的收购保护价格的基准价，由国务院制定下达。各省、自治区、直辖市人民政府根据当地情况，按不低于但可高于中央下达的基准价格水平，制定本地区的收购保护价格，向农民公布，并按保护价收购。

《农业法》第33条规定："在粮食的市场价格过低时，国务院可以决定对部分粮食品种实行保护价制度。保护价应当根据有利于保护农民利益、稳定粮食生产的原则确定。农民按保护价制度出售粮食，国家委托的收购单位不得拒收。县级以上人民政府应当组织财政、金融等部门以及国家委托的收购单位及时筹足粮食收购资金，任何部门、单位或者个人不得截留或者挪用。"为了保证落实粮食收购保护价格制度，国务院决定建立中央和省（区、市）两级粮食风险基金制度。在粮食市价低于保护价时，按保护价收购；在粮食市价上涨过多时，按较低价格出售。上述价差由风险基金补偿。风险基金的筹集、使用办法，由财政部会同国家计委、国家物价局等有关部门提出方案，报国务院批准后实施。

《中共中央关于推进农村改革发展若干重大问题的决定》强调，要健全农产品价格保护制度，完善农产品市场调控体系，稳步提高粮食最低收购价，改善其他主要农产品价格保护办法，优化农产品进出口和吞吐调节机制，保持农产品价格合理水平。

《中共中央、国务院关于实施乡村振兴战略的意见》进一步提出，完善农业支持保护制度。以提升农业质量效益和竞争力为目标，强化绿色生态导向，创新完善政策工具和手段，扩大"绿箱"政策的实施范围和规模，加快建立新型农业支持保护政策体系。深化农产品收储制度和价格形成机制改革，加快培育多元市场购销主体，改革完善中央储备粮管理体制。通过完善拍卖机制、定向销售、包干销售等，加快消化政策性粮食库存。落实和完善对农民直接补贴制度，提高补贴效能。健全粮食主产区利益补偿机制。探索开展稻谷、小麦、玉米三大粮食作物完全成本保险和收入保险试点，加快建立多层次农业保险体系。

三、粮食收购单位不得压级、压价、克扣费用

依据《粮食流通管理条例》第 11 条规定：“粮食收购者收购粮食，应当执行国家粮食质量标准，按质论价，不得损害农民和其他粮食生产者的利益；应当及时向售粮者支付售粮款，不得拖欠；不得接受任何组织或者个人的委托代扣、代缴任何税、费和其他款项。”第 17 条规定：“销售粮食应当严格执行国家有关粮食质量、卫生标准，不得短斤少两，掺杂使假，以次充好，不得囤积居奇，垄断或者操纵粮食价格，欺行霸市。”第 42 条规定：“粮食收购者有未按照规定告知、公示粮食收购价格或者收购粮食压级压价，垄断或者操纵价格等价格违法行为的，由价格主管部门依照《中华人民共和国价格法》（以下简称《价格法》）的有关规定给予行政处罚。”

未放开粮食收购价的地方，对原定购粮食要执行国家定价；对专项储备的粮食要执行国家规定的专储价格。已经宣布放开粮食收购价格、取消定购任务的地方，要采取经济合同的办法，按原定购粮食数量与农民签订购粮合同，这部分粮食在市价低于保护价时按保护价格收购。各级人民政府要组织有关部门认真落实粮食收购保护价格制度，严格按规定执行。物价、审计、工商行政管理等有关部门要加强对落实情况的监督检查，保证这项重大措施落在实处。

四、对不正当价格行为的处理

收购粮食必须严格执行国家的价格政策。国家对粮食收购实行保护价制度，以保障农民和其他粮食生产者出售粮食，能够补偿生产成本，并得到适当的收益。保护价的原则由国务院确定，保护价的具体水平由省、自治区、直辖市人民政府制定，报国务院备案。

定购粮食的收购价格，由省、自治区、直辖市人民政府依据下列原则确定：市场粮价高于保护价时，参照市场粮价确定；市场粮价低于保护价时，按照不低于保护价确定。

农民和其他粮食生产者完成国家粮食定购任务并留足自用和自储粮食后出售的余粮，按照市场价格收购；但是，市场价格低于保护价时，

应当按照保护价收购。对粮食流通中的价格违法行为，由价格主管部门依照有关法律、行政法规的规定给予处罚。依据《价格法》第 14 条，经营者不得有下列不正当价格行为："相互串通，操纵市场价格，损害其他经营者或者消费者的合法权益；在依法降价处理鲜活商品、季节性商品、积压商品等商品外，为了排挤竞争对手或者独占市场，以低于成本的价格倾销，扰乱正常的生产经营秩序，损害国家利益或者其他经营者的合法权益；捏造、散布涨价信息，哄抬价格，推动商品价格过高上涨的；利用虚假的或者使人误解的价格手段，诱骗消费者或者其他经营者与其进行交易；提供相同商品或者服务，对具有同等交易条件的其他经营者实行价格歧视；采取抬高等级或者压低等级等手段收购、销售商品或者提供服务，变相提高或者压低价格；违反法律、法规的规定牟取暴利；法律、行政法规禁止的其他不正当价格行为。"

《价格法》第 40 条规定，经营者有上述第 14 条所列行为之一的，责令改正，没收违法所得，可以并处违法所得 5 倍以下的罚款；没有违法所得的，予以警告，可以并处罚款；情节严重的，责令停业整顿，或者由工商行政管理机关吊销营业执照。

第五节　有关农村基础设施建设的法律法规

农村基础设施是社会主义新农村建设的重要内容，是农村经济社会发展的重要支撑。近年来，我国农村道路、供水、污水垃圾处理、供电、电信等基础设施建设步伐不断加快，生产生活条件逐步改善，但农村基础设施总体上仍相对薄弱，与农业强、农村美、农民富全面实现和建设富强民主文明和谐美丽社会主义国家的要求尚有差距。

一、农村基础设施的概念

农村基础设施，是指为发展农村生产和保证农民生活而提供的公共服务设施的总称，包括交通邮电、农田水利、供水供电、商业服务、园林绿化、教育、文化、卫生事业等生产和生活服务设施。它们是农村中各项事业发展的基础，也是农村经济系统的一个重要组成部分，应该与农村经济的发展相互协调。

二、农村基础设施的分类

参照中国新农村建设的相关法规文件，农村基础设施包括农业生产性基础设施、农村生活基础设施、生态环境建设、农村社会发展基础设施4个大类。

（1）农业生产性基础设施：主要指现代化农业基地及农田水利建设。

（2）农业生活性基础设施：主要指饮水安全、农村沼气、农村道路、农村电力等基础设施建设。

（3）生态环境建设：主要指天然林资源保护、防护林体系、种苗工程建设，自然保护区生态保护和建设、湿地保护和建设、退耕还林等农民吃饭、烧柴、增收等当前生计和长远发展问题。

（4）农村社会发展基础设施：主要指有益于农村社会事业发展的基础建设，包括农村义务教育、农村卫生、农村文化基础设施等。

三、加强农村基础设施建设的意义

（1）加强农村基础设施建设有利于降低包括生产成本、运输成本、储藏成本、销售成本、风险成本和决策成本在内的总生产成本，从而提高农村经济活动的经济效率。如现代化的仓储设施会减少农产品的产后储藏损失，起到保值、增值、保温和保鲜的作用。现代化的农产品物流及销售渠道不仅会降低流通费用和销售成本，还能加快回款，提高资金周转频率。

（2）加强农村基础设施建设有利于增强农业生产的稳定性。兴修水利能够在旱涝时进行调节，病虫害预警、防治系统能够减少灾害造成的损失，建立发达的仓储设施能够有效缓解供求矛盾。

（3）加强农村基础设施建设有利于加快实现农村产业化、现代化。基础设施的兴建有利于农业分工的进一步细化，促进规模化生产经营，进一步加快城镇化进度。

（4）加强农村基础设施建设有利于合理配置农业劳动力，对增加社会就业具有特殊的作用和功能。基础设施的兴建必然需要大量劳动力参与，因此可以有效帮助解决富余劳动力使用问题，既增加了农民收入，也有利于社会稳定。

（5）加强农村基础设施建设有利于吸引外来投资，基础设施建设是营商环境的重要方面，能够为外来资金建厂生产提供便利。

（6）加强农村公共设施建设有利于促进第三产业发展。设施的完备是发展服务业和旅游业的重要条件。兴建农村公共设施，有助于刺激消费、拉动内需。

四、农村基础设施建设规划

农村基础设施建设规划是新农村建设规划的重要内容，基础设施的改善是农业和农村发展的有力支撑。科学的基础设施规划，可以有效落实国家政策，为农业增产、农民增收、农村繁荣注入强劲动力。但是社会主义新农村文化基础设施规划仍然存在许多问题，与农村经济建设发展和农民百姓的需求还有一定的差距。因此，我们必须清楚认识到加强新农村基础设施规划的重要性和紧迫性，保证新农村建设沿着社会主义方向健康发展。

（1）区域统筹，以城带乡。政府承担行政区内农村基础设施的建设任务，县级以上地方政府对区域内乡镇村庄进行统筹安排。避免农村基础设施重复建设，防止城乡基础设施布局混乱，发挥城市对农村的辐射作用。

（2）注重效益，门槛限制。自然村庄中人口规模偏小的较多，达不到规模效应。如果居民点太分散，也无法实现应有的效益。对政府来讲，基础设施建设好做，然而维护的费用很高。忽视规模效益和维护费用盲目进行基础设施建设，将会出现设施无法正常运转、资源浪费的情况。

（3）节约成本，精简内容。农村基础设施建设要充分立足现有设施进行改造，防止大拆大建，落实“节水、节地、节能、节材”的“四节方针”。

五、加强农村基础设施建设的相关规定

(1) 2017年2月6日，经国务院批准，国务院办公厅印发《关于创新农村基础设施投融资体制机制的指导意见》，要求进一步创新农村基础设施投融资体制机制，加快农村基础设施建设步伐，到2020年，主体多元、充满活力的投融资体制基本形成，市场运作、专业高效的建管机制逐步建立，城乡基础设施建设管理一体化水平明显提高，农村基础设施条件明显改善，美丽宜居乡村建设取得明显进展，广大农民共享改革发展成果的获得感进一步增强。

第一，确立基本原则。

政府主导、社会参与。明确农村基础设施的公共产品定位，强化政府投入和主导责任，加强城乡基础设施统筹规划，加大政策支持力度。破除体制机制障碍，引导和鼓励社会资本投向农村基础设施领域，提高建设和管护市场化、专业化程度。

农民受益、民主决策。发挥农民作为农村基础设施直接受益主体的作用，引导农民和农村集体经济组织积极参与项目建设和管理，推动决策民主化，保障农民知情权、参与权和监督权。

因地制宜、分类施策。充分发挥地方政府和投资主体的积极性，探索适合不同地区、不同基础设施特点的投融资机制。兼顾公平与效率，实施差别化投融资政策，加大对贫困地区的支持力度。

建管并重、统筹推进。坚持先建机制、后建工程，合理确定农村基础设施投融资模式和运行方式。推进投融资体制机制创新与建设管护机制创新、农村集体产权制度改革等有机结合，实现可持续发展。

第二，构建多元化投融资新格局，健全投入长效机制。

健全分级分类投入体制。明确各级政府事权和投入责任，构建事权清晰、权责一致、中央支持、省级统筹、县级负责的农村基础设施投入体系。对农村道路等没有收益的基础设施，建设投入以政府为主，鼓励社会资本和农民参与。对农村供水、污水垃圾处理等有一定收益的基础设施，建设投入以政府和社会资本为主，积极引导农民投入。对农村供电、电信等以经营性为主的基础设施，建设投入以企业为主，政府对贫

困地区和重点区域给予补助。（国家发展改革委、财政部牵头负责）

完善财政投入稳定增长机制。优先保障财政对农业农村的投入，相应支出列入各级财政预算，坚持把农业农村作为国家固定资产投资的重点领域，确保力度不减弱、总量有增加。统筹政府土地出让收益等各类资金，支持农村基础设施建设。支持地方政府以规划为依据，整合不同渠道下达但建设内容相近的资金，形成合力。（财政部、国家发展改革委牵头负责）

创新政府投资支持方式。发挥政府投资的引导和撬动作用，采取直接投资、投资补助、资本金注入、财政贴息、以奖代补、先建后补、无偿提供建筑材料等多种方式支持农村基础设施建设。鼓励地方政府和社会资本设立农村基础设施建设投资基金。建立规范的地方政府举债融资机制，推动地方融资平台转型改制和市场化融资，重点向农村基础设施建设倾斜。允许地方政府发行一般债券支持农村道路建设，发行专项债券支持农村供水、污水垃圾处理设施建设，探索发行县级农村基础设施建设项目集合债。支持符合条件的企业发行企业债券，用于农村供电、电信设施建设。鼓励地方政府通过财政拨款、特许或委托经营等渠道筹措资金，设立不向社会征收的政府性农村基础设施维修养护基金。鼓励有条件的地区将农村基础设施与产业、园区、乡村旅游等进行捆绑，实行一体化开发和建设，实现相互促进、互利共赢。（国家发展改革委、财政部、人民银行、银监会、证监会等负责）

建立政府和社会资本合作机制。支持各地通过政府和社会资本合作模式，引导社会资本投向农村基础设施领域。鼓励按照“公益性项目、市场化运作”理念，大力推进政府购买服务，创新农村基础设施建设和运营模式。支持地方政府将农村基础设施项目整体打包，提高收益能力，并建立运营补偿机制，保障社会资本获得合理投资回报。对农村基础设施项目在用电、用地等方面优先保障。（国家发展改革委、财政部、工业和信息化部、国土资源部、住房城乡建设部、水利部、农业部、国家林业局、国家能源局等负责）

充分调动农民参与积极性。尊重农民主体地位，加强宣传教育，发挥其在农村基础设施决策、投入、建设、管护等方面作用。完善村民一事一议制度，合理确定筹资筹劳限额，加大财政奖补力度。鼓励农民和农村集体经济组织自主筹资筹劳开展村内基础设施建设。推行农村基础设施建设项目公示制度，发挥村民理事会、新型农业经营主体等监督作用。（农业部、水利部、国家林业局、民政部、住房城乡建设部等负责）

加大金融支持力度。政策性银行和开发性金融机构要结合各自职能定位和业务范围，强化对农村基础设施建设的支持。鼓励商业银行加大农村基础设施信贷投放力度，改善农村金融服务。发挥农业银行面向三农、商业运作的优势，加大对农村基础设施的支持力度。支持银行业金融机构开展收费权、特许经营权等担保创新类贷款业务。完善涉农贷款财政奖励补助政策，支持收益较好、能够市场化运作的农村基础设施重点项目开展股权和债权融资。建立并规范发展融资担保、保险等多种形式的增信机制，提高各类投资建设主体的融资能力。加快推进农村信用体系建设。鼓励利用国际金融组织和外国政府贷款建设农村基础设施。（人民银行、银监会、证监会、保监会、国家发展改革委、财政部、农业发展银行、开发银行、农业银行等负责）

强化国有企业社会责任。切实发挥输配电企业、基础电信运营企业的主体作用，加大对农村电网改造升级、电信设施建设的投入力度。鼓励其他领域的国有企业拓展农村基础设施建设业务，支持中央企业和地方国有企业通过帮扶援建等方式参与农村基础设施建设。（国务院国资委、国家发展改革委、财政部、工业和信息化部、国家能源局等负责）

引导社会各界积极援建。鼓励企业、社会组织、个人通过捐资捐物、结对帮扶、包村包项目等形式，支持农村基础设施建设和运行管护。引导国内外机构、基金会、社会团体和各界人士依托公益捐助平台，为农村基础设施建设筹资筹物。落实企业和个人公益性捐赠所得税税前扣除政策。进一步推进东西部扶贫协作，支持贫困地区农村基础设施建设。（民政部、财政部、税务总局、国家发展改革委、国务院扶贫办等负责）

第三，完善建设管护机制，保障工程长期发挥效益。

完善农村公路建设养护机制。将农村公路建设、养护、管理机构运行经费及人员基本支出纳入一般公共财政预算。推广“建养一体化”模式，通过政府购买服务等方式，引入专业企业、社会资本建设和养护农村公路。鼓励采取出让公路冠名权、广告权、相关资源开发权等方式，筹资建设和养护农村公路。结合物价上涨、里程增加、等级提升等因素，合理确定农村公路养护资金补助标准。（交通运输部、财政部、国家发展改革委等负责）

加快农村供水设施产权制度改革。以政府投入为主兴建、规模较大的农村集中供水基础设施，由县级人民政府或其授权部门根据国家有关规定确定产权归属；以政府投入为主兴建、规模较小的农村供水基础设施，资产交由农村集体经济组织或农民用水合作组织所有；单户或联户农村供水基础设施，国家补助资金所形成的资产归受益农户所有；社会资本投资兴建的农村供水基础设施，所形成的资产归投资者所有，或依据投资者意愿确定产权归属。由产权所有者建立管护制度，落实管护责任。鼓励开展农村供水设施产权交易，通过拍卖、租赁、承包、股份合作、委托经营等方式将一定期限内的管护权、收益权划归社会投资者。推进国有供水企业股份制改造，引入第三方参与运行管理。（水利部、住房城乡建设部、国家发展改革委、财政部等负责）

理顺农村污水垃圾处理管理体制。探索建立农村污水垃圾处理统一管理体制，切实解决多头管理问题。鼓励实施城乡生活污水“统一规划、统一建设、统一运行、统一管理”集中处理与农村污水“分户、联户、村组”分散处理相结合的模式，推动农村垃圾分类和资源化利用，完善农村垃圾“户分类、村组收集、乡镇转运、市县处理”集中处置与“户分类、村组收集、乡镇（或村）就地处理”分散处置相结合的模式，推广建立村庄保洁制度。推进建立统一的农村人居环境建设管理信息化平台，促进相关资源统筹利用。（住房城乡建设部、环境保护部牵头负责）

积极推进农村电力管理体制改革。加快建立规范的现代电力企业制度，鼓励有条件的地区开展县级电网企业股份制改革试点。逐步向符合条件的市场主体放开增量配电网投资业务，赋予投资主体新增配电网的所有权和经营权。鼓励以混合所有制方式发展配电业务，通过公私合营模式引入社会资本参与农村电网改造升级及运营。支持社会资本投资建设清洁能源项目和分布式电源并网工程。（国家能源局、国家发展改革

委牵头负责）

鼓励农村电信设施建设向民间资本开放。创新农村电信基础设施建设项目融资模式，支持民间资本以资本入股、业务代理、网络代维等多种形式与基础电信企业开展合作，参与农村电信基础设施建设。加快推进东中部发达地区农村宽带接入市场向民间资本开放试点工作，逐步深化试点，鼓励和引导民间资本开展农村宽带接入网络建设和业务运营。（工业和信息化部牵头负责）

改进项目管理和绩效评价方式。建立涵盖需求决策、投资管理、建设运营等全过程、多层次的农村基础设施建设项目综合评价体系。对具备条件的项目，通过公开招标、邀请招标、定向委托、竞争性谈判等多种方式选择专业化的第三方机构，参与项目前期论证、招投标、建设监理、效益评价等，建立绩效考核、监督激励和定期评价机制。（国家发展改革委、财政部牵头负责）

第四，健全定价机制，激发投资动力和活力。

合理确定农村供水价格。在建立使用者付费制度、促进节约用水的基础上，完善农村供水水价形成机制。对城市周边已纳入城镇自来水供应范围的农户，实行统一的居民阶梯水价政策。对实行农村集中式供水的，按照补偿成本、合理盈利的原则确定水价，实行有偿服务、计量收费。地方政府和具备条件的农村集体经济组织可根据实际情况对运营单位进行合理补偿。通过加强水费征收和运行维护费用补偿等措施，保障工程正常运行及日常维护。（国家发展改革委、水利部牵头负责）

探索建立污水垃圾处理农户缴费制度。鼓励先行先试，在有条件的地区实行污水垃圾处理农户缴费制度，保障运营单位获得合理收益，综合考虑污染防治形势、经济社会承受能力、农村居民意愿等因素，合理确定缴费水平和标准，建立财政补贴与农户缴费合理分摊机制。完善农村污水垃圾处理费用调整机制，建立上下游价格调整联动机制，价格调整不到位时，地方政府和具备条件的村集体可根据实际情况对运营单位给予合理补偿。（住房城乡建设部、国家发展改革委、财政部等负责）

完善输配电价机制。按照“管住中间、放开两头”的原则，推进输配电价改革，严格成本审核和监管，完善分类定价、阶梯电价政策，落

实好“两分钱”农网还贷资金政策，研究建立电力普遍服务补偿机制，支持农村地区发展。（国家发展改革委、国家能源局牵头负责）

推进农村地区宽带网络提速降费。加快农村宽带网络建设，引导基础电信企业公平竞争。指导和推动基础电信企业简化资费结构，切实提高农村宽带上网等业务的性价比，为农村贫困户提供更加优惠的资费方案，为发展“互联网＋”提供有力支撑。（工业和信息化部牵头负责）

第五，保障措施。

强化规划引导作用。按照城乡一体化发展的要求，衔接协调各类规划，推进县域乡村建设规划编制，统筹农村道路、供水、污水垃圾处理、供电、电信等基础设施建设布局。推动城镇基础设施向农村延伸，鼓励将城市周边农村、规模较大的中心镇纳入城镇基础设施建设规划，实行统一规划、统一建设、统一管护。（住房城乡建设部牵头负责）

完善相关法律法规。完善农村基础设施投融资相关法律法规，依法保护投资者合法权益，维护公平有序的市场投资环境。推动公路法、村庄和集镇规划建设管理条例等相关法律法规修订工作，为创新农村基础设施投融资体制机制创造条件。加快修订相关规定，适当放宽对农村小型基础设施投资项目管理“四制”要求。（交通运输部、住房城乡建设部、国家发展改革委、农业部、国务院法制办等负责）

落实地方政府责任。地方各级人民政府要把农村基础设施建设管护摆上重要议事日程，统筹本辖区内国有林区、林场、垦区等基础设施建设，积极创新投融资体制机制。县级人民政府是农村基础设施建设管护的责任主体，要结合本地实际，制定实施意见，确保各项措施落到实处。（各省级人民政府负责）

加强部门协作。国务院各有关部门要根据本意见，按照职责分工，密切协作配合，抓紧制定相关配套措施。国家发展改革委要会同有关部门对意见落实情况进行跟踪分析和定期评估，并向国务院报告。（国家发展改革委牵头负责）

(2) 2018 年 1 月 2 日，中共中央、国务院印发《关于实施乡村振兴战略的意见》。提出要推动农村基础设施提档升级。继续把基础设施建设重点放在农村，加快农村公路、供水、供气、环保、电网、物流、信息、广播电视等基础设施建设，推动城乡基础设施互联互通。以示范县为载体全面推进“四好农村路”建设，加快实施通村组硬化路建设。加大成品油消费税转移支付资金用于农村公路养护力度。推进节水供水重大水利工程，实施农村饮水安全巩固提升工程。加快新一轮农村电网改造升级，制订农村通动力电规划，推进农村可再生能源开发利用。实施数字乡村战略，做好整体规划设计，加快农村地区宽带网络和第四代移动通信网络覆盖步伐，开发适应“三农”特点的信息技术、产品、应用和服务，推动远程医疗、远程教育等应用普及，弥合城乡数字鸿沟。提升气象为农服务能力。加强农村防灾减灾救灾能力建设。抓紧研究提出深化农村公共基础设施管护体制改革指导意见。

(3) 2018 年 9 月，中共中央、国务院印发《乡村振兴战略规划(2018—2022 年)》(以下简称《规划》)。这是实施乡村振兴战略的第一个五年，既有难得机遇，又面临严峻挑战。从国际环境看，全球经济复苏态势有望延续，我国统筹利用国内国际两个市场两种资源的空间将进一步拓展，但外部环境发生明显变化，国际农产品贸易不稳定性不确定性仍然突出，提高我国农业竞争力、确保国家粮食安全、妥善应对国际市场风险任务紧迫。从国内形势看，乡村发展正处于大变革、大转型的关键时期。居民消费结构加快升级，中高端、多元化、个性化消费需求将快速增长，加快推进农业由增产导向转向提质导向是必然要求。城市辐射带动农村的能力进一步增强，但大量农民仍然生活在农村的国情不会改变，迫切需要重塑城乡关系。我国乡村差异显著，多样性分化的趋势仍将延续，乡村的独特价值和多元功能将进一步得到发掘和拓展。应对好村庄空心化和农村老龄化、延续乡村文化血脉、完善乡村治理体系的任务艰巨。实施乡村振兴战略，必须抓住机遇，迎接挑战，发挥优势，顺势而为，努力开创农业农村发展新局面，推动农业全面升级、农村全面进步、农民全面发展，谱写新时代乡村全面振兴新篇章。

《规划》第 28 章专章规定了加强农村基础设施建设的内容，指出继续把基础设施建设重点放在农村，持续加大投入力度，加快补齐农村基础设施短板，促进城乡基础设施互联互通，推动农村基础设施提档升级：

改善农村交通物流设施条件。以示范县为载体全面推进“四好农村路”建设，深化农村公路管理养护体制改革，健全管理养护长效机制，完善安全防护设施，保障农村地区基本出行条件。推动城市公共交通线路向城市周边延伸，鼓励发展镇村公交，实现具备条件的建制村全部通客车。加大对革命老区、民族地区、边疆地区、贫困地区铁路公益性运输的支持力度，继续开好“慢火车”。加快构建农村物流基础设施骨干网络，鼓励商贸、邮政、快递、供销、运输等企业加大在农村地区的设施网络布局。加快完善农村物流基础设施末端网络，鼓励有条件的地区建设面向农村地区的共同配送中心。

加强农村水利基础设施网络建设。构建大中小微结合、骨干和田间衔接、长期发挥效益的农村水利基础设施网络，着力提高节水供水和防洪减灾能力。科学有序推进重大水利工程建设，加强灾后水利薄弱环节建设，统筹推进中小型水源工程和抗旱应急能力建设。巩固提升农村饮水安全保障水平，开展大中型灌区续建配套节水改造与现代化建设，有序新建一批节水型、生态型灌区，实施大中型灌排泵站更新改造。推进小型农田水利设施达标提质，实施水系连通和河塘清淤整治等工程建设。推进智慧水利建设。深化农村水利工程产权制度与管理体制改革，健全基层水利服务体系，促进工程长期良性运行。

构建农村现代能源体系。优化农村能源供给结构，大力发展太阳能、浅层地热能、生物质能等，因地制宜开发利用水能和风能。完善农村能源基础设施网络，加快新一轮农村电网升级改造，推动供气设施向农村延伸。加快推进生物质热电联产、生物质供热、规模化生物质天然气和规模化大型沼气等燃料清洁化工程。推进农村能源消费升级，大幅提高电能在农村能源消费中的比重，加快实施北方农村地区冬季清洁取暖，积极稳妥推进散煤替代。推广农村绿色节能建筑和农用节能技术、产品。大力发展“互联网＋”智慧能源，探索建设农村能源革命示范区。

夯实乡村信息化基础。深化电信普遍服务，加快农村地区宽带网络和第四代移动通信网络覆盖步伐。实施新一代信息基础设施建设工程。实施数字乡村战略，加快物联网、地理信息、智能设备等现代信息技术与农村生产生活的全面深度融合，深化农业农村大数据创新应用，推广远程教育、远程医疗、金融服务进村等信息服务，建立空间化、智能化的新型农村统计信息系统。在乡村信息化基础设施建设过程中，同步规划、同步建设、同步实施网络安全工作。

第六节　有关减轻农民负担的法律法规

改革开放以来，我国农业与农村经济取得显著成就。但从总体上看我国的农业生产力水平不高。要提高农业生产水平和效率，就要调动农民生产的积极性。要调动农民生产积极性，就要减轻农民负担。减轻农民负担是我们党在农村长期坚持的一项基本政策。各级党委、政府都把这项工作列入重要的议事日程，建立健全减轻农民负担监督管理机构，切实加强领导。同时，党委、政府要率先依法行政，认真按照社会主义法治的基本要求，真正做到有法可依，有法必依，执法必严，违法必究。坚持党性，坚持原则，既不带头违规，也不袒护违法。坚决从根本上遏止违法、违规行为，实现政令畅通和依法行政；有效纠正行业不正之风和制止“三乱”现象，确保中央减轻农民负担政策落实到位，切实减轻农民负担。

一、取消农业税

农业税是我国传统的税种，在现行税制体系中，农业税是与现代市场经济不相适应的。一般地，税收是对商品流转额或对生产经营所得或对企业和个人的财产征收。我国农业税则不然，它针对的是农业生产用地，以常年计税产量为依据，不论农产品价格高低和生产产量，只要用地，就必须交税。在计税过程中不扣除生产成本和农民自用口粮，所以说我国的农业税实质是一种地租。虽然曾经为我国财政收入筹集做出了巨大贡献，但在市场经济下，其积极作用与消极作用此消彼长，所以对农业税的征收必须加以审视和调整，正是在此形势下，政府作出了取消农业税和农业特产税的英明决策。现在看来这一决策的理论依据与实践价值已经格外醒目了。

农业税是国家依法向从事农业生产并取得农业收入的单位和个人征收的一种税。长期以来，党和政府对农业税一直实行轻税和稳定负担政策，1949 年实征税额占农业实产量的 13.5%，1976 年下降到 4.9%；农业税占农业总产值的比重也从 1950 年的 5.5%下降到 1976 年的 3.3%；农业各项税收从 1950 年到 1976 年 27 年只增长了 10.04 亿元，这个增长比例是比较低的，这从另一个侧面反映了党的轻税政策。除农业税正税之外，农民还要承担一定的农业税地方附加，作为乡村地方自用经费。但是附加和摊派等收费和农业税混合征收方式，体现不出中央政策的轻税原则，同时也给一些基层组织和个人向农民乱摊派提供了渠道，影响了农村党群干群关系，损害了党和政府形象。

为进一步减轻农民负担，规范农村收费行为，中央从 2001 年开始，逐步在部分省市进行试点、推广税费改革。主要内容可以概况为“三取消”“两调整”“一改革”：①取消乡统筹费、农村教育集资等专门面向农民征收的行政事业性收费和政府性基金、集资。②取消屠宰税。③取消统一规定的劳动积累工和义务工。④调整农业税政策。⑤调整农业特产税政策。⑥改革村提留征收使用办法。[①] 农村税费改革，事关广大农民群众的切身利益，是党中央、国务院规范农村分配制度、遏制面向农民的乱收费、乱集资、乱罚款和乱摊派，从根本上解决农民负担问题的一项重大措施，它对于维护农村社会稳定，改善党群关系等方面具有重大意义。取消农业税，税收收入仍继续稳步提升，农民增收、农村经济稳步发展，促进国民经济发展，社会稳定；取消农业税，实行乡镇财政与税收脱钩，缓和、改善了多年来因征收农业税及其他摊派费用而造成的不少地方农民与基层组织、基层干部关系紧张，有利于基层干部集中精力带领农民致富，有利于进一步构建基层干部和农民的和谐关系，加强党的执政能力建设，密切党群关系，为我国社会主义健康发展铺垫基石。

2006 年 1 月 1 日起废止了农业税条例，我国完全取消了农业“四

---

① 参见《国务院关于进行农村税费改革试点的通知》，国发〔2001〕5 号，2001 年 3 月 24 日。

税”（农业税、屠宰税、牧业税、农林特产税），这标志着在中国有2600年历史的农业税将彻底成为历史。同年，与税费改革之前比，减轻农民税费负担1200多亿元。尽管取消农业税对农民增收不会产生较直接的效果，但对农民较低的纯收入来说，取消农业税无疑是减少现金支出的一个方面。可以说，取消农业税是一场革命。农民可自行支配用非农收入交税的那部分资金了，农民的生活也无疑会得到一定改善。更重要的是，这一措施可再次调动农民积极性，农民可以更自由、自主地选择和从事他们的增收行为。总之，我国现已进入工业反哺农业，财政反哺农民的发展阶段，这也正是解决“三农”问题的大好时机，最终实现以工促农，以城带乡的目标。取消农业税不失为一项绝佳的宏观调控政策，这也将使我国的税负更加公平，体系更加合理，适应我国税制改革的重要发展方向。

二、增加农业补贴力度

农业补贴是国家强农惠农政策的重要组成部分，也是加大农民种粮积极性的重要手段。近年来，国家不仅免除农业税，对农业补贴力度也不断加大。2014年4月25日，农业部发布《国家深化农村改革、支持粮食生产、促进农民增收政策措施》，50项政策涵盖种粮直补、农机补贴、产粮大县奖励等多项支农惠农政策，中央财政继续加大奖励力度，其中仅种粮直补、良种补贴、农资综合补贴、农机补贴、产猪大县奖励等资金规模就达到2000亿元规模。随着改革的推进和各种补贴政策的完善，补贴资金还会进一步增长。下面介绍一下农业补贴的含义和内容。

1. 农业补贴的含义。农业补贴是指政府对农业生产、流通和贸易进行的转移支付，是一国政府对农业支持与保护政策体系中最主要、最常用的政策工具。WTO框架下的农业补贴是针对国内农业生产及农产品的综合支持。

在WTO农业多边协议框架下，农业补贴具有两层含义：一种是广义补贴，即政府对农业部门的所有投资或支持，其中较大部分如对科技、水利、环保等方面投资，由于不会对产出结构和农产品市场发生直接显著的扭曲性作用，一般被称为“绿箱”政策。“绿箱”政策措施主要包括：①一般农业服务，如农业科研、病虫害控制、培训、推广和咨询服务、检验服务、农产品市场促销服务、农业基础设施建设等。②粮食安全储备补贴。③粮食援助补贴。④与生产不挂钩的收入补贴。⑤收入保险计划。⑥自然灾害救济补贴。⑦农业生产者退休或转业补贴。⑧农业资源储备补贴。⑨农业结构调整投资补贴。⑩农业环境保护补贴。⑪地区援助补贴。

另一种是狭义补贴，如对粮食等农产品提供的价格、出口或其他形式补贴，这类补贴又称为保护性补贴，通常会对产出结构和农产品市场造成直接明显的扭曲性影响，一般被称为“黄箱”政策。主要包括政府对农产品的直接价格干预和补贴，种子、肥料、灌溉等农业投入品补贴、农产品营销贷款补贴、休耕补贴等。WTO《农业协定》的“黄箱”政策中规定给予发展中国家特殊差别待遇，对发展中国家为促进农业和农村发展所采取的下述支持和补贴措施可免予削减承诺，简称“发展箱”。主要包括：①农业投资补贴。②对低收入或资源贫乏地区生产者提供的农业投入品补贴。③为鼓励生产者不生产违禁麻醉作物而提供的支持。[①]

2. 农业补贴的内容。

（1）农作物良种补贴政策。是指国家通过建立良种推广示范区，对农民选用农作物良种并配套使用良法技术进行的资金补贴，目的是支持农民积极使用优良作物种子，提高良种覆盖率，增加农产品产量，改善产品品质，推进农业区域化布局、规模化种植、标准化管理、产业化经营。目前实施的作物品种有水稻、小麦、玉米、大豆四大粮食作物及棉花、油菜两种经济作物。[②]

（2）种粮农民直接补贴政策。是指国家为了保护种粮农民利益、调动种粮积极性、提高粮食产量和促进农民增收，给种粮农民的一项政策性补贴，简称粮食直补。分为夏粮补贴和秋粮补贴，以补贴麦子、玉米等粮食作物为主，每亩补贴不同地区不一样。农民购买国家指定地点出

① 参见肖琴：《我国农业补贴现状及改革建议》，《现代经济》2011年1月8日。

② 参见张红霞、余劲：《退耕还林：中国农业政策转折点的研究综述》，《经济问题探索》2012年7月1日。

售的优质良种，可以获得补贴，每斤或每亩补贴也是根据不同地区不一样。

（3）农资综合补贴政策。是指政府对农民购买农业生产资料（包括化肥、柴油、种子、农机）实行的一种直接补贴制度。在综合考虑影响农民种粮成本、收益等变化因素，通过农资综合直补及各种补贴，来保证农民种粮收益的相对稳定，促进国家粮食安全。其资金来源于粮食风险基金，通过粮食风险基金专户下拨。

（4）农业“三项补贴”改革。农业补贴是国家强农惠农富农政策的重要组成部分，自2004年起，国家先后实施了农作物良种补贴、种粮农民直接补贴和农资综合补贴等三项补贴政策。这对于促进粮食生产和农民增收、推动农业农村发展发挥了积极的作用。但随着农业农村发展形势发生深刻变化，农业“三项补贴”政策效应递减，政策效能逐步降低，迫切需要调整完善。在多数地方，农业“三项补贴”已经演变成为农民的收入补贴，一些农民即使不种粮或者不种地，也能得到补贴。而真正从事粮食生产的种粮大户、家庭农场、农民合作社等新型经营主体，却很难得到支持。农业“三项补贴”政策对调动种粮积极性、促进粮食生产的作用大大降低。因此，“三项补贴”合并为一项，将提高政策的指向性、精准性和实效性，加大对粮食适度规模经营支持力度。开展农业“三项补贴”政策改革，也是提高农业补贴政策效能的迫切需要。经国务院批准，2015年财政部、农业部启动了调整完善农业“三项补贴”政策的试点工作，将三项补贴合并为一项，支持耕地地力保护和粮食适度规模经营两个方面。在试点取得显著成效的情况下，2016年决定全面推开改革。

2016年农业“三项补贴”将合并为农业支持保护补贴，政策目标调整为支持耕地地力保护和粮食适度规模经营。一是支持耕地地力保护。补贴对象原则上为拥有耕地承包权的种地农民。鼓励各地创新方式方法，以绿色生态为导向，提高农作物秸秆综合利用水平，引导农民综合采取秸秆还田、深松整地、减少化肥农药用量、施用有机肥等措施，切实加强农业生态资源保护，自觉提升耕地地力。二是支持粮食适度规模经营。支持对象重点向种粮大户、家庭农场、农民合作社和农业社会化服务组织等新型经营主体倾斜，体现“谁多种粮食，就优先支持谁”。近几年支持重点是建立健全农业信贷担保体系，并推动担保业务尽快实质运营，切实缓解农业生产“融资难、融资贵”问题。

通过农业“三项补贴”改革，将会发挥多重积极效应。有利于提高补贴政策的指向性、精准性和实效性。将补贴与耕地保护挂钩，可以调动农民保护耕地、提高地力的积极性；通过统一资金审核和发放程序，可以减少工作环节，减轻基层负担，节约时间和成本，提高工作效率。有利于促进粮食适度规模经营。通过政策引导，加快培育新型经营主体、培养新型职业农民，鼓励多种形式的粮食适度规模经营，有利于推动农业生产加快进入规模化、产业化、社会化发展新阶段，符合现代农业发展方向。有利于推动农村金融加快发展。通过调整部分资金支持建立健全农业信贷担保体系，强调其政策性、独立性和专注性，撬动金融和社会资本支持现代农业发展，有效缓解农业农村发展资金不足问题。①

（5）农民专业合作社补贴政策。根据合作社提交的申请，经过政府部门的可行性分析，给予一定的补贴。

（6）土壤改良补贴政策。土壤改良，是指运用土壤学、生物学、生态学等多学科的理论与技术，排除或防治影响农作物生育和引起土壤退化等不利因素，改善土壤性状，提高土壤肥力，为农作物创造良好土壤环境条件的一系列技术措施的统称。其基本措施包括：①土壤水利改良，如建立农田排灌工程，调节地下水位，改善土壤水分状况，排除和防止沼泽化和盐碱化；②土壤工程改良，如运用平整土地，兴修梯田，引洪漫淤等工程措施，改良土壤条件；③土壤生物改良，运用各种生物途径（如种植绿肥），增加土壤有机质以提高土壤肥力，或营造防护林防治水土流失等；④土壤耕作改良，通过改进耕作方法改良土壤条件；⑤土壤化学改良，如施用化肥和各种土壤改良剂等提高土壤肥力，改善土壤结构，消除土壤污染等。

2013 年 5 月 24 日，农业部办公厅、财政部办公厅印发《土壤有机

① 参见《财政部、农业部就全面推开农业“三项补贴”改革》答记者问。

质提升补贴项目实施指导意见》，确定了以下补贴对象和标准："①秸秆还田。对农民合作社、种粮大户及农户施用秸秆腐熟剂给予补贴，每亩补贴15元。②地力培肥。对农民合作社、种粮大户及农户推广应用秸秆还田、增施有机肥、施用调理剂、种植肥田作物等综合集成技术给予补贴，每亩补贴30元。③绿肥种植。对农民合作社、种粮大户及农户种植绿肥及接种根瘤菌给予补贴，每亩补贴15元。④大豆接种根瘤菌。对农民合作社、种粮大户及农户示范推广大豆接种根瘤菌剂技术给予补贴，每亩补贴5元。"

2016年5月28日，国务院印发《土壤污染防治行动计划》（以下简称《行动计划》）。党中央、国务院高度重视土壤环境保护工作。这是当前和今后一个时期全国土壤污染防治工作的行动纲领。《行动计划》立足我国国情和发展阶段，着眼经济社会发展全局，以改善土壤环境质量为核心，以保障农产品质量和人居环境安全为出发点，坚持预防为主、保护优先、风险管控，突出重点区域、行业和污染物，实施分类别、分用途、分阶段治理，严控新增污染、逐步减少存量，形成政府主导、企业担责、公众参与、社会监督的土壤污染防治体系。《行动计划》提出，到2020年，全国土壤污染加重趋势得到初步遏制，土壤环境质量总体保持稳定，农用地和建设用地土壤环境安全得到基本保障，土壤环境风险得到基本管控。到2030年，全国土壤环境质量稳中向好，农用地和建设用地土壤环境安全得到有效保障，土壤环境风险得到全面管控。到21世纪中叶，土壤环境质量全面改善，生态系统实现良性循环。《行动计划》坚持问题导向、底线思维，坚持突出重点、有限目标，坚持分类管控、综合施策，确定了十个方面的措施：一是开展土壤污染调查，掌握土壤环境质量状况。二是推进土壤污染防治立法，建立健全法规标准体系。三是实施农用地分类管理，保障农业生产环境安全。四是实施建设用地准入管理，防范人居环境风险。五是强化未污染土壤保护，严控新增土壤污染。六是加强污染源监管，做好土壤污染预防工作。七是开展污染治理与修复，改善区域土壤环境质量。八是加大科技研发力度，推动环境保护产业发展。九是发挥政府主导作用，构建土壤环境治理体系。十是加强目标考核，严格责任追究。[①]

（7）土地轮作休耕补贴政策。轮作是指在同一田块上有顺序地在季节间和年度间轮换种植不同作物或复种组合的种植方式。如一年一熟的大豆→小麦→玉米3年轮作，这是在年间进行的单一作物的轮作；在一年多熟条件下既有年间的轮作，也有年内的换茬，如南方的绿肥→水稻→水稻→油菜→水稻→小麦→水稻→水稻轮作，这种轮作由不同的复种方式组成，因此，也称为复种轮作。[②] 合理的轮作可以产生很高的生态效益和经济效益，防治病、虫、草害，均衡利用土壤养分，调节土壤肥力。休耕是指先让耕地休养生息，等到地力恢复之后继续耕种。休耕不是让土地荒芜，而是让其"休养生息"，用地养地相结合来提升和巩固粮食生产力。其间同样要注意耕地管理与保护，防止水土流失等土壤破坏现象。休耕制度，既可以让过于紧张、疲惫的耕地休养生息，让生态得到治理修复；也可以通过改良土壤相应出现的问题，增强农业发展后劲，实现真正的"藏粮于地"。2018年提高后的补贴标准为：轮作补贴每亩150元，休耕补贴每亩500～1300元。

2016年5月20日，中央全面深化改革领导小组第二十四次会议审议通过《探索实行耕地轮作休耕制度试点方案》。为积极贯彻该方案，2016年6月29日，农业部、中央农办、发展改革委、财政部、国土资源部、环境保护部、水利部、食品药品监管总局、林业局、粮食局10部委专门发布了《关于印发〈探索实行耕地轮作休耕制度试点方案〉的通知》。

2016—2018年，中央财政不断加大支持力度，累计投入资金98.36亿元，试点省份增加到15个，试点任务扩大到2900万亩。2019年，中央财政进一步加大投入力度，安排资金63.1亿元、比上年增加4.7亿元，试点面积扩大到3000万亩、比2018年增加100万亩，试点省份增加至17个。其中轮作区域主要包括东北冷凉区、北方农牧交错区、黄淮海地区、长江流域；休耕区域主要包括地下水漏斗区、重金属污染

① 参见《国务院印发土壤污染防治计划》，新华社，2016年6月1日。

② 参见《国务院：探索实行耕地轮作休耕制度试点方案》，新华社，2016年6月1日。

区、西南石漠化区、西北生态严重退化区。[①]

轮作休耕制度带来诸多好处。作物产量增加。通过作物间的轮作倒茬和季节性休耕，给下茬作物提供了良好的地力基础和充足的生长发育时间，提高了产量、改善了品质。有效供给增加。农民收入增加。补助资金精准发放到户，明确补助对象是实际生产经营者，而非是土地承包者，防止出现争议和纠纷。

（8）可繁母猪补贴政策。可繁母猪指已产过仔猪且能继续繁殖仔猪的母猪，母猪重量一般大于 200 斤。对目前存栏的能繁母猪，按每头 100 元的标准，对养殖户（场）给予补贴。

（9）优良种猪补贴政策。每只优良种猪给予补贴。

（10）小额贷款贴息。对农民的小额贷款进行贴息。国家为扶持农业，对购买种子、化肥等实行低息贷款，不足利息部分由国家补足给银行。

（11）奶牛补贴。奶牛良种补贴项目是国家扶持奶业发展的重要惠农政策。奶牛生产的周期性和时效性较强，各地要采取切实有效措施，加快项目实施进度，提高资金使用效率，保证预算执行质量。要建立项目资金使用专用台账，对冻精实际供应情况严格监管，要完善补贴资金结算手续，根据采购合同、销售发票和冻精出入库凭据进行结算。对套取、截留、挤占、滞留、挪用补贴资金的单位或个人，一经查实，坚决取消参加当年良种补贴项目的资格，严肃追究相关单位及人员的违规责任。参加奶牛良种补贴项目的种公牛站要加大培育后备种公牛的力度，积极开展种公牛后裔测定工作，严把补贴冻精产品质量关，严禁以次充好、以劣充优、谋取不正当利益的行为。各地要优先选用经过后裔测定的种公牛冻精，严禁以举办技术推广会等名义向种公牛站收取各种费用，加重种公牛站负担。要加强奶牛配种改良站基础设施建设，积极开展技术培训，提高配种员的技术服务水平和配种水平，保障项目的顺利实施。

---

① 参见《关于政协十三届全国委员会第二次会议第 1774 号（农业水利 167 号）提案答复的函》，中华人民共和国农业农村部网站，2019 年 8 月 29 日。

三、侵害农民权益的法律责任

根据《农业法》的有关规定，侵害农民权益，应当承担下列法律责任。

（1）侵害农民和农业生产经营组织的土地承包经营权等财产权或者其他合法权益的，应当停止侵害，恢复原状；造成损失、损害的，依法承担赔偿责任。国家工作人员利用职务便利或者以其他名义侵害农民和农业生产经营组织的合法权益的，应当赔偿损失，并由其所在单位或者上级主管机关给予行政处分。

（2）有下列行为之一的，由上级主管机关责令限期归还被截留、挪用的资金，没收非法所得，并由上级主管机关或者所在单位给予直接负责的主管人员和其他直接责任人员行政处分；构成犯罪的，依法追究刑事责任：截留、挪用粮食收购资金的；截留、挪用用于农业的财政资金和信贷资金的；截留、挪用扶贫资金的。

（3）向农民或者农业生产经营组织违法收费、罚款、摊派的，上级主管机关应当予以制止，并予公告；已经收取钱款或者已经使用人力、物力的，由上级主管机关责令限期归还已经收取的钱款或者折价偿还已经使用的人力、物力，并由上级主管机关或者所在单位给予直接负责的主管人员和其他直接责任人员行政处分；情节严重，构成犯罪的，依法追究刑事责任。

（4）有下列行为之一的，由上级主管机关责令停止违法行为，并给予直接负责的主管人员和其他直接责任人员行政处分，责令退还违法收取的集资款、税款或者费用：非法在农村进行集资、达标、升级、验收活动的；违法向农民征税的；通过农村中小学校向农民超额、超项目收费的。

（5）强迫农民以资代劳的，由乡（镇）人民政府责令改正，并退还违法收取的资金。

（6）强迫农民和农业生产经营组织接受有偿服务的，由有关人民政府责令改正，并返还其违法收取的费用；情节严重的，给予直接负责的主管人员和其他直接责任人员行政处分；造成农民和农业生产经营组织损失的，依法承担赔偿责任。

（7）县级以上人民政府农业行政主管部门的工作人员违反本法规定参与和从事农业生产经营活动的，依法给予行政处分；构成犯罪的，依法追究刑事责任。

案例

1. 种子公司有义务主动告知农民种子的使用条件吗?

某乡镇一直以种植油菜为主。村民肖某听说县种子公司新购进一批高产油菜种，为提高自家油菜的产量，特意到县种子公司购买了该菜种，本想着来年能有个好收成，却不料非但没有增产，反而还不如往年。肖某见此情形，一气之下跑到种子公司要求其赔偿损失。种子公司的员工问了肖某保存种子以及种植过程后，称油菜产量不增反减的原因在于肖某的种植方法不当。原来，该油菜种系改良后的优质种子，技术含量较高，不能以通常的方法种植，须在种植之前经过特殊处理才能保证效果。而肖某对此并不知情，并且种子公司的工作人员在其购买种子时也未告知其该种子的使用条件。肖某因种子公司工作人员怠于履行自己的义务而要求种子公司赔偿其损失。种子公司则称，肖某在购买种子的过程中并未咨询种子的使用条件，因此拒绝赔偿肖某的损失。肖某遂向县农业局提出申诉。县农业局经核查认为，种子公司有义务告知肖某新种子的简要性状和使用条件，并责令种子公司赔偿肖某的直接经济损失。

分析

根据《种子法》第 41 条规定："销售的种子应当符合国家或者行业标准，附有标签和使用说明。标签和使用说明标注的内容应当与销售的种子相符。种子生产经营者对标注内容的真实性和种子质量负责。标签应当标注种子类别、品种名称、品种审定或者登记编号、品种适宜种植区域及季节、生产经营者及注册地、质量指标、检疫证明编号、种子生产经营许可证编号和信息代码，以及国务院农业、林业主管部门规定的其他事项。销售授权品种种子的，应当标注品种权号。销售进口种子的，应当附有进口审批文号和中文标签。销售转基因植物品种种子的，必须用明显的文字标注，并应当提示使用时的安全控制措施。种子生产经营者应当遵守有关法律、法规的规定，诚实守信，向种子使用者提供种子生产者信息、种子的主要性状、主要栽培措施、适应性等使用条件的说明、风险提示与有关咨询服务，不得作虚假或者引人误解的宣传。任何单位和个人不得非法干预种子生产经营者的生产经营自主权。”该案中，种子公司在肖某购买新种时，未向其说明种子的简要性状、使用条件等，属于没有履行法定义务的行为，违反了上述规定。即使肖某在购买种子时没有咨询种子的使用条件，种子公司也应该履行主动告知的义务。因此，种子公司的工作人员辩称肖某在购买种子时，未向工作人员咨询种子的使用条件，因而拒绝赔偿肖某损失的说法是不合理，也不合法的。综上所述，县农业局责令种子公司赔偿肖某直接经济损失的做法是正确的。

2. “毒豆角”事件。[①]

2010 年 1 月 25 日至 2 月 5 日，某市农业局在抽检中发现来自某省某县多个乡镇的 5 个豇豆样品水胺硫磷农药残留超标，依照有关法律法规的规定立即对不合格豇豆予以销毁。事件发生后，全国多地纷纷紧急抽检样品。其中，某省甲市抽检 6 个样品中 2 个有禁用农药残留，邻省乙市也检出一批 50 千克的豇豆含有农药残留三唑磷。

分析

根据《农药管理条例》第 34 条规定：“农药使用者应当严格按照农药的标签标注的使用范围、使用方法和剂量、使用技术要求和注意事项使用农药，不得扩大使用范围、加大用药剂量或者改变使用方法。农药使用者不得使用禁用的农药。标签标注安全间隔期的农药，在农产品收获前应当按照安全间隔期的要求停止使用。剧毒、高毒农药不得用于防

① 参见《“海南毒豇豆事件”调查》，中国广播网新闻论坛栏目，2010 年 3 月 1 日。

治卫生害虫，不得用于蔬菜、瓜果、茶叶、菌类、中草药材的生产，不得用于水生植物的病虫害防治。”由于与常规农药相比，高毒农药杀虫速度快，持效期长，且成本要比常规农药低4至6倍。“毒豆角”事件就是菜农为了降低成本铤而走险的例子。食用了农药残留超标的食物以后，会直接危害人体的神经系统和肝、肾等重要器官。有的人农药中毒后出现严重头晕、头痛、腹痛、视觉模糊等症状，重度中毒者还会出现胸有挤压感、肌肉颤抖等，严重的可出现脉搏、呼吸加快，甚至昏迷症状。农药残留长期作用于人体，还会产生其他危害。

根据《农药管理条例》第60条规定：“农药使用者有下列行为之一的，由县级人民政府农业主管部门责令改正，农药使用者为农产品生产企业、食品和食用农产品仓储企业、专业化病虫害防治服务组织和从事农产品生产的农民专业合作社等单位的，处5万元以上10万元以下罚款，农药使用者为个人的，处1万元以下罚款；构成犯罪的，依法追究刑事责任：（一）不按照农药的标签标注的使用范围、使用方法和剂量、使用技术要求和注意事项、安全间隔期使用农药；（二）使用禁用的农药；（三）将剧毒、高毒农药用于防治卫生害虫，用于蔬菜、瓜果、茶叶、菌类、中草药材生产或者用于水生植物的病虫害防治；（四）在饮用水水源保护区内使用农药；（五）使用农药毒鱼、虾、鸟、兽等；（六）在饮用水水源保护区、河道内丢弃农药、农药包装物或者清洗施药器械。有前款第二项规定的行为的，县级人民政府农业主管部门还应当没收禁用的农药。”第64条规定：“生产、经营的农药造成农药使用者人身、财产损害的，农药使用者可以向农药生产企业要求赔偿，也可以向农药经营者要求赔偿。属于农药生产企业责任的，农药经营者赔偿后有权向农药生产企业追偿；属于农药经营者责任的，农药生产企业赔偿后有权向农药经营者追偿。”该事件中的菜农使用禁止用于蔬菜杀虫的高毒农药，同时海南农业主管部门也没有起到应有的监督作用。这次事件给广大农民和农产品质量监督部门敲响了警钟，使用农药一定要遵守国家有关农药安全的规定。

3. 劣质兽药致奶牛死亡，生产厂家、销售商是否都应当承担责任？①

周某是县养牛专业户。某日，他发现饲养的200头奶牛中有部分奶牛患病并死亡8头。周某便到胡某的兽药店购买江西某科技公司生产的“兽医王”和“立见效”两种药品。周某对患病奶牛使用这两种兽药后，患病奶牛没有好转，并出现大量死亡，损失11万元。县畜牧兽医局对周某所购两种兽药进行封存和送检，经检验为不合格产品。

分析

《民法通则》第122条规定：“因产品质量不合格造成他人财产、人身损害的，产品制造者、销售者应当依法承担民事责任。运输者、仓储者对此负有责任的，产品制造者、销售者有权要求赔偿损失。”《中华人民共和国侵权责任法》第41～44条规定：“因产品存在缺陷造成他人损害的，生产者应当承担侵权责任。因销售者的过错使产品存在缺陷，造成他人损害的，销售者应当承担侵权责任。销售者不能指明缺陷产品的生产者也不能指明缺陷产品的供货者的，销售者应当承担侵权责任。因产品存在缺陷造成损害的，被侵权人可以向产品的生产者请求赔偿，也可以向产品的销售者请求赔偿。产品缺陷由生产者造成的，销售者赔偿后，有权向生产者追偿。因销售者的过错使产品存在缺陷的，生产者赔偿后，有权向销售者追偿。因运输者、仓储者等第三人的过错使产品存在缺陷，造成他人损害的，产品的生产者、销售者赔偿后，有权向第三人追偿。”某科技公司生产的“兽医王”“立见效”两种兽药经检验为不合格产品，导致患病奶牛大量死亡，给周某造成了11万元损失，该科技公司应对周某的奶牛死亡所造成的损失承担赔偿责任，胡某系销售者，也应承担连带赔偿责任。

4. 种子发芽率低于产品说明，农民维权是否获支持？②

张某从常某处购买其销售的芹菜种子13罐，支付价款910元。根

① 参见王军：《劣质兽药致死奶牛　厂家销售商均担责》，中国法院网，2011年3月24日。
② 参见杨清惠：《种子发芽率低于承诺　农民维权获支持》，《共产党员》2011年第2期。

据该产品说明及常某承诺，芹菜种子发芽周期为15～20天，成熟期为75天。张某将13罐种子中的11罐种到承包的蔬菜温室大棚中。经护理，芹菜种子直到2个多月后才稀稀散散地发出嫩芽，且发芽率很低，达不到产品标明的标准。张某将剩余的种子送到邻省种子质量监督检验站进行检测，检测结果芹菜种子发芽率为52%，远远低于产品标明标准。张某以常某出售芹菜种子不合格，给其造成巨大经济损失为由，起诉要求常某和种子生产商赔偿15万余元。

分析

《产品质量法》第5条规定："禁止伪造或者冒用认证标志等质量标志；禁止伪造产品的产地，伪造或者冒用他人的厂名、厂址；禁止在生产、销售的产品中掺杂、掺假，以假充真，以次充好。"第40条规定："售出的产品有下列情形之一的，销售者应当负责修理、更换、退货；给购买产品的消费者造成损失的，销售者应当赔偿损失：（一）不具备产品应当具备的使用性能而事先未作说明的；（二）不符合在产品或者其包装上注明采用的产品标准的；（三）不符合以产品说明、实物样品等方式表明的质量状况的。销售者依照前款规定负责修理、更换、退货、赔偿损失后，属于生产者的责任或者属于向销售者提供产品的其他销售者（以下简称供货者）的责任的，销售者有权向生产者、供货者追偿。销售者未按照第一款规定给予修理、更换、退货或者赔偿损失的，由产品质量监督部门或者工商行政管理部门责令改正。生产者之间，销售者之间，生产者与销售者之间订立的买卖合同、承揽合同有不同约定的，合同当事人按照合同约定执行。"该案系因种子产品质量不达标产生的民事纠纷，说明书上对芹菜种子发芽率有明确的说明，即达到90%，而实际仅仅达到52%。常某对张某提供的种子质量监督检验站的检测报告不予认可，但没有提出相应的证据推翻。因此，人民法院认定张某提供的种子质量监督检验站的检测报告属实，属于不符合在产品或者其包装上注明采用的产品标准的情形。因此，种子生产商、销售商应当赔偿张某损失。人民法院终审判决常某赔偿张某种子款、燃煤款等损失10万余元，种子生产商承担连带责任。

5. 黑龙江省开展耕地轮作休耕试点效果好。[①]

耕地轮作休耕是我国着眼于农业发展突出矛盾和国内外粮食市场供求变化作出的战略安排，目的是促进耕地休养生息和农业可持续发展。2018年4月19日，黑龙江省农业委员会发布《关于印发全省2018年耕地轮作休耕试点实施方案的通知》，对该省2018年耕地轮作休耕工作作出了安排。黑龙江省已连续7年保持全国产粮“状元”桂冠。

（1）目标任务。此次全省实施耕地轮作休耕制度试点面积1290万亩，约占全省耕地总面积的5%。其中耕地轮作试点1150万亩，农村实施940万亩（含2016年190万亩、2017年新增250万亩、2018年新增500万亩），农垦实施210万亩（含2016年60万亩、2018年新增150万亩）；水稻休耕试点140万亩（含农村100万亩、农垦40万亩）。试点优先选择确权登记颁证完成或即将颁证的地块，鼓励以乡村为单位集中连片推进。轮作休耕试点3年一个周期，参加试点的农户要与乡镇政府签订轮作协议。

（2）补助对象。为自愿参加耕地轮作休耕的种植大户、家庭农场、农民专业合作社等新型农业经营主体或自主经营的农户。试点补助对象是实际生产经营者，而不是土地承包者。在试点县（市、区）内合法耕地上，严格按照与乡镇政府签订协议书确定的内容（含地块信息、任务面积、技术路径、相关义务等）开展轮作休耕。承担试点任务的新型农业经营主体或自主经营的农户，原则上“一定三年”不变，即：承担试点任务起始年份是2016年的，补助到2018年；承担试点任务起始年份是2017年的，补助到2019年；承担试点任务起始年份是2018年的，补助到2020年。

（3）补助标准。暂定轮作试点每亩每年补贴150元，水稻休耕试点每亩每年补贴500元，最终以中央财政核发标准为准。

（4）补助方式。试点市县采取人工实测与卫星遥感监测相结合的方式，于8月31日前完成试点任务面积核查工作，并将核查结果在乡镇村屯进行公示，公示期不少于5天，作为补助资金发放依据。省财政厅

① 参见谢振华：《黑龙江1290万亩耕地轮作休耕》，人民网，2018年4月26日。

依据省农委提报的试点市县核查结果和资金分配意见，履行报批程序后，将中央财政专项补助资金直接拨付到试点市县。试点市县根据试点协议内容和核查结果，按照补贴标准，将补助资金兑付给承担试点任务的新型农业经营主体或农户。

6. 情系民生，确保饮水安全。①

为了让更多农村贫困群众喝上安全、卫生、方便的自来水，河南省委、省政府决定实施农村饮水安全巩固提升工程，并列入了河南 2018 年 12 件重点民生实事。2018 年，河南省下达财政资金 31.56 亿元。重点用于农村饮水安全提升、重大水利工程建设、重点流域水环境综合治理、黄河滩区居民迁建。该资金的下达将进一步方便广大农村居民生活，加快水利设施建设步伐，推动重点流域水环境质量改善，加快推进黄河滩区尽快脱贫摘帽。

河南省财政安排 2018 年农村饮水安全巩固提升工程中央补助资金 4 亿元，用于解决建档立卡贫困村、贫困户和贫困人口农村饮水安全问题。

该项补助资金的下达，有助于进一步提升深度贫困地区和计划退出的 33 个贫困县 233 个村饮水安全保障水平，改善农村生产生活条件，加快贫困群众脱贫致富步伐。

河南省财政安排 2018 年重大水利工程中央补助资金 12.7 亿元，用于支持出山店水库、前坪水库等重大节水供水工程和 18 个大型灌区实施续建配套和节水改造工程。此项资金有助于解决河南省 30 万亩以上大型灌区存在的水利工程老化失修、灌溉效率降低、灌溉面积大幅减少等问题，有效改善现代农业发展条件，提升粮食生产能力，夯实河南产粮大省的基础地位。

为加快推进重点流域水污染治理和治污减排，推动重点流域水环境质量改善，河南省财政安排 2018 年重点流域水环境综合治理资金 4.4 亿元，带动市县和社会投资 14 亿元，支持 18 个市（县）48 个污水处

① 参见《2018 年“实施农村饮水安全巩固提升工程”民生实事全部完成》，河南省人民政府门户网站，2019 年 1 月 10 日。

理设施、生活垃圾处理设施、河道综合整治等项目建设。这一措施也将有力促进河南重点流域水环境改善、水生态恢复、保障水安全。

7. 河南“万村通”工程——至2019年年底，河南所有具备条件的行政村100%通客车。[①]

2019年3月25日，河南省交通运输厅召开“万村通客车提质工程”工作培训会，再次明确“奋斗”目标：至2019年年底，全省所有具备条件的行政村100%通客车。至2020年年底，公交化运营和班线客运线路连通的行政村比例提高到95%以上，行政村直达或一次中转到县城的比例达96%以上……

河南省交通运输厅将对验收通过的“万村通客车提质工程”示范县（市、区），一次性给予最高500万元的补助，将真金白银补助把这项民生工程真正落到实处。

直面问题，“万村通客车提质工程”应势而生。

只有直面问题不回避，方能攻坚克难寻突破。截至2019年2月底，河南省46958个行政村中有99.1%已经实现通客车，但仍有400余个行政村未通客车，主要集中在开封、三门峡、漯河、焦作、周口5个市。其中，2个因存在整体搬迁计划未通车；10余个因道路施工或安防设施不符合安全通车条件不通车；40余个因车辆到期报废、运营成本高，原班线或公交线路停运导致“通返不通”；300余个因客流小、效益低等原因不通车。

已通车的行政村中，也存在发展不平衡问题。部分地区车辆档次不高，部分农村客运存在安全隐患，超载、甩客、宰客、兜圈揽客现象时有发生，部分司乘人员素质不高，服务意识淡薄，农村居民难以享受到高质量的出行服务。

河南深刻认识到，建好、管好、护好农村公路，最终目的还是为了运营好，让广大农村地区群众不但“走得了”，还要“走得好”“走得

① 参见《河南“万村通”工程再次明确目标：2019年底具备条件行政村全部通客车》，《东方今报》2019年3月27日；《河南潢川实现客车村村通 “1元客车”拉动乡村跑起来》，《经济日报》2018年6月5日。

顺”“走得畅”。河南省政府把“万村通客车提质工程”作为十件民生实事之一，当大事来抓、当要事来办，实现“出门水泥路、抬脚上客车”，让广大农村地区和农民群众共享发展成果。

明确目标，“万村通客车提质工程”顺势而为。

为农村特别是贫困地区带去人气、财气，为党在基层凝聚民心。近年来，河南的农村公路建设和农村客运发展取得了实实在在的成效，全省农村客运车辆2.35万辆，班线4237条，等级客运站1585个。

潢川县实行民办公助、财政兜底、政府主导、企业运营，创造了1元公交化运营的“潢川模式”。兰考、栾川、禹州也都采取不同途径实现了高标准村村通客车，走在了全省前列。

2019年1月11日，河南省交通运输厅首提“万村通客车提质工程”，利用2年时间，全面解决乡到村、村到村通客车问题，实现所有行政村真通实达。

1月24日，河南省交通运输厅印发《河南省“万村通客车提质工程”实施方案》，明确了总体目标，通过2年时间努力，重点解决乡—村、村—村通客车问题，实现所有具备条件的行政村通客车，打造以“公交化运营＋班线客运”为主、以定制客运为辅、以“预约班”为补充的村村通客车“升级版”。

3月22日，河南省交通运输厅印发《河南省“万村通客车提质工程”达标（示范）验收办法》，明确了达标县和示范县的验收时间、验收内容、验收指标、验收方法和工作流程。其中，验收指标包括组织领导、规划布局、基础设施、车辆运营组织、科技提升、服务质量、安全管理、通车目标8个大项、36小项具体标准。

3月25日，河南省交通运输厅在郑州举办“万村通客车提质工程”工作培训会。培训会采取“以会代训”的形式，对各省辖市、省直管县（市）、县（市、区）交通运输部门、道路运输管理部门负责人进行培训，交流经验，取长补短，携手共进，确保各项目标任务落到实处。

“万村通客车提质工程”集结号已经吹响，冲锋目标已经明确，全省交通运输行业将顺势而为、乘势而上。

强势推进，细化多项措施。

一分部署，九分落实。河南咬定目标不放松，细化措施，狠抓落实：

坚持政府主导。在各级政府统一组织领导下，交通、发改、财政、公安等部门齐抓共管，动员各方力量、凝聚财力物力，围绕工作目标，制订切实可行的实施方案，建立进度台账，实行责任制，明确各项任务完成时间节点，确保每个建制村、每个环节都有人抓、有人督导、有人推动。

创新运营模式。因地制宜，充分尊重出行规律，大胆探索，对于客流量稳定、客流规律明显的农村客运线路，实行班线运营；对于客流量达到线路日均发班次不低于6班的密度时，积极将班线运营改造为公交化运营；对于运行于城市周边乡村、城乡交流密切的农村客运线路，可根据实际确定服务半径，可实行城市公交的延伸；同时，对确需采用预约班的，要加强管理，确保预约电话畅通、服务到位、价格合理。

建立扶持政策。充分结合实际，本着保障当地农村客运“开得通、留得住、可持续”的原则，研究制定农村客运发展扶持政策。对于市场化程度高、线路已常态化运营的，可考虑通过市场化运作、冷热线搭配等措施，实现长久运营；对于保本运营的，可以通过出台财政、税务、土地等政策，支持农村客运发展；对于客流不足、亏本经营的，积极建立政府财政兜底保障运营机制。

完善基础设施。加大农村公路基础设施的建设力度，完善农村公路网络，加快道路的提档升级、扩宽加固、线形优化、设置错车道、改造危桥梁、安全隐患治理等公路工程、养护工程。完善现有等级客运站设施与功能，设置建设一批港湾式停靠站点与站亭，配套完善站牌信息，方便农村群众候车乘车。统筹当地客运、物流、快递、邮政、电商等行业，新建一批乡镇综合服务平台，实现“多站合一、资源共享”。

提升服务质量。从放管服入手，简化审批流程，实现即来即办，建立完善市场监管协调机制和联合审核审查机制。从品质化入手，进一步完善农村客运服务标准，打造当地农村客运品牌。从规范化入手，利用好车辆审验、质量信誉考核、驾驶员诚信考核“三个手段”，加强事中事后监管，确保农村客运市场规范有序。从科技化入手，研究开发农村客运App，实时查询、约车包车、手机扫码乘车等。

保障运营安全。既要通客车，又要保安全。落实企业安全生产主体责任，督促相关经营者切实加强对所属车辆、驾驶员和乘务员的管理。推进农村客运车辆智能动态监控设备安装，采取信息化科技化的方式来监管农村客运营运。

“我们将对验收通过的‘万村通客车提质工程’示范县（市、区），一次性给予最高500万元的补助。”河南省交通运输厅副厅长唐彦民表示，“勇担当、敢作为，我们以钉钉子精神，一锤接着一锤敲，确保工作务实、过程扎实、结果真实，真通稳通、真通实达，绝不辜负广大农民群众期盼，为打赢交通运输脱贫攻坚战、助推乡村振兴战略实施提供坚实的交通运输保障。”

第五章

农民专业合作社法律

农民专业合作社是近年来在农村生产中出现的新型组织，是社会主义市场经济体制下产生的一种全新的市场主体形式。它可以提高农业生产及农民进入市场的组织化程度，提高农民的市场竞争能力和谈判地位，使农民专注生产，不用为产品的流通和销售发愁，能解决“小生产”与“大市场”的矛盾。它为个体农户和商品市场的联结提供了一个可供选择的组织平台。它是我国农业产业化经营过程中继乡镇企业之后，出现的一种新的经济组织。其核心可以概括为：加入自愿、退出自由、民主管理、盈余返还。

2007 年 7 月 1 日，《中华人民共和国农民专业合作社法》（以下简称《专业合作社法》）和《中华人民共和国农民专业合作社登记管理条例》实施后，形形色色的农民专业合作社如雨后春笋般地成立，这标志着农民专业合作组织正式步入法制化和规范化的轨道。2010 年中央一号文件提出，大力发展农民专业合作社，深入推进示范社建设行动，对服务能力强、民主管理好的合作社给予补助。各级政府扶持的贷款担保公司要把农民专业合作社纳入服务范围，支持有条件的合作社兴办农村资金互助社。扶持农民专业合作社自办农产品加工企业。积极发展农业农村各种社会化服务组织，为农民提供便捷高效、质优价廉的各种专业服务。2017 年 5 月，中共中央办公厅、国务院办公厅印发《关于加快构建政策体系培育新型农业经营主体的意见》，进一步明确了对农民合作社等新型农业经营主体进行扶持并引导其健康发展的政策措施。为了规范农民专业合作社的组织和行为，鼓励、支持、引导农民专业合作社的发展，保护农民专业合作社及其成员的合法权益，推进农业、农村现代化，运行10多年的农民专业合作社于2017年12月27日第十二届全国人民代表大会常务委员会第三十一次会议再次进行修订，国家主席习近平签署第83号令予以公布，自2018年7月1日起施行。农民专业合作社到底是什么组织呢？下面我们来了解一下。

第一节 农民专业合作社

一、农民专业合作社概念和特点

农民专业合作社是农民为了方便农业生产与经营，在家庭承包经营的基础上，自愿组成的互助型经济组织，主要为本集体经济组织成员提供生产、购销、物流、仓库保管等方面的服务，同时也在生产技能培训、市场信息方面提供便利。

农民专业合作社具有以下几个特点：

1. 农民专业合作社是建立在农村家庭承包经营基础之上的经济组织。农民专业合作社是由依法享有农村土地承包经营权的农村集体经济组织成员，即农民为主体，自愿组织起来的新型合作社。

2. 农民专业合作社是一种专业性经济组织。农民专业合作社以实现全体成员共同的经济发展为目的，将本组织成员的实体生产与经营活动相结合，具有专业性强、经营范围广的特点，可专门提供生产相关的技术信息建设、农村民间艺术品推广、乡村旅游资源开发等服务，亦能直接进行农产品的购买销售、加工储藏等劳务活动。对于单纯从事市场信息查询、生产技能培训的，一般将其称之为“农产品行业协会”“农民专业技术学会”等，并不受《农民专业合作社法》调整。

3. 农民专业合作社是“由民组织、由民管理、归民所有、受益归民”的经济组织。组织内推行民主管理，各成员具有同等地位，任何组织和个人都无权以任何方式违背农民意志、迫使农民加入农民专业合作社，在生产经营活动中始终体现“由民组织、由民管理、归民所有、受益归民”的精神。

2014年2月国务院修订颁布的《农民专业合作社登记管理条例》

对农民专业合作社的设立、变更、注销以及法律责任都做出了明确规定。同时，农业部还制定了《农民专业合作社示范章程》，对农民专业合作社的组建给予具体指导。

4. 农民专业合作社是成员互帮互助的经济组织。以实现全体成员共同的经济发展为目的，以组织内成员为主要服务对象。农民专业合作社不以营利为目的，其成员都是进行同类型生产活动或是提供相关服务的经营者，各成员利用合作的形式互帮互助，达到提高产能降低成本的目的，从而解决了由单个经营者无法完成或完成较为困难的事情。

5. 农民专业合作社是“生产在家，服务在社”的经济组织。《农民专业合作社法》赋予了农民专业合作社法人地位，是与《公司法》《中华人民共和国合伙企业法》等法律具有同等重要地位的市场主体法律，填补了我国市场主体的一项空白。依法发展农民专业合作社，不是搞“归大堆”，不是要改变家庭承包经营体制。发展农民专业合作社要保证农民的主体地位，坚持谋求全体成员的共同利益。农民入社后，在合作社内部可以当家做主，并且其个人财产权利不会发生变化。合作社可以到工商部门申请登记注册，其各项生产经营活动都受到法律的保护。

6. 农民专业合作社的财产受法律保护。《农民专业合作社法》保护自愿参加合作社农民的民主权利和财产权利。《农民专业合作社法》通过有限责任制度、成员账户制度、盈余分配制度、退社制度等，对成员的财产权利进行保护。加入合作社，农民出资和公积金份额记载在自己的账户中，并作为参与合作社盈余分配的重要依据，如果成员因自身原因选择退出合作社，其享有的财产份额仍然可以退还。2014 年，农业部会同发展改革委、财政部等 9 部门联合印发了《关于引导和促进农民合作社规范发展的意见》(农经发〔2014〕7 号)，明确了促进农民合作社规范发展的总体思路、基本原则、主要目标、主要任务和保障措施，提出经过 5 年的努力，力争有 70%以上的农民合作社建立完备的成员账户、实行社务公开、依法进行盈余分配，县级以上示范社超过 20 万家。如今这已是很普遍的现实。农民专业合作社联合社也已成为常态。

7. 农业合作社形成了新的收益分配制度。合作社对内部成员不以营利为目的，将利润返还给成员，在坚持家庭承包经营的基础上，使劳动生产有效利用了资金汇集的优势。

二、农民专业合作社不是农民公社化

20 世纪五六十年代人民公社化运动对广大农民来说还记忆犹新，不少农户担心农民专业合作社是第二次合作化运动。《农民专业合作社法》第 1 条规定："为了规范农民专业合作社的组织和行为，鼓励、支持、引导农民专业合作社的发展，保护农民专业合作社及其成员的合法权益，推进农业农村现代化，制定本法。"可见，《农民专业合作社法》的立法目的和宗旨是最大限度地保护农民利益，促进农村经济发展，推动农业农村现代化。发展农民专业合作社当然不是又要搞合作化运动。

1. 发展农民专业合作社不改变农村家庭承包经营制度。农民专业合作社是建立在家庭承包经营的基础上的，二者并不矛盾。推行合作社并不是要放弃家庭承包经营。

2. 发展农民专业合作社以其成员为主要服务对象。农民专业合作社是对统分结合的双层经营体制的完善和发展，能够针对成员所需提供更为个性化、专业化的服务，更好地促进生产。同时，农民专业合作社能够将分散的成员聚集起来，有效地改变了在市场竞争中的弱势地位，并且达到规模化效果。

3. 发展农民专业合作社坚持农民自愿原则。《农民专业合作社法》第 11 条规定："县级以上人民政府应当建立农民专业合作社工作的综合协调机制，统筹指导、协调、推动农民专业合作社的建设和发展。县级以上人民政府农业主管部门、其他有关部门和组织应当依据各自职责，对农民专业合作社的建设和发展给予指导、扶持和服务。"农民成立和参加合作社完全是建立在自愿的基础上。政府部门对于合作社主要是进行指导、扶持、推动和服务，不能以行政命令干预合作社的成立、运行以及成员的自愿加入。

三、成立农民专业合作社应当遵循的原则

农民专业合作社的基本原则是农民合作社成立和运行必须遵照的依据。按照《农民专业合作社法》第 3 条的规定，农民专业合作社应当遵

循的基本原则有以下四项：

1. 成员以农民为主体。为发挥合作社在解决“三农”问题方面的作用，使农民真正成为合作社的主人，《农民专业合作社法》规定了合作社中农民为主体，并对企业、事业单位、社会团体的数量进行了限制。《农民专业合作社法》第20条规定：“农民专业合作社的成员中，农民至少应当占成员总数的80%。成员总数20人以下的，可以有1个企业、事业单位或者社会组织成员；成员总数超过20人的，企业、事业单位和社会组织成员不得超过成员总数的5%。”

2. 以服务成员为宗旨。农民专业合作社以实现全体成员共同经济利益目的，以组织内成员为主要服务对象。农民专业合作社本身不以营利为目的，而是将分散的成员聚集起来，通过规模化经营达到提高产能降低成本，从而加强在市场中的竞争力。

3. 实行民主管理。《农民专业合作社法》从农民专业合作社的组织机构和保证农民成员对本社的民主管理两个方面作了规定：农民专业合作社成员大会是本社的权力机构，农民专业合作社必须设理事长，也可以根据自身需要设成员代表大会（需成员150人以上）、理事会、执行监事或者监事会；成员可以通过民主程序直接控制本社的生产经营活动。

4. 入社自愿、退社自由。农民专业合作社充分尊重农民意志，只要愿意遵守合作社章程的成年公民都可加入合作社，可以加入一个也可以加入多个。如果成员要求退出也可以随时退出。

5. 盈余主要按照成员与农民专业合作社的交易量（额）比例返还。可分配盈余中按成员与本社的交易量（额）比例返还的总额不得低于可分配盈余的60%，同时为了兼顾一般成员利益，其余部分可以依法以分红的方式按成员在合作社财产中相应的比例分配给成员。

四、农民专业合作社及其成员拥有的合法权益

《农民专业合作社法》第7条规定：“国家保障农民专业合作社享有与其他市场主体平等的法律地位。国家保护农民专业合作社及其成员的合法权益，任何单位和个人不得侵犯。”此处所指的“农民专业合作社

及其成员的合法权益”主要包含如下内容：

1. 农民专业合作社的合法权益。

（1）财产权利。《农民专业合作社法》第5条第2款规定：“农民专业合作社对由成员出资、公积金、国家财政直接补助、他人捐赠以及合法取得的其他资产所形成的财产，享有占有、使用和处分的权利，并以上述财产对债务承担责任。”因此，财产不仅是农民合作社享有的权利，也是其承担义务的基础。此外，作为独立法人的合作社还享有商标权和专利权。

（2）申请登记字号的权利。农民专业合作社能够自主使用经依法登记的字号，并受法律保护。

（3）生产经营自主权。农民专业合作社生产什么、不生产什么，提供什么服务、不提供什么服务，在法律规定的范围内不受其他市场主体、单位的干涉。

（4）保护农民专业合作社权利可通过诉讼或仲裁途径。在日常经营活动中，农民专业合作社作为独立的民事主体，如果合法权益受到损害、侵犯，经协商无效，可以通过诉讼或仲裁的方式维护自身的合法权益。

（5）农民专业合作社有权获得国家政策扶持。只要符合国家规定，农民专业合作社即可享受国家的各项扶持政策。

2. 农民专业合作社成员的合法权益。

（1）经济权益。经济权益主要体现在三个方面：①出资支配权。农民专业合作社成员在出资后，以共同控制的方式对所有成员的出资进行支配。②农民专业合作社应当为每个成员设立成员账户，如实记载该成员的出资额，并量化为该成员的公积金份额和该成员与农民专业合作社的交易量（额）。这说明成员对其出资和享有的公积金份额拥有终极所有权。即按照《农民专业合作社法》第28条规定：“成员资格终止的，农民专业合作社应当按照章程规定的方式和期限，退还记载在该成员账户内的出资额和公积金份额；对成员资格终止前的可分配盈余，依照本法第44条的规定向其返还。资格终止的成员应当按照章程规定分摊资格终止前本社的亏损及债务。”③获得相应的盈余。农民专业合作社的盈余本质是来源于其成员向合作社提供的产品或者利用合作社提供的服务。《农民专业合作社法》第 4 条第 5 项确立了农民专业合作社“盈余主要按照成员与农民专业合作社的交易量（额）比例返还”的原则，并且在第 44 条做了具体规定：“在弥补亏损、提取公积金后的当年盈余，为农民专业合作社的可分配盈余。可分配盈余主要按照成员与本社的交易量（额）比例返还。可分配盈余按成员与本社的交易量（额）比例返还的总额不得低于可分配盈余的 60%；返还后的剩余部分，以成员账户中记载的出资额和公积金份额，以及本社接受国家财政直接补助和他人捐赠形成的财产平均量化到成员的份额，按比例分配给本社成员。经成员大会或者成员代表大会表决同意，可以将全部或者部分可分配盈余转为对农民专业合作社的出资，并记载在成员账户中。具体分配办法按照章程规定或者经成员大会决议确定。”

（2）民主权益。《农民专业合作社法》第 21 条规定，“农民专业合作社成员享有下列权利：参加成员大会，并享有表决权、选举权和被选举权，按照章程规定对本社实行民主管理；利用本社提供的服务和生产经营设施；按照章程规定或者成员大会决议分享盈余；查阅本社的章程、成员名册、成员大会或者成员代表大会记录、理事会会议决议、监事会会议决议、财务会计报告、会计账簿和财务审计报告；章程规定的其他权利。”

3. 农民专业合作社成员的义务。

农民专业合作社在从事生产经营活动时，为了实现全体成员的共同利益，需要对外承担一定义务，这些义务需要全体成员共同承担，以保证农民专业合作社及时履行义务和顺利实现成员的利益。根据《农民专业合作社法》第 23 条的规定，农民专业合作社的成员应当履行以下义务：①执行成员大会、成员代表大会和理事会的决议。成员大会和成员代表大会的决议，体现了全体成员的共同意志，成员应当严格遵守并执行。②按照章程规定向农民专业合作社出资。明确成员的出资通常具有两个方面的意义：一是以成员出资作为组织从事经营活动的主要资金来源。二是明确组织对外承担债务责任的信用担保基础。但就农民专业合作社而言，因其类型多样，经营内容和经营规模差异很大，所以，对从事经营活动的资金需求很难用统一的法定标准来约束。而且，农民专业合作社的交易对象相对稳定，交易相对人对交易安全的信任主要取决于农民专业合作社能够提供的农产品，而不仅仅取决于成员出资所形成的合作社资本。由于我国各地经济发展的不平衡，以及农民专业合作社的业务特点和现阶段出资成员与非出资成员并存的实际情况，一律要求农民加入专业合作社时必须出资或者必须出法定数额的资金，不符合目前发展的现实。因此，成员加入合作社时是否出资以及出资方式、出资额、出资期限，都需要由农民专业合作社通过章程自己决定。③按照章程规定与农民专业合作社进行交易。农民加入合作社是要解决在独立的生产经营中个人无力解决、解决不好或个人解决不合算的问题，是要利用和使用合作社所提供的服务。成员按照章程规定与农民专业合作社进行交易既是成立合作社的目的，也是成员的一项义务。成员与合作社的交易，可能是交售农产品，也可能是购买生产资料，还可能是有偿利用合作社提供的技术、信息、运输等服务。成员与合作社的交易情况，按照《农民专业合作社法》第 43 条的规定，应当记载在该成员的账户中。④按照章程规定承担亏损。由于市场风险和自然风险的存在，农民专业合作社的生产经营可能会出现波动，有的年度有盈余，有的年度可能会出现亏损。合作社有盈余时分享盈余是成员的法定权利，合作社亏损时承担亏损也是成员的法定义务。⑤章程规定的其他义务。成员除应当履行上述法定义务外，还应当履行章程结合农民专业合作社实际情况规定的其他义务。

五、国家在农民专业合作社中的作用

《农民专业合作社法》第 10 条、第 11 条规定：国家通过财政支持、税收优惠和金融、科技、人才的扶持以及产业政策引导等措施，促进农民专业合作社的发展。国家鼓励和支持公民、法人和其他组织为农民专业合作社提供帮助和服务。对发展农民专业合作社事业做出突出贡献的单位和个人，按照国家有关规定予以表彰和奖励。县级以上人民政府应当建立农民专业合作社工作的综合协调机制，统筹指导、协调、推动农民专业合作社的建设和发展。县级以上人民政府农业主管部门、其他有关部门和组织应当依据各自职责，对农民专业合作社的建设和发展给予指导、扶持和服务。2016年，国务院印发《全国农业现代化规划（2016—2020年）》（国发〔2016〕58号）提出，实施新型农业经营主体培育工程，创建农民合作社示范社。2018年是中国乡村振兴战略实施的第一年，中央1号文件对乡村振兴战略做了全面部署，农业农村现代化拉开帷幕。农民专业合作社作为农业农村领域数量最大的农民自治组织，毫无疑问应当成为乡村振兴的骨干力量，承载产业发展、生态建设、脱贫攻坚等众多的任务和角色，成为乡村振兴的重要载体和力量。截至2018年10月底，全国依法登记的农民专业合作社达到214.8万家，合作社覆盖农户比例进一步扩大，入社农户占全国农户总数比例达到18.5%，成为为农民提供服务、引领小农户实现农业现代化主要力量。[①]

农民专业合作社作为新兴的市场主体，各级政府积极作为，指导得力，使其得到了健康发展，但任何部门、组织和个人都不得借指导、扶持和服务的名义，改变农民专业合作社“民办、民有、民管、民受益”的性质和特征，强迫农民建立或者加入合作社，或者干预农民专业合作社的内部事务。政府应坚持“引导不强迫、支持不包办、服务不干预”的原则，为农民专业合作社的发展提供宽松的政策环境。

依据相关法律，政府在农民专业合作社中主要起以下作用：

1. 鼓励和引导农民专业合作社健康发展。政府围绕农民专业合作社的建设和发展，为农民专业合作社提供指导、扶持和服务，及时为农民朋友们排忧解难。

2. 动员社会各方面力量给予扶持和服务。《农民专业合作社法》第10条第2款规定，国家鼓励和支持公民、法人和其他组织为农民专业合作社提供帮助和服务。即包括供销社、科协、教学科研机构、基层农业技术推广单位、农业企业等在内的社会各方面力量，都有义务和责任为农民专业合作社提供政策、技术、信息、市场营销等方面的扶持和

① 参见《2018年全国农民合作社与农业产业化发展情况盘点》，农业农村部农村经济经营管理局，2019年1月3日。

服务。

3. 监督、处理违反《农民专业合作社法》的行为。任何部门、组织和个人都不得借指导、扶持和服务的名义，改变农民专业合作社“民办、民有、民管、民受益”的性质和特征，强迫农民建立或者加入合作社，或者干预农民专业合作社的内部事务。对违反《农民专业合作社法》规定的基本原则和禁止性规定的行为，进行全方位的监督和管理，必要时进行严厉的行政处罚。

六、农民专业合作社可以享受的国家扶持政策

我国的农民专业合作社蓬勃兴起，各地的发展还不平衡，需要国家通过各种措施扶持、引导其健康发展。中央高度重视培育和发展农民合作社等新型农业经营主体。《农民专业合作社法》专门设置“扶持措施”一章，从财政、项目、金融、税收等方面支持农民合作社发展。多个中央 1 号文件都对支持农民合作社发展提出明确要求。为此，《农民专业合作社法》第 10 条第 1 款规定：“国家通过财政支持、税收优惠和金融、科技、人才的扶持以及产业政策引导等措施，促进农民专业合作社的发展。”为保障国家扶持措施的稳定实施，明确了产业政策倾斜、财政扶持、金融支持、税收优惠等扶持方式。

1. 产业政策倾斜。《农民专业合作社法》第 64 条规定：“国家支持发展农业和农村经济的建设项目，可以委托和安排有条件的有关农民专业合作社实施。”农民专业合作社作为市场经营主体，由于竞争实力较弱，应当给予产业政策支持，把合作社作为实施国家农业支持保护体系的重要方面。符合条件的农民专业合作社可以按照政府有关部门项目指南的要求，向项目主管部门提出承担项目申请，经项目主管部门批准后实施。中国共产党十八届三中全会明确提出，允许财政项目资金直接投向符合条件的合作社。2017 年 5 月，中共中央办公厅、国务院办公厅印发《关于加快构建政策体系培育新型农业经营主体的意见》规定，各级财政支持的各类小型项目，优先安排农村集体经济组织、农民合作组织等作为建设管护主体，强化农民参与和全程监督。近年来，国家农业综合开发一直把农民专业合作社作为实施涉农项目的重要主体予以

支持。

2. 财政扶持。《农民专业合作社法》第 65 条规定:“中央和地方财政应当分别安排资金，支持农民专业合作社开展信息、培训、农产品标准与认证、农业生产基础设施建设、市场营销和技术推广等服务。国家对革命老区、民族地区、边疆地区和贫困地区的农民专业合作社给予优先扶助。县级以上人民政府有关部门应当依法加强对财政补助资金使用情况的监督。”第 68 条规定:“农民专业合作社从事农产品初加工用电执行农业生产用电价格，农民专业合作社生产性配套辅助设施用地按农用地管理，具体办法由国务院有关部门规定。”目前，我国农民专业合作社经济实力还不强，自我积累能力较弱，给予专业合作社财政资金扶持，就是直接扶持农民、扶持农业、扶持农村。2010 年中央 1 号文件提出新增加的农业补贴适当向农业合作社倾斜。2013 年，财政部发布的《中央财政农民专业合作组织发展资金管理办法》第 2 条规定，“合作组织发展资金是指中央财政预算安排，用于支持各省、自治区、直辖市、计划单列市加快农民专业合作组织发展，提高农民组织化程度的专项资金。”2016 年，中央财政安排 14 亿元，采取切块下达的方式，支持各地因地制宜发展粮食、农机、畜牧、林果等类型农民专业合作社，重点用于支持引进新品种和推广新技术、提供培训及服务、组织标准化生产、农产品初加工、获得认证、品牌培育、市场营销和信息咨询等加强农民合作社示范社建设，促进提升农民合作社发展水平。

3. 金融支持。《农民专业合作社法》第 66 条规定:“国家政策性金融机构应当采取多种形式，为农民专业合作社提供多渠道的资金支持。具体支持政策由国务院规定。国家鼓励商业性金融机构采取多种形式，为农民专业合作社及其成员提供金融服务。国家鼓励保险机构为农民专业合作社提供多种形式的农业保险服务。鼓励农民专业合作社依法开展互助保险。”

4. 税收优惠。农民专业合作社作为独立的农村生产经营组织，可以享受国家现有的支持农业发展的税收优惠政策。《农民专业合作社法》第 67 条规定:“农民专业合作社享受国家规定的对农业生产、加工、流通、服务和其他涉农经济活动相应的税收优惠。”2008 年，财政部、国家税务总局发布《关于农民专业合作社有关税收政策的通知》（财税〔2008〕81号），明确了对合作社的专门税收优惠政策。《关于加快构建政策体系培育新型农业经营主体的意见》，明确提出落实农民合作社税收优惠政策。

第二节　农民专业合作社的设立

农民专业合作社的设立条件是立法和实践中的难点之一。如果法律规定的设立门槛过高，将会使现实中大量存在的各种类型的农民专业合作经济组织被排除在外，不利于法律实施后农民通过建立合作社来解决其在生产资料购买、产品销售等方面的困难，也会制约农民专业合作社的发展；如果设立门槛过低，则不利于国家对农民专业合作社给予的扶持政策的落实，也不利于保护交易对象的交易安全。

一、农民合作社的设立条件

1. 成立农民合作社的条件。

（1）要有5名以上的成员。在这些成员当中，农民要占主体，法律规定必须占80%以上。法律也允许社会团体法人、企业法人加入农民专业合作社，但也是为了保障农民的主体地位，鼓励龙头企业以及一些为农服务的社会团体组织，真正地帮助农民把合作社办好。所以法人成员在法律上有一个限制，就是不能超过5%。这是个高限，如果成员不到20人的时候，法律规定，法人成员只能是一个。

（2）要制定章程。章程用来规定合作社的重大事项，例如入社条件、盈余分配、亏损承担等等，确保合作社有序运营。

（3）要成立组织机构。这个组织机构按照法规的规定，有一个是必须得设立的，就是合作社的理事长，因为理事长是合作社的法定代表人。合作社刚刚开始发展的时候，可能规模还很小，设立过多的组织机构会增加管理成本，也会增加办事的程序，不利于合作社高速度和高效力地发展。法律把理事会、执行监事或者监事会等其他组织机构的设立的选择权交给合作社，由农民自己来决定是否设立。

（4）要有住所、名称。住所就是合作社的业务活动场所。当然，这个住所可以是合作社自己建立的一个专门的场所，也可以是租用的一个场所，甚至也可以就在合作社领导人的家里来办公，这个都由合作社自己来决定，但是要写在章程里。名称就是合作社可以起一个字号，合作社登记以后，成为法人，就可以用自己的名字去订合同，去办贷款，从事经营活动，这是名字的作用。过去有一些合作社叫协会或中心，已经有一定的社会声誉和知名度，《农民专业合作社法》并不要求把它原来的名字改掉。因为它在多年的经营中已经积累起了一笔无形的财富，比如信誉、字号的价值，如果改名的话可能会对农民的这笔资产造成一些损失，使农民受到影响。

（5）要有符合章程规定的成员出资。法律没有要求加入合作社的社员必须得出资，但合作社的章程可以规定出资方式和多少。

2. 合作社允许有企业、事业单位或社会团体成员。鼓励和发展农民专业合作社是建设社会主义新农村的一项重要举措，需要社会各方面以不同的形式广泛参与。要改善农民的生存环境，仅仅依靠政府是不够的，还需要发挥全社会的力量。这就需要有更多的企业参与新农村建设，加入农民专业合作社中来。按照《农民专业合作社法》规定，除农民可以成为农民专业合作社成员外，企业、事业单位或者社会团体也可以加入。允许合作社中有企业、事业单位或社会团体成员，主要是考虑到我国农民专业合作社处于发展的初级阶段，规模较小、资金和技术缺乏、基础设施落后、生产和销售信息不畅通，对合作社来说，吸收企业、事业单位或者社会团体入社，有利于发挥它们资金、市场、技术和经验的优势，提高自身生产经营水平和抵御市场风险的能力，同时也可以方便生产资料的购买和农产品的销售，增加农民收入。

3. 管理公共事务职能单位不得加入农民专业合作社。《农民专业合作社法》第 19 条明确规定，具有管理公共事务职能的单位不得加入农民专业合作社。具有管理公共事务职能的单位，不仅包括各级政府及其有关部门等行政机关，还包括根据法律、法规授权具有管理公共事务职能的其他组织，即国家机关以外的组织。法律法规授权具有管理公共事务职能的组织类型很多，如经授权的事业单位、企业单位以及社会团体等。凡是具有管理公共事务职能的单位，无论其单位的性质如何，都不得以任何身份成为农民专业合作社的成员，而且不论此类单位所执行的公共事务管理职能与农民专业合作社的经营业务是否有关。对于具有管理公共事务职能的单位已经以组织身份加入农民专业合作社的，应当根据《农民专业合作社法》的规定退出合作社。

二、农民专业合作社设立大会

设立大会作为设立农民专业合作社的重要会议，《农民专业合作社法》第 14 条规定了其法定职权，包括以下几项：第一，设立大会应当通过农民专业合作社章程，章程应当由全体设立人一致通过。第二，选举法人机关。如选举理事长、理事、执行监事或者监事会成员。第三，审议其他重大事项。由于每个农民专业合作社的情况都有所不同，需要在设立大会上讨论通过的事项也有所差异，所以《农民专业合作社法》为设立大会的职权作了弹性规定，以符合实际工作的需要。《农民专业合作社法》第 14 条规定，设立农民专业合作社应当召开由全体设立人参加的设立大会，设立时自愿成为该社成员的人为设立人。由此可见，设立大会是《农民专业合作社法》对于设立农民专业合作社程序上的规定，即要求召开由全体设立人参加的设立大会，农民专业合作社才可能成立。

三、农民专业合作社的设立登记手续

根据《农民专业合作社法》第 16 条规定，设立农民专业合作社，应当向工商行政管理部门提交相关文件，申请设立登记。《农民专业合作社登记管理条例》（以下简称《条例》）依照《农民专业合作社法》的规定，对农民专业合作社设立登记作了以下几个方面的规定：

1. 提交的文件。

（1）设立登记申请书。

（2）全体设立人签名、盖章的设立大会纪要。

（3）全体设立人签名、盖章的章程。

（4）法定代表人、理事的任职文件和身份证明。

(5) 载明成员的姓名或者名称、出资方式、出资额以及成员出资总额，并经全体出资成员签名、盖章予以确认的出资清单。

(6) 载明成员的姓名或者名称、居民身份证号码或者登记证书号码和住所的成员名册，以及成员身份证明。

(7) 能够证明农民专业合作社对其住所享有使用权的住所使用证明。

(8) 全体设立人指定代表或者委托代理人的证明。

农民专业合作社的业务范围有属于法律、行政法规或者国务院规定在登记前须经批准的项目的，还应当提交有关批准文件。申请登记的文件是农民专业合作社显示组织合法存在的证明，也是成员资格和权利有效存在的重要证明，其真实可靠性是保证社会交易安全的必然要求。《农民专业合作社法》第 70 条规定："农民专业合作社向登记机关提供虚假登记材料或者采取其他欺诈手段取得登记的，由登记机关责令改正，可以处 5000 元以下罚款；情节严重的，撤销登记或者吊销营业执照。"

2. 出资方式和评估方式。农民专业合作社成员可以用货币出资，也可以用实物、知识产权、土地经营权、林权等可以用货币估价并可以依法转让的非货币财产，以及章程规定的其他方式作价出资。不得以对该社或者其他成员的债权冲抵出资。① 成员以非货币财产出资的，由全体成员评估作价。成员不得以劳务、信用、自然人姓名、商誉、特许经营权或者设定担保的财产等作价出资。②

3. 成为合作社成员的条件。《农民专业合作社法》第 19 条规定："具有民事行为能力的公民，以及从事与农民专业合作社业务直接有关的生产经营活动的企业、事业单位或者社会组织，能够利用农民专业合作社提供的服务，承认并遵守农民专业合作社章程，履行章程规定的入社手续的，可以成为农民专业合作社的成员。但是，具有管理公共事务职能的单位不得加入农民专业合作社。农民专业合作社应当置备成员名

① 参见《农民专业合作社法》第 13 条。
② 参见《农民专业合作社登记管理条例》第 8 条。

册，并报登记机关。”同时规定了成员的数量以及农民成员和企业、事业单位、社会团体成员所占的比例。农民专业合作社应当有5名以上的成员，其中农民至少应当占成员总数的80%。成员总数20人以下的，可以有1个企业、事业单位或者社会团体成员；成员总数超过20人的，企业、事业单位和社会团体成员不得超过成员总数的5%。

根据《农民专业合作社法》第25条、第26条等相关规定，成员有下列情形之一的，终止其成员资格：主动要求退社的；丧失民事行为能力的；死亡的；团体成员所属企业或组织破产、解散的；被农民专业合作社除名的。

成员有下列情形之一的，经成员大会（或者理事会）讨论通过予以除名：不履行成员义务，经教育无效的；给农民专业合作社名誉或者利益带来严重损害的；成员共同议决的其他情形。农民专业合作社对被除名成员，退还记载在该成员账户内的出资额和公积金份额，结清其应承担的债务，返还其相应的盈余所得。给农民专业合作社名誉或者利益带来严重损害的，须对农民专业合作社作出相应赔偿。

4. 成员身份证明的具体规定。根据《条例》第15条规定：“农民专业合作社的成员为农民的，成员身份证明为农业人口户口簿；无农业人口户口簿的，成员身份证明为居民身份证和土地承包经营权证或者村民委员会（居民委员会）出具的身份证明。农民专业合作社的成员不属于农民的，成员身份证明为居民身份证。农民专业合作社的成员为企业、事业单位或者社会团体的，成员身份证明为企业法人营业执照或者其他登记证书。”

5. 设立登记的程序。根据《条例》第16条规定：“申请人提交的登记申请材料齐全、符合法定形式，登记机关能够当场登记的，应予当场登记，发给营业执照。除前款规定情形外，登记机关应当自受理申请之日起20日内，做出是否登记的决定。予以登记的，发给营业执照；不予登记的，应当给予书面答复，并说明理由。营业执照签发日期为农民专业合作社成立日期。”登记程序由申请、审查、核准发照以及公告等几个阶段组成。《农民专业合作社法》第16条第5款规定：“农民专业合作社登记办法由国务院规定。办理登记不得收取费用。”依照法律规定，办理登记不得收取费用。农民专业合作社必须依法去登记机关办理登记才能获得法人资格，否则就不能以农民专业合作社的名义从事经营、注册商标或者办理贷款。没有登记的合作社在与其他个人或法人发生纠纷时，较之已领取营业执照的合作社难以受到法律保护。

第三节　农民专业合作社的运行和变更

一、农民专业合作社的组织机构

根据《农民专业合作社法》第四章规定，农民专业合作社通常可以有以下机构：成员大会、成员代表大会、理事长或者理事会、执行监事或者监事会、经理等。由于农民专业合作社的规模不同、经营内容不同，设立的组织机构也并不完全相同，《农民专业合作社法》对某些机构的设置不是强制性规定，合作社可根据需要自行决定。

1. 成员大会。成员大会是农民专业合作社的权力机构，按法律规定必须设立。如果合作社的组织规模较大，成员人数较多（超过 150 人），可以按照章程规定设立成员代表大会。对于成员代表大会代表的产生办法、职权范围等，法律上没有硬性规定，而应当以本社的章程规定为依据。通常情况下，代表大会可以行使成员大会的部分职权，也可以是全部职权。

2. 理事长。根据《农民专业合作社法》第 33 条的规定，农民专业合作社应当设理事长 1 名，作为农民专业合作社的法定代表人，即不需要特别委托，对内依照职权从事内部管理工作，对外可以直接以农民专业合作社名义从事经营活动，并代表农民专业合作社参加诉讼和仲裁。因为各个合作社的情况不同，是否设立理事会由合作社自己决定。理事会和理事长的职权有下面几项。

理事长行使下列职权：主持成员大会，召集并主持理事会会议；签署农民专业合作社成员出资证明；签署聘任或者解聘农民专业合作社经理、财务会计人员和其他专业技术人员聘书；组织实施成员大会和理事会决议，检查决议实施情况；代表农民专业合作社签订合同等；履行成员大会授予的其他职权。

理事会行使下列职权：组织召开成员大会并报告工作，执行成员大会决议；制订农民专业合作社发展规划、年度业务经营计划、内部管理规章制度等，提交成员大会审议；制定年度财务预决算、盈余分配和亏损弥补等方案，提交成员大会审议；组织开展成员培训和各种协作活动；管理农民专业合作社的资产和财务，保障农民专业合作社的财产安全；接受、答复、处理执行监事或者监事会提出的有关质询和建议；决定成员入社、退社、继承、除名、奖励、处分等事项；决定聘任或者解聘农民专业合作社经理、财务会计人员和其他专业技术人员；履行成员大会授予的其他职权。

3. 执行监事或监事会。执行监事或监事会依照《农民专业合作社法》和合作社的章程规定行使职权，由农民专业合作社的成员按照规定通过选举产生，对成员大会负责。通常情况下不设监事会的合作社才会设执行监事。合作社也可由全体成员进行直接监督，因此执行监事或者监事会不是必须设立的。

监事会或执行监事职权：监督检查各项决议和章程的执行、农民专业合作社生产经营的情况，审核监察农民专业合作社财务工作，监督理事长或理事会履职并向成员大会进行报告，对理事提出质询和改进建议，记录理事与合作社发生业务时的交易情况及其他成员大会授予的职权。

4. 经理、财务人员。农民专业合作社经理由理事会或理事长聘任或解聘，是合作社为了提高生产效率、方便日常经营而聘请的负责具体经营事务人员，有时也可由理事长或理事兼任。合作社也可以聘请专业的财会人员。

农民专业合作社经理行使下列职权：主持日常生产经营，组织实施理事会决议、年度生产经营计划，拟订经营管理制度，提请聘任或者解聘其他经营管理人员；聘任或者解聘除应由理事会聘任或者解聘之外的经营管理人员和其他工作人员；理事会授予的其他职权。

此外，在任职方面还需要注意的是，农民专业合作社现任理事长、理事经理和财务会计人员不得兼任监事。[①]

农民专业合作社理事长、理事和管理人员不得有下列行为：侵占、挪用或者私分农民专业合作社资产；违反章程规定或者未经成员大会同意，将农民专业合作社资金借贷给他人或者以农民专业合作社资产为他人提供担保；接受他人与农民专业合作社交易的佣金归为己有；从事损害农民专业合作社经济利益的其他活动；兼任业务性质相同的其他农民专业合作社的理事长、理事、监事、经理。[②]

根据法律的规定，理事长、理事和管理人员违反前款第 1 项至第 4 项规定所得的收入，归农民专业合作社所有；给农民专业合作社造成损失的，须承担赔偿责任。[③]

二、农民专业合作社成员大会的职权和选举

农民专业合作社的成员大会由农民专业合作社的全体成员组成，成员大会是农民专业合作社的权力机构，就合作社的重大事项作出决议，集体行使权力。成员大会以会议的形式行使权力，不采取常设机构或者日常办公的方式。成员参加成员大会是法律赋予所有成员的权利，也是合作社“成员地位平等，实行民主管理”原则的体现，所有成员都可以通过成员大会参与合作社事务的决策和管理。

1. *成员大会通过召开会议行使权力*。农民专业合作社成员大会每年至少应该召开一次，并且根据时间的确定性可以分为定期会议和临时会议两种：定期会议的召开时间由农民专业合作社章程规定。临时会议是农民专业合作社在生产经营过程中遇到特殊情况时召开的，根据法律规定，30%以上的成员提议召开、执行监事或者监事会提议召开或者符合章程规定的其他情形时，应当在 20 日内召开临时成员大会。

2. *成员大会的职权*。《农民专业合作社法》第 29 条规定，农民专业合作社成员大会由全体成员组成，是本社的权力机构，行使下列职权：

---

① 参见《农民专业合作社法》第 33 条第 2 款。

② 参见《农民专业合作社法》第 36 条第 1 款、第 37 条。

③ 参见《农民专业合作社法》第 36 条第 2 款。

（1）修改章程。合作社章程的修改，需要由农民专业合作社成员表决权总数的2/3以上通过。

（2）选举和罢免理事长、理事、执行监事或者监事会成员。理事会（理事长）、监事会（执行监事）分别是合作社的执行机关和监督机关，其任免权应当由成员大会行使。

（3）决定重大财产处置、对外投资、对外担保和生产经营中的其他重大事项。上述重大事项是否可行由是否符合合作社和大多数成员的利益决定。

（4）批准年度业务报告、盈余分配方案、亏损处理方案。年度业务报告是对合作社年度生产经营情况进行的总结，对年度业务报告的审批结果体现了对理事会（理事长）、监事会（执行监事）一年工作的评价。盈余分配和亏损处理方案关系到所有成员获得的收益和承担的责任，成员大会有权对其进行审批。经过审批，成员大会认为方案符合要求的可以批准，反之则不予批准。不予批准的，可以责成理事长或者理事会重新拟定有关方案。

（5）对合并、分立、解散、清算，以及设立、加入联合社等作出决议。合作社的合并、分立、解散，以及设立、加入联合社等关系到合作社的存续状态，与每个成员的切身利益相关。因此，这些决议至少应当由本社成员表决权总数的2/3以上通过。

（6）决定聘用经营管理人员和专业技术人员的数量、资格和任期。农民专业合作社是由全体成员共同管理的组织，成员大会有权决定合作社聘用管理人员和技术人员的相关事项。

（7）听取理事长或者理事会关于成员变动情况的报告，对成员的入社、除名等作出决议。

（8）公积金的提取及使用。

（9）章程规定的其他职权。

3. 成员大会的选举和决议。《农民专业合作社法》第30条要求对农民专业合作社成员大会作出的决议采取相应多数通过的表决方法。同时，对不同的决议事项，规定了不同的决议方法。

（1）一般决议方法。对于一般的表决事项只需采取简单多数通过，即成员大会出席人数达到成员总数 2/3 以上，并且由本社成员表决权总数过半数通过。

（2）特殊决议方法。对于修改章程或者合并、分立、解散，以及设立、加入联合社的决议等重大事项，应当由本社成员表决权总数的 2/3 以上通过。

为了进一步给农民专业合作社的民主管理和自治留下更多空间，《农民专业合作社法》还规定，章程对表决权数有较高规定的，从其规定。如章程可以规定：修改章程或者合并、分立、解散的决议应当由农民专业合作社成员表决权总数的 3/4 以上通过。此外，《农民专业合作社法》第 13 条对设立农民专业合作社时通过章程的程序作出了特殊规定，即农民专业合作社应当召开由全体设立人参加的设立大会，章程应当由全体设立人一致通过。

三、农民专业合作社的变更

为了保护农民专业合作社的合法权益，《条例》第 20 条规定，“农民专业合作社的名称、住所、成员出资总额、业务范围、法定代表人姓名发生变更的，应当自作出变更决定之日起 30 日内向原登记机关申请变更登记，并提交下列文件：法定代表人签署的变更登记申请书、成员大会或者成员代表大会作出的变更决议、法定代表人签署的修改后的章程或者章程修正案、法定代表人指定代表或者委托代理人的证明。”《条例》第 21 条规定，“农民专业合作社变更业务范围涉及法律、行政法规或者国务院规定须经批准的项目的，应当自批准之日起 30 日内申请变更登记，并提交有关批准文件。有下列情形之一的，应当自事由发生之日起 30 日内申请变更登记或者依照本条例的规定办理注销登记：许可证或者其他批准文件被吊销、撤销的；许可证或者其他批准文件有效期届满的。”考虑到农民专业合作社的成员名册和章程是其成员实现各项合法权益的重要依据，《条例》第 22 条第 1 款规定，“农民专业合作社成员发生变更的，应当自本财务年度终了之日起 30 日内，将法定代表人签署的修改后的成员名册报送登记机关备案。其中，新成员入社的还应当提交新成员的身份证明。”《条例》第 23 条规定，“农民专业合作社修改章程未涉及登记事项的，应当自做出修改决定之日起30日内，将法定代表人签署的修改后的章程或者章程修正案报送登记机关备案。”此外，为了防止农民专业合作社成员发生变更致使农民成员低于法定比例，《条例》第22条第2款规定，“农民专业合作社因成员发生变更，使农民成员低于法定比例的，应当自事由发生之日起6个月内采取吸收新的农民成员入社等方式使农民成员达到法定比例。”

第四节 农民专业合作社章程

农民专业合作社章程，是农民专业合作社在国家法律和政策的范围内进行内部管理，开展经营活动所必须遵循的总规则，全体成员都有遵守的义务。制定章程要根据农民专业合作社的特点和发展目标，是农民专业合作社设立的必要条件和必经程序。

一、农民专业合作社章程的制定

农民专业合作社的章程由全体设立人制定并共同遵守，并在其上签名盖章。此后加入该合作社的成员也必须遵守。法律规定章程的修改须由农民专业合作社成员表决权总数的2/3以上通过，并由成员大会作出决议。农民专业合作社也可行使自治的权利，对章程的修改作出更为严格的程序规定。

二、农民专业合作社的章程内容

《农民专业合作社法》第15条规定了农民专业合作社章程应当载明的事项，包括：

1. 名称和住所。农民专业合作社需要有一个自己的名称体现其经营内容和特点，并和其他合作社相区别。农民专业合作社的住所可以是专门的场所，也可以是某个成员的家庭住址，具体由全体成员通过章程进行确定，但进行登记的住所只能有一个。

2. 业务范围。农民专业合作社经营的产品或者服务的内容应当在章程中载明，并进行工商登记。

3. 成员资格及入社、退社和除名。具有民事行为能力的公民，以及从事与农民专业合作社业务直接有关的生产经营活动的企业、事业单位或者社会团体，能够利用农民专业合作社提供的服务，承认并遵守农民专业合作社章程、履行章程规定的入社手续的，可以成为农民专业合作社的成员。农民专业合作社章程可以根据本社的实际情况，在符合法律规定的前提下，对农民专业合作社成员的资格、入社、退社和除名作出更为具体、明确的规定。

4. 成员的权利和义务。《农民专业合作社法》第 16 条和第 18 条对成员的权利和义务进行了规定。农民专业合作社还可通过章程对本社成员的权利和义务进行进一步细化。

5. 组织机构及其产生办法、职权、任期、议事规则。除了理事长是根据法律必须设立的外，理事会、执行监事、监事会等机构是否设立，以及职权、任期等事项都由章程确定。

6. 成员的出资方式、出资额，成员出资的转让、继承、担保。这些也要由章程具体确定，法律不对出资额做最低要求。但是，当前农民专业合作社的出资总额，要记载在章程内。

7. 财务管理和盈余分配、亏损处理。章程应当对农民专业合作社的财务管理制度以及盈余分配和亏损处理的办法、程序作出规定。国务院财政部门还将专门制定农民专业合作社的财务会计制度，农民专业合作社应当按照国务院财政部门制定的财务会计制度，制定好农民专业合作社的财务管理制度，加强财务管理工作。

8. 章程修改程序。修改章程要经成员大会讨论，并应经成员表决权总数的 2/3 以上通过。章程可以对修改章程的表决权数作出更高的规定。同时，修改章程的具体程序，也须在章程中明确规定。

9. 解散事由和清算办法。农民专业合作社在当法定事由出现或者法定及约定的条件成就时解散，并对财产及债权债务依法作出处置。章程可对解散的事由及清算办法作出具体规定。

10. 公告事项及发布方式。农民专业合作社应当准确、真实地公告本社的业务特点和成员、债权人分布等相关事项，以保证本社成员、交易相对人及其他利害关系人的知情权。具体方式由章程确定。

11. 附加表决权的设立、行使方式和行使范围。附加表决权是指农民专业合作社成员在享有“一人一票”的基本表决权之外，额外享有的投票权，是一般表决权的一个附加和补充，更有利于促进民主管理的实现，在一人一票的基础上，适当地加以补充，更有利于激起成员为组织服务的热情，有利于维护平等原则，体现在社会主义制度下的按劳分配，多劳多得的政策。《农民专业合作社法》第22条规定：“农民专业合作社成员大会选举和表决，实行一人一票制，成员各享有一票的基本表决权。出资额或者与本社交易量（额）较大的成员按照章程规定，可以享有附加表决权。本社的附加表决权总票数，不得超过本社成员基本表决权总票数的20%。享有附加表决权的成员及其享有的附加表决权数，应当在每次成员大会召开时告知出席会议的全体成员。”第33条第4款规定，“理事会会议、监事会会议的表决，实行一人一票”，因此，附加表决权不适用于理事会、监事会的表决。章程可以限制附加表决权行使的范围。

12. 需要载明的其他事项。农民专业合作社还可以根据本社具体情况，在上述事项以外作出其他规定。

附：2007年6月29日农业部第9次常务会议上通过的《农民专业合作社示范章程》，自2007年7月1日起施行。2006年1月23日《农业部关于印发〈农民专业合作经济组织示范章程〉（试行）的通知》（农经发〔2006〕1号）同时废止。

农民专业合作社示范章程

农民专业合作社可根据自身实际情况和新修订的法律法规，参照本示范章程制定和修正本社章程。

________专业合作社章程

（______年____月____日召开设立大会，由全体设立人一致通过。）

第一章　总　则

第一条　为保护成员的合法权益，增加成员收入，促进本社发展，依照《中华人民共和国农民专业合作社法》和有关法律、法规、政策，制定本章程。

第二条　本社由＿＿＿＿＿＿（注：全部发起人姓名或名称）等＿＿＿人发起，于＿＿＿年＿＿月＿＿日召开设立大会。

本社名称：＿＿＿＿＿＿合作社，成员出资总额＿＿＿元。

本社法定代表人：＿＿＿＿＿＿。（注：理事长姓名）

本社住所：＿＿＿＿＿＿＿＿＿＿＿＿，邮政编码：＿＿＿＿＿。

第三条　本社以服务成员、谋求全体成员的共同利益为宗旨。成员入社自愿，退社自由，地位平等，民主管理，实行自主经营，自负盈亏，利益共享，风险共担，盈余主要按照成员与本社的交易量（额）比例返还。

第四条　本社以成员为主要服务对象，依法为成员提供农业生产资料的购买，农产品的销售、加工、运输、贮藏以及与农业生产经营有关的技术、信息等服务。主要业务范围如下：（注：鉴于该《示范章程》通过时间较早，以下四项内容根据 2017 年修订的《农民专业合作社法》第 3 条规定进行了修改）

（一）农业生产资料的购买、使用；

（二）农产品的生产、销售、加工、运输、贮藏及其他相关服务；

（三）农村民间工艺及制品、休闲农业和乡村旅游资源的开发经营等；

（四）与农业生产经营有关的技术、信息、设施建设运营等服务。

…………

（注：上述内容应与工商行政管理部门颁发的《农民专业合作社法人营业执照》中规定的主要业务内容相符）

第五条　本社对由成员出资、公积金、国家财政直接补助、他人捐赠以及合法取得的其他资产所形成的财产，享有占有、使用和处分的权利，并以上述财产对债务承担责任。

第六条　本社每年提取的公积金，按照成员与本社业务交易量（额）（注：或者出资额，也可以二者相结合）依比例量化为每个成员所有的份额。由国家财政直接补助和他人捐赠形成的财产平均量化为每个成员的份额，作为可分配盈余分配的依据之一。

本社为每个成员设立个人账户，主要记载该成员的出资额、量化为该成员的公积金份额以及该成员与本社的业务交易量（额）。

本社成员以其个人账户内记载的出资额和公积金份额为限对本社承担责任。

第七条　经成员大会讨论通过，本社投资兴办与本社业务内容相关的经济实体；接受与本社业务有关的单位委托，办理代购代销等中介服务；向政府有关部门申请或者接受政府有关部门委托，组织实施国家支持发展农业和农村经济的建设项目；按决定的数额和方式参加社会公益捐赠。（注：上述业务农民专业合作社可选择进行）

第八条　本社及全体成员遵守社会公德和商业道德，依法开展生产经营活动。

第二章　成　员

第九条　具有民事行为能力的公民，从事＿＿＿＿＿（注：业务范围内的主业农副产品名称）生产经营，能够利用并接受本社提供的服务，承认并遵守本章程，履行本章程规定的入社手续的，可申请成为本社成员。本社吸收从事与本社业务直接有关的生产经营活动的企业、事业单位或者社会团体为团体成员。（注：农民专业合作社可以根据自身发展的实际情况决定是否吸收团体成员）具有管理公共事务职能的单位不得加入本社。本社成员中，农民成员至少占成员总数的80%。（注：农民专业合作社章程还可以规定入社成员的其他条件，如：具有一定的生产经营规模或经营服务能力等。具体可表述为：养殖规模达到＿＿＿以上或者种植规模达到＿＿＿以上……）

第十条　凡符合前条规定，向本社理事会（注：或者理事长）提交书面入社申请，经成员大会（注：或者理事会）审核并讨论通过者，即成为本社成员。

第十一条　本社成员的权利：

（一）参加成员大会，并享有表决权、选举权和被选举权；

（二）利用本社提供的服务和生产经营设施；

（三）按照本章程规定或者成员大会决议分享本社盈余；

（四）查阅本社章程、成员名册、成员大会记录、理事会会议决议、监事会会议决议、财务会计报告和会计账簿；

（五）对本社的工作提出质询、批评和建议；

（六）提议召开临时成员大会；

（七）自由提出退社声明，依照本章程规定退出本社；

（八）成员共同议决的其他权利。（注：如不作具体规定此项可删除）

第十二条　本社成员大会选举和表决，实行一人一票制，成员各享有一票基本表决权。

出资额占本社成员出资总额百分之______以上或者与本社业务交易量（额）占本社总交易量（额）百分之______以上的成员，在本社____________等事项（注：如重大财产处置、投资兴办经济实体、对外担保和生产经营活动中的其他事项）决策方面，最多享有______票的附加表决权。（注：附加表决权总票数，依法不得超过本社成员基本表决权总票数的20%）享有附加表决权的成员及其享有的附加表决权数，在每次成员大会召开时告知出席会议的成员。

第十三条　本社成员的义务：

（一）遵守本社章程和各项规章制度，执行成员大会和理事会的决议；

（二）按照章程规定向本社出资；

（三）积极参加本社各项业务活动，接受本社提供的技术指导，按照本社规定的质量标准和生产技术规程从事生产，履行与本社签订的业务合同，发扬互助协作精神，谋求共同发展；

（四）维护本社利益，爱护生产经营设施，保护本社成员共有财产；

（五）不从事损害本社成员共同利益的活动；

（六）不得以其对本社或者本社其他成员所拥有的债权，抵销已认购或已认购但尚未缴清的出资额；不得以已缴纳的出资额，抵销其对本社或者本社其他成员的债务；

（七）承担本社的亏损；

（八）成员共同议决的其他义务。（注：如不作具体规定此项可删除）

第十四条　成员有下列情形之一的，终止其成员资格：

（一）主动要求退社的；

（二）丧失民事行为能力的；

（三）死亡的；

（四）团体成员所属企业或组织破产、解散的；

（五）被本社除名的。

第十五条　成员要求退社的，须在会计年度终了的3个月前向理事会提出书面声明，方可办理退社手续；其中，团体成员退社的，须在会计年度终了的6个月前提出。退社成员的成员资格于该会计年度结束时终止。资格终止的成员须分摊资格终止前本社的亏损及债务。

成员资格终止的，在该会计年度决算后______个月内（注：不应超过3个月），退还记载在该成员账户内的出资额和公积金份额。如本社经营盈余，按照本章程规定返还其相应的盈余所得；如经营亏损，扣除其应分摊的亏损金额。

成员在其资格终止前与本社已订立的业务合同应当继续履行。（注：也可以依照退社时与本社的约定确定）

第十六条　成员死亡的，其法定继承人符合法律及本章程规定的条件的，在______个月内提出入社申请，经成员大会（注：或者理事会）讨论通过后办理入社手续，并承继被继承人与本社的债权债务。否则，按照第十五条的规定办理退社手续。

第十七条　成员有下列情形之一的，经成员大会（注：或者理事会）讨论通过予以除名：

（一）不履行成员义务，经教育无效的；

（二）给本社名誉或者利益带来严重损害的；

（三）成员共同议决的其他情形。（注：如不作具体规定此项可删除）

本社对被除名成员，退还记载在该成员账户内的出资额和公积金份额，结清其应承担的债务，返还其相应的盈余所得。因前款第二项被除名的，须对本社作出相应赔偿。

第三章　组织机构

第十八条　成员大会是本社的最高权力机构，由全体成员组成。

成员大会行使下列职权：

（一）审议、修改本社章程和各项规章制度；

（二）选举和罢免理事长、理事、执行监事或者监事会成员；

（三）决定成员入社、退社、继承、除名、奖励、处分等事项；（注：如设立理事会此项可删除）

（四）决定成员出资标准及增加或者减少出资；

（五）审议本社的发展规划和年度业务经营计划；

（六）审议批准年度财务预算和决算方案；

（七）审议批准年度盈余分配方案和亏损处理方案；

（八）审议批准理事会、执行监事或者监事会提交的年度业务报告；

（九）决定重大财产处置、对外投资、对外担保和生产经营活动中的其他重大事项；

（十）对合并、分立、解散、清算和对外联合等作出决议；

（十一）决定聘用经营管理人员和专业技术人员的数量、资格、报酬和任期；

（十二）听取理事长或者理事会关于成员变动情况的报告；

（十三）决定其他重大事项。（注：如不作具体规定此项可删除）

第十九条　本社成员超过 150 人时，每______名成员选举产生 1 名成员代表，组成成员代表大会。成员代表大会履行成员大会的____________、______________等（注：部分或者全部）职权。成员代表任期______年，可以连选连任。（注：成员总数达到 150 人的农民专业合作社可以根据自身发展的实际情况决定是否设立成员代表大会。如不设立，此条可删除）

第二十条　本社每年召开______次成员大会。（注：至少于会计年度末召开一次成员大会）成员大会由__________（注：理事长或者理事会）负责召集，并提前 15 日向全体成员通报会议内容。

第二十一条　有下列情形之一的，本社在 20 日内召开临时成员大会：

（一）30%以上的成员提议；

（二）执行监事或者监事会提议；（注：如不设立执行监事或监事会，此项可删除）

（三）理事会提议；

（四）成员共同议决的其他情形。（注：如不作具体规定此项可删除）

理事长（注：或者理事会）不能履行或者在规定期限内没有正当理由不履行职责召集临时成员大会的，执行监事或者监事会在______日内召集并主持临时成员大会。（注：如不设立执行监事或监事会，此款可删除）

第二十二条　成员大会须有本社成员总数的 2/3 以上出席方可召开。成员因故不能参加成员大会，可以书面委托其他成员代理。1 名成员最多只能代理______名成员表决。

成员大会选举或者做出决议，须经本社成员表决权总数过半数通过；对修改本社章程，改变成员出资标准，增加或者减少成员出资，合并、分立、解散、清算和对外联合等重大事项做出决议的，须经成员表决权总数 2/3 以上的票数通过。成员代表大会的代表以其受成员书面委托的意见及表决权数，在成员代表大会上行使表决权。

第二十三条　本社设理事长一名，为本社的法定代表人。理事长任期______年，可连选连任。

理事长行使下列职权：

（一）主持成员大会，召集并主持理事会会议；

（二）签署本社成员出资证明；

（三）签署聘任或者解聘本社经理、财务会计人员和其他专业技术人员聘书；

（四）组织实施成员大会和理事会决议，检查决议实施情况；

（五）代表本社签订合同等；

（六）履行成员大会授予的其他职权。（注：如不作具体规定此项可

删除）

第二十四条　本社设理事会，对成员大会负责，由______名成员组成，设副理事长______人。理事会成员任期______年，可连选连任。

理事会（注：或者理事长）行使下列职权：

（一）组织召开成员大会并报告工作，执行成员大会决议；

（二）制订本社发展规划、年度业务经营计划、内部管理规章制度等，提交成员大会审议；

（三）制定年度财务预决算、盈余分配和亏损弥补等方案，提交成员大会审议；

（四）组织开展成员培训和各种协作活动；

（五）管理本社的资产和财务，保障本社的财产安全；

（六）接受、答复、处理执行监事或者监事会提出的有关质询和建议；

（七）决定成员入社、退社、继承、除名、奖励、处分等事项；（注：如不设立理事会此项可删除）

（八）决定聘任或者解聘本社经理、财务会计人员和其他专业技术人员；

（九）履行成员大会授予的其他职权。（注：如不作具体规定此项可删除）

第二十五条　理事会会议的表决，实行一人一票。重大事项集体讨论，并经 2/3 以上理事同意方可形成决定。理事个人对某项决议有不同意见时，其意见记入会议记录并签名。理事会会议邀请执行监事或者监事长、经理和______名成员代表列席，列席者无表决权。（注：农民专业合作社可以根据自身发展的实际情况决定是否设立理事会。如不设立理事会，第二十四条第一款、第二十五条中的相关内容可删除）

第二十六条　本社设执行监事 1 名，代表全体成员监督检查理事会和工作人员的工作。执行监事列席理事会会议。

第二十七条　本社设监事会，由______名监事组成，设监事长 1 人，监事长和监事会成员任期______年，可连选连任。监事长列席理事会会议。

监事会（注：或者执行监事）行使下列职权：

（一）监督理事会对成员大会决议和本社章程的执行情况；

（二）监督检查本社的生产经营业务情况，负责本社财务审核监察工作；

（三）监督理事长或者理事会成员和经理履行职责情况；

（四）向成员大会提出年度监察报告；

（五）向理事长或者理事会提出工作质询和改进工作的建议；

（六）提议召开临时成员大会；

（七）代表本社负责记录理事与本社发生业务交易时的业务交易量（额）情况；

（八）履行成员大会授予的其他职责。（注：如不作具体规定此项可删除）

卸任理事须待卸任______年后（注：填写本章程第二十三条规定的理事长任期）方能当选监事。

第二十八条　监事会会议由监事长召集，会议决议以书面形式通知理事会。理事会在接到通知后______日内就有关质询作出答复。

第二十九条　监事会会议的表决实行一人一票。监事会会议须有2/3以上的监事出席方能召开。重大事项的决议须经2/3以上监事同意方能生效。监事个人对某项决议有不同意见时，其意见记入会议记录并签名。（注：农民专业合作社可以根据自身发展的实际情况决定是否设执行监事和监事会。如不设立，第二十七条、第二十八条、第二十九条相关内容可删除）

第三十条　本社经理由理事会（注：或者理事长）聘任或者解聘，对理事会（注：或者理事长）负责，行使下列职权：

（一）主持本社的生产经营工作，组织实施理事会决议；

（二）组织实施年度生产经营计划和投资方案；

（三）拟订经营管理制度；

（四）提请聘任或者解聘财务会计人员和其他经营管理人员；

（五）聘任或者解聘除应由理事会聘任或者解聘之外的经营管理人员和其他工作人员；

（六）理事会授予的其他职权。（注：如不作具体规定此项可删除）

本社理事长或者理事可以兼任经理。

第三十一条　本社现任理事长、理事、经理和财务会计人员不得兼任监事。

第三十二条　本社理事长、理事和管理人员不得有下列行为：

（一）侵占、挪用或者私分本社资产；

（二）违反章程规定或者未经成员大会同意，将本社资金借贷给他人或者以本社资产为他人提供担保；

（三）接受他人与本社交易的佣金归为己有；

（四）从事损害本社经济利益的其他活动；

（五）兼任业务性质相同的其他农民专业合作社的理事长、理事、监事、经理。

理事长、理事和管理人员违反前款第（一）项至第（四）项规定所得的收入，归本社所有；给本社造成损失的，须承担赔偿责任。

第四章　财务管理

第三十三条　本社实行独立的财务管理和会计核算，严格按照国务院财政部门制定的农民专业合作社财务制度和会计制度核定生产经营和管理服务过程中的成本与费用。

第三十四条　本社依照有关法律、行政法规和政府有关主管部门的规定，建立健全财务和会计制度，实行每月______日（注：或者每季度第______月______日）财务定期公开制度。

本社财会人员应持有会计从业资格证书，会计和出纳互不兼任。理事会、监事会成员及其直系亲属不得担任本社的财会人员。

第三十五条　成员与本社的所有业务交易，实名记载于各成员的个人账户中，作为按交易量（额）进行可分配盈余返还分配的依据。利用本社提供服务的非成员与本社的所有业务交易，实行单独记账，分别核算。

第三十六条　会计年度终了时，由理事长（注：或者理事会）按照本章程规定，组织编制本社年度业务报告、盈余分配方案、亏损处理方案以及财务会计报告，经执行监事或者监事会审核后，于成员大会召开15日前，置备于办公地点，供成员查阅并接受成员的质询。

第三十七条　本社资金来源包括以下几项：

（一）成员出资；

（二）每个会计年度从盈余中提取的公积金、公益金；

（三）未分配收益；

（四）国家扶持补助资金；

（五）他人捐赠款；

（六）其他资金。

第三十八条　本社成员可以用货币出资，也可以用库房、加工设备、运输设备、农机具、农产品等实物、技术、知识产权或者其他财产权利作价出资，但不得以劳务、信用、自然人姓名、商誉、特许经营权或者设定担保的财产等作价出资。成员以非货币方式出资的，由全体成员评估作价。

第三十九条　本社成员认缴的出资额，须在______个月内缴清。

第四十条　以非货币方式作价出资的成员与以货币方式出资的成员享受同等权利，承担相同义务。

经理事长（注：或者理事会）审核，成员大会讨论通过，成员出资可以转让给本社其他成员。

第四十一条　为实现本社及全体成员的发展目标需要调整成员出资时，经成员大会讨论通过，形成决议，每个成员须按照成员大会决议的方式和金额调整成员出资。

第四十二条　本社向成员颁发成员证书，并载明成员的出资额。成员证书同时加盖本社财务印章和理事长印鉴。

第四十三条　本社从当年盈余中提取百分之______的公积金，用于扩大生产经营、弥补亏损或者转为成员出资。（注：农民专业合作社可以根据自身发展的实际情况决定是否提取公积金）

第四十四条　本社从当年盈余中提取百分之______的公益金，用于成员的技术培训、合作社知识教育以及文化、福利事业和生活上的互助互济。其中，用于成员技术培训与合作社知识教育的比例不少于公益金

数额的百分之______。（注：农民专业合作社可以根据自身发展的实际情况决定是否提取公益金）

第四十五条　本社接受的国家财政直接补助和他人捐赠，均按本章程规定的方法确定的金额入账，作为本社的资金（产），按照规定用途和捐赠者意愿用于本社的发展。在解散、破产清算时，由国家财政直接补助形成的财产，不得作为可分配剩余资产分配给成员，处置办法按照国家有关规定执行；接受他人的捐赠，与捐赠者另有约定的，按约定办法处置。

第四十六条　当年扣除生产经营和管理服务成本，弥补亏损、提取公积金和公益金后的可分配盈余，经成员大会决议，按照下列顺序分配：

（一）按成员与本社的业务交易量（额）比例返还，返还总额不低于可分配盈余的百分之______；（注：依法不低于60%，具体比例由成员大会讨论决定）

（二）按前项规定返还后的剩余部分，以成员账户中记载的出资额和公积金份额，以及本社接受国家财政直接补助和他人捐赠形成的财产平均量化到成员的份额，按比例分配给本社成员，并记载在成员个人账户中。

第四十七条　本社如有亏损，经成员大会讨论通过，用公积金弥补，不足部分也可以用以后年度盈余弥补。

本社的债务用本社公积金或者盈余清偿，不足部分依照成员个人账户中记载的财产份额，按比例分担，但不超过成员账户中记载的出资额和公积金份额。

第四十八条　执行监事或者监事会负责本社的日常财务审核监督。根据成员大会（注：或者理事会）的决定（注：或者监事会的要求），本社委托__________审计机构对本社财务进行年度审计、专项审计和换届、离任审计。

第五章　合并、分立、解散和清算

第四十九条　本社与他社合并，须经成员大会决议，自合并决议作出之日起10日内通知债权人。合并后的债权、债务由合并后存续或者新设的组织承继。

第五十条　经成员大会决议分立时，本社的财产作相应分割，并自分立决议作出之日起10日内通知债权人。分立前的债务由分立后的组织承担连带责任。但是，在分立前与债权人就债务清偿达成的书面协议另有约定的除外。

第五十一条　本社有下列情形之一，经成员大会决议，报登记机关核准后解散：

（一）本社成员人数少于5人；

（二）成员大会决议解散；

（三）本社分立或者与其他农民专业合作社合并后需要解散；

（四）因不可抗力因素致使本社无法继续经营；

（五）依法被吊销营业执照或者被撤销；

（六）成员共同议决的其他情形。（注：如不作具体规定此项可删除）

第五十二条　本社因前条第一项、第二项、第四项、第五项、第六项情形解散的，在解散情形发生之日起15日内，由成员大会推举______名成员组成清算组接管本社，开始解散清算。逾期未能组成清算组时，成员、债权人可以向人民法院申请指定成员组成清算组进行清算。

第五十三条　清算组负责处理与清算有关未了结业务，清理本社的财产和债权、债务，制定清偿方案，分配清偿债务后的剩余财产，代表本社参与诉讼、仲裁或者其他法律程序，并在清算结束后，于______日内向成员公布清算情况，向原登记机关办理注销登记。

第五十四条　清算组自成立起10日内通知成员和债权人，并于60日内在报纸上公告。

第五十五条　本社财产优先支付清算费用和共益债务后，按下列顺序清偿：

（一）与农民成员已发生交易所欠款项；

（二）所欠员工的工资及社会保险费用；

（三）所欠税款；

（四）所欠其他债务；

（五）归还成员出资、公积金；

（六）按清算方案分配剩余财产。

清算方案须经成员大会通过或者申请人民法院确认后实施。本社财产不足以清偿债务时，依法向人民法院申请破产。

第六章　附　则

第五十六条　本社需要向成员公告的事项，采取__________方式发布，需要向社会公告的事项，采取__________方式发布。

第五十七条　本章程由设立大会表决通过，全体设立人签字后生效。

第五十八条　修改本章程，须经半数以上成员或者理事会提出，理事长（注：或者理事会）负责修订，成员大会讨论通过后实施。

第五十九条　本章程由本社理事会（注：或者理事长）负责解释。

全体设立人签名、盖章：

第五节　农民专业合作社的财务

《农民专业合作社法》第 39 条规定："农民专业合作社应当按照国务院财政部门制定的财务会计制度进行财务管理和会计核算。"农民专业合作社会计和出纳相互不能兼职，会计应当持有从业资格证书，同时禁止理事会、监事会成员及其直系亲属担任农民专业合作社的财会人员。

合作社的最终经营成果都通过财务得到反映。财务管理是农民专业合作社生存和发展的保障，加强合作社的财务管理，有利于合作社的健康发展，有利于维护合作社社员的合法权益。《农民专业合作社法》明确规定了合作社财务管理的内容，合作社必须严格按照该法的要求，建立健全财务管理制度。加强合作社财务管理，保证合作社财务依法运行，防止合作社在发展中被少数人控制，利益为少数人占有，维护广大社员的利益。[①]

农民专业合作社的性质有别于其他集体所有制企业，也有别于一般的营利组织，主要体现自我服务的公益性。农民专业合作社是指在某一产品的生产，某一行业的经营或某一服务领域共同组织成的合作经济组织，完全按照合作制原则结成的经济利益共同体，以形成共同生产或经营，抵御市场风险，取得规模效益。[②]

一、农民专业合作社的财务制度

与其他经济组织相比，农民专业合作社有自身的特点，例如在设立的条件、财产的结构及性质、分配的方式等，是由国家专门制定农民专业合作社财务会计制度，并按照国务院财政部门制定的财务会计制度进行核算，一般财务会计制度不完全适用于农民专业合作社，这是对财务会计工作的合法性要求。

1. 财务公开制度。为了便于农民专业合作社成员通过成员大会等方式对年度报告、盈余分配、亏损处理、财务会计报告等事项实行有效的监督，法律确立了农民专业合作社财务公开制度。

2. 公积金制度。农民专业合作社在经营中可以根据对资金的需求，由章程规定或者根据成员大会的决议确定是否提取公积金，法律没有强制性要求。《农民专业合作社法》第42条规定："农民专业合作社可以按照章程规定或者成员大会决议从当年盈余中提取公积金。公积金用于弥补亏损、扩大生产经营或者转为成员出资。每年提取的公积金按照章程规定量化为每个成员的份额。"

3. 成员账户制度。法律规定合作社成员账户制度的目的，就是为了打消广大农民群众关于办合作社似乎是在重新搞"一大二公"的顾虑。《农民专业合作社法》第6条规定："农民专业合作社成员以其账户内记载的出资额和公积金份额为限对农民专业合作社承担责任。"第43条规定，"农民专业合作社应当为每个成员设立成员账户，主要记载下

① 参见王桂琴：《内蒙古自治区农民专业合作社财务管理中存在的问题与对策研究》，《现代农业》2012年4月1日。

② 参见杨伟红：《探究农业发展的必由之路》，《中外企业家》2013年6月15日。

列内容：该成员的出资额；量化为该成员的公积金份额；该成员与本社的交易量（额）”。

二、农民专业合作社盈余的分配

根据《农民专业合作社法》的规定，合作社形成的可分配盈余的分配办法应当由章程规定或者经成员大会决议确定，其中，可分配盈余的60%以上应当以成员与农民专业合作社的交易量为依据按比例返还给成员，其余部分以成员账户中记载的出资额和公积金份额，以及农民专业合作社接受的国家财政直接补助和他人捐赠形成的财产平均量化到成员的份额，按比例分配给农民专业合作社成员。同时，《农民专业合作社法》第44条明确规定了可分配盈余的计算方法和分配办法。

1. 可分配盈余是合作社经营所产生的营利。例如，假设一家农产品销售合作社共有6000斤农产品，按每斤22元的价格卖给市场，为弥补运输、人工等费用，合作社首先按每斤20元付钱给农民，同时按每斤2元留在合作社，6000斤共计1.2万元。年终经过核算所有费用假如为2000元，那么合作社就有了1万元的剩余，这1万元剩余就是合作社的盈余。

2. 可分配盈余是在弥补亏损、提取公积金后，可供当年分配的那部分盈余。当年盈余扣除亏损、公积金后，可供分配的那部分就是可分配盈余。还举上面的例子，如果合作社上一年有2000元的亏损，虽然当年有1万元盈余，但是分配前就要先扣掉2000元来补亏损，同时提取2000元作为公积金，当年的可分配盈余就只有6000元（1万元减去2000元亏损，再减去2000元公积金）。

3. 可分配盈余的分配，主要应根据交易量（额）的比例进行返还。根据《农民专业合作社法》第44条的规定：“在弥补亏损、提取公积金后的当年盈余，为农民专业合作社的可分配盈余。可分配盈余主要按照成员与本社的交易量（额）比例返还。可分配盈余按成员与本社的交易量（额）比例返还的返还总额不得低于可分配盈余的60%。”成员利用合作社的服务是合作社生存和发展的基础。比如农产品销售合作社，如果成员都不通过合作社销售农产品，合作社就收购不到农产品，也就无法运转。对于农业生产资料合作社来讲，如果成员不通过合作社购买生产资料，合作社也就失去了存在的必要。成员与合作社的交易量也就是产生合作社盈余的最重要来源（当然，成员出资也扮演了重要角色）。

假设有 4 个人甲、乙、丙、丁分别出资 2 万元组建农民专业合作社，组建时 4 人财产占有比例均为 25%。如果他们当年通过合作社分别销售农产品 400 斤、300 斤、200 斤和 100 斤。合作社对外销售每斤 12 元，扣除运输、贮藏等费用，合作社以每斤 10 元的价格向成员收购，每斤合作社留下 2 元，这样合作社就获得了 2000 元的购销差价，如果年终核算扣除各种费用 1000 元，那么当年盈余 1000 元，按照做出贡献的比例进行分配，甲获得的分配比例为 40%，如果要从中提取 100 元的公积金，甲同样占有 40%的份额，这与他们最初组建时的出资比例是不同的。此外，分配比例还会随着成员的交易量、出资比例的变化而变化，因此，应当每年都对公积金进行量化，并将量化情况记载在成员账户中。

4. 按交易量（额）的比例返还是盈余返还的主要方式，但不是唯一途径。根据《农民专业合作社法》第 44 条第 2 款的规定，返还后的剩余部分，以成员账户中记载的出资额和公积金份额，以及本社接受国家财政直接补助和他人捐赠形成的财产平均量化到成员的份额，按比例分配给本社成员。成员与农民专业合作社的所有业务交易，实名记载于各该成员的个人账户中，作为按交易量（额）进行可分配盈余返还分配的依据。农民专业合作社与其成员的交易、与利用其提供的服务的非成员的交易，应当分别核算。

由于我国农村资金较为匮乏，在此情况下必须重视成员出资在合作社运作和获得盈余中的作用。实践中，适当按照出资进行盈余分配，使出资多的成员获得较多的盈余，可以有效激励成员出资，实现壮大合作社资金实力的目的。

三、合作社应当向其成员报告财务情况

农民专业合作社应当每年向其成员报告财务情况，这是合作社保护成员基本权利的重要做法。《农民专业合作社法》第 40 条就合作社向成

员公布财务情况的地点、时间和内容作出了具体规定：

1. 合作社的理事会或理事长应当提前15日公布有关报告。这样有利于合作社成员有足够的时间充分了解合作社的财务情况，以便在成员大会上行使自己的权利，决定是否赞成这些报告。

2. 财务报告应当置于合作社的办公地点，以便成员查阅。考虑到成员数量较多，给每个成员都发送财务报告的成本太高，出于便于查阅和节约成本的考虑，规定了合作社可以将财务报告放置在办公地点，供成员查阅。

3. 财务报告的内容。应当包括年度业务报告、盈余分配方案、亏损处理方案、财务会计报告。

4. 合作社合并或者分立后的债权和债务处理。农民专业合作社合并是指，通过订立合并协议，两个或者两个以上的合作社合并为一个的法律行为。农民专业合作社分立是指，一个合作社分成两个或者两个以上的合作社的法律行为。《农民专业合作社法》第46条规定："农民专业合作社合并，应当自合并决议作出之日起10日内通知债权人。合并各方的债权、债务应当由合并后存续或者新设的组织承继。"《农民专业合作社法》第47条规定："农民专业合作社分立，其财产作相应的分割，并应当自分立决议作出之日起10日内通知债权人。分立前的债务由分立后的组织承担连带责任。但是，在分立前与债权人就债务清偿达成的书面协议另有约定的除外。"

第六节　农民专业合作社的退社和解散

一、农民专业合作社成员退社

合作社应坚持"入社自愿，退社自由"的基本原则，允许农民在生产经营过程中不愿意或者客观上不能利用合作社提供的服务时就可以选择退出。《农民专业合作社法》第25条、第27条、第28条对于合作社成员退社的时间、程序等问题作了规定。

农民专业合作社成员要求退社的，应当在会计年度终了的3个月前向理事长或者理事会提出书面申请：其中，企业、事业单位或者社会组织成员退社，应当在会计年度终了的6个月前提出；章程另有规定的，从其规定。退社成员的成员资格自会计年度终了时终止。

成员资格终止的，农民专业合作社应当按照章程规定的方式和期限，退还记载在该成员账户内的出资额和公积金份额；对成员资格终止前的可分配盈余，依照《农民专业合作社法》第44条的规定向其返还。同时，也为了保护仍然留在合作社中的成员的权益，资格终止的成员应当按照章程规定分摊资格终止前农民专业合作社的亏损及债务。

成员在其资格终止前与农民专业合作社已订立的合同，应当继续履行；章程另有规定或者与本社另有约定的除外。

二、农民专业合作社的解散

农民专业合作社解散是指合作社因发生法律规定的解散事由而停止业务活动，最终使法人资格消灭的法律行为。根据《农民专业合作社法》第48条的规定，农民专业合作社因下列原因解散：

（1）章程规定的解散事由出现；

（2）成员大会决议解散；

（3）因合并或者分立需要解散；

（4）依法被吊销营业执照或者被撤销。

三、农民专业合作社解散后的清算

农民专业合作社清算，指农民专业合作社解散后，依照法定程序清理合作社债权债务，处理合作社剩余财产，使合作社归于消灭的法律行为。为保护合作社成员以及债权人的合法权益，除合并、分立两种情形外，一般情况下合作社解散后都应当依法进行清算。

因章程规定的解散事由出现、成员大会决议解散或者依法被吊销营业执照、被撤销等原因解散的，应当在解散事由出现之日起15日内由成员大会推举成员组成清算组，开始解散清算。逾期不能组成清算组的，成员、债权人可以向人民法院申请指定成员组成清算组进行清算，人民法院应当受理该申请，并及时指定成员组成清算组进行清算。清算组自成立之日起接管农民专业合作社，负责处理与清算有关未了结业务，清理财产和债权、债务，分配清偿债务后的剩余财产，代表农民专业合作社参与诉讼、仲裁或者其他法律程序，并在清算结束时办理注销登记。清算组是在合作社清算期间负责清算事务执行的法定机构。合作社一旦进入清算程序，理事会、理事、经理即应停止执行职务，而由清算组行使管理合作社业务和财产的职权，对内执行清算业务，对外代表合作社。清算组成员应当忠于职守，依法履行清算义务，因故意或者重大过失给农民专业合作社成员及债权人造成损失的，应当承担赔偿责任。[①]

四、农民专业合作社清算工作的程序

1. 通知、公告合作社成员和债权人。合作社在解散清算时，由清算组通知农民专业合作社成员和债权人有关情况，通知、公告债权人在法定期间内申报自己的债权。《农民专业合作社法》第50条规定："清算组应当自成立之日起10日内通知农民专业合作社成员和债权人，并于60日内在报纸上公告。债权人应当自接到通知之日起30日内，未接到通知的自公告之日起45日内，向清算组申报债权。如果在规定期间内全部成员、债权人均已收到通知，免除清算组的公告义务。债权人申报债权，应当说明债权的有关事项，并提供证明材料。清算组应当对债权进行审查、登记。在申报债权期间，清算组不得对债权人进行清偿。"

2. 制订清算方案。清算方案是由清算组制定的，在清理合作社财产，编制资产负债表和财产清单后，旨在解决合作社剩余财产如何清偿、分配的一整套计划，包括清偿农民专业合作社员工的工资及社会保险费用，清偿所欠税款和其他各项债务，以及分配剩余财产在内等。清算方案制定后，应报成员大会通过或者人民法院确认。

3. 实施清算方案。清算方案经农民专业合作社成员大会通过或者人民法院确认后实施。农民专业合作社财产优先支付清算费用和共益债务后，按下列顺序清偿：与合作社成员已发生交易但尚未结清的款项；

---

① 参见《中华人民共和国农民专业合作社法》第42条、第43条、第47条、第54条。

所欠员工的工资及社会保险费用；所欠税款；所欠其他债务；归还成员出资、公积金；按清算方案分配剩余财产。农民专业合作社接受国家财政直接补助形成的财产，在解散、破产清算时，不得作为可分配剩余资产分配给成员，具体按照国务院财政部门有关规定执行。清算组发现合作社财产不足以清偿债务的，应当依法向人民法院申请破产。[①]

4. 注销登记。注销登记目的是终止清算组的职权，注销后清算组不得再以合作社清算组的名义进行活动，即行解散。《农民专业合作社法》第 51 条规定，农民专业合作社因章程规定的解散事由出现，或者人民法院受理破产申请时，不能办理成员退社手续。因为成员退社时需要按照章程规定的方式和期限，退还记载在该成员账户内的出资额和公积金份额。如果在农民专业合作社解散和破产时，成员办理退社手续、分配财产，将影响清算的进行，并严重损害合作社其他成员和债权人的利益。因此，在农民专业合作社解散和破产时，不能办理成员退社手续。

农民专业合作社是一种全新的市场主体，它将分散的小规模经营的农户组织起来，共同开展经济互助与合作。这种组织形式有利于化解分散农户的生产经营风险，对推进农业产业化经营，增加农民收入，促进农业和农村经济的全面发展都具有重要的现实意义。

从国外的发展实践来看，农民专业合作经济组织已日渐成为农民参与市场竞争、抵御市场风险的一种组织形式。农民组织化程度越高，农民的经济利益越能够得到充分保护。[②] 农民专业合作社是市场经济的产物，所体现的并不是单纯的经济问题。它是一种农民自治组织，其发展要靠农民的自觉性，其功能的发挥有赖于农民的自治水平。我国顺应农村经济发展规律，制定的《农民专业合作社法》以及相应的配套法律法规，为农民专业合作社的发展提供了法律保障。各地在促进农民专业合作社的发展上，切忌由上而下地下指标，定任务，更不能相互攀比。否则，难免会令农民专业合作社有名无实，其结果只会适得其反。

---

① 参见《农民专业合作社法》第 52 条。

② 参见崔春晓、李建民、邹松岐：《日本农业科技推广体系的组织框架、运行机制及对中国的启示》，《农业经济》2013 年 4 月 15 日。

第七节　农民专业合作社联合社[①]

随着我国农民合作社的不断发展壮大，农民合作社联合社的成立与发展逐渐具备了成员基础，走向联合成为农民合作社发展的必然趋势。据农业农村部初步统计，截至2018年7月，我国农民合作社联合社已经成立了7200余家，涵盖农民专业合作社9.4万多个，带动农户超过560万户，广泛分布于种植、养殖、农机、植保、加工等各个领域，成为我国发展现代农业、繁荣农村经济、增加农民收入的重要组织力量。2017年修订后的《农民专业合作社法》，专门增加了“农民专业合作社联合社”一章，确立了农民专业合作社联合社的法律地位。

一、农民专业合作社联合社的概念及一般规定

农民专业合作社联合社，是指由多个农民专业合作社联合起来的组织。《农民专业合作社法》第56条规定：“3个以上的农民专业合作社在自愿的基础上，可以出资设立农民专业合作社联合社。农民专业合作社联合社应当有自己的名称、组织机构和住所，由联合社全体成员制定并承认的章程，以及符合章程规定的成员出资。”农民专业合作社经过依法登记，取得法人资格，领取营业执照，登记类型为农民专业合作社联合社。农民专业合作社联合社以其全部财产对该社的债务承担责任；成员以其出资额为限对农民专业合作社联合社承担责任。

农民专业合作社联合社应当设立由全体成员参加的成员大会，其职权包括修改农民专业合作社联合社章程，选举和罢免农民专业合作社联合社理事长、理事和监事，决定农民专业合作社联合社的经营方案及盈余分配，决定对外投资和担保方案等重大事项。农民专业合作社联合社不设成员代表大会，可以根据需要设立理事会、监事会或者执行监事。理事长、理事应当由成员社选派的人员担任。农民专业合作社联合社的

---

① 参见谭智心：《农民合作社联合社主要类型及未来展望》，《农村经营管理》2018年第7期。

成员大会选举和表决，实行一社一票。

《农民专业合作社法》对农民专业合作社联合社没有特别规定的，适用关于农民专业合作社的一般规定。

二、成立农民专业合作社联合社的意义

联合社可以解决单一合作社发展规模小、经营实力弱、市场竞争力有限等问题。具有以下几个方面的意义：

（1）联合社在农业生产资料的购买和农产品的销售上，可以更好实现大规模购销，节约交易成本和费用，争得交易价格上的优惠，争取对外谈判的主动，让社员获得更多的经济实惠，其经营规模和效益是一般的农民专业合作社难以企及的。

（2）联合社克服合作社难以适应大市场的矛盾在一些地区和一些产业的问题，携手联合，实现二次合作，有效避免恶性竞争。

（3）联合社可以解决单个合作社因势单力薄难以解决的问题，满足社员对服务的多样化需求，如扩大农产品销售，实现产品直销功能，兴办农产品加工项目，实现加工增值功能，开展信用合作，实现资金互助功能等。

三、农民专业合作社联合社的类型

1. 生产型联合社。生产型农民专业合作社联合社是立足于某一类农产品生产，通过联合更多的合作社迅速扩大规模来达到减少生产成本、提高经营效益的一种生产者联盟。生产型联合社一般具有以下特点：①主要生产某地区的某一种名、特、优农产品。②积极吸纳相同产品的合作社加入，以尽快达到一定的生产规模，获得规模经济。③着重提高生产的标准化、机械化、现代化水平，并尝试开展初加工、直供直销等业务，向产业链上下游延伸。通常需要有经营实力突出、声誉较好的合作社牵头和政府有关部门的支持。

生产型合作社联合社内部的各个合作社生产同一类产品，生产要素也极为相似，所以较容易将生产要素或是生产产品进行量化或比较，故此类联合社较多采用股份制的联结方式。此类联结方式较为稳固，易于

形成利益共享、风险共担的组织共同体，而且有利于在联合社层面进行统一规划、统一协调、统一管理，从而产生规模经济。此外，在联合社统一经营的过程中，常常进行专用性资产投资，比如投资某些基础设施或是人力资本，这种投资一旦形成，将会为产权主体带来“超额利润”（又称为“可占用性准租”），客观上加固了联结效力。

2. 营销型联合社。营销型农民专业合作社联合社的主要经营领域为农产品产后流通及销售。通过联合不同种类的农民合作社来提高产品的多样性，实现供给稳定和销售盈利的一种产加销同盟。此类联合社是种植蔬菜、水果合作社组建联合社的主要方式，也是当前联合社发展的主要类型。销售型联合社一般具有以下特点：①主要从事蔬菜、水果和其他农产品，生产、粗加工和销售，靠近终端消费市场。②大力发挥核心成员社的带动作用，与其他合作社开展深度、广度不同的业务协调。③通过积极“农社对接”等方式稳固销售渠道，努力把成员合作社的产品以更少环节、更优价格销售出去。注重培育联合品牌，将成员合作社的农产品细分并进行差异化营销。

营销型合作社联合社内部的各个合作社经营产品各异，具体的生产要素也各不相同，故在生产环节较难达成一致。而在农产品销售环节，不同的农产品集中销售可以实现营销上的规模效应和范围经济，而且为统一宣传、统一包装、统一品牌等提供了便利，也降低了营销成本。这种联合社的联结方式一般较为松散，单个合作社大多财务独立，统一的销售平台也需要外部力量的参与才能够建立，所以多数需要政府或者有实力的企业牵头组建。

3. 产业链型联合社。产业链型农民专业合作社联合社也可称为一体化联合社，是以农业企业牵头的农民合作社为核心，以产业链协作为手段，以提高链条整体的市场响应能力和盈利水平为目的的纵向一体化联合。产业链型联合社具有以下特点：①生产技术、管理方法、销售渠道等依托农业企业，企业牵头成立的合作社是组织核心。②企业一般是农资生产商或农产品加工销售商，需要用产业链上下游延伸来稳定农资销售或原料收购。③产业链整体协作紧密，企业一般会派出专人协助生产运营，并提供原料、技术、销售等服务。

产业链型合作社联合社多是由企业牵头的农民合作社（也称为核心合作社）发起成立，加入的合作社属于产业链条上的基本组成单位。所以，此类联合社内部的联结方式较为紧密，核心合作社与上下游合作社之间都是互补型的利益联结方式，此种契约一旦形成，将极大地降低合作社之间的交易费用，并加固合作社之间的契约联结关系。但是，此种契约联结方式下，核心合作社会对上下游合作社进行专用性投资，而且核心合作社往往通过入股的方式，对上下游的合作社进行控制。所以，此种联合社内部的民主机制往往难以形成，而且容易造成其他合作社依附于核心合作社的情形，因此要注意防范核心社借机巧取依附社利益的情况发生。

4. 综合型联合社。综合型农民专业合作社联合社是以生产、生活社会化服务为纽带，以增强社区成员联系、提高区域经济活力为目标，通过资源整合而实现的一种区域性联合。与前三种类型联合社相比，综合型联合社既具有经济功能也具有社会功能。这类联合社的特点是：①植根于传统农村社区，成员分布的地域性很强，多以县、乡（镇）为边界。②成员以本地区的各类合作社为主，并广泛吸纳农户、农业企业等的加入。③服务内容和形式灵活多样，经营范围会根据自身需要、社区需求和市场情况不断拓展。④成员主要从联合社获得各类服务，而很少与联合社发生交易。

总体来说，此种具有综合服务性质的联合社在基层并不多见。由于此类型联合社以综合服务为主，既具有农民合作社的经济功能也具有农村协会的社会功能。联合社内部的合作社之间并非完全意义上的经济利益关系（或者纯粹的经济协作只占到该联合社日常运作内容的一个部分），所以经营此种类型的联合社，需要具备奉献精神或是企业家精神的农村能人参与。此种联合社内部关系的维持，还需要一些诸如共同意志、道德约束之类因素存在。此种类型联合社属于联合的高级形态，需要在具备一定的物质、文化、思想的基础上，在某个特殊的范围内实现。

四、指导农民专业合作社联合社发展的基本原则

1. 效率优先，兼顾公平。农民专业合作社联合社属于农民合作社的高级形态，从其本质属性上看，联合社也是市场经济主体，与其他市

场经济主体之间是平等的竞争关系。所以，从政府扶持的角度来看，要尽量为联合社的培育和发展创造一个良好、公平的市场环境，培育联合社发展能力方面的政策要优先考虑提升联合社的市场竞争力，做到效率优先、兼顾公平。

2. 因地制宜，突出特点。我国农民专业合作社联合社发展类型多元多样，政府出台政策时，除给予联合社充分的经营自主权外，还要从当地已有的或潜在的资源优势出发，从发展当地优势产业的角度，积极利用各种有利因素，实现以联合促发展。

3. 包容发展，扶持有度。我国联合社发展还处于起步阶段，从目前的联合社发展现状来看，扶持政策应该以鼓励农民合作社之间的联合为政策的出发点和落脚点，只要有利于提升农民合作社的市场竞争力，只要有利于提高合作社社员的收入水平，都应该营造环境，鼓励其自由联合、自主经营。此外，出台的政策措施应该以引导和指导为主，而政府不应该大包大揽，干扰联合社正常运行。

五、促进农民专业合作社联合社规范发展的相关措施

《农民专业合作社法》第11条规定："县级以上人民政府应当建立农民专业合作社工作的综合协调机制，统筹指导、协调、推动农民专业合作社的建设和发展。县级以上人民政府农业主管部门、其他有关部门和组织应当依据各自职责，对农民专业合作社的建设和发展给予指导、扶持和服务。"因此，应采取以下措施：

1. 依法施策。积极推动工商、财政、税务、发改、农业、国土等相关部门出台关于联合社的配套政策，包括联合社的登记政策、财会制度、示范章程、规范化建设、业务指导规章等方面内容。

2. 加强指导。明确联合社的成员资格和运行规范，特别是要保证联合社的为农服务属性，对于企业通过成立合作社以后，再以合作社名义成立联合社的行为予以高度关注，既要切实保证联合社内部成员民主控制机制的实现，也要充分发挥市场主体在资本、技术、渠道等方面的市场竞争优势。

3. 鼓励创新。对联合社在基层实践中出现的有利于经济发展、组

织建设、农民增收、社会管理等方面的创新创造，予以鼓励支持，允许有条件的地方委托相关项目到联合社实施。

4. 加强监管。调整政策导向，体现激励与监管并重的指导方针，对于不作为以及套取财政资金为目的的联合社坚决予以整改或是取缔，净化联合社的外部发展生态。

案　例

1. 某镇养鸡专业合作社。

某镇养鸡专业合作社成员 201 户，养鸡 50 余万只，鸡肉、鸡蛋年产值共计 1000 余万元，实现利润 680 余万元。合作社的主要做法和取得的成效有以下几个方面：

(1) 管理方面。合作社成立以来，依照社章程的规定，积极拓宽服务领域，健全服务网络，完善运行机制，提升服务水平，不仅使合作社本身得到发展壮大，而且使社员收入不断增加，深受社员信赖，农户积极申请入社。

运转方式。在内部管理上，实行社员代表大会、理事会和监事会“三会”制度。社员代表由社员直接选举产生，社员代表大会每年召开一次。理事会和监事会直接由社员代表选举产生，理事会由 7 人理事组成，由理事会选举理事长 1 人、副理事长 1 人、秘书长 1 人、理事 4 人，理事长任期 5 年，可连选连任。理事会是合作社的执行机构，主持日常工作。监事会是合作社的监察机构，代表全体成员监督和检查理事会的工作，监事由成员大会选举产生。监事会由 3 人组成，由监事会选举监事长 1 人。监事长任期 5 年，可连选连任。合作社下设 5 个小组，即办公室（包括财务室）、孵化组、销售组（包括运输组）、生产组（下设若干个生产场）、饲料组。各组业务独立，财务统一核算。各组生产、销售指标每月由办公室下达，工资每月结算付清。

三项制度。一是会费及股金制度。凡要加入合作社的社员，申请经理事会研究同意后，每股缴纳股金 2000 元，入股者享受合作社保险机制，参加本合作社的股金分红，同时承担亏损风险。二是定期会议制度。每月月底，定期召开理事会议，总结本月生产、销售情况，部署下个月生产、销售计划，解决生产、销售存在的问题。三是培训交流制度。每季度以小组、分专业进行一次培训交流。在会上各抒己见，交流生产、销售环节中存在的问题，提出解决办法，若碰到难以解决的问题就邀请专家进行现场指导。

(2) 生产方面。合作社在生产方面采取统一、高效的运行机制。

统一调种。合作社每年从知名产鸡省份引入新品种，防止鸡的近亲繁殖，保证鸡蛋质量。

统一饲料。合作社统一向厂家订购相关饲料，按照统一的配方，合理搭配，均衡营养，不允许随意增减配料含量，确保鸡的正常生长和正常产蛋。

统一防疫。某年该县发生禽流感，全县受灾养鸡场的活鸡被全部扑杀，损失达20余万元。为防止出现类似情况，合作组织规定，向县农业畜禽服务部门统一购买防疫苗，并专人管理，建立台账，督促饲养户按时、按量防疫；并委托县农业畜牧兽医站进行抽血化验，确保防疫面达100%。

统一运输。合作社成立运输组，配备6台运输车辆。合作社的饲料、疫苗、蛋等统一由汽车组承运，不仅及时快捷，又降低生产成本，客户非常满意，销路畅通，一举两得。

各场独立管理、独立核算，目的是调动各生产场的积极性与主动性，引入竞争机制，有序竞赛，实行奖惩结合，最大限度提高效益。

(3) 销售、分配方面。合作社充分利用现代“互联网+”、电子商务平台等优势，建立了专门的销售网络和销售队伍，又在全市以及相邻县、市设立69个实体销售店面，鸡肉、鸡蛋远销本省及省外多个地区，所产销售的鸡肉、鸡蛋实行统一配送，价款统一结算，报酬统一分配，实现了高产、多销、快回款的效果。

2. 农民专业合作社的财政支持、政策优惠。[①]

一是财政项目支持。

---

① 参见《1亿农户已加入合作社！这些财政支持、政策优惠要知道》，《南方农村报》2018年8月14日。

（1）财政重点支持的合作社。2017年，中央财政通过农业生产发展资金支持农民合作社发展，安排资金14亿元，重点支持制度健全、管理规范、带动力强的国家农民合作社示范社，适当兼顾农民合作社联合社。支持示范社和联合社发展什么？包括绿色生态农业，开展标准化生产，突出农产品加工、产品包装、市场营销等关键环节。2018年，中央财政进一步加大支持力度，在重点支持国家农民合作社示范社的基础上，适当兼顾贫困地区的省级农民合作社示范社，让资金向具有带动能力的农民合作社示范社倾斜。

（2）易获财政支持的业务。中央和地方财政资金对“三农”的投入很多，不少项目资金都对农民合作社有所倾斜，将农民合作社作为重要支持对象，支持的方向包括农村一二三产业融合发展、粮食适度规模经营、优势特色主导产业发展、绿色高效技术服务、新型职业农民培育、农产品初加工等方面。

二是税收优惠支持。

（1）享受合作社专有的税收优惠。早在2008年，财政部、国家税务总局就印发了《关于农民专业合作社有关税收政策的通知》，明确了农民专业合作社增值税、印花税的优惠政策。包括：①对农民专业合作社销售本社成员生产的农业产品，视同农业生产者销售自产农业产品免征增值税；②增值税一般纳税人从农民专业合作社购进的免税农业产品，可按13%的扣除率计算抵扣增值税进项税额；③对农民专业合作社向本社成员销售的农膜、种子、种苗、化肥、农药、农机，免征增值税；④对农民专业合作社与本社成员签订的农业产品和农业生产资料购销合同，免征印花税。

（2）享受小微企业税收优惠。农民合作社从事相关经营活动符合条件的可按规定享受小微企业税收优惠政策。包括：①自2018年1月1日至2020年12月31日，对月销售额2万元至3万元的增值税小规模纳税人，免征增值税；②自2017年1月1日至2019年12月31日，对年应纳税所得额不超过50万元的小型微利企业，其所得额减半计算，并按20%税率征收企业所得税，实际税负为10%；③自2018年1月1日至2020年12月31日，对金融机构与小型企业、微型企业签订的借款合同免征印花税。

三是金融扶持。

(1) 优先贷款。2018 年初，财政部会同农业农村部、银保监会推进全国农业信贷担保体系建设，符合政策规定的农民合作社信贷担保需求可以统筹纳入省级农业信贷担保公司业务范围。银保监会还印发专门文件，要求银行业金融机构着力加强和改进新型农业经营主体的金融服务。探索建立新型农业经营主体信用评价体系，灵活确定贷款期限，符合条件的可以优先贷款。截至 2018 年 3 月，全国涉农贷款余额达到 31.55 万亿元。其中，包括农民合作社在内的农村企业及各类组织贷款余额达到 17.1 万亿元。

(2) 定向费用补贴。我国设立了普惠金融发展专项资金，用于创业担保贷款贴息、涉农贷款增量奖励和农村金融机构定向费用补贴，来鼓励引导金融机构加大对农民合作社、小微企业和“三农”信贷供给。从 2013 年到 2017 年，中央财政累计拨付专项资金约 700 亿元。

(3) 进一步满足小额贷款的需求。下一步，银保监会将会加大信贷投放，聚焦农民合作社等新型农业经营主体小额分散贷款需求，力争普惠型农业经营性贷款和普惠型涉农小微企业（含农民合作社）贷款增速总体不低于各项贷款平均增速。

四是创新创业支持。

(1) 创新业务方向。根据 2017 年 12 月修订的《农民专业合作社法》，我国将农村民间工艺及制品、休闲农业、乡村旅游资源的开发经营，与农业生产经营有关的技术、信息和设施建设运营等服务，以及开展互助保险等纳入农民合作社的业务范围。这些“新业务”也在一定程度上代表了合作社的业务新方向。

(2) 电子商务获大力发展。2015 年以来，农业农村部出台了推进农业电子商务发展行动计划、“互联网＋”现代农业三年行动实施方案等文件，开展“基地＋城市社区”鲜活农产品直配、“放心农资进农家”等农业电子商务新模式试点，评选 9 家农业电子商务示范合作社，1.6 万家合作社发展农业电子商务。2018 年开始，农业农村部创设实施农业农村电子商务提升工程，支持建立县级农产品电子商务综合运营服务机构，组织引导农民合作社参加多种类型的产销对接活动。

(3) 支持合作社产销对接和品牌建设。合作社的产品怎么与消费者对接起来？农业农村部正在支持引导合作社在城市社区设立直销店（点），推进鲜活农产品直销，拓宽销售渠道。截至2018年底，有4.8万家农民合作社通过绿色、有机等农产品质量认证，2万多家农民合作社开展农社对接，10多万家农民合作社实施标准化生产。另外，供销社也为农民合作社提供了不少服务和支持。比如，供销总社支持各地供销合作社举办展销会、产品对接会等活动，为农民合作社搭建农产品产销对接平台；大力推广土地托管等生产性农业社会化服务，为包括农民合作社在内的多种生产经营主体提供耕、种、管、收、储等多个环节服务。

对农民专业合作社的支持政策很多，资金和优惠力度也很大。农民朋友需要做的，一是规范经营、依法办社，在法律法规允许的范围内开展业务活动；二是把握好合作社的发展方向，向着现代农业和一二三产业融合发展；三是利用好现有的优惠政策，为合作社争取最大程度的支持。

3. 农业合作社的“戴庄模式”①。

戴庄村是江苏句容的一个村庄，“戴庄模式”农业合作社让这个默默无闻的小村声名鹊起。这种将科技人员、村委会和农民“绑”在一起的合作模式，让当地农民重新回到了土地上，被专家认为是高效、符合中国农村实际的合作社形式。

赵亚夫是“戴庄模式”的缔造者，这位曾经的镇江市农科所所长被人们评价为“把论文写在大地上的农业科研者”。近50年来他无私地向农民传播技术的同时，还努力探索出一条农业规模化之路。

(1) 规模化农业之困。

戴庄村位于江苏省句容市最南端，是典型的丘陵地形。原来是镇江茅山革命老区最为贫困的村庄。在过去的几十年里，村里的大部分农户

① 参见华少君：《农业合作社的“戴庄模式”》，《今日中国（中文版）》2008年第7期。

还是一家一户分散经营的传统农业，不仅效率低下，且无法保证生产标准的统一，无法满足大市场的需求。村民逐渐意识到，要想致富得走农业规模化的道路。像中国其他农村一样，随着城市规模不断扩大，戴庄村大量的农民涌向城市打工。按道理，人走了，地空了，实现农业规模化也应该相对容易。但这一过程在戴庄的实际操作中却颇费周折。

句容万山红遍农业园的张冬才总经理说："农民虽然进城了，但并没有享受市民待遇，很多农民还是只把进城当作短期行为。因此，家中的'一亩三分地'仍是最后的生存底线，很多人即便让它荒着，也不愿交给集体。而农民进城户籍仍在农村，政府也找不到收回进城农民土地的法律依据。"当然，地方政府也想了应对之策。一些乡镇政府出面将土地从农民手中"流转"过来，然后交由大户或农业公司经营，而流转土地的农民在每年拿到补偿款的同时，还可以被返聘为农业工人，获取工资性收入。但通过土地流转增加了大户或农业公司的运作成本，在农业保险制度不健全的情况下，规模大风险也大，因此，在句容的鲜果种植大户中，普遍没有扩大规模的欲望。

另外，由于没有约定土地收益的增长机制，农民获取的土地流转收益不能得到相应的增长，农民的积极性不高，由土地流转引发的矛盾时有出现。"公司＋农户"是当地政府破解规模障碍的另一法宝，也取得了好的成果。但赵亚夫认为，无论是土地流转的方法，还是"公司＋农户"的方法，富裕的都只是少数大户或公司，广大农民并不是最大受益者。对赵亚夫来说，18 次出访日本农村看到的景象让他难忘，"日本很多农民比城里人还富裕，我想把好经验学来"。

(2)"真正的合作社"。

建成一个"真正的合作社"，一直是赵亚夫的愿望。戴庄有机农业合作社从成立起，就严格按"统一销售，对内服务，对外经营"的原则运作，并实行社员入股，合作社民办、民管、民受益，社员大会一人（户）一票投票决定大事。

据句容市委宣传部许家荣介绍，合作社成立前，句容鲜果种植经过 20 多年的发展，一些自发松散的合作社组织次第出现，但这些合作还只是技术交流上的协作，其他深层次领域诸如品牌、统一标准、销售等方面仍然无法组织起来。同时，由于农户的文化水平普遍不高，无论是组织管理能力，还是对政策法规的解读与运用，都处于弱势地位。合作社成立后，将资源充分进行整合，科技人员、村委会和农民“绑”在一起，充分发挥了各方优势，达到了农民、基层组织和科技人员三方共赢的效果。这成为戴庄合作社的最大特点。

句容市农科所的技术人员刘伟忠长期驻点戴庄。农民在种养过程中遇到难题可以直接找技术员。刘伟忠说：“农户的农田就是科技人员的‘试验田’，这样不仅缩短了技术转化过程，而且技术人员直接参与到管理、销售中，对市场的把握也会更为准确。”

毕业于南京林业大学的鲁学谦是戴庄的村官。刚开始工作时，他还有些疑虑，因为在很多农村地区，村委会干部除了协调村民纠纷外，找不到自己的定位。但戴庄合作社成立后，村委会与合作社“合二为一”，合作社承担经济功能，村委会负责行政职能。合作社借助村委会更容易组织和发动农户众，而村委会对政策法规的了解程度和运用能力都比一般农户要强，能给合作社争取政策性支持。村干部提高了自身的影响力，开展工作也就容易了。

农户仍然是合作社的中坚力量，他们有选举和罢免合作社领导的权利，也有从合作社分红的经济权利。农户杜仲志介绍说，某年秋收恰逢连日阴雨，打乱了合作社秋收秋种安排。在理事会紧急会上，村党总支书记、合作社理事长李家斌提出了租用收割机收稻、大拖拉机整地的主意，理事们一致同意，并立刻作了分工安排。随即，合作社领导干部在前头，社员们积极参与，短短 8 天完成了 600 多亩有机水稻抢收，接着用 5 天时间完成了青花菜抢种。合作社服务意识和良好前景使村民信心大增，基本实现入社农户全覆盖。戴庄人均纯收入也赶上并超过了句容全市平均水平。

（3）城乡互动的销售模式。

在赵亚夫看来，合作社最主要的功能，是组织生产和统一销售。以前农户自己搞有机农业时，受产量的限制，吸引不了超市和中介商。结果是花费大力气种出来的“无公害”蔬菜与普通蔬菜一样流向农贸市场，甚至因为“无公害”蔬菜长相并不美观、有虫斑，出现“无公害”

蔬菜竞争不过普通蔬菜的尴尬。也有种养户选择主抓销售，成立自己的配送中心，结果市场一大，自家精品农业满足不了，只好去收购普通农产品。于是，鱼目混珠之后，无公害、绿色成分越来越少。此时，赵亚夫发现这几年农家乐已经到了炙手可热的地步，而在句容白兔镇等鲜果发达的乡镇，已经出现了城里人下田体验采摘乐趣的销售现象，并且这种“观光型销售”份额正逐年增加。受到这个启发，戴庄最终形成自己的销售模式“戴庄有机农业朋友会”。“朋友会”在观光型销售基础上的进行提升，它不仅包括邀请城里人到戴庄来观光消费，而且包括农民主动进城拜访“客户”。多年来，赵亚夫一直有一个梦想：在农产品的流通过程中，一定要让农民和城市消费者的利益最经济化。因此，直销一直是赵亚夫梦寐以求的精品农业销售模式。如今，这种销售模式正在变成现实。赵亚夫说，也许在某个周末的早晨，句容市区的小区内，市民们就会碰到带着草鸡、大米、山芋等土产品的戴庄农民，介绍着自己的产品。

第六章

维护农民工权益的法律保障

农民工是改革开放进程中成长的起来一支新型劳动大军，是我国现代产业工人的主体和现代化建设的重要力量，是国民经济发展的重要推动力量。2018 年全国农民工总量已近 2.89 亿人，其中本地农民工 1.16 亿人，外出农民工 1.73 万人。农民工作为一个特殊的群体出现，并迅速走向大规模化，得益于我国经济社会持续发展，是社会经济进步的一个重要标志。

近年来出现了一批具有新特征，与改革开放初期第一代农民工不同的“新生代农民工”。该提法首次在 2010 年中共中央、国务院《关于加大统筹城乡发展力度　进一步夯实农业农村发展基础的若干意见》为题的中央 1 号文件中第一次明确提出。所谓“新生代农民工”主要是指的“80 后”“90 后”，甚至“00 后”的农民工。这些“新生代农民工”都上过学，上完学以后就进城打工，相对来讲，对农业、农村、土地、农民等不是那么熟悉，受现代开放社会影响，“新生代农民工”已经具有朴素但有时又有些初步的平等和民主观念，对城乡差距、一城两制现象不认同。他们外出打工不仅仅是为了“改善生活”，更是为了“体验生活，追求梦想”；他们追求体面劳动和发展机会；他们渴望融入城市社会，享受现代城市的文明，要求和城里人享受平等的公共服务、平等的就业机会和平等的政治权利。受这些观念的影响，面对劳动合同签订率低、欠薪时有发生、工伤事故和职业病发生率高等劳动权益受损问题，农民工维权的呼声日益高涨。在此基础上，整理有关劳动中的法律知识，向农民朋友宣传维权的有关法律知识就成为迫切的需要。

第一节　劳动合同

劳动关系是最重要的社会关系之一，建立和谐稳定的劳动关系是构建社会主义和谐社会的重要基石。劳动合同是规范用人单位用工行为、明确劳动者和用人单位双方权利义务的协议，是市场经济下协调劳动关系、维护职工合法权益的重要手段。由于新生代农民工更多在服务行业、加工业、建筑业等就业，而且这些工作容易出现劳务、经济纠纷。签订劳动合同既能保障劳动者实现劳动权，也是减少和防止发生劳动争议的重要措施。农民朋友为了自身利益，进城务工一定要签订书面的劳动合同。

一、劳动合同概述

1. 劳动合同的概念。劳动合同，又称劳动契约，是企业、个体经济组织、事业组织、国家机关、社会团体同劳动者（即工人）之间签订的建立劳动关系，用来明确双方权利和义务的合同文书。一般是书面形式。劳动合同是确定劳动关系的法律凭证，劳动合同一经签订，即形成了规范双方当事人劳动权利和义务的依据。① 根据《中华人民共和国劳动法合同法》（以下简称《劳动合同法》），建立劳动关系应当订立劳动合同。用人单位招收农民工同样要与农民工签订劳动合同。劳动合同依法订立即具有法律约束力。劳动合同中写入了劳动者的权利，其正当权益受到国家法律保护，这样有利于劳动者合法权利的实现。

2. 劳动合同的内容。劳动合同一般都是由用人单位提供的格式合同文本。合同的内容除了法律规定的必备内容外，还有劳动者与用人单位协商达成一致的内容。根据《劳动合同法》第 17 条，劳动合同应当具备以下条款：

（1）用人单位的名称、住所和法定代表人或者主要负责人。

---

① 参见齐磊：《河北省高校毕业生劳动合同签订中存在的问题研究》，《科技论坛》2011 年 7 月 15 日。

（2）劳动者的姓名、住址和居民身份证或者其他有效身份证件号码。

（3）劳动合同期限。

（4）工作内容和工作地点。

（5）工作时间和休息休假。

（6）劳动报酬。

（7）社会保险。

（8）劳动保护、劳动条件和职业危害防护。

（9）法律、法规规定应当纳入劳动合同的其他事项。

劳动合同除以上必备条款外，用人单位与劳动者可以约定试用期、培训、保守秘密、补充保险和福利待遇等其他事项。

此外，如果出现合同内容不明确引发争议的，举例来说，如果劳动合同对劳动条件和劳动报酬等标准未约定明确，进而引发争议，用人单位与劳动者经重新协商未达成一致，适用集体合同规定；如果没有集体合同或者集体合同中没有规定劳动报酬的，则同工同酬；如果没有集体合同或者集体合同未规定劳动条件等标准的，则适用国家有关规定。

3. 劳动合同的期限。劳动合同的期限是劳动合同中必须具备的内容。用人单位与劳动者签订的劳动合同期限可以分为三类：

（1）有固定期限，即在合同中明确约定效力期间，期限可长可短，长至几年、十几年，短到一年或者几个月。

（2）无固定期限，即劳动合同中只约定了起始日期，没有约定具体终止日期。无固定期限劳动合同可以依法约定终止劳动合同条件，在履行中只要不出现约定的终止条件或法律规定的解除条件，一般不能解除或终止，劳动关系可以一直存续到劳动者退休为止。用人单位与劳动者协商一致，可以订立无固定期限劳动合同。

（3）以完成一定的工作为期限，即以完成某项工作或者某项工程为有效期限，该项工作或者工程一经完成，劳动合同即终止。[①]

劳动期限从何时开始起计算，又到何时终止呢？由于劳动合同一经

① 参见《劳动合同的签订与履行》，《社会工作》2005 年 4 月 20 日。

签订就具有法律效力的规定，劳动合同的生效时间一般应从劳动关系双方在劳动合同上签字之日起计算。如果在劳动合同中明确规定了合同生效日期，则从合同生效日期起计算。劳动合同期限最后一天的截止时间应以劳动合同期限最后一天的24时为准；如果有工作任务而超过最后一天24时的，应以完成工作任务的时间为准。

4. 试用期。生活中，用人的单位经常与劳动者约定试用期。我国法律对试用期也作了一些规定。签订劳动合同可以不约定试用期，也可以约定试用期。《劳动合同法》第19条规定："劳动合同期限3个月以上不满1年的，试用期不得超过1个月；劳动合同期限1年以上不满3年的，试用期不得超过2个月；3年以上固定期限和无固定期限的劳动合同，试用期不得超过6个月。同一用人单位与同一劳动者只能约定一次试用期。以完成一定工作任务为期限的劳动合同或者劳动合同期限不满3个月的，不得约定试用期。试用期包含在劳动合同期限内。劳动合同仅约定试用期的，试用期不成立，该期限为劳动合同期限。"第20条规定："劳动者在试用期的工资不得低于本单位相同岗位最低档工资或者劳动合同约定工资的80%，并不得低于用人单位所在地的最低工资标准。"

二、劳动合同的无效或部分无效

无效劳动合同是指不具有法律效力的劳动合同。主要是由于双方当事人所订立的劳动合同不符合法律、法规规定，或缺少有效要件，导致全部或部分不具有法律效力。根据《劳动合同法》第26条，下列劳动合同无效或者部分无效。

1. 以欺诈、胁迫的手段或者乘人之危，使对方在违背真实意思的情况下订立或者变更劳动合同的。双方应当在订立劳动合同、拟定劳动合同条款时出于自愿，并且遵守诚实信用原则。欺诈、胁迫手段或者乘人之危使劳动关系的一方违背了他们的真实意愿。因而法律将此情境下签订的劳动合同确认为无效劳动合同。

2. 用人单位免除自己的法定责任、排除劳动者权利的。劳动合同订立应遵循公平原则，核心含义就是要求劳动合同当事人的权利与义务相一致。为了保障劳动者的合法权益，用人单位免除己方法定责任如“一律不支付经济补偿金”“生死病老都与企业无关”等条款无效。

3. 违反法律、行政法规强制性规定的。签订劳动合同的双方都必须具有法律规定的相关资格，所签劳动合同的内容也不能违反法律和行政法规的相关强制性规定。对劳动合同的无效或者部分无效有争议的，要由劳动争议仲裁机构或者人民法院确认，任何其他机构如劳动行政部门、劳动争议调解委员会、工会等机构都不具有认定劳动合同效力的权力。同样，劳动者个人也不能自己认为所签订的劳动合同无效，只有依照法定的劳动仲裁或诉讼程序，才能将劳动合同确认为无效的劳动合同。

无效劳动合同并非不产生任何法律效力，无效劳动合同在某些情况下可以在当事人之间产生债权债务关系，例如虽然劳动合同被确认无效，但劳动者已付出的劳动，用人单位还是应当参照本单位相同或者相近岗位劳动者的劳动报酬进行支付。同时。劳动合同部分无效的，并不影响其他部分的效力，其他部分仍然有效，需要继续遵守履行。

三、劳动合同的订立

用人单位自用工之日起即与劳动者建立劳动关系。建立劳动关系，应当订立书面劳动合同。已建立劳动关系，未同时订立书面劳动合同的，应当自用工之日起1个月内订立书面劳动合同。用人单位自用工之日起超过1个月不满1年未与劳动者订立书面劳动合同的，应当向劳动者每月支付2倍的工资。用人单位与劳动者在用工前订立劳动合同的，劳动关系自用工之日起建立。用人单位应当如实告知劳动者工作内容、工作条件、工作地点、职业危害、安全生产状况、劳动报酬，以及劳动者要求了解的其他情况；用人单位有权了解劳动者与劳动合同直接相关的基本情况，劳动者应当如实说明。用人单位在招用劳动者时，不得扣押劳动者的居民身份证和其他证件，不得要求劳动者提供担保或者以其他名义向劳动者收取财物，若以担保或者其他名义向劳动者收取财物的，由劳动行政部门责令限期退还劳动者本人，并以每人500元以上

2000元以下的标准处以罚款；给劳动者造成损害的，应当承担赔偿责任。[①]

四、劳动合同的履行和变更

劳动合同一经签订，就明确确立了用人单位和劳动者双方的权利义务。用人单位与劳动者应当按照劳动合同的约定，全面履行各自的义务。工资作为劳动者维持生计的主要经济支柱，对劳动者来说具有十分重要的意义。用人单位应当按照劳动合同约定和国家规定，向劳动者及时足额支付劳动报酬。拖欠或者未足额支付劳动报酬的，劳动者可以依法向当地人民法院申请支付令，人民法院应当依法发出支付令。用人单位应当严格执行劳动定额标准，不得强迫或者变相强迫劳动者加班。用人单位安排加班的，应当按照国家有关规定向劳动者支付加班费。用人单位管理人员违章指挥、强令冒险作业的，劳动者有权拒绝，不能因此认为劳动者违反劳动合同。[②]

五、劳动合同的解除

发生法律效力的劳动合同是不能随便解除的，但是也不能认为劳动合同不能解除。发生法律规定的情形，劳动者和用人单位都可以依照法定或约定的程序解除劳动合同。一般情况下，用人单位与劳动者协商一致，可以解除劳动合同。劳动者单方或者用人单位单方想要解除劳动合同时，既需要满足法律规定的解除劳动合同的条件，同时也需要依照一定的程序，也就是说只有在依法解除劳动合同的情况下，才能够避免由受害的一方变成违反劳动合同甚至违法的一方。

1. *劳动者解除劳动合同。*劳动者提前30日以书面形式通知用人单位，可以解除劳动合同。劳动者在试用期内提前3日通知用人单位，可以解除劳动合同。[③] 用人单位有下列情形之一的，劳动者可以解除劳动合同：

---

① 参见《劳动合同法》第7条、第8条、第9条、第10条、第82条、第84条。

② 参见《劳动合同法》第30条、第31条、第32条。

③ 参见《劳动合同法》第37条。

（1）未按照劳动合同约定提供劳动保护或者劳动条件的。

（2）未及时足额支付劳动报酬的。

（3）未依法为劳动者缴纳社会保险费的。

（4）用人单位的规章制度违反法律、法规的规定，损害劳动者权益的。

（5）以欺诈、胁迫的手段或者乘人之危，使对方在违背真实意思的情况下订立或变更劳动合同，致使劳动合同无效的。

（6）法律、行政法规规定劳动者可以解除劳动合同的其他情形。用人单位以暴力、威胁或者非法限制人身自由的手段强迫劳动者劳动的，或者用人单位违章指挥、强令冒险作业危及劳动者人身安全的，劳动者可以立即解除劳动合同，不需事先告知用人单位。[①]

2. 用人单位解除劳动合同。劳动者有下列情形之一的，用人单位可以解除劳动合同：

（1）在试用期间被证明不符合录用条件的。

（2）严重违反用人单位的规章制度的。

（3）严重失职，营私舞弊，给用人单位造成重大损害的。

（4）劳动者同时与其他用人单位建立劳动关系，对完成本单位的工作任务造成严重影响，或者经用人单位提出，拒不改正的。

（5）以欺诈、胁迫的手段或者乘人之危，使对方在违背真实意思的情况下订立或变更劳动合同，致使劳动合同无效的。

（6）被依法追究刑事责任的。[②]

《劳动合同法》第 40 条规定，有下列情形之一的，用人单位提前 30 日以书面形式通知劳动者本人或者额外支付劳动者 1 个月工资后，可以解除劳动合同：

（1）劳动者患病或者非因工负伤，在规定的医疗期满后不能从事原工作，也不能从事由用人单位另行安排的工作的。

（2）劳动者不能胜任工作，经过培训或者调整工作岗位，仍不能胜

① 参见《劳动合同法》第 38 条。

② 参见《劳动合同法》第 39 条。

任工作的。

（3）劳动合同订立时所依据的客观情况发生重大变化，致使劳动合同无法履行，经用人单位与劳动者协商，未能就变更劳动合同内容达成协议的。

《劳动合同法》第 41 条还规定，有下列情形之一，需要裁减人员 20 人以上或者裁减不足 20 人但占企业职工总数 10%以上的，用人单位提前 30 日向工会或者全体职工说明情况，听取工会或者职工的意见后，裁减人员方案经向劳动行政部门报告，可以裁减人员：

（1）依照企业破产法规定进行重整的。

（2）生产经营发生严重困难的。

（3）企业转产、重大技术革新或者经营方式调整，经变更劳动合同后，仍需裁减人员的。

（4）其他因劳动合同订立时所依据的客观经济情况发生重大变化，致使劳动合同无法履行的。

裁减人员时，具有以下条件的劳动者应当优先被留用：与本单位订立较长期限的固定期限劳动合同的；与本单位订立无固定期限劳动合同的；家庭无其他就业人员，有需要扶养的老人或者未成年人的。在 6 个月内重新招用人员的，应当通知被裁减的人员，并在同等条件下优先招用被裁减的人员。

六、用人单位需向农民工支付经济补偿金的情形

经济补偿金是劳动法中的特色制度，是劳动法倾斜保护理念的典型体现。《劳动合同法》第 46 条规定，有下列情形之一的，用人单位应当向劳动者支付经济补偿：劳动者依照本法第 38 条规定解除劳动合同的；用人单位依照本法第 36 条规定向劳动者提出解除劳动合同并与劳动者协商一致解除劳动合同的；用人单位依照本法第 40 条规定解除劳动合同的；用人单位依照本法第 41 条第 1 款规定解除劳动合同的；除用人单位维持或者提高劳动合同约定条件续订劳动合同，劳动者不同意续订的情形外，依照本法第 44 条第 1 项规定终止固定期限劳动合同的；依照本法第 44 条第 4 项、第 5 项规定终止劳动合同的；法律、行政法规

规定的其他情形。

经济补偿按劳动者在本单位工作的年限，每满 1 年支付 1 个月工资的标准向劳动者支付。6 个月以上不满 1 年的，按 1 年计算；不满 6 个月的，向劳动者支付半个月工资的经济补偿。劳动者月工资高于用人单位所在直辖市、设区的市级人民政府公布的本地区上年度职工月平均工资 3 倍的，向其支付经济补偿的标准按职工月平均工资 3 倍的数额支付，向其支付经济补偿的年限最高不超过 12 年。这里所称月工资是指劳动者在劳动合同解除或者终止前 12 个月的平均工资。

第二节　工伤的认定

一、工伤的概念

工伤又称为产业伤害、职业伤害、工业伤害、工作伤害，是指劳动者在从事职业活动或者与职业活动有关的活动时所遭受的不良因素的伤害和职业病伤害。[①] 劳动者与用人单位存在劳动关系后，工伤认定是申请工伤保险待遇的前提条件，再次强调进入单位工作后，一定要与用人单位签订劳动合同。根据工伤的概念，在劳动关系存在的过程中，劳动者因工伤而丧失劳动能力或者死亡时，对其自身及其家属的打击都是巨大的，为了保障因工作遭受事故伤害或者患职业病的职工获得医疗救治和经济补偿，促进工伤预防和职业康复，分散用人单位的工伤风险，国家制定了《工伤保险条例》。[②] 劳动者在遭遇工伤事故时可以依据该条例来申请获得工伤保险待遇，这样就可以尽量减小工伤事故给劳动者生存、生活带来的影响。

二、工伤的认定

1. 应当认定工伤的情形。根据《工伤保险条例》第 14 条、第 15 条，职工有下列情形之一的，应当认定为工伤：

---

① 参见徐虎：《说说工伤》，《中国工人》2010 年 2 月 5 日。

② 参见《工伤保险条例》第 1 条。

(1) 在工作时间和工作场所内，因工作原因受到事故伤害的。

(2) 工作时间前后在工作场所内，从事与工作有关的预备性或者收尾性工作受到事故伤害的。

(3) 在工作时间和工作场所内，因履行工作职责受到暴力等意外伤害的。

(4) 患职业病的。

(5) 因工外出期间，由于工作原因受到伤害或者发生事故下落不明的。

(6) 在上下班途中，受到非本人主要责任的交通事故或者城市轨道交通、客运轮渡、火车事故伤害的。

(7) 在工作时间和工作岗位，突发疾病死亡或者在48小时之内经抢救无效死亡的。

(8) 在抢险救灾等维护国家利益、公共利益活动中受到伤害的。

(9) 职工原在军队服役，因战、因公负伤致残，已取得革命伤残军人证，到用人单位后旧伤复发的。

2. *不得认定为工伤的情形*。根据《工伤保险条例》第16条，职工有下列情形之一的，不得认定为工伤或者视同工伤：故意犯罪的；醉酒或者吸毒的；自残或者自杀的。

三、工伤认定的申请

提出工伤认定申请应当提交下列材料：工伤认定申请表；与用人单位存在劳动关系（包括事实劳动关系）的证明材料；医疗诊断证明或者职业病诊断证明书（或者职业病诊断鉴定书）。工伤认定申请表应当包括事故发生的时间、地点、原因以及职工伤害程度等基本情况。工伤认定申请人提供材料不完整的，社会保险行政部门应当一次性书面告知工伤认定申请人需要补正的全部材料。申请人按照书面告知要求补正材料后，社会保险行政部门应当受理。[①]

社会保险行政部门受理工伤认定申请后，根据审核需要可以对事故

① 参见《工伤保险条例》第18条。

伤害进行调查核实，用人单位、职工、工会组织、医疗机构以及有关部门应当予以协助。职业病诊断和诊断争议的鉴定，依照《中华人民共和国职业病防治法》的有关规定执行。对依法取得职业病诊断证明书或者职业病诊断鉴定书的，社会保险行政部门不再进行调查核实。职工或者其直系亲属认为是工伤，用人单位不认为是工伤的，由用人单位承担举证责任。[①] 社会保险行政部门应当自受理工伤认定申请之日起 60 日内作出工伤认定的决定，并书面通知申请工伤认定的职工或者其直系亲属和该职工所在单位。社会保险行政部门对受理的事实清楚、权利义务明确的工伤认定申请，应当在 15 日内作出工伤认定的决定。作出工伤认定决定需要以司法机关或者有关行政主管部门的结论为依据的，在司法机关或者有关行政主管部门尚未作出结论期间，作出工伤认定决定的时限中止。社会保险行政部门工作人员与工伤认定申请人有利害关系的，应当回避。[②]

四、劳动能力鉴定

农民工发生工伤，经治疗伤情相对稳定后存在残疾、影响劳动能力的，应当进行劳动能力鉴定。依据《工伤保险条例》第 22 条规定，劳动能力鉴定是指劳动功能障碍程度和生活自理障碍程度的等级鉴定，劳动功能障碍分为 10 个伤残等级，最重的为一级，最轻的为十级。生活自理障碍分为 3 个等级：生活完全不能自理、生活大部分不能自理和生活部分不能自理。

劳动能力鉴定由用人单位、工伤职工或者其直系亲属向设区的市级劳动能力鉴定委员会提出申请，并提供工伤认定决定和职工工伤医疗的有关资料。[③] 省、自治区、直辖市劳动能力鉴定委员会和设区的市级劳动能力鉴定委员会分别由省、自治区、直辖市和设区的市级社会保险行政部门、卫生行政部门、工会组织、经办机构代表以及用人单位代表组成。劳动能力鉴定委员会建立医疗卫生专家库。列入专家库的医疗卫生

① 参见《工伤保险条例》第 19 条。
② 参见《工伤保险条例》第 20 条。
③ 参见《工伤保险条例》第 23 条。

专业技术人员应当具备下列条件：具有医疗卫生高级专业技术职务任职资格；掌握劳动能力鉴定的相关知识；具有良好的职业品德。[①] 设区的市级劳动能力鉴定委员会收到劳动能力鉴定申请后，应当从其建立的医疗卫生专家库中随机抽取 3 名或者 5 名相关专家组成专家组，由专家组提出鉴定意见。设区的市级劳动能力鉴定委员会根据专家组的鉴定意见作出工伤职工劳动能力鉴定结论；必要时，可以委托具备资格的医疗机构协助进行有关的诊断。[②]

设区的市级劳动能力鉴定委员会应当自收到劳动能力鉴定申请之日起 60 日内作出劳动能力鉴定结论，必要时，作出劳动能力鉴定结论的期限可以延长 30 日。[③] 申请鉴定的单位或者个人对设区的市级劳动能力鉴定委员会作出的鉴定结论不服的，可以在收到该鉴定结论之日起 15 日内向省、自治区、直辖市劳动能力鉴定委员会提出再次鉴定申请。省、自治区、直辖市劳动能力鉴定委员会作出的劳动能力鉴定结论为最终结论。[④] 劳动能力鉴定工作应当客观、公正。[⑤] 劳动能力鉴定结论应当及时送达申请鉴定的单位和个人。自劳动能力鉴定结论作出之日起 1 年后，工伤职工或者其直系亲属、所在单位或者经办机构认为伤残情况发生变化的，可以申请劳动能力复查鉴定。[⑥] 劳动能力鉴定委员会进行再次鉴定和复查鉴定的期限，依照《工伤保险条例》第 25 条第 2 款的规定执行。

五、工伤保险待遇

职工因工作遭受事故伤害或者患职业病进行治疗，享受工伤医疗待遇。职工治疗工伤应当在签订服务协议的医疗机构就医，情况紧急时可以先到就近的医疗机构急救。治疗工伤所需费用符合工伤保险诊疗项目目录、工伤保险药品目录、工伤保险住院服务标准的，从工伤保险基金

① 参见《工伤保险条例》第 24 条。
② 参见《工伤保险条例》第 25 条第 1 款。
③ 参见《工伤保险条例》第 25 条第 2 款。
④ 参见《工伤保险条例》第 26 条。
⑤ 参见《工伤保险条例》第 27 条。
⑥ 参见《工伤保险条例》第 28 条。

支付。工伤保险诊疗项目目录、工伤保险药品目录、工伤保险住院服务标准，由国务院社会保险行政部门会同国务院卫生行政部门、食品药品监督管理部门等部门规定。职工住院治疗工伤的伙食补助费，以及经医疗机构出具证明，报经办机构同意，工伤职工到统筹地区以外就医所需的交通、食宿费用从工伤保险基金支付，基金支付的具体标准由统筹地区人民政府规定。工伤职工治疗非工伤引发的疾病，不享受工伤医疗待遇，按照基本医疗保险办法处理。工伤职工到签订服务协议的医疗机构进行工伤康复的费用，符合规定的，从工伤保险基金支付。[①]

职工因工作遭受事故伤害或者患职业病需要暂停工作接受工伤医疗的，在停工留薪期内，原工资福利待遇不变，由所在单位按月支付。停工留薪期一般不超过 12 个月。伤情严重或者情况特殊，经设区的市级劳动能力鉴定委员会确认，可以适当延长，但延长不得超过 12 个月。工伤职工评定伤残等级后，停发原待遇，按照有关规定享受伤残待遇。工伤职工在停工留薪期满后仍需治疗的，继续享受工伤医疗待遇。生活不能自理的工伤职工在停工留薪期需要护理的，由所在单位负责。[②] 工伤职工已经评定伤残等级并经劳动能力鉴定委员会确认需要生活护理的，从工伤保险基金按月支付生活护理费。生活护理费按照生活完全不能自理、生活大部分不能自理或者生活部分不能自理 3 个不同等级支付，其标准分别为统筹地区上年度职工月平均工资的 50%、40%或者 30%。[③]

1. 一级至四级伤残的待遇。职工因工致残被鉴定为一级至四级伤残的，保留劳动关系，退出工作岗位，享受以下待遇：

（1）从工伤保险基金按伤残等级支付一次性伤残补助金，标准为：一级伤残为 27 个月的本人工资，二级伤残为 25 个月的本人工资，三级伤残为 23 个月的本人工资，四级伤残为 21 个月的本人工资。

（2）从工伤保险基金按月支付伤残津贴，标准为：一级伤残为本人工资的 90%，二级伤残为本人工资的 85%，三级伤残为本人工资的

① 参见《工伤保险条例》第 30 条。

② 参见《工伤保险条例》第 33 条。

③ 参见《工伤保险条例》第 34 条。

80%，四级伤残为本人工资的75%。伤残津贴实际金额低于当地最低工资标准的，由工伤保险基金补足差额。

（3）工伤职工达到退休年龄并办理退休手续后，停发伤残津贴，享受基本养老保险待遇。基本养老保险待遇低于伤残津贴的，由工伤保险基金补足差额。

职工因工致残被鉴定为一级至四级伤残的，由用人单位和职工个人以伤残津贴为基数，缴纳基本医疗保险费。①

2. 五级、六级伤残的待遇。职工因工致残被鉴定为五级、六级伤残的，享受以下待遇：

（1）从工伤保险基金按伤残等级支付一次性伤残补助金，标准为：五级伤残为18个月的本人工资，六级伤残为16个月的本人工资。

（2）保留与用人单位的劳动关系，由用人单位安排适当工作。难以安排工作的，由用人单位按月发给伤残津贴，标准为：五级伤残为本人工资的70%，六级伤残为本人工资的60%，并由用人单位按照规定为其缴纳应缴纳的各项社会保险费。伤残津贴实际金额低于当地最低工资标准的，由用人单位补足差额。

（3）经工伤职工本人提出，该职工可以与用人单位解除或者终止劳动关系，由用人单位支付一次性工伤医疗补助金和伤残就业补助金。具体标准由省、自治区、直辖市人民政府规定。②

3. 七级至十级伤残的待遇。职工因工致残被鉴定为七级至十级伤残的，享受以下待遇：

（1）从工伤保险基金按伤残等级支付一次性伤残补助金，标准为：七级伤残为13个月的本人工资，八级伤残为11个月的本人工资，九级伤残为9个月的本人工资，十级伤残为7个月的本人工资。

（2）劳动合同期满终止，或者职工本人提出解除劳动合同的，由用人单位支付一次性工伤医疗补助金和伤残就业补助金。具体标准由省、自治区、直辖市人民政府规定。③

---

① 参见《工伤保险条例》第35条。

② 参见《工伤保险条例》第36条。

③ 参见《工伤保险条例》第37条。

4. 职工死亡。职工因工死亡，其直系亲属按照下列规定从工伤保险基金领取丧葬补助金、供养亲属抚恤金和一次性工亡补助金：

（1）丧葬补助金为6个月的统筹地区上年度职工月平均工资。

（2）供养亲属抚恤金按照职工本人工资的一定比例发给由因工死亡职工生前提供主要生活来源、无劳动能力的亲属。标准为：配偶每月40%，其他亲属每人每月30%，孤寡老人或者孤儿每人每月在上述标准的基础上增加10%。核定的各供养亲属的抚恤金之和不应高于因工死亡职工生前的工资。供养亲属的具体范围由国务院社会保险行政部门规定。

（3）一次性工亡补助金标准为上一年度全国城镇居民人均可支配收入的20倍。

职工因工外出期间发生事故或者在抢险救灾中下落不明的，从事故发生当月起3个月内照发工资，从第4个月起停发工资，由工伤保险基金向其供养亲属按月支付供养亲属抚恤金。生活有困难的，可以预支一次性工亡补助金的50%。[①] 职工被人民法院宣告死亡的，按照《工伤保险条例》第39条职工因工死亡的规定处理。

《劳动法》第56条规定，劳动者在劳动过程中必须遵守安全操作规程。劳动者对用人单位管理人员违章指挥、强令冒险作业，有权拒绝执行；对危害生命安全和身体健康的行为，有权提出批评、检举和控告。

第三节　其他保护农民工权益的规定

一、最低工资标准

最低工资标准，是指劳动者在法定工作时间或依法签订的劳动合同约定的时间内，提供了正常的劳动，用人单位依法应支付的最低劳动报酬。最低工资标准，有小时最低工资标准和月最低工资标准两种形式。前者适用于非全日制就业劳动者，后者适用于全日制就业劳动者。最低

① 参见《工伤保险条例》第39条。

工资保障制度是我国一项劳动和社会保障制度。目前，我国内地所有省、自治区、直辖市人民政府均正式颁布实施了当地的最低工资标准。农民工在签订劳动合同前，要先了解打工地区的最低工资标准，用工企业给的工资不应低于当地最低工资标准。

二、农民工有休假权利

休息休假是《宪法》规定的劳动者的休息权在《劳动法》上的具体体现。我国实行劳动者每日工作时间不超过8小时，平均每周工作时间不超过44小时的工作制度；由于所在地供电、供水和交通等实际情况不能实行标准周休息日的，与工会和职工协商后，企业可灵活安排周休息日；因工作性质或生产特点不能实行每日工作8小时，每周工作40小时标准工时制度的，可以实行不定时工作制或综合计算工时工作制。

我国目前的休息休假制度主要包括以下几种：

（1）一个工作日内间歇时间，即劳动者在每日的生产和工作中的休息和用餐时间。

（2）两个工作日之间的休息时间，即劳动者在一个工作日结束后下一个工作日开始之前所享有的休息时间。

（3）每周的公休假日，即劳动者工作满一个工作周后的休息时间，公休假的长度由法律直接规定。《劳动法》第38条规定：“用人单位应当保证劳动者每周至少休息1日。”

（4）法定节假日，规定元旦、春节、清明节、国际劳动节、端午节、中秋节、国庆节为法定节假日，用人单位应当依法安排劳动者休假。

（5）探亲假，即劳动者按照法律规定，探望两地分居的配偶或父母而享受的休息时间。

（6）年休假，指劳动者依法律规定在工作满一定期限后，每年所享有的保留工作和带薪连续休息的时间。

（7）婚丧假，指劳动者在结婚或其直系亲属死亡时，其所在用人单位给予的一种假期。对于法律、法规明确规定的休息休假制度，用人单位必须严格遵守，以保障劳动者应有的休息权，而不能任意干涉或剥夺。

根据《劳动法》第41条对延长工作时间作出的规定，用人单位因生产经营需要，经与工会和劳动者协商后可以延长工作时间，但每日不得超过1小时，因特殊原因需要延长工作时间的，在保障劳动者身体健康的条件下延长工作时间每日不得超过3小时，每月总计不得超过36小时。但下列三种情况不受上述延长工作时间的限制：发生自然灾害、事故或者其他原因，威胁劳动者生命健康和财产安全，需要紧急处理的；生产设备、交通运输路线、公共设施发生故障，影响生产和公共利益，必须及时抢修的；法律、行政法规规定的其他情形。

由此可见，用人单位可以作出加班加点的决定，但是必须与工会和劳动者协商。用人单位在生产任务紧急需要加班时，需先征得劳动者的同意才可以进行。在标准工时制度以外安排职工劳动的，要按照下列标准支付高于劳动者正常工作时间的工资报酬：安排劳动者延长工时的，支付不低于工资1.5倍（150%）的工资报酬；休息日安排劳动者工作又不能安排补休的，支付不低于工资2倍（200%）的工资报酬；法定节假日安排劳动者工作的，支付不低于工资的3倍（300%）的工资报酬。

用人单位无权强迫劳动者加班加点，对于不愿加班加点的劳动者，用人单位不得作出任何处罚决定，更不得随意以此为由克扣劳动者的工资。同时，用人单位延长工作时间的决定必须在法定的时间限度内，否则就是非法的决定，劳动者有权拒绝。根据《劳动法》的规定，用人单位违反规定，延长劳动者工作时间的，由劳动行政部门给予警告，责令改正，并可以处以罚款。

三、用人单位需要给农民工提供劳动防护用品

用人单位必须为劳动者提供符合国家规定的劳动安全卫生条件和必要的劳动防护用品，对从事有职业危害作业的劳动者应当定期进行健康检查。[①] 用人单位的劳动安全设施和劳动卫生条件不符合国家规定或者

① 参见《劳动法》第54条。

未向劳动者提供必要的劳动防护用品和劳动保护设施的，由劳动行政部门或者有关部门责令改正，可以处以罚款；情节严重的，提请县级以上人民政府决定责令停产整顿；对事故隐患不采取措施，致使发生重大事故，造成劳动者生命和财产损失的，对责任人员依照《刑法》第134条、第135条的规定追究刑事责任。[①] 劳动者在劳动过程中必须严格遵守安全操作规程，如不遵守则属于违法行为。对此。用人单位有权批评制止，给予教育。情节严重的可以停止工作。若劳动者不遵守安全操作规程，造成伤亡事故的，本人要承担相应的法律责任。构成犯罪的要追究刑事责任，未构成犯罪的要给予行政处罚。给用人单位造成经济损失的还要酌情给予赔偿。

四、女职工和未成年工特殊保护

1. 女职工特殊保护。女职工在孕期、产期、哺乳期内的，用人单位不得解除劳动合同。[②] 用人单位濒临破产进行法定整顿期间或者生产经营状况发生严重困难，达到当地政府规定的严重困难企业标准，确需裁减人员的，可以裁员，但孕期、产期、哺乳期内的女职工不得裁减。禁止用人单位安排女职工从事矿山井下、国家规定的第四级体力劳动强度的劳动和其他禁忌从事的劳动。[③] 不得安排女职工在经期从事高处、低温、冷水作业和国家规定的第三级体力劳动强度的劳动。[④] 不得安排女职工在怀孕期间从事国家规定的第三级体力劳动强度的劳动和孕期禁忌从事的劳动。[⑤] 女职工生育享受不少于90天的产假，[⑥] 对怀孕7个月以上的女职工，不得安排其延长工作时间和夜班劳动。不得安排女职工在哺乳未满1周岁的婴儿期间从事国家规定的第三级体力劳动强度的劳动和哺乳期禁忌从事的其他劳动，不得安排其延长工作时间和夜班

---

① 参见《劳动法》第92条。
② 参见《劳动合同法》第42条。
③ 参见《劳动法》第59条。
④ 参见《劳动法》第60条。
⑤ 参见《劳动法》第61条。
⑥ 参见《劳动法》第62条。

劳动。[①]

2. 未成年工特殊保护。未成年工是指年满16周岁未满18周岁的劳动者。不得安排未成年工从事矿山井下、有毒有害、国家规定的第四级体力劳动强度的劳动和其他禁忌从事的劳动。用人单位应当对未成年工定期进行健康检查。[②]

五、拖欠农民工工资问题解决

健全权利保障制度机制，农民工劳动权益得到更好维护。制定出台全面治理拖欠农民工工资问题的意见，建立健全农民工实名制管理、工资支付专用账户、工资保证金等制度，完善行政执法与刑事司法衔接制度，实行拖欠农民工工资“黑名单”管理制度和联合惩戒机制[③]，定期开展专项执法检查和工作督查，健全处理农民工工资争议长效机制，加强农民工法律援助等公共法律服务，切实落实属地监管责任，被拖欠工资的农民工比重2017年下降到0.5%。积极推进工资集体协商，稳慎调整最低工资标准，促进农民工工资水平合理增长，农民工月均收入从2012年的2290元增加到2017年的3485元，年均增长8.8%。大力实施全民参保登记计划，做好农民工跨地区流动就业社会保险关系转移接续等工作。

六、农民工基本公共服务

深化基本公共服务供给制度改革，面向农民工的基本公共服务不断改善。将持有居住证人口纳入基本公共服务保障范围，城镇基本公共服务常住人口覆盖率不断提高。积极统筹城乡义务教育，将坚持“两为主”扩大到“两纳入”，2012—2017年约1400万农民工随迁子女实现“两免一补”资金和生均公用经费基准定额资金可携带，随迁子女在公办学校接受义务教育的比例保持在80%以上。异地高考政策从无到有，

---

① 参见《劳动法》第63条。

② 参见《劳动法》第64条。

③ 参见陈咏媛：《新中国70年农村劳动力非农化转移：回顾与展望》，《北京工业大学学报（社会科学版）》2019年7月5日。

各地普遍（西藏除外）落实农民工随迁子女在输入地高考政策，2012年至2017年五年来在输入地参加高考人数达41万人。积极推进基本公共卫生计生服务均等化，为农民工提供的健康教育、预防接种、孕产妇保健等服务水平不断提升。积极拓宽住房保障渠道，各地普遍把符合条件的农民工纳入当地住房保障范围。积极将农民工纳入常住地公共文化服务体系，大力开展示范性文化活动。各地在农民工相对集中的城市建设农民工综合服务平台，集中为农民工提供“一站式”服务。

七、农民工户籍改革

深化户籍制度改革，农民工进城落户渠道更加畅通。围绕推进以人为核心的新型城镇化，统筹推进户籍制度改革，明确推动1亿左右农业转移人口和其他常住人口在城市落户的目标，户籍制度改革主体政策框架基本形成。制定出台“人地钱”挂钩机制等一些关键性配套政策，完善支持农业转移人口市民化的政策体系，建立农业转移人口市民化奖励机制，中央财政仅2017年就下达奖励资金200亿元。全国各省区市均出台了户籍制度改革实施意见，普遍放宽了农民工进城落户条件，户籍人口城镇化率从2012年的35.30％增长到2017年的42.35％。

第四节　劳动争议的解决方式

劳动争议是劳动者与用人单位之间关于劳动权利和劳动义务的纠纷。劳动争议一旦发生，就直接关系着劳动者的工作和生活，关系着劳动者的切身利益。作为争议的一方当事人，劳动者应尽快通过合法途径使争议得到解决，以保护自身的利益。用人单位与劳动者发生争议，有以下几种解决方式。

一、双方自行协商解决

劳动争议发生后，劳动者首先可以选择的解决方式是找所在单位进行协商，当事人在自愿的基础上进行协商，协商一致时，可以与用人单位达成协议。在与用人单位进行协商时，劳动者与用人单位处于平等地位，平等协商能使劳动者和用人单位心平气和地就一些争议小的问题交换意见，达成共识，这种方法具有经济、简便的特点。

二、调解

调解是指劳动争议当事人自愿申请，由企业调解委员会在查明事实、分清责任的基础上，对争议双方进行说服教育，促使其互谅互让，达成协议，从而解决争议。调解必须以当事人双方的自愿申请为前提，双方当事人可以在调解和仲裁这两种解决方式中自由选择，或者调解，或者仲裁，也可以先经过调解，再申请仲裁；选择调解的劳动者可以口头或书面形式向企业调解委员会提出申请，调解委员会经过审查受理争议后，在查明事实的基础上，依法对双方进行公正调解，并制作调解协议书或调解意见书。需要注意的是，调解委员会在调解中同样要遵照自愿原则，即当事人双方都自愿接受调解，并自愿达成和履行协议，调解委员会不得强迫任何一方接受调解。双方自行协商或达不成协议的，双方可自愿申请企业调解委员会调解，调解不成的，可申请仲裁。

三、仲裁

仲裁是指劳动争议仲裁委员会根据劳动争议当事人一方或双方的申请，依法就争议的事实和当事人应承担的责任作出判断和裁决的活动，劳动者申请仲裁应当以书面形式提出。对仲裁裁决不服的，当事人一方或者双方都可以向仲裁委员会申请仲裁。仲裁程序是人民法院处理劳动争议的前置程序，也就是说，劳动者因劳动争议向人民法院提起诉讼前，应当先向劳动争议仲裁委员会提出仲裁申请，人民法院不直接受理没有经过仲裁程序的劳动争议案件。提出仲裁要求的一方应当自劳动争议发生之日起 60 日内向劳动争议仲裁委员会提出书面申请。仲裁裁决一般应在收到仲裁申请的 60 日内作出。对仲裁裁决无异议的，当事人必须履行。[①] 劳动争议当事人对仲裁裁决不服的，可以自收到仲裁裁决书之日起 15 日内向人民法院提起诉讼。一方当事人在法定期限内不起

① 参见《劳动法》第 82 条。

诉又不履行仲裁裁决的，另一方当事人可以申请强制执行。[①]

受理申请的人民法院应当依法执行。当事人向人民法院申请强制执行，只有具备下列条件，人民法院才可以依法强制执行：第一，必须有执行的根据，即当事人申请人民法院强制执行，必须有发生法律效力的仲裁裁决书。第二，执行的根据必须已经发生法律效力。仲裁裁决书生效之前，不具有法律效力，不能申请强制执行。第三，必须具有执行的内容。即只有具有给付内容的仲裁裁决书，才可以依法申请强制执行。第四，必须有强制执行的理由。即强制执行必须是负有义务的一方当事人采用拖延、逃避或者拒绝的方式，不履行已经发生法律效力的仲裁裁决书，如果对方当事人已经自动履行规定的义务，则不产生强制执行的问题。第五，必须在规定的申请执行的时效期内提出申请。申请执行的期间为 2 年。申请执行时间的中止、中断，适用法律有关诉讼时效中止、中断的规定。[②]

四、诉讼

人民法院的审理是我国处理劳动争议的最终程序，与企业调解委员会的调解程序、劳动争议仲裁委员会的仲裁程序一并构成我国劳动争议处理的完整程序；劳动者不服劳动争议仲裁委员会的仲裁，可以向人民法院提起诉讼，由人民法院依法对争议进行审理并作出裁判，从而解决劳动争议。法院的审理程序与调解程序和仲裁程序有着很大的不同。调解以双方当事人的自愿申请为前提，调解协议的签订和履行也要本着自愿的原则；仲裁不以是否经过调解为先决条件，当事人可以不经过调解直接申请仲裁。而人民法院对劳动争议的审理，则必须以当事人不服劳动争议仲裁委员会的仲裁为前提，即当事人在劳动争议发生后不能直接向人民法院提起诉讼，只有先经过仲裁程序，对仲裁裁决不服的，才能进入诉讼程序。如不经过仲裁委员会的仲裁直接起诉，人民法院则不予受理。根据最高人民法院有关司法解释，劳动争议案件由民事审判庭依

---

① 参见《劳动法》第 83 条。

② 参见《民事诉讼法》第 239 条。

据民事诉讼法规定的程序审理，实行两审终审制。

案例

1. 包工头卷款逃跑了，农民工应向谁讨要工资？

孙某、李某等20人是外地农民工。他们跟包工头张某到工地打工。双方口头约定工程结束后结算工钱。年底工程完工，孙某却找不到张某，只好找到工程的施工单位某建筑公司要工钱，建筑公司刘经理说，钱已经给张某了，应该找张某要钱。孙某、李某等人屡次与建筑公司交涉未果，无奈之下，向当地劳动争议仲裁委员会申请仲裁。

分析

工程不能承包给没有建筑资质的单位，更不能承包给包工头这样的个人，本案20多名农民工工作了10个月，有权获得劳动报酬，而及时足额地支付给劳动者劳动报酬是用人单位应当履行的义务。包工头卷走工钱，严重侵犯了农民工的劳动权益，违法转包工程的建筑公司应承担连带责任。在找不到包工头的情况下，农民工可以要求建筑公司支付其工资。应注意的是，根据《劳动合同法》第30条规定："用人单位应当按照劳动合同约定和国家规定，向劳动者及时足额支付劳动报酬。用人单位拖欠或者未足额支付劳动报酬的，劳动者可以依法向当地人民法院申请支付令，人民法院应当依法发出支付令。"

2. 农民工可以向法院申请讨薪支付令吗？

肖某自2016年1月20日至2017年3月6日在某科技公司工作，经核算，其离职时公司拖欠工资25727元。经双方协商，公司承诺于2017年6月底前结清所欠工资，并给他出具欠条一张。至2017年8月2日，公司仅给付肖某5000元，尚欠20737元未付。经多次催要无果，肖某向法院申请支付令，要求公司支付拖欠工资。

分析

我国《劳动合同法》第30条规定："用人单位应当按照劳动合同约

定和国家规定，向劳动者及时足额支付劳动报酬。用人单位拖欠或者未足额支付劳动报酬的，劳动者可以依法向当地人民法院申请支付令，人民法院应当依法发出支付令。”根据《民事诉讼法》第 214～216 条规定：债权人请求债务人给付金钱、有价证券，符合下列条件的，可以向有管辖权的基层人民法院申请支付令：①债权人与债务人没有其他债务纠纷的；②支付令能够送达债务人的。申请书应当写明请求给付金钱或者有价证券的数量和所根据的事实、证据。债权人提出申请后，人民法院应当在 5 日内通知债权人是否受理。人民法院受理申请后，经审查债权人提供的事实、证据，对债权债务关系明确、合法的，应当在受理之日起 15 日内向债务人发出支付令；除申请不成立，裁定予以驳回者外，债务人应当自收到支付令之日起 15 日内清偿债务，或者向人民法院提出书面异议。债务人在前款规定的期间不提出异议又不履行支付令的，债权人可以向人民法院申请执行。

支付令的优点在于：第一，迅速。人民法院受理申请后，经审查合格合法的，应当在受理之日起 15 日内向债务人发出支付令；而债务人应当自收到支付令之日起 15 日内清偿债务，或者向人民法院提出书面异议。以上法律规定的时限从申请到终结最多 30 日，明显快于仲裁与诉讼的时限。第二，受理费较低。根据人民法院诉讼收费标准规定，申请支付令，比照财产案件受理费标准的 1/3 缴纳。第三，具有强制执行力。如果用人单位在收到支付令 15 日内，既不提出书面异议也不支付所欠劳动报酬的，劳动者就有权向受诉人民法院申请强制执行，这样有利于迅速地督促用人单位履行义务，及时有效地维护劳动者合法利益。本案中，法院发出支付令后，公司未在法定期限内提出书面异议，支付令发生法律效力。在法院督促下，公司支付了所欠肖某薪水 20737 元。

3. “生死合同”有效吗？用人单位签订的劳动合同必须载明哪些劳动安全事项？

分析

“生死合同”是劳动实务中的一种说法，指的是用人单位免除自己的一切安全责任，将保护劳动者的安全、健康完全排除在单位义务之外的任何形式的协议。“生死合同”完全无法保障劳动者的合法权益，导致双方权利义务的极端不对等，因而是违犯法律的，无效的。根据《中华人民共和国安全生产法》第49条规定，生产经营单位与从业人员订立的劳动合同，应当载明有关保障从业人员劳动安全、防止职业危害的事项，以及依法为从业人员办理工伤社会保险的事项；生产经营单位不得以任何形式与从业人员订立协议，免除或者减轻其对从业人员因生产安全事故伤亡依法应承担的责任。《劳动法》第18条规定，违反法律、行政法规的劳动合同无效。因此，只要生产经营单位与从业人员签订此类“生死合同”，不管从业人员是自愿还是非自愿，该劳动合同都为无效合同，对从业人员因安全生产事故造成的伤亡，生产经营单位须承担责任。

4. 职工工伤致残，单位是否应赔偿？

农民工李某进入某电子有限公司生产制造部门工作，双方签订了期限为5年的劳动合同。后李某在工作过程中，左手拇指被机器砸伤，造成其左拇指末节部分缺失（被认定为工伤，经市劳动能力鉴定委员会鉴定为劳动能力障碍九级），住院治疗83天。公司付过医疗费用后，不愿赔偿。李某起诉至人民法院要求赔偿，法律能否支持？

分析

根据国务院《工伤保险条例》第14条、第15条规定，职工有下列情形之一的，应当认定为工伤：①在工作时间和工作场所内，因工作原因受到事故伤害的；②工作时间前后在工作场所内，从事与工作有关的预备性或者收尾性工作受到事故伤害的；③在工作时间和工作场所内，因履行工作职责受到暴力等意外伤害的；④患职业病的；⑤因工外出期间，由于工作原因受到伤害或者发生事故下落不明的；⑥在上下班途中，受到非本人主要责任的交通事故或者城市轨道交通、客运轮渡、火车事故伤害的；⑦在工作时间和工作岗位，突发疾病死亡或者在48小时之内经抢救无效死亡的；⑧在抢险救灾等维护国家利益、公共利益活动中受到伤害的；⑨职工原在军队服役，因战、因公负伤致残，已取得革命伤残军人证，到用人单位后旧伤复发的；⑩法律、行政法规规定的应当认定为工伤的其他情形。人力资源和社会保障部颁发的《工伤认定办法》第17条规定，职工或者其直系亲属认为是工伤，用人单位不认为是工伤的，由该用人单位承担举证责任。用人单位拒不举证的，社会保险行政部门可以根据受伤害职工提供的证据或者调查取得的证据，依法作出工伤认定决定。人民法院受理本案后，依法查明，原告李某系某市电子有限公司员工，在工作中左手拇指被机器砸伤，造成其左拇指末节部分缺失，并构成劳动能力障碍九级。李某属于在工作时间、工作场所内因工作原因受到事故伤害，应该被认定为工伤。李某所在公司拒不承担举证责任，故此判决由被告某电子有限公司承担经济责任，一次性支付李某各项工伤赔偿及损失合计96191.5元。

5. 劳动合同到期未续签，是否应当给付经济补偿?

农民工姜某与某公司签订为期一年的有期限的劳动合同，合同到期后双方又签订为期一年的劳动合同，合同到期后双方没有续签。姜某“走人”，该公司拒绝支付应当给付的经济补偿金。另外，在劳动关系存在期间，该公司没有为姜某缴纳养老保险金。

分析

《劳动合同法》第46条规定，有下列情形之一的，用人单位应当向劳动者支付经济补偿：①用人单位未按照劳动合同约定提供劳动保护或者劳动条件的；未及时足额支付劳动报酬的；未依法为劳动者缴纳社会保险费的；用人单位的规章制度违反法律、法规的规定，损害劳动者权益的；以欺诈、胁迫的手段或者乘人之危，使对方在违背真实意思的情况下订立或者变更劳动合同的。②用人单位与劳动者协商一致，解除劳动合同的。③劳动者患病或者非因工负伤，在规定的医疗期满后不能从事原工作，也不能从事由用人单位另行安排的工作的；劳动者不能胜任工作，经过培训或者调整工作岗位，仍不能胜任工作的；劳动合同订立时所依据的客观情况发生重大变化，致使劳动合同无法履行，经用人单位与劳动者协商，未能就变更劳动合同内容达成协议的。④依照企业破产法规定进行重整的，解除劳动合同的。⑤除用人单位维持或者提高劳动合同约定条件续订劳动合同，劳动者不同意续订的情形外，劳动合同期满终止固定期限劳动合同的。⑥因用人单位被依法宣告破产，用人单位被吊销营业执照、责令关闭、撤销或者用人单位决定提前解散的而终止劳动合同的。

本案属于用人单位与劳动者协商一致，解除劳动合同。在劳动关系存续期间，该公司应为姜某缴纳养老保险金，公司应为姜某补缴所拖欠的养老保险金。依照《劳动合同法》的规定，除用人单位维持或者提高劳动合同约定条件续订劳动合同，劳动者不同意续订的情形外，劳动合同期限届满，终止固定期限劳动合同的，用人单位应当向劳动者支付经济补偿。姜某要求支付经济补偿的请求是合法的，依法应予支持。

6. 上班途中被摩托车撞伤，违反交通规则是否认定工伤？[①]

刘某系某工厂工人，骑自行车上班途中横过马路时被陈某驾驶的摩托车撞伤，造成左侧额颞脑挫伤并血肿形成，左额颞部急性硬膜下血肿，颅底骨折等。后刘某向劳动保护机关申请工伤认定，劳动保护机关经调查后作出刘某属于工伤的认定决定。刘某所在工厂不服，向省劳动和社会保障厅申请行政复议，复议机关维持劳动保护机关作出的工伤认定决定。工厂仍不服，起诉至人民法院，要求撤销劳保机关作出的工伤认定决定。

分析

根据《中华人民共和国道路交通安全法》（以下简称《道路交通安全法》）和《治安管理处罚法》规定，违反交通管理的行为与违反治安管理的行为相分离，刘某骑车上班途中横过马路被撞伤，其自身虽有过错，构成交通违章，但其行为只是有违《道路交通安全法》却没有违反《治安管理处罚法》，两者在性质上是不同的，故刘某的行为符合认定工

---

① 参见肖福林：《上班途中被摩托撞伤　违反交规仍定工伤》，中国法院网，2008 年 12 月 10 日。

伤的条件。同时，根据《工伤保险条例》第14条和第16条规定，上下班途中受到非本人主要责任的交通事故伤害，只要不是故意犯罪、醉酒或者吸毒、自残或者自杀的，即可认定为工伤。受到非本人主要责任的交通事故，或者城市轨道交通、客运轮渡、火车事故、电动车造成伤害的，都算工伤。修订的条例减轻了劳动者负担，是社会保障的一大进步。因此，刘某可以认定为工伤。

7. 因讨薪而采取过激手段应否被处罚?

有8位在建筑工地打工的农民工，为讨回包工头拖欠他们的2万元工资，来到单位门前静坐、打条幅，结果不但没要到钱，还被公安局以扰乱治安为由拘留了5天。事后，他们来到律师事务所请求法律援助。通过诉讼调解，他们在1个月后拿到了全部拖欠工资。

分析

欠薪问题是农民工外出打工遇到的比较典型的问题之一，也是社会十分关注的问题，这在工资年结的建筑领域尤为突出。近年来，每到年底，都会有农民工因为拿不到工钱而采取静坐、示威、跳楼等极端手段进行讨薪，许多实例证明这种方式是不可取的。面对欠薪问题，农民工朋友应该学会用法律武器为自己维权。

首先，一定要清楚自己在为谁打工，招工的人全名是什么，身份证号是什么，这是在处理欠薪问题的司法程序中必不可少的信息。其次，建议大家选择工作时最好去一些正规的大企业或者劳务公司，签署正规合同，这样发生欠薪事件的可能性较小。最后，在签合同时，关于工资数额、结算方式、补贴福利等问题，一定要让单位写下书面凭证。

建筑单位由于自身的特殊性，通常每月只给工人发生活费，到年底再发工资。这种情况下，一旦出现停发生活费的现象，工人就要提高警惕了，这很可能是层层拖欠工程款，包工头赔钱而准备逃跑的前兆。这时候应该向老板索要欠条，实在要不到欠条，可以进行录音，这都是有力的证据。

遭遇欠薪时，一定要通过合法途径讨薪，如果采取过激行为，给单位造成了经济损失，即使最后讨回了工资，也要对单位做出赔偿，这对农民工来说得不偿失。

8. 工作时被打伤都能获得哪些赔偿？

保安张某在工作过程中，为保护小区内公共设施，被不法分子殴打，造成八级工伤。其所在单位却以张某寻衅滋事引起第三方对其造成伤害为由，拒绝支付工伤的各项赔偿。援助律师 4 次找派出所、物业、工友取证，经过劳动仲裁 2 次开庭，终于为张某挽回 80278 元的工伤赔偿金。

分析

这个案例涉及了两个方面的问题，第一是人身损害赔偿问题，第二是工伤赔偿问题。人身损害赔偿是由对当事人造成人身损害的第三方承担赔偿。张某在工作过程中，被第三人殴打致伤，可以通过司法程序向打人者索取人身损害赔偿。工伤赔偿问题相对复杂一些，本案在工伤认定的过程中也产生了争议。根据《工伤保险条例》第 14 条，在工作时间、工作地点，因工作职责受到暴力侵害的，可以定为工伤，因此张某的情况应该认定为工伤。

工伤认定后，根据《工伤保险条例》的规定，还可以从工伤社保基金中获得赔偿，这样张某就可以获得两份工伤赔偿。也就是说，工伤赔偿一部分由社保基金承担，其余部分由单位承担。而社保基金是有时效性的，过了一年的时效期，就不能申请赔偿了。张某由于缺乏相关知识，错过了申请工伤社保基金赔偿的期限，因此损失了 3 万～4 万元的赔偿金。

需要指出，工伤赔偿主要限于签有劳动合同的情况，如果是临时性的劳务关系，就不易申请工伤赔偿，通常只能得到人身损害赔偿。提醒农民工朋友，在工作过程中，如与第三方发生肢体冲突造成人身损害，能否认定为工伤还要视具体情况而定。如果自己将他人打伤，也是逃脱不了法律责任的。因此，应尽量避免肢体冲突。

第七章

婚姻与生育的法律保障

婚姻家庭关系在我国五千年的文明史中已经形成了自成一体的风俗习惯和传统习俗。我国现行婚姻家庭方面的法律是在批判和继承这些习俗的过程建立和发展起来的，所以法律和习惯之间难免出现紧张关系，这种情况在广大农村地区更为明显。人们常说的“合法不合情”或者“合情不合法”就是对这种紧张关系的写照。常言说，家庭是个小社会，社会是个大家庭，只有家家安，才有社会宁。因此，解决这种紧张关系的有效办法就是进行普法宣传。只有让人们了解到法律是什么，法律与习俗相比能更加合理地规范和调整人们之间的婚姻、家庭关系，才能使得人们自觉地遵守法律，依照法律的规定来思考生活中遇到的问题，才能有利于婚姻家庭关系的稳固，才能防止严重违犯法律和违犯道德的事情发生，才能使得合法权益被侵犯的受害者具有用法律维护自己权益的意识。婚姻、生育是婚姻家庭的重要组成部分，这方面的法律知识也是人们普遍关心和与人们自身息息相关的，本章将介绍我国现行法律对这方面的规定。

第一节　结　婚

一、结婚条件

结婚是男女双方按照法定的条件和程序，经依法登记，确立夫妻关系，婚姻关系成立，并承担由此而产生的权利和义务的行为。《中华人民共和国婚姻法》（以下简称《婚姻法》）关于结婚的法定条件，有必备条件和禁止条件两个方面：

1. 结婚的必备条件。

(1) 男女双方完全自愿。《婚姻法》第5条规定:“结婚必须男女双方完全自愿,不许任何一方对他方加以强迫或任何第三者加以干涉。”这是婚姻自由原则在结婚问题上的具体表现。男女双方完全自愿的要求是指:男女双方自愿,而不是一厢情愿;男女本人自愿,而不是必经父母或第三人的同意;男女双方完全自愿,而不是勉强同意。

(2) 达到法定婚龄。按照法律规定允许结婚的最低年龄就是法定婚龄。与古代强制早婚的必婚制相比,现行《婚姻法》实行的则是倡导晚婚的允婚制。法定婚龄不允许任意妄为,既需要考虑到人的身体发育和智力成熟情况等自然因素,也需要考虑到政治、经济及人的发展情况等社会因素。我国现行《婚姻法》第6条规定的结婚年龄为,男不得早于22周岁,女不得早于20周岁。在新疆、西藏、宁夏、内蒙古等自治区以及一些地方的自治州、自治县,少数民族公民的法定婚龄为男20周岁,女18周岁。香港地区最低法定婚龄为16周岁(21周岁以下需要父母同意),澳门地区最低法定婚龄为16周岁(18周岁以下需要父母同意),台湾地区最低法定婚龄为男18周岁,女16周岁(20周岁以下需要父母同意)。世界大部分国家或地区的最低婚龄在16—18周岁之间,相比而言,我国内地的法定婚龄确实要比其他国家和地区略高,而且目前我国还面临着结婚年龄越来越晚的情况,根据2015年国家卫计委的调查数据,目前,我国的初婚年龄为25岁。因此,有专家建议将我国法定婚龄降低到18周岁,可以提高生育率,减少“剩男剩女”、高龄产妇、未婚同居等现象发生。也有人大代表、政协委员在全国“两会”上提出此类建议、议案,但尚未得到相关部门的积极响应。男女双方当事人达到法定婚龄后,有决定自己是否结婚和何时结婚的权利。

(3) 符合一夫一妻制原则。所谓一夫一妻制原则是指,申请结婚的当事人双方只能是未婚者或者丧偶、离婚者,需均没有配偶。违反一夫一妻制原则结合的男女,不具有婚姻的法律效力。

2. 结婚的禁止条件。

(1) 直系血亲和三代以内的旁系血亲。《婚姻法》禁止直系血亲和三代以内旁系血亲通婚。直系血亲,是指直接生育自己和自己所生育的上下各代的具有直接血缘关系的亲属，如父母、祖父母、外祖父母以及子女、孙子女、外孙子女等。三代以内的旁系血亲，是指出于同一祖父母、外祖父母的旁系血亲，按照《婚姻法》的计算方法，三代以内旁系血亲是指：伯、叔、姑、舅、姨、侄子（女）、外甥、外甥女、堂兄弟姐妹、姑舅表兄弟姐妹、姨表兄弟姐妹等。近亲属结婚，极容易将一方或双方生理上、精神上的弱点和缺陷毫无保留地暴露出来，累积起来遗传给后代。据统计，人类隐性遗传性疾病有1000多种。如父母为近亲，其带来的隐性基因发病率高出非近亲结婚的150倍，出生婴儿的死亡率也高出3倍多。禁止近亲结婚，对提高中华民族的整体素质，促进民族的繁荣昌盛具有重要意义。①

现实社会中还有理应限制直系姻亲结婚问题。直系姻亲是指岳母与女婿、公公与儿媳之间的关系。直系姻亲之间结婚的问题在我国《婚姻法》中没有相应的规定。按照“法不禁止即自由”的原则，直系姻亲之间结婚是属于个人自由选择，是一种合法行为。但这种行为显然与社会伦理道德及风俗习惯不符合，属于“合法不合道德”的行为，容易造成社会伦理道德认知混乱，因此不宜结婚，应予以限制。

拟制血亲之间的结婚问题。所谓拟制血亲，指的是没有直接血缘关系，但在法律上确定与血亲亲属具有相同地位的亲属关系。比如养父母与养子女，继父母与继子女。关于拟制血亲的通婚问题，《婚姻法》里没有予以明确规范。从立法本意上看，禁止近亲结婚主要是为防止因生理遗传的不健康因素而造成人口和民族发展的不良后果。一般来说，拟制血亲之间无血缘关系，因而不存在血亲结婚而产生的障碍，好像可以结婚。但因为我国《婚姻法》规定他们之间适用父母和子女之间的权利义务关系，拟制血亲之间等同于直系血亲的地位。若允许其结婚，有违社会伦理。至于同辈分的拟制血亲即拟制旁系血亲之间，如养兄弟姐妹、继兄弟姐妹之间，只要他们之间无近亲血缘关系，符合法定结婚条件的即可结婚，但应先解除养父母与养子女、继父母与继子女之间的

---

① 参见陈旎：《浅析我国结婚条件相关规定》，《商品与质量》2012年4月15日。

关系。[①]

（2）患有医学上认为不应当结婚的疾病。在司法实践中，不应当结婚的疾病主要有以下几类：①患性病未治愈的；②重症精神病（包括精神分裂症、躁狂抑郁症和其他精神病发病期间）；③先天痴呆症（包括重症智力低下者）；④非常严重的遗传性疾病。

二、结婚登记

结婚除必须符合法律规定的条件外，还必须履行法定的程序。结婚登记是国家对婚姻关系的建立进行监督和管理的制度。《婚姻法》要求结婚的男女必须亲自到婚姻登记机关进行结婚登记。登记制度有很多优点，一是能够保障婚姻自由和一夫一妻原则的贯彻实施，避免违法婚姻，二是能够预防婚姻家庭纠纷的发生，三是能够保证婚姻当事人及其子女的身体健康，同时也是在婚姻问题上进行法制宣传的重要环节。未办理登记的婚姻不具有法律上的效力。

1. 结婚登记机关。我国内地城市居民办理婚姻登记机关是市辖区的人民政府的民政部门，农村则是在县级人民政府民政部门或乡、镇、民族乡的人民政府；省级人民政府也可以按照便民原则确定农民办理婚姻登记的具体机关。我国公民同外国人，内地居民与港、澳、台和华侨在我国内地办理结婚登记的机关，统一由省级人民政府民政部门或者省级民政部门确定的机关办理。婚姻登记管理机关管辖范围应与户籍管辖范围相适应。结婚双方当事人户口不在同一地区的，可以到任何一方户口所在地的婚姻登记机关办理结婚登记。

2. 结婚登记应提交的证件。

（1）本人常住户口簿、居民身份证（现场复印）。

（2）本人无配偶以及与对方当事人没有直系血亲和三代以内旁系血亲关系的签字声明（现场填写）。

（3）当事人提交 3 张 2 寸近期半身免冠彩色合影照片（可现场照

① 参见刘圣华：《我能同收养的妹妹结婚吗?》，《农家科技》2004 年 7 月 1 日。

相，不过得缴纳一定费用）。[①]

3. 结婚登记的程序。

（1）申请。要求结婚登记的男女双方持所需证件共同到一方常住户口的区、县民政局（或乡、镇人民政府）的婚姻登记机关提出申请。结婚申请必须双方当事人亲自到场，不能由一方单独申请，也不能委托他人代理申请。虽然《婚姻登记条例》对婚前健康检查、提交婚前健康检查证明等未做规定，但并不是说婚前体检由强制变为自愿。因为地方人大可以根据《中华人民共和国立法法》《中华人民共和国母婴保健法》有关规定，通过立法规定强制婚检、不规定强制婚检或者取消目前的强制婚检制度。离过婚的当事人申请复婚或再婚，须持已经发生法律效力的准予离婚的民事判决书或离婚证。在实行婚前医学检查的地方，申请结婚登记的当事人必须到指定的医疗保健机构进行婚前医学检查，并提交婚前医学检查证明或者医学鉴定证明。双方当事人各填写一份申请结婚登记声明书，亲自到婚姻登记机关提出申请，并在申请结婚登记声明书中“声明人”一栏签名。

（2）审查。婚姻登记管理机关应当依法对当事人的结婚申请和相关证件进行全面审查核实：一方面审查当事人所持证件是否真实、完备，有无伪造、涂改或冒名顶替的行为，必要时可亲自调查、核实；另一方面审查当事人双方是否都符合结婚的法定实质要件。办理结婚登记的当事人有下列情形之一的，婚姻登记机关不予登记：①未到法定结婚年龄的；②非双方自愿的；③一方或者双方已有配偶的；④属于直系血亲或者三代以内旁系血亲的；⑤患有医学上认为不应当结婚的疾病的。[②] 婚姻登记管理机关不予登记的，法律上不承认该婚姻的法律效力，当事人之间的权利关系不能依照《婚姻法》进行确定，即在男女双方之间也不产生《婚姻法》规定的夫妻权利、义务。

（3）登记。婚姻登记机关应当对结婚登记当事人出具的证件、证明材料进行审查并询问相关情况。对当事人符合结婚条件的，应当当场予

---

① 参见《婚姻登记条例》第 5 条第 1 款。

② 参见《婚姻登记条例》第 6 条。

以登记，发给结婚证；对当事人不符合结婚条件不予登记的，应当向当事人说明理由。离婚的男女双方自愿恢复夫妻关系的，应当到婚姻登记机关办理复婚登记；婚姻登记机关则首先应当注销其离婚证，再颁发结婚证。当事人从取得结婚证起，确立夫妻关系。婚姻登记管理机关对当事人的结婚登记申请不予登记的，应当以书面形式说明不予登记的理由。结婚当事人认为符合婚姻登记条件而婚姻管理机关不予登记的，可以依据行政复议法的规定申请复议；对复议决定不服的，可依行政诉讼法的规定提起行政诉讼。① 因胁迫结婚的，受胁迫的当事人向婚姻登记管理机关请求撤销其婚姻的，应当出具下列证明材料：本人的身份证、结婚证；能够证明其受胁迫结婚的证明材料。婚姻登记机关经审查认为受胁迫结婚的情况属实且不涉及子女抚养、财产及债务问题的，应当撤销该婚姻，宣告结婚证作废。②

三、婚约和无效婚姻

1. 婚约。俗称订婚，就是男女双方以结婚为目的，事先订立的婚姻预约。虽然现实生活中订婚被广大人民群众广泛采用，但是订婚不是结婚的必经程序，男女双方婚姻关系的成立，是以双方是否办理结婚登记为准的。对于婚约，法律既不承认，也不加以干涉，婚约不具有法律上的约束力。当事人可以订立婚约，也可以不订。因此男女双方原有婚约的，一方反悔，不愿意与对方结婚的，可以自动解除，无须经过法律手续，任何人不得干涉。彩礼、聘金一般是婚约的附属品，实际上是女方或者女方家长借婚姻向男方及其家长索取财物的一种方法。解除婚约后，对于彩礼，双方应该本着诚实信用的原则加以协商。双方不能协商解决，可以请求基层调解委员会进行调解。除了彩礼外，男女双方自愿赠送的财物，在解除婚约后，除双方自愿退回外，原则上不能要求退还。

2. 无效婚姻。又称婚姻无效，是指因不具备法定结婚实质要件或

① 参见《婚姻登记条例》第 7 条、第 14 条。
② 参见《婚姻登记条例》第 9 条。

形式要件的男女结合，在法律上不具有婚姻效力的制度。无效婚姻法律制度历来是婚姻法律制度的重要组成部分，目前，许多国家的法律中也都有无效婚姻的规定。《婚姻法》第 10 条规定："有下列情形之一的，婚姻无效：重婚的；有禁止结婚的亲属关系的；婚前患有医学上不应当结婚的疾病，婚后尚未治愈的；未到法定婚龄的。"

婚姻无效的法律后果：

(1) 当事人所缔结的婚姻依法宣告无效，当事人之间不产生配偶身份，不具有夫妻的权利和义务。

(2) 婚姻无效，并不影响父母子女间的权利和义务。无效婚姻当事人双方所生育的子女与其父母的关系，适用《婚姻法》关于父母子女关系的规定。子女抚养，由双方协商处理；协商不成的，法院应根据子女利益和双方的具体情况判决。

(3) 当事人同居期间所得的财产，属于双方共同所有的财产，但有证据证明为当事人一方所有的除外。对同居生活期间的所得财产，由无效婚姻当事人双方协议处理；协议不成时，由法院根据照顾无过错方的原则判决。但对重婚导致的婚姻无效当事人财产的处理，不得侵害合法婚姻当事人的财产权益。人民法院审理重婚导致的无效婚姻案件时，涉及财产处理的，应当准许合法婚姻当事人作为有独立请求权的第三人参加诉讼。同居生活前，一方自愿赠送给对方的财物，可比照赠予关系处理。①

第二节　离　婚

随着我国改革开放的深入推进，经济建设和精神文明建设取得了长足的发展，人们的思想束缚慢慢被打破，人们对婚姻的态度也有了明显的改变。婚姻不再仅仅是自身的围城，缔结婚姻不再仅仅是为了完成传宗接代的任务，而更多的是为了追求自身的幸福，实现人格的全面发

① 参见最高人民法院《关于适用〈中华人民共和国婚姻法〉若干问题的解释一》第 15 条、第 16 条规定。

展。相应的，当婚姻不适合自己时，人们的思想也由原来的忍气吞声慢慢转变为现在的勇敢摆脱。现今，离婚也是人们生活中经常见到的现象。所谓离婚，指的是指通过协议或诉讼的方式，夫妻双方解除婚姻关系、终止夫妻间权利义务的行为。按照《婚姻法》，如果感情确已破裂，经过调解无效，应当准予离婚。

一、离婚条件

夫妻感情确已破裂是判决离婚的法定条件。根据《婚姻法》的有关规定和审判实践经验，凡属下列情形之一的，视为夫妻感情确已破裂：

（1）一方患有法定禁止结婚疾病的，或一方有生理缺陷或其他原因不能发生性行为，且难以治愈的。

（2）婚前缺乏了解，草率结婚，婚后未建立起夫妻感情，难以共同生活的。

（3）婚前隐瞒了精神病，婚后经治不愈，或者婚前知道对方患有精神病而与其结婚，或一方在夫妻共同生活期间患精神病，久治不愈的。

（4）一方欺骗对方，或者在结婚登记时弄虚作假，骗取结婚证的。

（5）双方办理结婚登记后，未同居生活，无和好可能的。

（6）包办、买卖婚姻，婚后一方随即提出离婚，或者虽共同生活多年，但确未建立起夫妻感情的。

（7）因感情不和分居已满 2 年，确无和好可能的，或者经人民法院判决不准离婚后又分居满 1 年，互不履行夫妻义务的。

（8）一方与他人通奸、非法同居，经教育仍无悔改表现，无过错一方起诉离婚，或者过错方起诉离婚，对方不同意离婚，经批评教育、处分，或在人民法院判决不准离婚后，过错方又起诉离婚，确无和好可能的。

（9）一方重婚，另一方提出离婚的。

（10）一方好逸恶劳、有吸毒、赌博等恶习，不履行家庭义务、屡教不改，夫妻难以共同生活的。

（11）一方被依法判处长期徒刑，或其违法、犯罪行为严重伤害夫妻感情的。

（12）一方下落不明满 2 年，对方起诉离婚，经公告查找确无下落的。

（13）受对方的虐待、遗弃，或者受对方亲属虐待，或虐待对方亲属，经教育不改，另一方不谅解的。

（14）因其他原因导致夫妻感情确已破裂的。一方坚决要求离婚，经调解无效，可依法判决准予离婚。①

二、离婚方式

1. 协议离婚。这种方式适用于男女双方自愿离婚的，且婚姻登记机关查明双方确实是自愿并对子女和财产问题已有适当处理时，准予离婚，发给离婚证。这种方式适用于夫妻双方对于子女抚养、财产等均无争议的情况。协议离婚程序简单，时间短，费用少。离婚协议的起草，不能草率行事，应十分慎重，可以请律师把关。根据《婚姻登记条例》规定，内地居民自愿离婚的，男女双方应当共同到一方当事人常住户口所在地的婚姻登记机关办理离婚登记。办理离婚登记的内地居民应当出具下列证件和证明材料：本人的户口簿、身份证；本人的结婚证；双方当事人共同签署的离婚协议书。离婚协议书应当载明双方当事人自愿离婚的意思表示以及对子女抚养、财产及债务处理等事项协商一致的意见。2003 年 10 月 1 日施行的《婚姻登记条例》，对于双方都已同意离婚，并且在子女抚养、财产分割问题上能够达成协议的，到民政部门办理协议离婚提供了十分便捷途径。

2. 诉讼离婚。指夫妻双方对离婚、离婚后子女抚养或财产分割等问题不能达成协议，由一方向人民法院起诉，人民法院依诉讼程序审理后，调解或判决解除婚姻关系的法律制度。根据《婚姻法》规定，男女一方要求离婚的，可由有关部门进行调解或直接向人民法院提出离婚诉讼。夫妻一方坚持不离或虽同意离婚，但对子女抚养或财产分割达不成协议的，只有通过人民法院诉讼离婚。有下列情形之一，调解无效的，

---

① 参见最高人民法院《关于人民法院审理离婚案件如何认定夫妻感情确已破裂的若干具体意见》。

应准予离婚：重婚或有配偶者与他人同居的；实施家庭暴力或虐待、遗弃家庭成员的；有赌博、吸毒等恶习屡教不改的；因感情不和分居满2年的；其他导致夫妻感情破裂的情形。夫妻感情完全破裂是诉讼裁判离婚的唯一条件。从司法实务来看，谁主张谁举证。证明双方感情完全破裂的举证责任在原告方。[①] 应从夫妻关系现状、婚姻基础、离婚原因、婚后感情以及有无和好可能等方面，综合判断夫妻感情是否确已破裂。诉讼离婚费用较高，程序复杂，时间较长，适用于一切离婚关系。

在诉讼离婚中，存在两种特殊保护制度。一是对现役军人的特殊保护。《婚姻法》规定，现役军人的配偶要求离婚的，除非军人一方有重大过失，否则须经军人同意。这是为了保护军人的利益，对非军人一方离婚请求权的限制，达到维护人民军队稳定的目的。二是对女方的特殊保护。男方在女方怀孕期间、分娩后1年内或终止妊娠后6个月内不得请求离婚，但是女方提出离婚的或人民法院认为确有必要受理男方的离婚请求的除外。目的是为了保护妇女和儿童的合法权益。根据司法解释和审判实践，所谓“确有必要”，主要指两种情况：一是女方怀孕或分娩的婴儿是与他人通奸所致。二是在此期间双方确实存在不能继续共同生活的重大而急迫的事由，已对他方有危及生命、人身安全的可能。

三、离婚后财产分割

财产分割问题是离婚时双方必然会面临的问题之一。依据《婚姻法》规定，离婚时，夫妻的共同财产由双方协议处理；协议不成时，由人民法院根据财产的具体情况，照顾子女和女方权益的原则判决。夫或妻在家庭土地承包经营中享有的权益等，应当依法予以保护。可见，婚姻效力终止后，在夫妻共同财产分配上若夫妻双方对于财产的分割达成一致，依照其约定处理，达不成一致的，按照男女平等，照顾无过错方，尊重当事人意愿，保护妇女、儿童的合法权益，有利生产、方便生

① 参见曾建敏：《诉讼离婚标准探讨》，《法制与社会》2008年4月25日。

活的原则进行分配。具体来讲，有以下几个方面：一是婚前个人财产，属于私人财产，不参与分配。二是婚后夫妻共同财产，原则上均等分割。根据生产、生活的实际需要和财产的来源等情况，具体处理时也可以有所差别。属于个人专用的物品，一般归个人所有。其中土地承包经营权以户为单位取得，离婚虽然导致家庭的解散，但是不应该因此而影响其本享有的土地承包经营权。三是夫妻共同债务，由双方偿还，也可以约定由一人偿还，但以逃避债务为目的的约定无效。四是离婚中的无过错方有权要求有过错方损害赔偿。

四、离婚后子女的抚养

孩子是父母的心头肉，离婚会导致一个家庭的分裂，对子女抚养问题处理不恰当，将给孩子的身心健康造成重大的负面影响。因此离婚后孩子的抚养问题就成了离婚时的头等问题。妥善处理好离婚后孩子的抚养问题将使得家庭分裂对孩子身心健康的负面影响降到最小，《婚姻法》本着照顾子女利益的主旨，对离婚后子女抚养问题做了一系列的规定。根据《婚姻法》第 36 条规定："父母与子女间的关系，不因父母离婚而消除。离婚后，子女无论由父或母直接抚养，仍是父母双方的子女。离婚后，父母对于子女仍有抚养和教育的权利和义务。离婚后，哺乳期内的子女，以随哺乳的母亲抚养为原则。哺乳期后的子女，如双方因抚养问题发生争执不能达成协议时，由人民法院根据子女的权益和双方的具体情况判决。"第 38 条规定："不直接抚养子女的父或母，有探望子女的权利，另一方有协助的义务。行使探望权利的方式、时间由当事人协议；协议不成时，由人民法院判决。父或母探望子女，不利于子女身心健康的，由人民法院依法中止探望的权利；中止的事由消失后，应当恢复探望的权利。"

由于离婚后，双方不再共同生活，所以子女不可能继续与其父母同时持续生活，应该确定实际抚养人。不与子女共同生活一方应该支付抚养费。在负担费用的多少和期限的长短达不成协议的情况下，由人民法院根据有利于子女健康成长的需要，保障子女的合法权益和父母各自的负担能力进行判决。子女的抚养费包括子女生活费、教育费、医疗费等费用。人民法院在确定子女抚养费的数额时，一般是根据子女的实际需要、父母双方的负担能力、当地的实际生活水平三大标准来确定。不直接抚养子女的一方有固定收入的，抚养费一般可按其月总收入的20％～30％的比例给付，负担两个子女的可适当提高，但最高一般不超过月总收入的50％。无固定收入的，可依据当年总收入或同行业平均收入比照前面的比例计算。农村居民可以按照其当年的总收入的20％～30％的比例给付。抚养费应定期支付，有条件的可以一次性给付。抚养费一般支付到孩子年满18岁为止。

第三节　计划生育

在我国广大农村地区，尤其是一些较为落后的农村地区，存在重男轻女、多子多福、养儿防老、传宗接代等传统观念，结果使这些地区的人口增长过快，资源消耗过多，同时，也使当地的环境承受了过重的压力，形成了“越穷越生，越生越穷”的恶性循环。为了控制人口数量，提高人口素质，实现资源、人口、环境的良性循环，我国从20世纪70年代初开始大力推行计划生育，1978年以后计划生育成为我国的一项基本国策。经过艰苦的努力，有效地控制了人口过快增长。但是由于我国人口基数大，人口形势依旧不容乐观。根据2018年2月28日国家统计局发布的《中华人民共和国2017年国民经济和社会发展统计公报》显示，截至2017年底，全国总人口为139008万人（不包括香港、澳门和台湾地区）。如此大的人口基数，必然使每年出生人口的绝对数字相当庞大。同时，我国目前的生产力水平还较低，地区发展不平衡，社会保障制度尚不健全，养儿防老等传统生育观念的影响还将长期存在，这就使得生育水平有可能回升。

一、计划生育政策

1. 计划生育是我国的基本国策。概括地讲，计划生育就是指有计划地调节人口的增长速度，使之与经济发展水平相适应。为了控制人口数量，提高人口质量，我国把计划生育政策作为国策载入了《宪法》和

《婚姻法》之中。《宪法》第25条明文规定："国家推行计划生育，使人口的增长同经济和社会发展计划相适应。"同时第49条还规定："夫妻双方有实行计划生育的义务。"《婚姻法》将计划生育作为一个基本原则确立在总则之中，明确规定应"实行计划生育"。《妇女权益保障法》第51条第2款规定，"育龄夫妻双方按照国家有关规定计划生育，有关部门应当提供安全、有效的避孕药具和技术，保障实施节育手术的妇女的健康和安全。"《人口与计划生育法》第17条也明确规定："公民有生育的权利，也有依法实行计划生育的义务，夫妻双方在实行计划生育中负有共同的责任。"

2. *夫妻双方在实行计划生育中负有共同的责任*。有些人认为子女是妻子所生，实行计划生育是妻子的事情，与丈夫无关，避孕节育措施应当由妻子采取，丈夫无须采取避孕节育措施。但生育子女是男女双方的事情，实行计划生育的责任也应当由夫妻双方共同承担。夫妻应共同承担计划生育的责任，男性应主动采取节育措施。农村的夫妻应当破除陈旧的思想观念，在夫妻生活中应当共同协商，互相配合，采取切实有效的措施，避免计划外生育，而不能把计划生育的责任只让妻子一人承担。

3. *国家向农村育龄夫妇免费提供避孕、节育技术服务*。为了鼓励育龄夫妻只生一个子女，国家采取了一系列的措施。农村的经济条件相对比较落后，为了保证农村人口也能够享受到计划生育的技术服务，我国向农村实行计划生育的育龄夫妻免费提供避孕、节育技术服务。免费提供的技术服务项目包括：发放避孕药具；孕情、环情检查；放置、取出宫内节育器及技术常规所规定的各项医学检查；人工终止妊娠术及技术常规所规定的各项医学检查；输卵管结扎术、输精管结扎术及技术常规所规定的各项医学检查；计划生育手术并发症诊治。对于国家免费提供的避孕、节育技术服务项目，计划生育技术服务机构和从事计划生育技术服务的医疗、保健机构，不得收取费用，其所需的费用，由政府设立的专项经费予以解决。如果从事计划生育技术服务的机构在向农村实行计划生育的育龄夫妻提供避孕、节育技术服务时，收取了费用，依照《计划生育技术服务管理条例》和《计划生育技术服务管理条例实施细则》的规定，应由县级地方人民政府计划生育行政部门责令退还所收费用，给予警告，并处所收费用2倍以上5倍以下的罚款；情节严重的，还应对该机构的正职负责人、直接负责的主管人员和其他直接责任人员给予降级或者撤职的行政处分。

4. 农民有权选择适合自己的节育措施。《人口与计划生育法》第19条规定："实行计划生育，以避孕为主。国家创造条件，保障公民知情选择安全、有效、适宜的避孕节育措施。"也就是说，公民享有避孕方法的知情选择权。公民在实行计划生育时，有权了解自身的健康检查结果和常用避孕节育方法的作用机制、适应证、禁忌证、优缺点、使用方法、注意事项、可能出现的副作用及其处理方法，在计划生育技术服务人员指导下，负责任地选择适合于自己的避孕节育方法。从事计划生育技术服务的机构和人员，不得强迫公民采取某一种避孕节育方法。从事计划生育技术服务的机构和人员在提供避孕节育技术服务时，应当充分考虑其服务的公民的健康状况、劳动强度及其所处的生理时期，从而指导公民选择适宜的避孕节育方法，并为其提供安全、有效、规范的技术服务。第19条还规定："实施避孕节育手术，应当保证受术者的安全。"因此，各级计划生育技术服务机构和从事计划生育技术服务的医疗、保健机构，在施行避孕、节育手术时，或者进行有一定危险性，可能产生不良后果的检查和治疗时，以及进行由于公民的体质特殊或者病情危重，可能对其产生不良后果和危险的检查和治疗时，[①] 进行需要收费并可能对公民造成较大经济负担的检查和治疗时，应当向实行计划生育的公民作出必要的解释，征得该公民的同意。未经该公民的同意，有关的机构不得施行上述手术和检查、治疗。

5. 各地计划生育具体政策存在差异。我国还是多民族的国家，汉族人口占我国人口的大多数，各少数民族人口在全国人口中所占的比例较小。国家允许少数民族比汉族多生育子女。但计划生育是我国必须长期坚持的基本国策，它关系到我国社会主义现代化建设的大局和中华民

① 参见石文文、杨丽岚、刘丽萍、覃伟强：《恶性肿瘤患者告知影响因素与告知模式的研究进展》，《癌症进展》2019年2月10日。

族生存与发展的长远利益，因此，少数民族也要实行计划生育。根据《人口与计划生育法》的规定，少数民族实行计划生育的具体办法，由省、自治区、直辖市人民代表大会或者其常务委员会规定。一些省、自治区、直辖市根据这一规定，做出了有关少数民族实行计划生育的具体规定。

6. 国家对农村实行计划生育的家庭给予奖励和优先优惠政策。《人口与计划生育法》第 27 条规定："在国家提倡一对夫妻生育一个子女期间，自愿终身只生育一个子女的夫妻，国家发给《独生子女父母光荣证》。获得《独生子女父母光荣证》的夫妻，按照国家和省、自治区、直辖市有关规定享受独生子女父母奖励。法律、法规或者规章规定给予获得《独生子女父母光荣证》的夫妻奖励的措施中由其所在单位落实的，有关单位应当执行。获得《独生子女父母光荣证》的夫妻，独生子女发生意外伤残、死亡的，按照规定获得扶助。在国家提倡一对夫妻生育一个子女期间，按照规定应当享受计划生育家庭老年人奖励扶助的，继续享受相关奖励扶助。"第 28 条规定："地方各级人民政府对农村实行计划生育的家庭发展经济，给予资金、技术、培训等方面的支持、优惠；对实行计划生育的贫困家庭，在扶贫贷款、以工代赈、扶贫项目和社会救济等方面给予优先照顾。"国务院在《关于加强人口与计划生育工作稳定低生育水平的决定》中也要求各级政府及涉农等部门采取小额贷款、项目优先、科技扶持、政策优惠等措施，帮助计划生育农户增加经济收入，解决实际困难，提高社会经济地位；要求各级政府及扶贫开发部门有计划、有重点地对实行计划生育的贫困户予以优先扶持，提高他们的生产自救和发展能力；确定农村继续实行"增人不增地，减人不减地"的政策；要求各级政府及基层组织建立激励机制。对独生子女户发给一定数量的奖励费；对实行计划生育的家庭特别是只有女孩的家庭，在分配集体经济收入、享受集体福利、划分宅基地、承包土地、培训、就业、就医、住房及子女入托、入学等方面给予适当照顾。各区、县人民政府也可以根据本地区的实际情况，制定有利于推行计划生育的奖励、优惠政策。

二、全面放开二孩政策

二孩政策，是中国实行的一种计划生育政策，规定符合条件的夫妇允许生育“二胎”。因为是二孩政策，故第一胎为多孩时，不可生第二胎。据统计，“十二五”以来，我国总人口继续增长，2014 年末达到 13.68 亿人，受人口年龄结构以及生育政策调整的影响，出生人口从 2010 年 1592 万人增加到 2014 年的 1687 万人，保持增长态势。与此同时，我国劳动年龄人口下降，老年人口不断上升。2011 年，我国 15 岁至 59 岁劳动年龄人口达到峰值 9.4 亿后开始回落。2014 年降至 9.3 亿。60 岁及以上老年人口从 2010 年 13.3%提高到 2014 年的 15.5%，总量达到 2.12 亿人。在经历了迅速从高生育率到低生育率的转变之后，我国人口的主要矛盾已经不再是增长过快，而是人口红利消失、临近超低生育率水平、人口老龄化、出生性别比失调等问题。我国的人口政策亟待转向，尤其是生育政策应该调整。

2011 年 11 月，中国各地全面实施双独二孩政策；2013 年 12 月，中国实施单独二孩政策；2015 年 10 月，中国共产党第十八届五中公报指出：坚持计划生育基本国策，积极开展应对人口老龄化行动，实施全面二孩政策。2015 年 12 月 27 日全国人大常委会表决通过了人口与计划生育法修正案，全面二孩于 2016 年 1 月 1 日起正式实施。[①] 这意味着，2016 年元旦以后出生的二孩均是合法的。

2016 年 1 月 5 日，中共中央、国务院发布《关于实施全面两孩政策改革完善计划生育服务管理的决定》。我国将实行生育登记服务制度，对生育两个以内（含两个）孩子的，不实行审批，由家庭自主安排生育。这是在“准生证”制度实施多年后，我国计划生育服务管理的重大变革。这一文件是在我国最高立法机关不久前对人口与计划生育法作出修改后，对全面两孩政策实施的进一步规定。文件充分肯定了计划生育工作取得的巨大成就，明确了计划生育改革发展的思路、目标、原则、

① 参见李利华：《生育保障政策国际比较研究与财政政策建议》，《学术论文联合比对库》2016 年 8 月 22 日。

主要任务和措施。

1. 充分认识实施全面两孩政策、改革完善计划生育服务管理的重大意义。

第一，计划生育工作取得了举世瞩目的伟大成就。20 世纪五六十年代，随着经济恢复、社会安定、人民生活改善和医疗卫生保障水平的提高，我国总人口从新中国成立初期的 5.4 亿人迅速增加到 1970 年的 8.3 亿人，给经济社会发展带来了巨大压力。为控制人口过快增长，国家从 70 年代开始在城乡推行计划生育。1980 年，党中央发表《关于控制我国人口增长问题致全体共产党员、共青团员的公开信》，提倡一对夫妇生育一个孩子。1982 年，计划生育被确定为基本国策。40 多年来，我国实施人口与发展综合决策，不断完善计划生育政策，走出了一条中国特色统筹解决人口问题的道路。人口过快增长的势头得到有效控制，资源、环境压力有效缓解，妇女儿童发展状况极大改善，人口素质明显提高，促进了经济快速发展和社会进步，有力支撑了改革开放和社会主义现代化事业，为全面建成小康社会奠定了坚实基础。我国实行计划生育也为世界人口发展和减贫做出了重大贡献，树立了负责任大国的良好形象。在此过程中，亿万人民群众积极响应党和国家号召，自觉实行计划生育，作出了巨大贡献；广大人口和计划生育工作者付出了心血和汗水。实践证明，实行计划生育符合我国国情，是正确的，得到了广大人民群众的理解和支持，是强国富民安天下的伟大事业。

第二，我国人口发展呈现重大转折性变化。人口问题始终是人类社会共同面对的基础性、全局性和战略性问题。人口的趋势性变化，将对经济社会发展产生全面、深刻、长远的影响。进入 21 世纪特别是“十二五”时期以来，我国人口发展的内在动力和外部条件发生了显著变化。人口总量增长势头明显减弱，劳动年龄人口和育龄妇女开始减少，老龄化程度不断加深；群众生育观念发生重大转变，少生优生已成为社会生育观念的主流；家庭规模趋向小型化，养老抚幼功能弱化；人口红利减弱，以人力资本为核心的国际竞争优势有待进一步加强。这些变化对人口安全和经济社会发展带来新的挑战。同时还应清醒地看到，到 21 世纪中叶，我国人口总量仍将保持在 13 亿以上，人口众多的基本国情不会根本改变，人口对经济社会发展的压力不会根本改变，人口与资源环境的紧张关系不会根本改变。当前，我国正处于人口大国向人力资本强国转变的关键时期。必须从全局和战略高度出发，充分认识坚持计划生育基本国策的重要性和长期性，立足国情，遵循规律，正确处理当前与长远、总量与结构、人口与资源环境的关系，逐步调整完善生育政策，促进人口长期均衡发展，最大限度发挥人口对经济社会发展的能动作用，牢牢把握战略主动权。

第三，实施全面两孩政策、改革完善计划生育服务管理是新形势下坚持计划生育基本国策的重大战略部署。党的十八届三中全会作出了坚持计划生育基本国策、启动实施单独两孩政策的重大决策。单独两孩政策稳妥扎实有序实施，为进一步调整完善生育政策积累了经验，当前启动实施全面两孩政策条件具备、时机成熟。实施全面两孩政策、改革完善计划生育服务管理，是促进人口长期均衡发展的重大举措，有利于优化人口结构，增加劳动力供给，减缓人口老龄化压力；有利于促进经济社会持续健康发展，实现全面建成小康社会的奋斗目标；有利于更好地落实计划生育基本国策，促进家庭幸福与社会和谐。各级党委和政府要充分认识实施全面两孩政策、改革完善计划生育服务管理的重要性，增强责任感和使命感，用法治的思维、创新的精神和务实的作风，不断探索新形势下落实计划生育基本国策的体制机制和方式方法，使计划生育成为惠及亿万家庭的甜蜜事业。

2. 基本原则和主要目标。

第一，基本原则。以人为本。尊重家庭在计划生育中的主体地位，坚持权利与义务对等，寓管理于服务之中，引导群众负责任、有计划地生育。

创新发展。推动人口和计划生育工作由控制人口数量为主向调控总量、提升素质和优化结构并举转变，由管理为主向更加注重服务家庭转变，由主要依靠政府力量向政府、社会和公民多元共治转变。

法治引领。充分发挥立法对完善生育政策和服务管理改革的引领、规范、保障作用，坚持严格、规范、公正、文明执法，不断提高计划生育法治水平。

统筹推进。注重改革措施的系统性、整体性、协同性，做到调整完善生育政策与服务管理改革同步推进、配套政策措施同步制定。

第二，主要目标。到2020年，计划生育服务管理制度和家庭发展支持体系较为完善，政府依法履行职责、社会广泛参与、群众诚信自律的多元共治格局基本形成，计划生育治理能力全面提高；覆盖城乡、布局合理、功能完备、便捷高效的妇幼保健计划生育服务体系更加完善，基本实现人人享有计划生育优质服务，推动联合国2030年可持续发展议程的落实；保持适度生育水平，人口总量控制在规划目标之内。

3. 稳妥扎实有序实施全面两孩政策。

第一，依法组织实施全面两孩政策。贯彻落实新修改的《中华人民共和国人口与计划生育法》，完善相关行政法规以及地方性法规。从2016年开始实施全面两孩政策。各省（自治区、直辖市）政府综合评估本地人口发展形势、计划生育工作基础和政策实施风险，科学制定实施方案，报国务院主管部门备案，确保政策平稳落地，生育水平不出现大幅波动。

第二，改革生育服务管理制度。实行生育登记服务制度，对生育两个以内（含两个）孩子的，不实行审批，由家庭自主安排生育。改进再婚等情形再生育管理。优化办事流程，简化办理手续，全面推行网上办事，进一步简政便民。依法依规查处政策外多孩生育。

第三，加强出生人口监测预测。加强人口变动情况调查，科学预测出生人口变动趋势，建立出生人口监测和预警机制。加快推进国家人口基础信息库和人口健康信息化建设，实现国家与省级人口和计划生育信息互联互通，实现户籍管理、婚姻、人口健康、教育、社会保障等信息共享。

第四，合理配置公共服务资源。根据生育服务需求和人口变动情况，合理配置妇幼保健、儿童照料、学前和中小学教育、社会保障等资源，满足新增公共服务需求。引导和鼓励社会力量举办非营利性妇女儿童医院、普惠性托儿所和幼儿园等服务机构。

4. 大力提升计划生育服务管理水平。

第一，加强妇幼健康计划生育服务。推进优生优育全程服务，落实孕前优生健康检查，加强孕产期保健服务和出生缺陷综合防治，提高出生人口素质。向不孕不育等生育困难人员提供必要的辅助生殖技术服务。推进妇幼保健计划生育服务机构标准化建设和规范化管理，加强孕产妇与新生儿危急重症救治能力建设。加快产科和儿科医师、助产士及护士人才培养，合理确定服务价格，在薪酬分配等方面加大政策倾斜力度。全面推进知情选择，向育龄人群提供安全、有效、适宜的避孕节育服务，提高服务的公平性和可及性。加强基础研究和科技创新，开发推广避孕节育、优生优育、生殖保健的新技术新产品。

第二，推进流动人口基本公共卫生计生服务均等化。按照常住人口配置服务资源，将流动人口纳入城镇基本公共卫生和计划生育服务范围。巩固完善流动人口信息互通、服务互补、管理互动的全国“一盘棋”工作机制。推进网上信息核查和共享，做好流动人口在居住地的生育登记服务。广泛开展生殖健康科普宣传，增强流动人口等人群自我保健意识和防护能力。关怀关爱流动人口和留守人群，促进社会融合。

第三，强化基层基础工作。完善宣传倡导、依法管理、优质服务、政策推动、综合治理的计划生育长效工作机制。深入开展计划生育优质服务先进单位创建活动。建立健全卫生和计划生育综合监督行政执法体系，加强计划生育服务管理能力建设。稳定和加强县、乡级计划生育工作力量，妥善解决好村级计划生育专干的报酬待遇、养老保障等问题。

第四，充分发挥社会组织作用。加强政府与社会协同治理，广泛动员工会、共青团、妇联等群团组织和其他社会组织共同做好计划生育工作。充分发挥计划生育协会的生力军作用，切实加强县、乡级计划生育协会的组织和能力建设，更好地承担宣传教育、生殖健康咨询服务、优生优育指导、计划生育家庭帮扶、权益维护和流动人口服务等工作。鼓励社会组织依法开展人口和计划生育公益慈善与帮扶救助活动。在城乡社区和企事业单位，引导群众广泛开展计划生育自我管理、自我服务、自我教育、自我监督。

5. 构建有利于计划生育的家庭发展支持体系。

第一，加大对计划生育家庭扶助力度。切实保障计划生育家庭合法权益，使他们优先分享改革发展的成果。对政策调整前的独生子女家庭和农村计划生育双女家庭，继续实行现行各项奖励扶助政策，在社会保障、集体收益分配、就业创业、新农村建设等方面予以倾斜。完善计划生育家庭奖励扶助制度和特别扶助制度，实行扶助标准动态调整。帮扶存在特殊困难的计划生育家庭，妥善解决他们的生活照料、养老保障、大病治疗和精神慰藉等问题。推进计划生育与扶贫开发相结合，继续实施“少生快富”工程。对政策调整后自愿只生育一个子女的夫妻，不再实行独生子女父母奖励优惠等政策。

第二，增强家庭抚幼和养老功能。建立完善包括生育支持、幼儿养育、青少年发展、老人赡养、病残照料等在内的家庭发展政策，鼓励按政策生育。完善计划生育奖励假制度。增强社区幼儿照料、托老日间照料和居家养老等服务功能。推进医疗卫生与养老服务相结合，探索建立长期护理保险制度。加大对残疾人家庭、贫困家庭和独居老人的帮扶支持力度。广泛开展创建幸福家庭活动和新家庭计划。

第三，促进社会性别平等。深入开展关爱女孩行动，创造有利于女孩成长成才的社会环境。综合治理出生人口性别比偏高问题，依法严厉打击非医学需要的胎儿性别鉴定和选择性别人工终止妊娠行为。依法保障妇女的宅基地、房屋等财产继承权和土地承包权。依法保障女性就业、休假等合法权益，支持女性生育后重返工作岗位，鼓励用人单位制定有利于职工平衡工作与家庭关系的措施。

6. 切实加强组织领导。

第一，落实党政责任。各级党委和政府要坚持计划生育党政一把手亲自抓、负总责，将实施全面两孩政策、改革完善计划生育服务管理作为全面深化改革的重要任务，加强统筹规划、政策协调和工作落实。坚持和完善计划生育目标管理责任制，确保责任到位、措施到位、投入到位。对人口和计划生育工作主要目标任务未完成、严重弄虚作假、违法行政造成恶劣影响等情形，实行“一票否决”。

第二，加强部门协作。进一步完善计划生育兼职委员和领导小组制度。建立健全重大经济社会政策人口发展影响评估机制，促进相关经济社会政策与计划生育政策有效衔接。各有关部门要认真履行职责，重点解决好政策配套、公共服务保障、执法协调、信息互通等问题，加强对各地工作的指导。

第三，深化人口发展战略研究。深入研究新形势下人口与经济、社会、资源、环境之间的互动关系以及人口数量、素质、结构和分布的变动趋势，加强前瞻性研究，完善人口发展战略，编制中长期规划。科学评估经济增长和社会发展对生育行为的影响，准确研判生育水平变动态势，做好政策储备。加强人口发展的国际比较研究，促进国际交流与合作。

第四，做好宣传和舆论引导。各地区各部门要把思想和行动统一到中央的决策部署上来，大力宣传计划生育取得的伟大成就，做好实施全面两孩政策解读。加强人口基本国情和计划生育基本国策教育，不断增强全社会的国情和国策意识。总结推广计划生育服务管理改革的好经验、好做法，表彰先进典型。正确引导社会舆论，营造支持政策落实和改革创新的良好氛围。

第五，强化督导落实。各地区各有关部门要按照本决定要求，制定实施方案，细化改革任务，明确实施步骤。加强对各项改革措施的跟踪评估，及时发现和解决改革中的苗头性、倾向性问题。各省（自治区、直辖市）党委和政府每年要向中央专题报告本地区计划生育工作情况，中央将定期开展督查。

三、国家对流动人口计划生育的管理

随着我国改革开放的深入推进，人口流动越来越频繁，农村向城市流动的人口越来越多。人口流动后，不再在其户籍所在地居住，户籍所在地的计划生育行政管理部门难以掌握其流动后的婚育情况；而其居住地对流动人口流入前的婚育状况也不可能全部调查清楚。做好流动人口的计划生育工作，对控制人口数量、稳定低生育水平，有着极为重要的作用。

为此，《人口与计划生育法》第 14 条规定：“流动人口的计划生育工作由其户籍所在地和现居住地的人民政府共同负责管理，以现居住地为主。”《流动人口计划生育工作条例》第 7 条规定：“流动人口中的成年育龄妇女（以下称成年育龄妇女）在离开户籍所在地前，应当凭本人居民身份证到户籍所在地的乡（镇）人民政府或者街道办事处办理婚育证明；已婚的，办理婚育证明还应当出示结婚证。婚育证明应当载明成年育龄妇女的姓名、年龄、居民身份证号码、婚姻状况、配偶信息、生育状况、避孕节育情况等内容。流动人口户籍所在地的乡（镇）人民政府、街道办事处应当及时出具婚育证明。”第 8 条规定：“成年育龄妇女应当自到达现居住地之日起 30 日内提交婚育证明。成年育龄妇女可以向现居住地的乡（镇）人民政府或者街道办事处提交婚育证明，也可以通过村民委员会、居民委员会向现居住地的乡（镇）人民政府或者街道办事处提交婚育证明。流动人口现居住地的乡（镇）人民政府、街道办事处应当查验婚育证明，督促未办理婚育证明的成年育龄妇女及时补办婚育证明；告知流动人口在现居住地可以享受的计划生育服务和奖励、优待，以及应当履行的计划生育相关义务。村民委员会、居民委员会应当协助乡（镇）人民政府、街道办事处开展本条第 2 款规定的工作，做好流动人口婚育情况登记。”

办理并交验婚育证明，是成年流动人口应当履行的义务。对于按照规定办理婚育证明，并经相关部门查验合格的，可享受到相关奖励、优待。《流动人口计划生育工作条例》第 10 条规定：“流动人口在现居住地享受下列计划生育服务和奖励、优待：（一）免费参加有关人口与计划生育法律知识和生殖健康知识普及活动；（二）依法免费获得避孕药具，免费享受国家规定的其他基本项目的计划生育技术服务；（三）晚婚晚育或者在现居住地施行计划生育手术的，按照现居住地省、自治区、直辖市或者较大的市的规定，享受休假等；（四）实行计划生育的，按照流动人口现居住地省、自治区、直辖市或者较大的市的规定，在生产经营等方面获得支持、优惠，在社会救济等方面享受优先照顾。”

以前，有的乡（镇）政府要求当地在外务工经商的人员，定期回户籍所在地接受避孕节育情况检查。这样做不仅增加了外出务工经商人员的负担，而且也不利于外出务工经商人员在外的工作。从外出务工经商人员的利益出发，《流动人口计划生育工作条例》第 6 条第 2 款规定：“流动人口现居住地和户籍所在地的乡（镇）人民政府、街道办事处之间建立流动人口计划生育信息通报制度，及时采集流动人口计划生育信息，运用流动人口计划生育信息管理系统核实、通报流动人口计划生育信息。”《流动人口计划生育工作条例》第9条规定：“流动人口现居住地的县级人民政府公安、民政、人力资源社会保障、卫生等部门和县级工商行政管理部门应当结合部门职责，将流动人口计划生育工作纳入相关管理制度；及时向所在地同级人口和计划生育部门通报在办理有关登记和证照等工作中了解的流动人口婚育证明办理情况等计划生育信息。接到通报的人口和计划生育部门应当及时会同乡（镇）人民政府、街道办事处落实流动人口计划生育管理和服务措施。”

为了控制人口的增长，我国对违反计划生育政策的家庭征收社会抚养费，以给予必要的经济制约。过去在一些农村地区，计划生育行政部门在执行计划生育政策时，存在一些比较粗暴的做法。例如，将欠缴、不缴违反计划生育政策费用的人强行进行隔离，或者强行带走农民的粮食、耕牛等。但是近年来，情况已有所变化。

2016年1月1日生效施行的《人口与计划生育法》，考虑到各地经济发展水平和被征收公民的收入差异，没有明确规定社会抚养费的具体征收数额，而是规定“社会抚养费的征收管理办法，由国务院制定”。但国务院尚未对《社会抚养费征收管理办法》作出新的修订，各省、自治区、直辖市出台了一些具体规定，在原规定范围内作出了适当的灵活变通。

案　例

1. 如何判断夫妻感情尚未破裂？

原告刘某某与被告李某某的父亲原在一个单位工作，二人关系很好。1976年原、被告经人介绍相识，并于1980年登记结婚，于1981年12月生有一子（现已成年成家）。原、被告在30多年的共同生活期间，曾为家庭生活琐事吵架生气，因双方沟通不畅，处理矛盾不当，为此影响了原告对被告的感情，特别是被告对原告及原告父母的冷淡，促使矛盾更加激化，原告为此曾于2012年7月2日向某区人民法院提起离婚诉讼，法院于2013年8月8日作出判决，不准予原、被告离婚。

分析

某区人民法院认为，30 余年相识、相守实属不易，双方感情基础良好，应珍惜多年来建立起来的感情和家庭，在今后的生活中，各自克服和改正自身存在的问题，互相体谅和关心对方，多做有利于夫妻和好的事，少说不利于家庭和睦的话。尤其是被告如能克服待人冷淡、不善沟通、脾气冲动的问题，在生活上对原告多些关心和照顾、多些体贴和理解，原告如能念及与被告多年的夫妻情分，念及对已故老人们的承诺，念及对子孙后代的影响，共同努力，克服当前婚姻家庭中出现的困难，双方还是具有重归于好的可能的。据此，法院裁判不准予原告刘某某与被告李某某离婚。一审宣判后，双方当事人均未上诉。

本案是老年离婚的典型案件。近年来，老年离婚案件数量逐渐增多，若夫妻感情确已破裂、符合《婚姻法》第 32 条的相关规定，可判离婚，但“少时夫妻老来伴”在年轻的感情逐渐淡去之时，老年夫妻之间所谓的感情更多的是对一份承诺的信守和由此演变而来的符合公序良俗的家庭责任和社会担当。老年婚姻关系的解除，不能简单等同于一般离婚案件，其产生的影响牵涉至其子女甚至于孙子女在内的多个家庭，人民法院依法裁判，具有积极的导向意义，在审理老年离婚案件时，应认识到老年夫妻之间已经过数十年的磨合，实属不易，双方如能念及多年的夫妻情分，念及对自身对家庭应有的责任，共同努力，双方还是具有重归于好的可能的，从而更加慎重地审核老年夫妻离婚案件，如此才能更好地维护社会稳定、提高社会幸福指数。

2. 如何分析夫妻感情是否破裂?

2009 年 8 月，原、被告相识并自由恋爱。2010 年 3 月 1 日按当地习俗举行婚礼并同居生活。2010 年 3 月 31 日，到婚姻登记机关补办结婚登记手续领取结婚证。婚后夫妻感情一般。2012 年 2 月 26 日生有长女杨甲；2014 年 12 月 24 日生有次女杨乙。原、被告婚后时因家务琐事吵闹。原告从 2014 年 12 月 31 日至今居住在原告父母家。被告多次到原告父母家劝原告回家，原告不跟随其回家。原告起诉要求与被告离婚；婚生子女杨甲、杨乙由原告抚养；夫妻共同财产一台电视机等归原告所有；共同债务由被告负责偿还。

分析

本案中，原、被告系自由恋爱，婚姻基础较好，并生有两个小孩(尚幼)，原、被告双方应加强沟通交流，克服生活中的各种困难，珍惜相互间的夫妻感情，正确处理好其婚姻家庭关系，共同营造和谐家庭关系，为小孩的健康成长提供有利条件。据此，依照《婚姻法》第 32 条之规定，判决不准予原告赵某某与被告杨某某离婚。

夫妻感情确已破裂是准予离婚的唯一法定理由。认定夫妻感情是否确已破裂，要根据离婚纠纷案件的客观事实来确定。《关于人民法院审理离婚案件如何认定夫妻感情确已破裂的若干具体意见》中规定，应当从婚姻继承、婚后感情、离婚原因、夫妻关系的现状和有无和好的可能等方面综合分析。在本案中，原、被告双方系自由恋爱，婚姻基础较好，婚后双方虽因家务琐事发生吵闹，但只要双方加强沟通交流，克服生活中的各种困难，珍惜相互间的夫妻感情，另外双方所生两子女尚幼，从有利于小孩的健康成长出发，综合本案实际，夫妻双方仍有和好可能，据此法院判决原、被告双方不准离婚。

3. 如何认定夫妻感情确已破裂?

孙甲与王某某于 1992 年经人介绍相识，1993 年 8 月 15 日登记结婚，1994 年 6 月生育女儿孙乙。婚后由于双方性格不合，经常吵架，甚至相互动手。从 2007 年 3 月起双方分居。2011 年女儿高考前夕，双方签订了离婚协议书和离婚协议书补充条款，但因种种原因没有办理离婚登记。之后王某某拖延办理离婚手续，无奈孙甲于 2012 年 10 月、2013 年 7 月两次到法院诉讼要求离婚，后因需要收集证据而撤诉。现孙甲第三次起诉要求与王某某离婚。王某某答辩称双方感情没有完全破裂，不同意离婚。经法院查明的事实为：孙甲与王某某经人介绍相识，于 1993 年 8 月 15 日登记结婚，婚后感情很好，1994 年 6 月生育女儿孙乙。后因双方性格差异较大，在共同生活中产生矛盾，现因感情不和分居 4 年。孙甲与王某某于 2011 年 5 月 29 日就离婚问题达成“离婚协议书补充条款”。孙甲于2012年10月、2013年7月两次到法院诉讼要求离婚，后以夫妻感情破裂证据不足为由撤诉。2014年5月6日孙甲第三次起诉要求与王某某离婚。

分析

离婚诉讼中如何判断“感情确已破裂”成为本案审理的关键。《婚姻法》第32条第2款将“感情确已破裂”作为离婚的法定原因、条件、事由，该条第3款列举应准予离婚的5种情形。可见《婚姻法》采用这种概括与列举相结合的立法模式，使之在判断感情是否破裂、是否准予离婚方面更具有可造作性。

人民法院审理认为：孙甲与王某某虽然结婚多年，但因性格差异较大，在共同生活期间产生矛盾。自2012年起孙甲多次起诉要求离婚，虽撤诉，但夫妻感情状况并未因此好转。通过孙甲给王某某留便条、发短信的行为，可以看出孙甲与王某某日常已经很少当面接触，结合双方曾协议离婚、孙乙的证言，可以确定双方因感情不和分居已达4年之久。人民法院试图调解双方和好，但孙甲坚持要求离婚，可以看出双方夫妻感情确已破裂。故孙甲要求与王某某离婚的诉讼请求，符合法律规定，予以支持。

4. 新娘卷款而逃，冒牌婚姻如何解决？

2004年5月，农民张某经人介绍认识了一陌生女子并带到家中来。该女子自称乔某，某省人，并言明其丈夫出车祸了，现在是一个人生活，其所出示的户口本上显示为丧偶。该女子见张某的家境较富裕，表示愿在这里生活，并于2004年5月与张某登记领取了结婚证。乔某在张某家生活了4个月后，趁家中无人不辞而别，并带走了张某家中8000余元现金。此后，张某多次寻找但没有结果。张某独自生活近6年后，因又有人介绍对象，需要与已经跑了的媳妇离婚，便诉至人民法院。后人民法院查明乔某信息系伪造，判断婚姻无效。

分析

《婚姻法》规定，要求结婚的男女双方必须亲自到婚姻登记机关进行结婚登记。无效或被撤销的婚姻，自始无效，当事人不具有夫妻的权利和义务。本案中，陌生女子的身份系伪造的虚假信息，而某省那位真正的“乔某”从未离开过自己的村子。陌生女子利用伪造的身份证件，冒充乔某身份在民政部门骗取婚姻登记，违反了婚姻登记程序的相关规定。另外，该婚姻登记也并非乔某本人的真实意愿，张某与乔某亦不存在法律意义上的婚姻关系。据此，人民法院应依法作出婚姻关系无效的判决。

5. 妻子遭遇车祸瘫痪，丈夫弃而不管是否应承担法律责任？[①]

毛某与其妻徐某于1996年12月19日登记结婚，次年生育女儿小玲。2004年年初，徐某因交通事故造成下肢瘫痪、智力残障，生活不能自理。毛某起初尚能照顾徐某，但不久即无心照顾妻子，经常在外玩赌博机。2006年底，毛某将徐某单独安置在一租住地，但不按时给其送饭，任其大小便失禁在床，险些饿死，幸有房东看见后将徐某送至托老院并一直支付费用。2007年7月，毛某又将年仅10岁的女儿小玲送到亲戚家后便不再过问，后小玲也被送至托老院。

分析

《刑法》第261条规定：“对于年老、年幼、患病或者其他没有独立生活能力的人，负有扶养义务而拒绝扶养，情节恶劣的，处5年以下有期徒刑、拘役或者管制。”毛某对于因患病无自理能力的妻子及年幼无独立生活能力的女儿负有扶养义务而拒绝扶养，逃避履行扶养义务，长期在外不与家人联系，对妻女不管不问，也未向托老院交纳分文费用，在当地产生较为恶劣的影响。由此，毛某已经涉嫌遗弃罪，依法应当追究其刑事责任。

6. 离婚后子女如何抚养？

小刚和小杨经人介绍认识恋爱，后登记结婚。婚后前期感情较好，后小杨生育女儿后，因小刚对母女关心和照顾不够，导致夫妻感情恶

① 参见2011年国家司法考试案例。

化，双方分居两年多，夫妻感情破裂。小杨起诉要求离婚，小刚认为夫妻感情确已破裂，同意离婚。人民法院判决认为，婚生女刚年满两岁，且一直跟小杨生活，由小杨照顾女儿更有利于其健康成长。判决女儿跟随小杨生活，小刚每月应支付女儿的生活费用。

分析

离婚后，双方不再共同生活，所以子女不可能继续与其父母同时持续生活，应该确定实际抚养人。不与子女共同生活的一方应该支付抚育费。在负担费用的多少和期限的长短达不成协议的情况下，由人民法院根据有利于子女健康成长的需要、保障子女的合法权益和父母各自的负担能力进行判决。子女的抚养费包括子女生活费、教育费、医疗费等费用。人民法院在确定子女抚养费的数额时，一般是根据子女的实际需要、父母双方的负担能力、当地的实际生活水平三大标准来确定。不直接抚养子女的一方有固定收入的，抚养费一般可按其月收入的20%～30%的比例给付，负担两个子女的可适当提高，但最高一般不超过月总收入的50%；无固定收入的，可依据当年总收入或同行业平均收入比照前面的比例计算。农村居民可以按照其当年的总收入的20%～30%的比例给付。抚育费应定期支付，有条件的可以一次性给付。抚育费一般支付到孩子年满18岁为止。不直接抚养子女方对子女有探望权，另一方应予以协助。上述案例中法院准许两人离婚，并且考虑到孩子一直跟母亲一起生活并且年龄还小，所以判决其与母亲一起生活，由父亲方支付抚养费。

7. 离婚时放弃抚养费，离婚后仍可要求支付吗？

2002年，黄某因与妻子何某感情破裂起诉离婚，并表示由自己抚养儿子，不要何某承担抚养费，法院批准了这一请求。但后来由于黄某所在的公司倒闭，没有了固定收入，又要照顾自己年老多病的母亲，生活日渐困顿。2006年年初，黄某以儿子为原告、自己为法定代理人的身份起诉何某要求其承担儿子的抚养费。但何某断然拒绝，理由是黄某离婚时已经明确表示不要她承担抚养费。何某的理由正当吗？

分析

根据《婚姻法》第21条的规定，父母对子女有抚养教育的义务。关于子女生活费和教育费的协议和判决，不妨碍子女在必要时向父母一方提出超过协议和判决原定数额的合理要求。本案中，黄某与何某离婚时，黄某自愿放弃了要求何某承担子女抚养的权利，但是这种放弃权利的行为并不能阻碍子女日后要求父母承担抚养费的要求。故本案中，何某的理由没有法律依据，应承担儿子的抚养费。

8. 直接抚养子女的一方能单独改变孩子的姓氏吗？父母能否以子女更改姓氏为由拒付抚养费？

刘某与丈夫崔某因感情破裂于2004年6月经人民法院判决离婚，当时年仅2岁的儿子由刘某抚养，崔某每月承担儿子抚养费300元。2006年2月，刘某与王某再婚，儿子随刘某和王某一起生活。因给儿子急办户口，刘某未经前夫崔某的同意擅自将儿子的姓氏改为王，崔某得知后拒绝支付抚养费。刘某便以儿子法定代理人的身份，以其儿子为原告向法院起诉，要求前夫崔某按月给付儿子抚养费。崔某则以离婚后刘某单方擅自更改儿子姓氏为由，拒绝支付。那么直接抚养子女的一方是否有权更改子女的姓氏，另一方是否有权以此为由拒付抚养费？

分析

姓氏权是公民的基本宪法权利，无论是父亲还是母亲，随意改变子女的姓氏都是不对的。虽然《婚姻法》第22条规定：“子女可以随父姓，也可以随母姓。”但这仅限于夫妻婚姻关系存续期间，离婚后则在一定范围内有限制。根据《最高人民法院关于法院审理离婚案件处理子女抚养问题的若干具体意见》第19条规定：“父或母一方擅自将子女姓氏改为继母或继父姓氏而引起纠纷的，应责令恢复原姓氏。”所以，离婚后因擅自变更子女姓氏引发纠纷的，责任方将承担恢复子女原姓氏的法律责任。故刘某应恢复儿子原来的姓氏。

同时，《最高人民法院关于法院审理离婚案件处理子女抚养问题的若干具体意见》第19条也规定：“父母不得因子女变更姓氏而拒付子女抚养费。”故崔某应该继续支付抚养费。

9. 离婚时财产如何分割？

王某某与李某于2008年8月登记结婚，未生育子女。婚后李某用出售自己婚前房屋的款项购买了某市某小区房屋一套，总价款为181800元，房屋产权登记在李某名下，王某某用自己婚前住房公积金账户上的45000元对该房屋进行了装修。2011年6月，李某将该房以448000元的价格卖给他人。婚后双方购买的家具及海尔冰箱、康佳彩电、三洋洗衣机、煤气灶等在卖房时也一并留给了买房人，大约估价为8000元，包含在448000元房价中。王某某婚前有一套房屋，婚后一直用于出租，租金收入约72000元。2011年10月王某某诉至一审法院，要求判令双方离婚，并对夫妻共同财产依法分割，包括分割李某出售婚后所购某市某小区房屋的增值收益。李某同意离婚，但认为诉争房屋及其增值收益属于其个人财产，与王某某无关。王某某个人所有房屋的租金收入72000元，应当作为夫妻共同财产进行分割。

分析

一审法院判决：准予王某某与李某离婚；李某支付王某某房屋装修补偿款40000元及出售夫妻共同所购家具、电器的款项4000元；王某某支付李某房屋租金收入36000元。一审判决后王某某不服提出上诉。二审法院经审理后判决：驳回上诉，维持原判。

一审法院经审理认为，王某某与李某夫妻感情确已破裂，现双方当事人均同意离婚，故准予王某某与李某离婚。在财产分割方面，某市某小区房屋是李某用其出售自己婚前房屋的款项购买，属于一方的婚前财产在婚后进行了转化，即由李某一方的婚前房产转化为货币形式，然后再由货币形式转化为诉争房产，不应影响其个人财产的性质认定。

李某购买某市某小区房屋用于家庭居住，并非投资，其将该房屋卖给他人的增值部分，依照《婚姻法解释（三）》第5条的规定，该增值属于自然增值，离婚时应归李某个人所有；婚后双方用夫妻共同财产购买的家具、电器等，出售房屋时一并转让，总房款中的8000元应认定为夫妻共同财产。

王某某用婚前住房公积金账户上的45000元对房屋进行了装修，虽然《婚姻法解释（二）》第11条规定，婚姻关系存续期间夫妻双方实际取得或者应当取得的住房补贴、住房公积金，属于夫妻共同财产的范围，但前提是该住房补贴、住房公积金是婚姻关系存续期间取得的。而个人住房公积金账户中的数额可能包括婚前取得和婚后取得两个部分，本案中王某某系用婚前取得的住房公积金45000元装修房屋，该部分住房公积金应认定为王某某一方的婚前财产。由于装修材料已添到房屋上，成为房屋不可分割的组成部分，离婚时对房屋价格整体评估时，应一并考虑房屋的实际装修状况，故448000元总房款中也包含房屋装修部分。考虑到房屋装修的折旧因素，李某应支付王某某40000元的房屋装修补偿款。

关于王某某个人所有房屋的租金收入72000元，性质属于经营性收入，按照《婚姻法》第17条的规定，应认定为夫妻共同财产。

10. 未办理婚姻登记给付的彩礼，可以要求返还吗？

齐某某、韩某系同村村民，经媒人介绍定下婚约，齐某某给韩某送见面礼400元，送看家礼1000元，举行结婚仪式的彩礼1万元。两人于2000年举行结婚仪式并同居生活，后分别于2001年、2003年外出打工。2005年7月，韩某与他人登记结婚。齐某某向法院起诉，要求被告韩某返还彩礼。另查明，齐某某的母亲去世，父亲系聋哑残疾人。

某市某区人民法院经审理认为，韩某和齐某某自愿缔结婚约，按当地习俗由齐某某给付婚约彩礼11400元。双方虽按习俗举办了结婚仪式，但未办理结婚登记，因均没有配偶，双方为同居关系，法律并不干预。由于双方未办理结婚登记手续，齐某某要求韩某返还彩礼，应予支持，但毕竟同居生活过一段时间，韩某所收彩礼部分用于同居期间共同消费支出。因此，判决酌定由韩某返还5000元。

分析

《婚姻法》没有规定彩礼，但彩礼是中华民族流传数千年的婚俗。

关于彩礼发生纠纷应当如何处理，2004年4月1日实施的《最高人民法院关于适用〈中华人民共和国婚姻法〉若干问题的解释（二）》第10条规定："当事人请求返还按照习俗给付的彩礼的，如果查明属于以下情形，人民法院应当予以支持：（一）双方未办理结婚登记手续的；（二）双方办理结婚登记手续但确未共同生活的；（三）婚前给付并导致给付人生活困难的。适用前款第（二）、（三）项的规定，应当以双方离婚为条件。"

婚前给付导致给付人生活困难。这属于彩礼返还的特殊情形。生活困难有绝对和相对之分，绝对困难是其生活靠自己的力量已无法维持当地最基本的生活水平；相对困难是由于给付彩礼造成了生活前后相差较悬殊，相对于原来的生活条件来说，变得困难了。

就本案而言，齐某某给付韩某彩礼1万余元，双方按照当地习俗举行了结婚仪式，没有办理结婚登记，在法律上属于同居，应返还彩礼。但考虑到双方毕竟同居生活过一段时间，同时男方齐某某给付彩礼后家庭生活属于绝对困难，故综合两个方面的因素，法院酌定由女方返还男方给付的彩礼5000元是适当的。

11. 离婚时要求分割按份分配的土地补偿款能获得支持吗？①

2011年农历六月，张某和陈某经人介绍订婚，因张某所在生产组要分土地补偿款，张家为使家庭迅速"添丁进口"多得补偿，张某和陈某在交往不到1个月的情况下即登记结婚。婚后不到3天，张某继续到外地上学，陈某在张家仅住了几个月就回其娘家居住。其后，陈某因向张某索要生产组每人发放的土地补偿58700元而多次发生争执。2013年，张某以夫妻相处时间较短，双方无感情基础为由两次到法院起诉离婚。在和好无望的情况下，某县人民法院于2014年6月以夫妻感情确已破裂为由判决二人离婚。离婚后，陈某要求张某父母返还自己的土地补偿款58700元，张某父母以办理结婚、待客、买家具钱已经花完的理由拒不交出。多次索要无果后，陈某以不当得利为由将张某父母再次诉

① 参见《张某诉陈某离婚后财产纠纷案——莫把婚姻当作获利工具》，最高人民法院发布的30起婚姻家庭纠纷典型案例，2015年11月19日。

讼至法院。

分析

某县人民法院经审理认为，土地补偿款是陈某基于合法婚姻关系而取得的按份共有财产，陈某对其份额享有所有权。对于张某父母辩称的该款全部用于办理结婚、待客、买家具的理由不予认可，支持了陈某的诉讼请求，判决张某父母偿还陈某的土地补偿款58700元。

伴随着城镇化飞速发展的步伐，围绕农村土地的各种纠纷也出现上升趋势。如本案中的情况，张某一家把获取土地补偿款等利益作为结婚的主要考量因素和目的，这样的仓促婚姻往往因缺乏感情基础而极不稳固，对个人、家庭和社会也都是极度不负责的做法，更存在着法律和财产上的风险。金钱买不来爱情，也锁不住婚姻，终身大事还是谨慎为好。

12. 河南省婚姻生育奖励政策。[①]

为了实现人口与经济、社会、资源、环境的协调发展，推行计划生育，维护公民的合法权益，促进家庭幸福、民族繁荣与社会进步，根据《中华人民共和国人口与计划生育法》和国家有关规定，结合该省实际情况，2016年5月27日，河南省第十二届人民代表大会常务委员会第二十二次会议修正通过《河南省人口与计划生育条例》（以下简称《条例》），提倡一对夫妻生育两个子女，并给出了诸多优惠政策。

《条例》第14条规定："公民有生育的权利，也有依法实行计划生育的义务。夫妻双方在实行计划生育中负有共同的责任。公民实行计划生育的合法权益受法律保护。"

《条例》第27条规定："依法办理婚姻登记的夫妻，除国家规定的婚假外，增加婚假18日，参加婚前医学检查的，再增加婚假7日；符合法律、法规规定生育子女的，除国家规定的产假外，增加产假3个月，给予其配偶护理假1个月；婚假、产假、护理假期间视为出勤。"

① 参见凤凰资讯，2016年6月13日。

也就是说，①参加婚检的夫妻，可享受到法定3天＋增加婚假18天＋婚检奖励7天＝28天的假期；②产假为98天＋3个月＝188～190天；③产妇的配偶也可以享受1个月的护理假；④婚假、产假、护理假期间视为出勤。

《条例》第15条第2款规定："符合下列条件之一要求生育的夫妻，经批准可以再生育：夫妻双方合计已生育两个子女，且没有共同生育子女的；经鉴定2个子女均为非遗传性病残儿，不能成长为正常劳动力，医学上认为可以再生育的。"可以理解为，3种情况下一对夫妻可生育第三个孩子：①再婚夫妻，再婚前各生育1个子女，再婚后未生育子女的；②再婚夫妻，再婚前一方生育2个子女，另一方未生育子女，再婚后未生育子女的；③经鉴定2个子女均为非遗传性病残儿，不能成长为正常劳动力，医学上认为可以再生育的。

值得一提的是，新的《条例》出台后，夫妻生育第一个、第二个子女的，不实行审批，由家庭自主安排生育，实行生育登记服务制度。

为充分保障各项政策落到实处，《条例》第9条对人口与计划生育经费作出专门规定："各级人民政府应把人口与计划生育经费纳入财政预算，予以保证。逐年提高对人口与计划生育经费投入的总体水平，人口与计划生育事业费增长幅度高于财政收入的增长幅度。"

第八章

收养与继承的法律保障

第一节 收 养

2008年四川汶川大地震产生了不少孤儿，不少人由此产生了收养孤儿的想法。我国保护合法的收养关系，作为婚姻家庭制度的重要组成部分，收养制度须符合法律规定的条件和程序，养父母与养子女间的权利和义务，适用《婚姻法》对父母子女关系的规定。

一、收养条件

收养人和被收养人都要符合一定的条件，才能建立合法的收养关系。《中华人民共和国收养法》（以下简称《收养法》）之所以规定相应的条件，主要是为了使被收养人与收养人能够建立稳定的收养关系，使得被收养人能够健康地成长，也使得收养人满足享受天伦之乐的愿望，同时为社会的稳定和发展做出一定的贡献。

1. 被收养人条件。根据《收养法》规定，只有不满14周岁的未成年人才能被收养，这样有利于被收养人与收养人逐步培养亲情关系。此外该未成年人还需要具备以下条件之一：丧失父母的孤儿；查找不到亲生父母的弃婴和儿童；生父母有特殊困难无能力抚养的子女。①

2. 收养人条件。根据我国《收养法》规定，作为收养人，必须同时具备以下条件：无子女；有抚养教育被收养人的能力；未患有医学上认为不应当收养子女的疾病；年满30周岁。

---

① 参见王玥：《完善我国收养建立和解除制度的问题探讨》，华东政法大学硕士论文，2014年10月28日。

二、收养的一般原则

第一，收养人通常只能收养 1 名子女，但收养孤儿、残疾儿童或者查找不到生父母的弃婴、儿童的，可以不受收养 1 名子女和收养人无子女的限制。

第二，生父母必须双方共同送养子女，但一方不明或者查找不到的，另一方可单方送养。一方送养子女，另一方明知但未反对，视为默示同意，送养有效。有配偶的一方应当征得对方同意，才能收养子女，但如果不同意的另一方，后来明确表示或者以行动表示愿意共同抚养被收养子女的，那么夫妻双方同被收养人收养关系成立。

第三，只要收养人与送养人双方自愿，通常情况下即可收养子女，但 10 周岁以上的未成年人已经完全可以表达自己的思想，因此收养年满 10 周岁以上未成年人的，应征得被收养人的同意。

第四，继父母可以收养继子女，只要经过继子女的生父母同意，继父母就可以收养继子女。在这种情况下，不受法律对收养人条件的种种限制，被收养人也可以是 14 周岁以上，收养人也可以收养不止 1 名孩子。

第五，无配偶的男性收养女性的，收养人与被收养人的年龄应当相差 40 周岁以上。法律之所以做此特别规定，是从社会公德角度出发，防止乱伦行为发生。收养三代以内同辈旁系血亲的子女，如哥哥收养弟弟的女儿、舅舅收养外甥女，可以不受该年龄差距的限制。

三、收养手续的办理

收养关系的成立以办理收养登记为法定的形式要件。县级人民政府的民政部门一般是办理收养登记手续的部门，但对于不同的情况，办理收养登记手续的地点也不同。

一是在社会福利机构所在地的收养登记机关办理收养登记手续，对象是收养社会福利机构抚养的查找不到生父母的弃婴、儿童和孤儿。

二是在弃婴和儿童发现地的收养登记机关办理收养登记手续，对象是收养非社会福利机构抚养的查找不到生父母的弃婴和儿童。

三是在被收养人生父母或者监护人常住户口所在地（组织做监护人的，在该组织所在地）的收养登记机关办理收养登记手续，对象是收养生父母有特殊困难无力抚养的子女或者由监护人监护的孤儿。

四是在被收养人生父或者生母常住户口所在地的收养登记机关办理收养登记手续，对象是收养三代以内同辈旁系血亲的子女，以及继父或者继母收养继子女的。

四、收养登记需要的材料

收养人在办理登记手续时应当向收养登记机关提交收养申请书和下列证件、证明材料：收养人的居民户口簿和居民身份证；由收养人所在单位或者村民委员会、居民委员会出具的本人婚姻状况、有无子女和抚养教育被收养人的能力等情况的证明；县级以上医疗机构出具的未患有在医学上认为不应当收养子女的疾病的身体健康检查证明。

收养查找不到生父母的弃婴和儿童的，应当提交收养人经常居住地计划生育部门出具的收养人生育情况证明。其中收养非社会福利机构抚养的查找不到生父母的弃婴和儿童的，收养人还应当提交下列证明材料：收养人经常居住地计划生育部门出具的收养人无子女的证明；公安机关出具的捡拾弃婴、儿童报案的证明。收养继子女的，可以只提交居民户口簿、居民身份证和收养人与被收养人生父或者生母结婚的证明。[①]

五、收养的法律后果

养子女和养父母之间的关系在收养关系成立后等同于亲生父母和子女之间的关系。养子女成年后要对养父母尽赡养的义务，养父母对养子女有抚养教育的义务，而父母和子女之间的关系，也不因为父母离婚而解除，相互之间可以继承遗产。即便后来养父母离婚，养子女仍然是他们的子女，任何一方都有抚养、教育养子女的义务，同样养子女对养父母也有赡养义务。养子女和亲生父母一经收养关系成立，就完全断绝权

① 参见《中国公民收养子女登记办法》第3条。

利和义务关系，相互之间没有抚养或者赡养的义务。但养子女和生父母一方家人之间，如果是三代以内直系血亲则禁止结婚。

六、解除收养关系

通常情况下，在被收养人成年之前，收养人是不能解除收养关系的。但是，如果有下列情况之一出现则可以解除：

一是收养人、送养人双方协议解除，如果被收养人在10周岁以上，应当征得其本人同意。

二是收养人不履行抚养义务，有虐待、遗弃等侵害未成年养子女合法权益行为的，送养人有权要求解除养父母与养子女之间的收养关系。送养人、收养人不能达成解除收养关系协议的，可以向人民法院起诉。

三是养父母与成年养子女关系恶化、无法共同生活的，可以协议解除收养关系不能达成协议的，可以向人民法院起诉。①

收养关系当事人协议解除收养关系的，应当持居民户口簿、居民身份证、收养登记证和解除收养关系的书面协议，共同到被收养人常住户口所在地的收养登记机关办理解除收养关系登记手续。② 诉讼解除收养关系的，当事人可以向人民法院起诉，由人民法院决定是否解除收养关系。在人民法院判决解除收养关系后，当事人再去被收养人常住户口所在地的收养登记机关办理解除收养关系的登记手续。

在收养关系解除后，养子女与养父母的关系自然解除，但与亲生父母的关系不一定能自动恢复。尚未成年的该养子女与生父母以及近亲属间的权利、义务将自行恢复。但已经成年的养子女与生父母及其他近亲属间的权利和义务关系是否恢复，需要协商确定。

收养关系解除后，经养父母抚养的成年养子女，对缺乏劳动能力又缺乏生活来源的养父母，应当给付生活费。因养子女成年后虐待、遗弃养父母而解除收养关系的，养父母可以要求养子女补偿收养期间支出的生活费和教育费。生父母要求解除收养关系的，养父母可以要求生父母

---

① 参见《收养法》第26条、第27条。

② 参见《中国公民收养子女登记办法》第9条。

适当补偿收养期间支出的生活费和教育费，但因养父母虐待、遗弃养子女而解除收养关系的除外。[①]

第二节 继 承

生老病死是每个人都要经历的过程。公民个人死亡后，其主体资格消失，公民个人遗留下来的合法财产为遗产，将被以遗嘱或者依照法定继承分配给他的继承人。继承制度是婚姻家庭制度中的重要组成部分。了解我国法律关于继承问题的相关规定，有助于人们用法律手段解决遗产纠纷问题，避免对簿公堂的尴尬，有利于维持和美的亲属关系，符合新时代、新农村、新农民的精神风貌。

一、遗产

1. 遗产的概念。公民个人死亡时遗留的合法财产是遗产。根据《继承法》的有关规定，遗产有三个特征：一是公民个人所有的财产；二是公民死亡时遗留的财产；三是合法财产。需要同时具备这三个条件才能成为遗产。

2. 遗产的范围。遗产包括以下几项：

（1）公民的合法收入。如工资、奖金、存款利息、从事合法经营的收入、继承或接受赠予所得的财产。

（2）公民的房屋、储蓄、生活用品。

（3）公民的树木、牲畜和家禽。树木，主要指公民在宅基地上自种的树木和自留山上种的树木。

（4）公民的文物、图书资料。公民的文物一般指公民自己收藏的书画、古玩、艺术品等。如果上述文物之中有特别珍贵的文物，应按《中华人民共和国文物保护法》的有关规定处理。

（5）法律允许公民个人所有的生产资料。如农村承包专业户的汽车、拖拉机、加工机具等。城市个体经营者、华侨和港、澳、台同胞在

① 参见《收养法》第30条。

内地投资所拥有的各类生产资料。

(6) 公民的著作权、专利权中的财产权利，即基于公民的著作被出版而获得的稿费、奖金，或者因发明被利用而取得的专利转让费和专利使用费等。

(7) 公民的其他合法财产。如公民的国库券、债券、股票等有价证券，复员、转业军人的复员费、转业费，公民的离退休金、养老金等。土地承包经营权通过招标、拍卖、公开协商等方式取得的，该承包人死亡，其应得的承包收益，依照继承法的规定继承；在承包期内，其继承人可以继续承包。另外，林地承包的承包人死亡，其继承人可以在承包期内继续承包。[①]

二、继承

1. 继承的种类。死者生前所有的于死亡时遗留的财产依法转移给他人所有的制度称之为继承。根据《继承法》的规定，我国的继承分为法定继承和遗嘱继承两种。

(1) 法定继承。法定继承是在被继承人生前未立遗嘱或者所立遗嘱无效的条件下所适用的一种继承形式。法定继承是基于继承人与被继承人之间存在着一定的血缘关系和婚姻关系而产生的。法定继承人的范围包括：配偶、子女（包括婚生子女、非婚生子女、养子女和有扶养关系的继子女）、父母（包括生父母、养父母和有扶养关系的继父母）、兄弟姐妹（包括同父母、同父异母或同母异父的兄弟姐妹、养兄弟姐妹、有扶养关系的继兄弟姐妹）、祖父母、外祖父母。

根据《继承法》第 10 条规定，第一顺序继承人为配偶、子女、父母，第二顺序继承人为兄弟姐妹、祖父母、外祖父母。继承开始后，由第一顺序继承人继承，第二顺序继承人不继承。没有第一顺序继承人继承的，由第二顺序继承人继承。对死者尽过较多扶养义务，也应在其遗产中适当地分给一部分。

---

① 参见张涛、王静：《承包人死亡后的征地补偿款不能作为遗产》，《资源导刊》2019 年 5 月 8 日。

（2）遗嘱继承。遗嘱继承指的是，按照立遗嘱人生前所留下的符合法律规定内容要求的合法遗嘱，确定被继承人的继承人及各继承人应继承遗产的份额。遗嘱继承由被继承人生前所立遗嘱决定，解决谁来继承的问题，如果法定继承人以外的其他人尽了赡养义务，使被继承人在生活上得以照顾，在精神上得以慰藉，而被继承人的生前法定继承人不履行赡养义务，被继承人生前立下遗嘱，指定法定继承人以外的赡养义务人继承其遗产是合法的，是受法律保护的。遗嘱的形式根据《继承法》第 17 条规定，有以下五种：

一是公证遗嘱。即立遗嘱人至公证机关对其遗嘱行为及遗嘱内容进行公证。

二是自书遗嘱。即立遗嘱人亲笔书写的遗嘱，该遗嘱必须由立遗嘱人亲笔签名，并注明年、月、日。

三是代书遗嘱。即立遗嘱人委托他人代笔书写的遗嘱。代书遗嘱应有两个以上见证人在场，其中 1 人代书，注明年、月、日，并由代书人、其他见证人和遗嘱人签名。见证人不得为遗嘱确定的继承人。

四是录音遗嘱。即立遗嘱人通过录音或录像的形式，确定其遗嘱的内容。录音遗嘱同代书遗嘱一样，需要有 2 个以上的见证人在场，并将其见证的情况进行录音、录像。完后，应将录音、录像内容封存，封口由见证人及遗嘱人签名盖章。

五是口头遗嘱。即立遗嘱人在危急情况下，无条件书写、录音或办理公证时，口头订立遗嘱的行为。口头遗嘱应当有两个以上见证人在场见证。危急情况解除后，遗嘱人能够用书面或者录音形式立遗嘱的，所立的口头遗嘱无效。

由于法律并不限制公民立遗嘱的次数及形式，实质上亦为尊重公民随时改变遗嘱的意愿，因而在现实生活中会存在多份遗嘱并存的情况。对于多份遗嘱的效力认定，根据《最高人民法院关于贯彻执行〈继承法〉若干问题的意见》第 42 条："遗嘱人以不同形式立有数份内容抵触的遗嘱，其中有公证遗嘱的，以最后所立公证遗嘱为准；没有公证遗嘱的，以最后所立的遗嘱为准。"遗嘱中所确定的继承人先于被继承人死亡的，该遗嘱即告失效。在继承人死亡后，遗嘱中所涉及的遗产应按法定继承办理。立遗嘱人应在自己意识清晰的时候，在没有任何外来压力和两个没有利害关系的见证人在场见证的情况下，清楚表明自己的真实意思。如有必要，最好进行遗嘱公证。公证遗嘱是效力最高的遗嘱。

2. 代位继承与转继承。

(1) 代位继承。又称间接继承，是指在法定继承中，被继承人的子女先于被继承人死亡的，被继承人的子女的晚辈直系血亲代替其父母的继承顺序继承被继承人的遗产的法律制度。为了保障先于被继承人死亡的继承人的晚辈直系血亲的物质及经济利益，因而设立了代位继承制度。《继承法》第 11 条规定："被继承人的子女先于被继承人死亡的，由被继承人的子女的晚辈直系血亲代位继承。代位继承人一般只能继承他的父亲或者母亲有权继承的遗产份额。"

代位继承只适用于法定继承的第一顺序中先于被继承人死亡的子女。代位继承具有以下法律特征：①代位继承人必须是被继承人子女的晚辈直系血亲。即被继承人的孙子女、外孙子女或曾孙子女、外曾孙子女等。代位继承不受辈数限制。②必须有被继承人的子女先于被继承人死亡的法律事实。被继承人的子女也就是被代位人，包括有继承权的婚生子女、非婚生子女、养子女和有扶养关系的继子女。被继承人子女的死亡，包括民法所涉及的自然死亡和被宣告死亡。③代位继承只适用于法定继承方式。这是因为遗嘱必须以立遗嘱人死亡为生效的条件，在遗嘱继承人先于立遗嘱人死亡的情况下，遗嘱无效。代位继承权的实现前提是被继承人的子女先于被继承人死亡。④被代位继承人生前必须具有继承权。如果被继承人的子女生前已经丧失了继承权，则其晚辈直系血亲不得代位继承。⑤代位继承人一般只能取得被代位人应继承的遗产份额。无论代位继承人人数多寡，也只是代替被代位人行使继承权。⑥代位继承同样适用于胎儿的保留份，其原理与法定继承中的胎儿保留份是一致的。

(2) 转继承。又称再继承，在继承开始后，遗产分割前继承人或者赠与人死亡，其应继承的份额由其继承人继承的制度。实际接受遗产的死亡继承人的继承人就是转继承人。《最高人民法院关于贯彻执行〈继承法〉若干问题的意见》第 52 条规定："继承开始后，继承人没有表示放弃继承，并于遗产分割前死亡的，其继承遗产的权利转移给他的合法继承人。”转继承的规定，不仅适用于法定继承，还适用于遗嘱继承，以及遗赠。《意见》第 53 条还规定：“继承开始后，受遗赠人表示接受遗赠，并于遗产分割前死亡的，其接受遗赠的权利转移给他的继承人。”

（3）代位继承与转继承的区别。因为代位继承和转继承都是在继承人与被继承人死亡的情况下，由继承人的继承人行使被继承人的财产继承权，容易搞混。其区别主要表现在以下几个方面：①继承人死亡的时间不同。转继承是被继承人的继承人在继承活动开始之后，遗产处理之前死亡；代位继承是被继承人的继承人先于被继承人死亡或与被继承人同时死亡。②继承的内容不同。转继承的继承只能对其法定继承人应继承的遗产进行分割，不能与被继承人的其他合法继承人共同分割被继承人的遗产；代位继承是继承人的子女直接参与对被继承人遗产的分割，与其他有继承权的人共同参与继承活动。③继承人的范围不同。转继承人不仅限于有直系血亲或拟制血亲的子女、孙子女、外孙子女范围。由于转继承是继承继承人的遗产，因此，作为第一顺序继承人的子女、配偶、父母都有继承权，并且受遗赠人的继承人也可以作为转继承人；代位继承只能发生在与被继承人有直系血亲或拟制血亲的子女范围内，如子女、孙子女、外孙子女，且不受辈分限制，均可成为代位继承人。

三、遗赠

所谓遗赠指的是，通过设立遗嘱，公民将其个人所拥有的一部或者全部财产，待其死亡后无偿赠送给国家、集体组织、社会团体或者法定继承人以外的人的行为。《继承法》第 16 条规定：“公民可以立遗嘱将个人财产赠给国家、集体或者法定继承人以外的人。”

订立遗赠时，可以对遗赠附加条件，即可以要求受遗赠人履行某种义务。通过遗赠，给予受遗赠人的可以是财产权利，也可以是免除其财产义务。但该附加的义务并不是遗赠的对价，也不能超过受遗赠人所得的财产利益。《继承法》第 21 条规定：“遗嘱继承或者遗赠附有义务的，继承人或者受遗赠人应当履行义务。没有正当理由不履行义务的，经有关单位或者个人请求，人民法院可以取消他接受遗产的权利。”

需要注意的是，接受遗赠有时间限制，这一点也与遗嘱继承是不同的。《继承法》第25条第2款规定：“受遗赠人应当在知道受遗赠后2个月内，作出接受或者放弃受遗赠的表示，到期没有表示的，视为放弃受遗赠。”对于缺乏劳动能力又没有生活来源的继承人和出生后将成为法定继承人的胎儿，应当保留必要的遗产份额。司法实践中，基于该遗赠行为不得违背社会公序良俗原则，有判例将赠予给婚外情人的遗赠予以撤销。在遗赠合法有效的情况下，没有执行人或被遗赠人的继承人阻挠的，应在知道该遗赠的2个月内积极向遗赠执行人主张接受遗赠，也可通过诉至法院的形式，确认该遗赠的效力并取得遗产。

四、遗赠扶养协议

遗赠抚养协议是指受扶养人（即遗赠人）与扶养人签订的关于扶养人承担受扶养人生养死葬的义务，受扶养人将自己的财产于死后赠予扶养人的协议。扶养人可以是公民也可以是集体经济组织。《继承法》第31条规定：“公民可以与扶养人签订遗赠扶养协议。按照协议，扶养人承担公民生养死葬的义务，享有受遗赠的权利。公民可以与集体所有制组织签订遗赠扶养协议。按照协议，集体所有制组织承担该公民生养死葬的义务，享有受遗赠的权利。”

相较于遗赠，遗赠扶养协议虽同有遗赠两个字，但法律意义却完全不同。

首先，遗赠需要待遗赠人去世后才发生法律效力；而遗赠扶养协议则在双方签订后即可发生法律效力。

其次，遗赠只需遗赠人单方作出意思表示即可；而遗赠扶养协议则是当事人双方相互协议的结果。

再次，遗赠即便设定了一定的义务，也不是对价义务，并且设定的义务不得超过以后可能获得的财产利益；遗赠扶养协议约定的则是一种对价的法律行为，扶养人没有尽到对受扶养人生养死葬的义务，就无法得到受扶养人的财产。

最后，遗赠中，除非设定了受遗赠人的义务，否则受遗赠人不负有义务；而遗赠扶养协议的双方当事人均负有法律义务，即扶养人有负责受扶养人生养死葬的义务，受扶养人有将自己的财产遗赠给扶养人的义务。《继承法》第5条规定："继承开始后，按照法定继承办理；有遗嘱的，按照遗嘱继承或者遗赠办理；有遗赠扶养协议的，按照协议办理。"这表明遗赠抚养协议在法律效力上高于法定继承、遗嘱继承和遗赠。对于扶养人不认真履行扶养义务的，遗赠扶养协议签订后，受扶养人有权请求解除协议。受扶养人未解除遗赠扶养协议的，经受扶养人的亲属或者有关单位的请求，对不尽扶养义务的扶养人，法院可以取消扶养人的受遗赠权，致使受扶养人的生活常处于缺乏照料状况的扶养人，法院可以酌情对其受遗赠的财产数额予以扣减。

五、丧失继承权的情形

继承权丧失是指依被继承人遗嘱愿意取消法定继承人的继承资格，或是继承人因违反法律规定被人民法院取消继承资格的情形。我国《继承法》规定的丧失继承权的情形有：遗弃被继承人或虐待被继承人情节严重的；为争夺遗产杀害其他继承人的；故意杀害被继承人的；伪造、篡改、销毁遗嘱情节严重的；侵害了缺乏劳动能力又无生活来源的继承人利益并造成其生活困难的。

有扶养能力和有扶养条件的继承人，不尽扶养义务的，分配遗产时，应当不分或者少分。确认继承人丧失继承权，非经人民法院审理确认，任何单位及个人均无权作出。即便是继承人有上述导致继承权丧失的行为，并且继承人亦承认该违法行为的存在，其继承权也不会自动丧失，必须经过司法程序确认。①

六、继承权的放弃

继承权作为一项权利，继承人有放弃的自由。在继承开始后、遗产分割前，继承人作出的放弃继承被继承人遗产的权利的意思表示称为继承权的放弃。放弃的时间只能于继承开始后、遗产分割前实施，且表示放弃的不是继承权，而是所有权。放弃继承权是一种单方的法律行为，

① 参见《继承法》第21条。

无需征得任何人的同意或认可，均有放弃继承权的自由。但是，如果继承人放弃继承权会损害第三人利益，致其不能履行法定义务，则不能放弃继承权，否则放弃是无效的。继承权的放弃不能附加任何条件。放弃继承权的效力，溯及自继承开始的时间，而且放弃继承权的行为原则上不得撤销。

放弃继承权要符合下述的条件：

一是继承人是在继承开始之后，遗产分割之前表示放弃继承的意思。

二是当事人明确的意思表示。

三是继承人不得因放弃继承权而不履行法定义务，其中“法定义务”主要包括：清偿被继承人生前因继承人不尽赡养义务，而被继承人所负的债务；支付被继承人丧葬费的义务；赡养或者抚养其他继承人的法定义务；依法应当缴纳的罚款以及清偿债务的义务。

四是放弃继承权须以法定方式作出。在诉讼前放弃的，须以书面方式向其他继承人表示，用口头表示，本人承认，或有其他充分证据证明的，也应当认为有效；在诉讼中，继承人口头向法院表示放弃的，继承人在笔录中签名，该放弃也有效。继承人放弃继承后反悔的，须在遗产处理前提出，并由人民法院根据具体情况决定是否承认。

案例

1. 没有经过法定登记程序形成的收养关系有效吗？

1975年9月16日，已40岁的独身女子赵某收养一女婴，取名赵三，双方开始以母女关系共同生活，亲友、周围群众公认她们是养母女关系，但未办理收养手续。1999年6月28日后，赵三结婚另立门户，赵某独自一人生活。2004年冬，赵某因年老多病，基本丧失了劳动能力，生活陷入困境，要求赵三承担赡养义务。赵三却不闻不问，以自己被收养时没有办理收养手续为由，否认她和赵某间的收养关系，拒绝支付赡养费。赵某起诉至人民法院，请求人民法院确认其与赵三的收养关系成立，并判令赵三支付赡养费。人民法院经审理认为，赵某收养赵三的行为，发生在1991年《收养法》实施之前，根据当时的有关规定，双方的收养关系成立，遂判决支持赵某请求赵三支付赡养费的诉讼请求。

分析

《收养法》第15条规定："收养应当向县级以上人民政府民政部门登记，收养关系自登记之日起成立。收养查找不到生父母的弃婴和儿童的，办理登记的民政部门应当在登记前予以公告。收养关系当事人愿意订立收养协议的，可以订立收养协议。收养关系当事人各方或者一方要求办理收养公证的，应当办理收养公证。"第25条规定："违反《民法通则》第55条和《收养法》规定的收养行为，无法律效力。收养行为被人民法院确认无效的，从行为开始时起就没有法律效力。"1992年3月26日，最高人民法院《关于学习宣传贯彻执行〈中华人民共和国收养法〉的通知》第2条规定，《收养法》施行后，各级人民法院必须严格执行。《收养法》施行后发生的收养关系，审理时适用《收养法》。《收养法》施行前受理，施行时尚未审结的收养案件，或者《收养法》施行前发生的收养关系，《收养法》施行后当事人诉请确认收养关系的，审理时应适用当时的有关规定；当时没有规定的，可比照《收养法》处理。对于《收养法》施行前成立的收养关系，《收养法》施行后当事人诉请解除收养关系的，应适用《收养法》。

本案是否可根据上述规定认定赵某未经登记的收养行为无效呢？收养是要式的民事法律行为，须经法定程序始得成立。赵某与赵三之间的收养关系发生在1991年《收养法》颁布实施以前，且该事实收养关系得到亲友、群众的公认，并且赵三与赵某共同生活20余年，符合事实收养关系法律效力的认定条件，并且《收养法》施行后，赵三也没有诉请人民法院解除她和赵某间的收养关系。因此，赵某对赵三的收养属于事实收养，她们之间的关系应为有效的收养关系。法院确认赵某与赵三之间的收养关系，赵三应向赵某支付赡养费。

2. 养父母有亲生子女的，养子女是否可以免除赡养义务？

李某夫妇有两个儿子，其中大儿子是老两口1973年收养的。两个儿子结婚成家后，李某夫妇就与他们分家独立生活。但是，到 2017 年时，老两口体弱多病，无法维持生活。李某夫妇就召集两个儿子，协商赡养事宜。可大儿子认为，自己是李某夫妇的养子，在李某夫妇亲生子女存在的情况下，养子女可以免除赡养义务。这种说法正确吗？

分析

我国《婚姻法》第 26 条规定："国家保护合法的收养关系。养父母和养子女之间的权利和义务，适用本法对父母子女关系的有关规定。养子女和生父母间的权利和义务，因收养关系的成立而消除。"《收养法》第 23 条也规定："自收养关系成立之日起，养父母与养子女间的权利义务关系，适用法律关于父母子女关系的规定；养子女与养父母的近亲属间的权利义务关系，适用法律关于子女与父母的近亲属关系的规定。"《婚姻法》第 21 条规定："父母对子女有抚养教育的义务；子女对父母有赡养扶助的义务"，"子女不履行赡养义务时，无劳动能力的或生活困难的父母，有要求子女给付赡养费的权利。"因此，养子女与亲生子女一样，只要是与养父母形成了合法的收养关系，就产生了与亲生子女同样的权利义务，对养父母就应当尽赡养义务。所以本案中李某夫妇大儿子的想法是错误的，他应该和李某夫妇的亲生儿子共同承担起赡养李某夫妇的义务。

3. 收养路边的弃婴是否不受任何限制？

1990 年出生的张冬与 1992 年出生的李雨分别系某政府机关公务员和某中学教师。二人于 2015 年 9 月登记结婚，2017 年 10 月二人生育一女儿取名凡凡。2018 年冬天张冬与李雨抱着凡凡回家的路上，看到路边有一个用被子包裹着的婴儿。经二人鉴别，该婴儿系弃婴。这时李雨说："这个小孩真可怜！咱们把他收养了吧，正好咱们凡凡是个女孩，这个婴儿是个男孩，这下咱们不仅'儿女双全'，还为社会做了一件好事。"谁知不久，邻居向相关部门举报张冬和李雨非法收养弃婴。

分析

收养需要符合一定的法定条件，法律对收养对象的条件和收养人的条件都进行了一定的规定。收养人应当同时具备无子女、有抚养教育被收养人的能力、年满30周岁等条件。因此，路边的弃婴不是任何人都可以收养的。但是为了在一定程度上减轻国家的负担，鼓励收养某些特殊被收养人，《收养法》同时规定，收养孤儿、残疾儿童或者社会福利机构抚养的查找不到生父母的弃婴和儿童，可以不受收养人无子女和收养一名的限制。

4. 解除收养关系后收养期间的生活费和教育费是否应予补偿?

1969年9月9日，彭丙、陈某某生育了被告彭乙。彭丙与原告彭甲是兄弟关系，原告彭甲、邹某某之间是夫妻关系。随后，原告彭甲、邹某某与彭丙、陈某某商定，由原告彭甲、邹某某收养被告彭乙。原告彭甲、邹某某收养被告彭乙后，双方并未长期共同生活在一起，被告彭乙主要跟随其祖母及亲生父母生活。

1990年，被告因感情原因欲调来×市工作，主动要求办理收养公证。原告彭甲、邹某某与彭丙、陈某某办理了收养公证。公证处出具公证书，证明原告彭甲、邹某某与被告彭乙之间收养关系的成立符合收养条件。1992年，二原告将被告从始兴的银行调来×市的银行工作，并将户口迁入二原告家中，一同生活，但产生了许多矛盾，关系日渐恶化。2002年，原告彭甲因病要求被告资助5000元，被告乘人之危要求与二原告解除收养关系。2002年8月28日，原告邹某某向被告彭乙出具收据一份，载明："我与彭乙解除养女关系，收彭乙给补偿金额伍仟元整，以后经济、财产互相没任何关系。"2002年9月2日，原告彭甲、邹某某与被告彭乙签订协议一份，约定解除双方之间的收养关系。2004年，原告彭甲因意外事故导致跌断腰椎、高位截瘫，提出被告作为二原告的养女，年薪10多万元，并未感恩回报。请求依法判令：一、解除原告彭甲、邹某某与被告彭乙之间的收养关系；二、被告补偿二原告养育13年的费用100000元；三、被告补偿二原告为帮其从始兴调来×市所付出的金钱与精力费用50000元。被告同意解除收养关系，但是二原告的其他诉讼请求与事实不符，被告不接受。被告彭乙向人民法院表示，为妥善处理纠纷，愿意补偿二原告40000元。

分析

人民法院经审理认为：原告彭甲、邹某某与被告彭乙之间的收养关系成立于1992年4月1日《收养法》施行之前，虽未进行收养登记，但形成事实上的收养关系，并经公证证明，收养关系成立。虽然原、被告曾于2002年达成协议解除收养关系，但并未到民政部门办理解除收养关系的登记，故收养关系并未实际解除。现双方关系恶化，无法修复，原告彭甲、邹某某要求解除收养关系，被告彭乙已表示同意，故准许解除原告彭甲、邹某某与被告彭乙之间的收养关系。

对于原告彭甲、邹某某要求被告彭乙补偿养育13年费用100000元的主张。根据《收养法》第30条第1款规定："……因养子女成年后虐待、遗弃养父母而解除收养关系的，养父母可以要求养子女补偿收养期间支出的生活费和教育费。"本案中，二原告作为被告的养父母，对被告付出了一定的金钱与感情。但是，自二原告与被告收养关系成立之日起，其权利义务关系适用于父母子女之间的法律规定，二原告对被告金钱与感情上的付出是其作为父母应当承担的义务与责任。被告对二原告并不存在虐待、遗弃的情况，且二原告均为退休职工，有一定的退休金，经济上不存在困难，二原告要求被告补偿养育费并不符合相关法律规定，故对二原告的该项主张不予支持。

对于原告彭甲、邹某某要求被告彭乙补偿因帮助其调来×市工作时所付出的金钱及精力费用50000元的主张。被告调来×市工作时，二原告与被告之间仍存在收养关系，二原告作为养父母为被告的工作有所付出，属于父母对子女情理当中的帮助。而且二原告的该项主张亦没有法律依据，故对此不予支持。

5. 遗产继承案例。

73岁的老张在2014年老伴去世后即由小保姆邓某照料生活。2015年初，老张与邓某登记结婚，随后立遗嘱指定邓某为其唯一的财产继承人，继承自己名下的房屋和为数不多的存款。2016年3月，老张病逝。料理完丧事后，老张的儿子小张持房主为自己名字的房产证要求邓某迁出其与老张共同生活的房屋，遭到邓某拒绝后，小张一纸诉状将邓某诉至法院，要求邓某立即腾退房屋。受诉法院受理此案后查明，原来，老张在与邓某结婚后，因双方年龄、性格、生活习惯等方面的巨大差异而对邓某不甚满意，特别是每次老张的子女登门看望父亲后，邓某便借故大吵大闹的做法，更加剧了老张的不满。于是，2015 年底老张便趁住院期间儿子小张来护理自己时，将房屋赠予儿子并办理了产权转移手续。邓某则以自己是老张的合法配偶，手中持有老张亲笔书写的遗嘱，老张名下的房屋理应由自己继承为由进行抗辩，主张该房屋应归自己所有。

分析

人民法院经审理认为，具有完全民事行为能力的自然人有权通过签订合同立遗嘱等方式处分自己的财产。老张虽然立有遗嘱，将自己名下的房屋指定由邓某一人继承，但其在生前已经将该房屋赠予了儿子小张，属于对遗嘱处分房屋行为的变更。老张的赠予行为并未侵犯他人的合法权益，应属有效。既然在继承开始时，老张通过遗嘱所处分的主要财产——房屋的权属已经发生了变更，因此，邓某不能根据该遗嘱继承房屋。人民法院原则上支持了小张的诉讼请求，但考虑到邓某刚刚处理完丧事，需要一段时间另寻工作和住处，因此，判决邓某在 90 天内向小张交付房屋。

具有完全民事行为能力的自然人有权根据自己的意愿，通过遗嘱处分自己的财产。立遗嘱人也有权在有生之年通过赠予的形式处分自己的财产，不受遗嘱行为、内容的限制。因此，遗嘱人生前的行为与遗嘱的意思表示相反，而使遗嘱处分的财产在继承开始前灭失、部分灭失或所有权转移、部分转移的，遗嘱视为被撤销或部分被撤销。

第九章

医疗与养老的法律保障

2018年1月2日，中共中央、国务院发布《关于实施乡村振兴战略的意见》，提出要加强农村社会保障体系建设。完善统一的城乡居民基本医疗保险制度和大病保险制度，做好农民重特大疾病救助工作。巩固城乡居民医保全国异地就医联网直接结算。完善城乡居民基本养老保险制度，建立城乡居民基本养老保险待遇确定和基础养老金标准正常调整机制。统筹城乡社会救助体系，完善最低生活保障制度，做好农村社会救助兜底工作。构建多层次农村养老保险体系，创新多元化照料服务模式。推进健康乡村建设。强化农村公共卫生服务，加强慢性病综合防控，大力推进农村地区精神卫生、职业病和重大传染病防治。完善基本公共卫生服务项目补助政策，加强基层医疗卫生服务体系建设，支持乡镇卫生院和村卫生室改善条件。加强乡村中医药服务。开展和规范家庭医生签约服务，加强妇幼、老人、残疾人等重点人群健康服务。农民朋友了解一些农村医疗和养老法律知识有利于最大限度维护自身健康和合法权益。

第一节 农村医疗

农村医疗关系着我国农村的经济发展和社会稳定，农村合作医疗制度是推进我国卫生事业的重要内容，也是促进社会发展的基本政策之一。农村卫生工作是我国卫生工作的重点，关系到保护农村生产力、振兴农村经济、维护农村社会发展和稳定的大局，对提高全民族素质具有重大意义。改革开放以来，党和政府为加强农村卫生工作采取了一系列措施，农村缺医少药的状况得到较大改善，农民健康水平和平均期望寿命有了很大提高。但是，从总体上看，农村医疗卫生工作仍存在一些问题和薄弱环节，引起各级党委和政府的高度重视。为改变这种状况，进入21世纪以来，国家采取了一系列政策措施。

2002年10月19日，中共中央、国务院发布《关于进一步加强农村卫生工作的决定》，提出到2010年，在全国农村基本建立起适应社会主义市场经济体制要求和农村经济社会发展水平的农村卫生服务体系和农村合作医疗制度。

2003年1月16日，国务院办公厅转发卫生部、财政部、农业部《关于建立新型农村合作医疗制度的意见》，提出到2010年，实现在全国建立基本覆盖农村居民的新型农村合作医疗制度的目标，减轻农民因疾病带来的经济负担，提高农民健康水平。

2006年1月10日，卫生部、国家发展改革委、民政部、财政部、农业部、食品药品监督管理局、中医药管理局发布《关于加快推进新型农村合作医疗试点工作的通知》，要求各省（区、市）要在认真总结试点经验的基础上，加大工作力度，完善相关政策，扩大新型农村合作医疗试点。

2009年3月17日，中共中央、国务院发布《关于深化医药卫生体制改革的意见》，提出到2020年，覆盖城乡居民的基本医疗卫生制度基本建立；普遍建立比较完善的公共卫生服务体系和医疗服务体系，比较健全的医疗保障体系，比较规范的药品供应保障体系，比较科学的医疗卫生机构管理体制和运行机制，形成多元办医格局，人人享有基本医疗卫生服务，基本适应人民群众多层次的医疗卫生需求，人民群众健康水平进一步提高。

2011—2015年，国家相关部门每年都发布专门文件，提高对新农合的补助标准，中央财政根据西部、中部、东部不同经济发展水平，分别按照不同的比例给予专项资金支持。

2016年11月8日，中共中央办公厅、国务院办公厅转发《国务院深化医药卫生体制改革领导小组关于进一步推广深化医药卫生体制改革经验的若干意见》，确立了医改向纵深方面发展的目标，提出8个方面的要求：建立强有力的领导体制和医疗、医保、医药“三医”联动工作机制，为深化医改提供组织保障；破除以药补医，建立健全公立医院运行新机制；发挥医保基础性作用，加强对医疗服务的外部制约；推进政事分开、管办分开，建立现代医院管理制度；建立符合行业特点的人事薪酬制度，调动医务人员积极性；以家庭医生签约服务和医疗联合体为重要抓手，加快分级诊疗制度建设；充分利用互联网技术，改善群众就医体验；发展和规范社会办医，满足多元化医疗服务需求。

一、农村医疗机构

农民看病大多到村里或乡里的诊所或医院。虽然说乡村医院的医疗条件比不上城里的大医院，但如果遇到头疼脑热之类的小病，或是比较急的病，还真是离不开这些乡村医院和医生。农民朋友不要轻信那些游医和利用封建迷信活动治病的事，要留意有没有相应的资格和资质，到正规、有保障的医院或诊所治疗。

1. 乡村医院设立条件。根据国务院 2016 年 2 月 6 日修订施行的《医疗机构管理条例》第 16 条，乡村医院的基本条件也就是申请医疗机构执业登记应当具备的条件：

（1）有设置医疗机构批准书。

（2）符合医疗机构的基本标准。

（3）有适合的名称、组织机构和场所。

（4）有与其开展的业务相适应的经费、设施、设备和专业卫生技术人员。

（5）有相应的规章制度。

（6）能够独立承担民事责任。

2. 乡村医生执业条件。我国实行乡村医生执业注册制度，并由县级人民政府卫生行政主管部门负责乡村医生执业注册工作。乡村医生是广大农村地区实施医疗救治工作的主要力量。乡村医生质量的高低直接关系到很大一部分人的生命健康，政府卫生部门要严格执行乡村医生注册制度，从源头上把好关，以保证生病的农民朋友能够得到高质量的救治。

(1)《乡村医生从业管理条例》第10条规定："本条例公布前的乡村医生，取得县级以上地方人民政府卫生行政主管部门颁发的乡村医生证书，并符合下列条件之一的，可以向县级人民政府卫生行政主管部门申请乡村医生执业注册，取得乡村医生执业证书后，继续在村医疗卫生机构执业：①已经取得中等以上医学专业学历的；②在村医疗卫生机构连续工作20年以上的；③按照省、自治区、直辖市人民政府卫生行政主管部门制定的培训规划，接受培训取得合格证书的。"对于这三个条件，只要符合一个就可以了。第11条规定："对具有县级以上地方人民政府卫生行政主管部门颁发的乡村医生证书，但不符合本条例第10条规定条件的乡村医生，县级人民政府卫生行政主管部门应当进行有关预防、保健和一般医疗服务基本知识的培训，并根据省、自治区、直辖市人民政府卫生行政主管部门确定的考试内容、考试范围进行考试。前款规定的乡村医生经培训并考试合格的，可以申请乡村医生执业注册；经培训但考试不合格的，县级人民政府卫生行政主管部门应当组织对其再次培训和考试。不参加再次培训或者再次考试仍不合格的，不得申请乡村医生执业注册。"

(2)《乡村医生从业管理条例》第12条规定："本条例公布之日起进入村医疗卫生机构从事预防、保健和医疗服务的人员，应当具备执业医师资格或者执业助理医师资格。不具备前款规定条件的地区，根据实际需要，可以允许具有中等医学专业学历的人员，或者经培训达到中等医学专业水平的其他人员申请执业注册，进入村医疗卫生机构执业。具体办法由省、自治区、直辖市人民政府制定。"

二、农村医疗制度

农村医疗制度主要是指新型农村合作医疗制度。新型农村合作医疗制度是由政府组织、引导、支持，农民自愿参加，个人、集体和政府多方筹资，以大病统筹为主的农民医疗互助共济制度。[①] 目前，我国已经实现了全面建立基本覆盖农村居民的新型农村合作医疗制度的目标，减

① 参见仇雨临：《中国医疗保障70年：回顾与解析》，《社会保障评论》2019年1月15日。

轻了农民因疾病带来的经济负担，提高了农民健康水平。

2003年以来，我国针对城镇非就业人口、农村人口分别建立了城镇居民基本医疗保险、新型农村合作医疗制度。制度建立以来，覆盖范围不断扩大，保障水平稳步提高，制度运行持续平稳，对于健全全民基本医保体系、满足群众基本医疗保障需求、提高人民群众健康水平发挥了重要作用。近年来，随着经济社会快速发展，两项制度城乡分割的负面作用开始显现，存在着重复参保、重复投入、待遇不够等问题。在总结城镇居民医保和新农合运行情况以及地方探索实践经验的基础上，党中央、国务院明确提出整合城镇居民医保和新农合两项制度，建立统一的城乡居民基本医疗保险制度。[①]

2016年1月3日，国务院印发《关于整合城乡居民基本医疗保险制度的意见》，提出“六个统一”的工作目标：

第一，统一覆盖范围。城乡居民医保制度覆盖范围包括现有城镇居民医保和新农合所有应参保（合）人员，即覆盖除职工基本医疗保险应参保人员以外的其他所有城乡居民。农民工和灵活就业人员依法参加职工基本医疗保险，有困难的可按照当地规定参加城乡居民医保。各地要完善参保方式，促进应保尽保，避免重复参保。

第二，统一筹资政策。坚持多渠道筹资，继续实行个人缴费与政府补助相结合为主的筹资方式，鼓励集体、单位或其他社会经济组织给予扶持或资助。各地要统筹考虑城乡居民医保与大病保险保障需求，按照基金收支平衡的原则，合理确定城乡统一的筹资标准。现有城镇居民医保和新农合个人缴费标准差距较大的地区，可采取差别缴费的办法，利用2—3年时间逐步过渡。整合后的实际人均筹资和个人缴费不得低于现有水平。完善筹资动态调整机制。在精算平衡的基础上，逐步建立与经济社会发展水平、各方承受能力相适应的稳定筹资机制。逐步建立个人缴费标准与城乡居民人均可支配收入相衔接的机制。合理划分政府与个人的筹资责任，在提高政府补助标准的同时，适当提高个人缴费比重。

---

① 参见《国务院关于整合城乡居民基本医疗保险制度的意见》。

第三，统一保障待遇。遵循保障适度、收支平衡的原则，均衡城乡保障待遇，逐步统一保障范围和支付标准，为参保人员提供公平的基本医疗保障。妥善处理整合前的特殊保障政策，做好过渡与衔接。城乡居民医保基金主要用于支付参保人员发生的住院和门诊医药费用。稳定住院保障水平，政策范围内住院费用支付比例保持在75%左右。进一步完善门诊统筹，逐步提高门诊保障水平。逐步缩小政策范围内支付比例与实际支付比例间的差距。

第四，统一医保目录。统一城乡居民医保药品目录和医疗服务项目目录，明确药品和医疗服务支付范围。各省（区、市）要按照国家基本医保用药管理和基本药物制度有关规定，遵循临床必需、安全有效、价格合理、技术适宜、基金可承受的原则，在现有城镇居民医保和新农合目录的基础上，适当考虑参保人员需求变化进行调整，有增有减、有控有扩，做到种类基本齐全、结构总体合理。完善医保目录管理办法，实行分级管理、动态调整。

第五，统一定点管理。统一城乡居民医保定点机构管理办法，强化定点服务协议管理，建立健全考核评价机制和动态的准入退出机制。对非公立医疗机构与公立医疗机构实行同等的定点管理政策。原则上由统筹地区管理机构负责定点机构的准入、退出和监管，省级管理机构负责制订定点机构的准入原则和管理办法，并重点加强对统筹区域外的省、市级定点医疗机构的指导与监督。

第六，统一基金管理。城乡居民医保执行国家统一的基金财务制度、会计制度和基金预决算管理制度。城乡居民医保基金纳入财政专户，实行“收支两条线”管理。基金独立核算、专户管理，任何单位和个人不得挤占挪用。结合基金预算管理全面推进付费总额控制。基金使用遵循以收定支、收支平衡、略有结余的原则，确保应支付费用及时足额拨付，合理控制基金当年结余率和累计结余率。建立健全基金运行风险预警机制，防范基金风险，提高使用效率。强化基金内部审计和外部监督，坚持基金收支运行情况信息公开和参保人员就医结算信息公示制度，加强社会监督、民主监督和舆论监督。

整合城镇居民医保和新农合两项制度，建立统一的城乡居民医保制度，是推进医药卫生体制改革、实现城乡居民公平享有基本医疗保险权益、促进社会公平正义、增进人民福祉的重大举措，对城乡经济社会协调发展、全面建成小康社会具有重要意义。建立城乡居民医保制度，有利于推动保障更加公平、管理服务更加规范、医疗资源利用更加有效，促进全民医保体系持续健康发展。为做好此项工作，2018 年 7 月 11 日，国家医疗保障局会同财政部、人力资源社会保障部、国家卫生健康委员会联合印发《关于做好 2018 年城乡居民基本医疗保险工作的通知》，要求如下：

第一，提高城乡居民医保筹资标准。2018 年城乡居民医保财政补助和个人缴费标准同步提高。各级财政人均补助标准在 2017 年基础上新增 40 元，达到每人每年不低于 490 元。其中，中央财政对基数部分的补助标准不变，对新增部分按照西部地区 80%和中部地区 60%的比例安排补助，对东部地区各省份分别按一定比例补助。省级财政要加大对深度贫困地区倾斜力度，进一步完善省级及以下财政分担办法，地方各级财政要按照规定足额安排本级财政补助资金并及时拨付到位。2018 年城乡居民医保人均个人缴费标准同步新增 40 元，达到每人每年 220 元。各统筹地区要科学合理确定具体筹资标准并划分政府和个人分担比例。年人均财政补助和个人缴费水平已达到国家规定的最低标准的地区，在确保各项待遇落实的前提下，可根据实际合理确定 2018 年筹资标准。

第二，推进统一的城乡居民医保制度建立。各地要按照党中央、国务院的要求，抓紧推进整合工作，2019 年全国范围内统一的城乡居民医保制度全面启动实施。未出台整合方案和尚未启动运行的地区要抓紧出台方案并尽快启动实施；已启动运行的要实现制度深度融合，提高运行质量，增强保障功能。整合过程中，要结合全民参保计划，巩固城乡居民医保覆盖面，确保稳定连续参保，实现应保尽保，避免重复参保。完善新生儿、大学生以及已取得居住证的常住人口等特殊人群参保登记及缴费办法，确保及时参保，杜绝发生参保空档期。要注意对特殊问题、特殊政策进行妥善处理，稳定待遇预期，防止福利化倾向。

第三，完善门诊统筹保障机制。全面推进和完善城乡居民医保门诊统筹，通过互助共济增强门诊保障能力。尚未实行门诊保障的地区，要加快推进建立门诊统筹。实行个人（家庭）账户的，要逐步向门诊统筹平稳过渡。完善协议管理，将医保定点协议管理和家庭医生签约服务有机结合，依托基层医疗机构，发挥“守门人”作用。探索门诊统筹按人头付费，明确按人头付费的基本医疗服务包范围，通过与医疗机构平等协商谈判确定按人头付费标准。针对门诊统筹特点逐步完善考核评价指标体系，将考核结果与费用结算挂钩，确保服务质量。

第四，做好贫困人口医疗保障工作。立足现有制度采取综合措施，提高贫困人口医疗保障水平。全面落实资助困难人员参保政策，确保将特困人员、低保对象、重度残疾人、建档立卡贫困人口等困难人员纳入城乡居民医保和城乡居民大病保险（以下简称大病保险），实现应保尽保。2018 年城乡居民医保人均新增财政补助中的一半（人均 20 元）用于大病保险，重点聚焦深度贫困地区和因病因残致贫返贫等特殊贫困人口，完善大病保险对贫困人口降低起付线、提高支付比例和封顶线等倾斜支付政策。加强医疗救助托底保障能力，在基本医保、大病保险基础上，进一步提高贫困人口受益水平。优化贫困人口就医结算服务，推广基本医保、大病保险、医疗救助和其他保障措施“一站式”结算，减轻贫困人口跑腿垫资负担。

第五，改进管理服务。巩固完善市级统筹，有条件的地区可探索省级统筹，实现一市或一省范围内就医报销无异地，提高城乡居民医疗服务利用公平性。整合优化城乡经办资源配置，加强基层服务平台建设，尽快实行一体化管理运行，为参保群众提供便捷服务。巩固完善异地就医住院费用直接结算工作，妥善解决农民工和“双创”人员异地就医问题，为城乡居民规范转外就医提供方便快捷服务，减少跑腿垫资。深化支付方式改革，统筹基本医保和大病保险，逐步扩大按病种付费的病种数量，全面推行以按病种付费为主的多元复合式医保支付方式。完善医保服务协议管理，将监管重点从医疗费用控制转向医疗费用和医疗质量双控制。不断完善医保信息系统，全面推开医保智能监控工作。统筹考虑参保人员个人费用负担与基金支出，加强对总体医疗费用控制。增强风险防范意识，加强基金运行分析。要进一步完善基金收支预算管理，建立健全风险预警、评估、化解机制及预案，确保基金安全，不出现系统性风险。进一步规范大病保险委托承办管理，健全大病保险收支结余和政策性亏损的动态调整机制，落实基金监管责任。完善大病保险统计分析，加强运行监督管理，督促承办机构加强费用管控，确保基金合理高效使用。

三、医疗事故的处理

1. 医疗事故的认定。《医疗事故处理条例》第 2 条规定："本条例所称医疗事故是指医疗机构及其医务人员在医疗活动中，违反医疗卫生管理法律、行政法规、部门规章和诊疗护理规范、常规，过失造成患者人身损害的事故。"医疗事故的主体是医疗机构及其医务人员，这里所说的"医疗机构"是指根据《医疗机构管理条例》的规定取得医疗机构执业许可证的机构。而"医务人员"是指依法取得执业资格的医疗卫生专业技术人员，如医师和护士等，他们必须在医疗机构执业。"过失造成患者人身损害的事故"说的是违法行为的后果，这也是判断是否是医疗事故的关键。过失行为和后果之间存在因果关系，这是判定是否属于医疗事故的一个重要方面。

《医疗事故处理条例》第 20 条规定："卫生行政部门接到医疗机构关于重大医疗过失行为的报告或者医疗事故争议当事人要求处理医疗事故争议的申请后，对需要进行医疗事故技术鉴定的，应当交由负责医疗事故技术鉴定工作的医学会组织鉴定；医患双方协商解决医疗事故争议，需要进行医疗事故技术鉴定的，由双方当事人共同委托负责医疗事故技术鉴定工作的医学会组织鉴定。"《医疗事故处理条例》第 21 条规定："设区的市级地方医学会和省、自治区、直辖市直接管辖的县（市）地方医学会负责组织首次医疗事故技术鉴定工作。省、自治区、直辖市地方医学会负责组织再次鉴定工作。必要时，中华医学会可以组织疑难、复杂并在全国有重大影响的医疗事故争议的技术鉴定工作。"

2. 不属于医疗事故的情形。在医疗救治的过程中，也有一些意外情况不是由人力可以决定的，如果把这些意外情况也归于医疗事故，要求医疗机构承担责任，将会造成不公平结果的发生。因此，本着公平正义的价值观念，法律在保护患者这个弱势群体的前提下，也考虑到医者一方的合法权益，对不属于医疗事故的情形也作了一些规定。当医疗救治过程中发生了这些情况的时候，医疗机构或者医务人员不需要承担医疗事故的赔偿责任。根据《医疗事故处理条例》第 33 条，不属于医疗事故的情形有：

（1）在紧急情况下为抢救垂危患者生命而采取紧急医学措施造成不良后果的。即在紧急情况下为抢救病人的生命，医护人员按照医疗操作规范所采取的紧急救治措施造成不良后果的。

（2）在医疗活动中由于患者病情异常或者患者体质特殊而发生医疗意外的。所谓医疗意外，是指由于病情或病员体质特殊而发生难以预料和防范的不良后果的。医疗意外具有两个基本特征：一是病员死亡、残疾或功能障碍的不良后果发生在诊疗护理工作中；二是不良后果的发生是医护人员难以预料和防范的，或者说是他们不能抗拒或者不能预见的原因所引起的。医疗意外的发生，是难以预料的，医护人员主观上不存在过失，而是由于病员自身体质变化和特殊病种结合在一起突然发生的，是医护人员本身和现代医学科学技术所不能预见、防范和避免的。医护人员根据当时的情况，无法预见可能会产生的病员死亡、残疾或功能障碍的不良后果。

（3）在现有医学科学技术条件下，发生无法预料或者不能防范的不良后果的。

（4）无过错输血感染造成不良后果的。医护人员在给病人提供血源时，按照供血的有关规定进行查验，输血操作无误，而输血后病人仍出现不良后果。

（5）因患方原因延误诊疗导致不良后果的。由于病人对医疗行为不理解，不按医嘱服药或私自服药，个别患者出于某种动机和目的，不真实反映病状，不接受医护人员的合理治疗措施，过早地增加活动，术后过早进餐，私自外出等，由于患方引起的这些原因而导致不良后果的，医护人员不承担责任，不能认定为医疗事故。

（6）因不可抗力造成不良后果的。

3. 医疗事故赔偿的问题。在医疗救治过程中，发生医疗事故的，由医疗机构承担医疗事故的赔偿责任。医疗事故赔偿，应当考虑下列因素，确定具体赔偿数额：医疗事故等级；医疗过失行为在医疗事故损害后果中的责任程度；医疗事故损害后果与患者原有疾病状况之间的关系。不属于医疗事故的，医疗机构不承担赔偿责任。①

根据《医疗事故处理条例》第 50 条规定，医疗事故赔偿，按照下列项目和标准计算：

（1）医疗费。按照医疗事故对患者造成的人身损害进行治疗所发生的医疗费用计算，凭据支付，但不包括原发病医疗费用。结案后确实需要继续治疗的，按照基本医疗费用支付。

（2）误工费。患者有固定收入的，按照本人因误工减少的固定收入计算，对收入高于医疗事故发生地上一年度职工年平均工资 3 倍以上的，按照 3 倍计算；无固定收入的，按照医疗事故发生地上一年度职工年平均工资计算。

（3）住院伙食补助费。按照医疗事故发生地国家机关一般工作人员的出差伙食补助标准计算。

（4）陪护费。患者住院期间需要专人陪护的，按照医疗事故发生地上一年度职工年平均工资计算。

（5）残疾生活补助费。根据伤残等级，按照医疗事故发生地居民年平均生活费计算，自定残之月起最长赔偿 30 年；但是，60 周岁以上的，不超过 15 年；70 周岁以上的，不超过 5 年。

（6）残疾用具费。因残疾需要配置补偿功能器具的，凭医疗机构证明，按照普及型器具的费用计算。

（7）丧葬费。按照医疗事故发生地规定的丧葬费补助标准计算。

（8）被扶养人生活费。以死者生前或者残疾者丧失劳动能力前实际扶养且没有劳动能力的人为限，按照其户籍所在地或者居所地居民最低生活保障标准计算。对不满 16 周岁的，扶养到 16 周岁。对年满 16 周岁但无劳动能力的，扶养 20 年；但是，60 周岁以上的，不超过 15 年；

① 参见《医疗事故处理条例》第 49 条。

70 周岁以上的，不超过 5 年。

(9) 交通费。按照患者实际必需的交通费用计算，凭据支付。

(10) 住宿费。按照医疗事故发生地国家机关一般工作人员的出差住宿补助标准计算，凭据支付。

(11) 精神损害抚慰金。按照医疗事故发生地居民年平均生活费计算。造成患者死亡的，赔偿年限最长不超过 6 年；造成患者残疾的，赔偿年限最长不超过 3 年。

参加医疗事故处理的患者近亲属所需交通费、误工费、住宿费，参照上述规定计算，计算费用的人数不超过 2 人。医疗事故造成患者死亡的，参加丧葬活动的患者的配偶和直系亲属所需交通费、误工费、住宿费，也参照上述规定计算，计算费用的人数不超过 2 人。

四、禁止非法行医

由于我国幅员辽阔，一些农村地区经济发展不平衡不充分，农民受教育程度不同，乡村医生数量不足，使非法行医者有机可乘。为防止和杜绝非法行医对农民身体健康带来的危害，我国相关法律法规对治理非法行医的标准和依据作出了明确规定，有利于加大对非法行医的打击力度。

1. 非法行医情形。非法行医是指不符合法律法规的规定、没有获得医疗卫生主管部门许可而开展医疗活动的行为。非法行医包括下面几种情形：

(1) 没有取得医师执业证书的人从事医疗服务活动。

(2) 取得医师执业证书的人在医疗机构外从事医疗服务活动的个人行为。

(3) 取得医师执业证书的人在超出登记注册的执业地点、执业类别、执业范围等情况下从事的医疗服务活动。

(4) 没有取得医疗机构执业许可证的机构从事的医疗服务活动。

(5) 取得医疗机构执业许可证的机构从事超出登记许可诊疗范围的医疗服务活动。

(6) 医疗机构虽取得医疗机构执业许可证，但其从业人员是没有执业证书的人从事医疗服务活动。

(7) 医疗机构虽取得医疗机构执业许可证，但其从业人员是由跨专业的人员从事医疗服务活动。

(8) 利用封建迷信及所谓的“特异功能”从事的诊治活动。

(9) 其他非法行医情形。

2. 非法行医要承担的责任。不同程度的非法行医会给人们的生命健康造成不同程度的影响，而依据不同形式非法行医造成的后果的严重程度不同，我国法律对非法行医者的责任作了不同的规定。根据《执业医师法》第 39 条的规定：“未经批准擅自开办医疗机构行医或者非医师行医的，由县级以上人民政府卫生行政部门予以取缔，没收其违法所得及其药品、器械，并处 10 万元以下的罚款；对医师吊销其执业证书；给患者造成损害的，依法承担赔偿责任；构成犯罪的，依法追究刑事责任。”根据《中华人民共和国刑法》第 336 条第 1 款的规定：“未取得医生执业资格的人非法行医，情节严重的，处 3 年以下有期徒刑、拘役或者管制，并处或者单处罚金；严重损害就诊人身体健康的，处 3 年以上 10 年以下有期徒刑，并处罚金；造成就诊人死亡的，处 10 年以上有期徒刑，并处罚金。”

第二节　农村养老

自古以来，农村就有养儿防老的传统，但随着社会人口流动性的加快，尤其是大量农村青壮年外出务工，出现了很多空巢老人以及留守老人。随着我国老龄化社会的到来，农村养老问题也成为必须面对的一个问题。

一、农村养老方式

长期以来，我国农村养老一直以家庭养老为主。近年来出现“人口老龄化加速”“未富先老”等现象，这些给农村养老问题带来了沉重的负担。截至 2018 年底，我国 60 岁及以上老年人口约 2.49 亿，占总人口的17.9%；65岁及以上人口约1.67亿，占总人口的11. 9%。[①] 从总体上看，我国农村人口老龄化在2011—2020年快速发展，2021—2033年高速攀升，2034—2060年持续高位运行。预计到2045年我国农村80岁以上老人占农村老年人的比例将超过22%。随着农村老龄化的浪潮汹涌而来，传统家庭养老方式受到巨大冲击，农村养老问题变得日益突出和紧迫。[②] 目前农村养老的方式主要有：

1. 家庭养老。家庭养老是我国农村普遍的养老方式，也是中华民族传统美德的具体体现，其优越性是其他任何养老方式所无法比拟与替代的，因为这种方式是以血缘或姻缘关系为基础的，由家庭成员主要是年轻子女或孙子女承担年老家庭成员的赡养义务。家庭养老的主要内容包括为老人提供经济帮助、生活照料、精神慰藉三个方面的支持。[③] 但由于种种原因，如今家庭养老的功能有所弱化。

2. 土地保障。土地既是农民最基本的生产资料，又是生活保障，具有双重功能。同时，土地保障也是目前我国家庭保障的主要经济基础，但是我国的特殊国情使土地养老保障的功能尤显不足，有待土地法规的修订完善和权益功能的提升。

3. 农村社区养老。主要是由家庭之外的国家、社会、集体等来提供养老资源的养老方式和养老制度。社区养老既可以使老人生活在自己所熟悉的环境之中，又能够使老人获得家庭以外的照顾和服务。社区养老贴近基层、服务人民，是缓解我国养老机构严重不足和人口老龄化不断加速的一条有效途径。

4. 农村储蓄存款保障。依靠平时的积蓄来防老是很多人的选择。部分农民对养儿防老不作唯一指靠，他们认为只有依靠自己省吃俭用形成一笔储蓄才能以备防老之用。因此，目前我国农村居民储蓄的很大一部分将会用于未来的养老保障。

---

① 参见《健康中国行动推进委员会办公室新闻发布会文字实录》，中华人民共和国国家卫生健康委员会网站，2019年7月29日。

② 参见吴晓林：《农村留守老人的“公共性”问题与“自养化”生存研究》，《天府新论》2012年7月5日。

③ 参见梅淑元、刘俣成：《农村养老保障制度创新研究——基于土地产权制度改革视角》，《现代经济信息》2010年12月23日。

5. 农村社会养老保险。是由政府主管部门负责组织和管理，农村经济组织、集体事业单位和各行业劳动者共同承担养老保险费缴纳义务，劳动者在年老时按照养老保险费缴纳状况享受基本养老保险待遇的农村社会保障制度。这项制度的建立，对于深化农村改革，保障农民利益，解除农民后顾之忧，促进农村经济发展和社会稳定，具有十分重要的意义。

6. 商业养老保险。是一种锦上添花的商业保险模式，它以人的生命或身体为保险对象，在被保险人年老或保期届满时，由保险公司按合同规定支付养老金。

二、农村社会养老保险

农村社会养老保险，其养老待遇由社会统筹与个人账户相结合，与家庭养老、土地保障、社会救助等其他社会保障政策措施相配套，建立个人缴费、集体补助、政府补贴相结合的筹资模式。

为寻找适合的农村养老途径，根据国家“七五”计划关于“抓紧建立农村社会保险制度”的要求，民政部自 1986 年起开始对建立农村社会养老保险制度的探索。[①] 1991 年，根据国务院指示，民政部在山东省烟台市牟平县等地进行试点，并取得成功。1992 年，在总结试点经验的基础上，民政部制定下发了《县级农村社会养老保险基本方案》，并在全国有条件的地区逐步推广。1995 年 10 月 19 日，国务院办公厅转发民政部《关于进一步做好农村社会养老保险工作意见的通知》，明确规定了开展农村社会养老保险的基本条件。

1994—1997 年，劳动和社会保障部先后提出整顿方案，继续在有条件的地区进行农村社会养老保险的探索。在此基础上，针对进城农民工、城镇农转非人员和农村劳动者研究设计标准不同、可互相转变的养老保险办法。2003 年 11 月 10 日，劳动与社会保障部发布《关于认真做好当前农村养老保险工作的通知》，要求高度重视农民的养老保障，

① 参见王荣、王金元：《我国农村养老服务发展历史沿革及其特征评析》，《农村经济与科技》2018 年 12 月 30 日。

立足当前，着眼长远，因地制宜，分类指导，积极稳妥地推进农村养老保险工作。

2008 年 10 月，党的十七届三中全会通过《中共中央关于推进农村改革发展若干重大问题的决定》，提出要贯彻广覆盖、保基本、多层次、可持续原则，加快健全农村社会保障体系。按照个人缴费、集体补助、政府补贴相结合的要求，建立新型农村社会养老保险制度。创造条件探索城乡养老保险制度有效衔接办法。

2009 年 9 月 1 日，国务院发布《关于开展新型农村社会养老保险试点的指导意见》，提出探索建立个人缴费、集体补助、政府补贴相结合的新农保制度，实行社会统筹与个人账户相结合，与家庭养老、土地保障、社会救助等其他社会保障政策措施相配套，保障农村居民老年基本生活。2009 年试点覆盖面为全国 10％的县（市、区、旗），以后逐步扩大试点，在全国普遍实施，2020 年之前基本实现对农村适龄居民的全覆盖。

自 2011 年 7 月 1 日生效施行的《中华人民共和国社会保险法》第 20 条、第 21 条规定："国家建立和完善新型农村社会养老保险制度。新型农村社会养老保险实行个人缴费、集体补助和政府补贴相结合。""新型农村社会养老保险待遇由基础养老金和个人账户养老金组成。参加新型农村社会养老保险的农村居民，符合国家规定条件的，按月领取新型农村社会养老保险待遇。"

2014 年 2 月 21 日，国务院印发《关于建立统一的城乡居民基本养老保险制度的意见》，依据《中华人民共和国社会保险法》有关规定，在总结新型农村社会养老保险和城镇居民社会养老保险试点经验的基础上，决定将新农保和城居保两项制度合并实施，在全国范围内建立统一的城乡居民基本养老保险制度。坚持和完善社会统筹与个人账户相结合的制度模式，巩固和拓宽个人缴费、集体补助、政府补贴相结合的资金筹集渠道，完善基础养老金和个人账户养老金相结合的待遇支付政策，强化长缴多得、多缴多得等制度的激励机制，建立基础养老金正常调整机制，健全服务网络，提高管理水平，为参保居民提供方便快捷的服务。"十二五"末，在全国基本实现新农保和城居保制度合并实施，并与职工基本养老保险制度相衔接。2020 年前，全面建成公平、统一、规范的城乡居民养老保险制度，与社会救助、社会福利等其他社会保障政策相配套，充分发挥家庭养老等传统保障方式的积极作用，更好保障参保城乡居民的老年基本生活。

2017 年 10 月 18 日，中国共产党第十九次全国代表大会报告提出，加强社会保障体系建设。按照兜底线、织密网、建机制的要求，全面建成覆盖全民、城乡统筹、权责清晰、保障适度、可持续的多层次社会保障体系。全面实施全民参保计划。完善城镇职工基本养老保险和城乡居民基本养老保险制度，尽快实现养老保险全国统筹。

党中央、国务院高度重视城乡社会保障体系建设。2018 年 3 月 26 日，人力资源社会保障部、财政部发布《关于建立城乡居民基本养老保险待遇确定和基础养老金正常调整机制的指导意见》，就建立城乡居民基本养老保险待遇确定和基础养老金正常调整机制确定如下工作任务：

第一，完善待遇确定机制。城乡居民基本养老保险待遇由基础养老金和个人账户养老金构成。基础养老金由中央和地方确定标准并全额支付给符合领取条件的参保人；个人账户养老金由个人账户全部储存额除以计发系数确定。明确各级人民政府、集体经济组织和参保居民等各方面的责任。中央根据全国城乡居民人均可支配收入和财力状况等因素，合理确定全国基础养老金最低标准。地方应当根据当地实际提高基础养老金标准，对 65 岁及以上参保城乡老年居民予以适当倾斜；对长期缴费、超过最低缴费年限的，应适当加发年限基础养老金。各地提高基础养老金和加发年限基础养老金标准所需资金由地方负担。引导激励符合条件的城乡居民早参保、多缴费，增加个人账户资金积累，优化养老保险待遇结构，提高待遇水平。

第二，建立基础养老金正常调整机制。人力资源社会保障部会同财政部，统筹考虑城乡居民收入增长、物价变动和职工基本养老保险等其他社会保障标准调整情况，适时提出城乡居民全国基础养老金最低标准调整方案，报请党中央和国务院确定。地方基础养老金的调整，应由当地人力资源社会保障部门会同财政部门提出方案，报请同级党委和政府确定。

第三，建立个人缴费档次标准调整机制。各地要根据城乡居民收入增长情况，合理确定和调整城乡居民基本养老保险缴费档次标准，供城乡居民选择。最高缴费档次标准原则上不超过当地灵活就业人员参加职工基本养老保险的年缴费额。对重度残疾人等缴费困难群体，可保留现行最低缴费档次标准。

第四，建立缴费补贴调整机制。各地要建立城乡居民基本养老保险缴费补贴动态调整机制，根据经济发展、个人缴费标准提高和财力状况，合理调整缴费补贴水平，对选择较高档次缴费的人员可适当增加缴费补贴，引导城乡居民选择高档次标准缴费。鼓励集体经济组织提高缴费补助，鼓励其他社会组织、公益慈善组织、个人为参保人缴费加大资助。

第五，实现个人账户基金保值增值。各地要按照《国务院关于印发基本养老保险基金投资管理办法的通知》（国发〔2015〕48号）要求和规定，开展城乡居民基本养老保险基金委托投资，实现基金保值增值，提高个人账户养老金水平和基金支付能力。

为贯彻落实上述指导意见，统筹考虑近年来城乡居民收入增长、物价变动和职工基本养老保险等保障标准调整情况，经党中央、国务院批准，2018年5月10日，人力资源社会保障部、财政部印发《关于2018年提高全国城乡居民基本养老保险基础养老金最低标准的通知》，决定自2018年1月1日起，全国城乡居民基本养老保险基础养老金最低标准提高至每人每月88元，即在原每人每月70元的基础上增加18元。提高标准所需资金，中央财政对中西部地区给予全额补助，对东部地区给予50%的补助。各地应当根据当地实际提高基础养老金标准，进一步健全参保缴费激励机制，积极引导参保居民选择更高档次缴费，增加个人账户积累，逐步提高养老保障水平，促进城乡居民基本养老保险制度可持续发展。各地人力资源社会保障和财政部门要做好提高基础养老金标准的相关工作，尽快将提高后的养老金及时足额发放到位，并做好政策宣传工作，正确引导社会舆论。

案　例

1. 患者明知诊所医生无行医资格仍去就诊，出了医疗事故，双方都有责任吗?

古某去山上挖冬笋。由于地面湿滑，下山时因肩背重物不慎摔倒造成左踝关节扭伤。古某感觉伤势并无大碍，未到正规医院医治，明知黄某无行医资格，仍旧到其诊所医治。治疗6个月后，伤情反而恶化，后转到市第一人民医院住院治疗22天，花去医疗费用1.6万余元。经市司法鉴定中心鉴定为十级伤残。后双方因赔偿事宜协商未果，古某起诉至人民法院。

分析

《刑法》第336条规定：未取得医生执业资格的人非法行医，情节严重的，处3年以下有期徒刑、拘役或者管制，并处或者单处罚金；严重损害就诊人身体健康的，处3年以上10年以下有期徒刑，并处罚金；造成就诊人死亡的，处10年以上有期徒刑，并处罚金。国务院《医疗事故处理条例》规定："非法行医，造成患者人身损害，不属于医疗事故，触犯刑律的，依法追究刑事责任；有关赔偿，由受害人直接向人民法院提起诉讼。"本案中黄某未取得医生执业资格，系无证非法行医，且延误了原告治疗，导致原告病情恶化，严重损害原告健康，应对原告损失承担相应的责任。原告古某扭伤，不到正规医疗机构医治，延误病情，致损失扩大，自身亦有过错，也应承担适当责任。依此，人民法院判决双方各担50%的责任。

2. 医疗事故赔偿如何认定?

钟先生母亲李女士无明显诱因出现反复腰痛，伴双下肢痹痛，经多家医院检查，证实其患有"腰椎间盘突出、腰椎管狭窄症、腰椎失稳"。李女士之后多年采取保守疗法诊治，但是到了2016年2月病情加重导致行动不便，遂来到某医院就诊。2016年3月，医院门诊医生何某诊断认为，只有手术才能根治此症。经一系列检查处理后，何某为张女士施行了"全椎板椎管探查 减压 髓核摘除 USS内固定 植异体骨融合术”。但在手术后3个多小时，李女士心脏骤停，经抢救无效死亡。

2016年12月，钟先生与父亲共同将医院诉至法院。医院随后提出医疗事故技术鉴定申请。受法院委托，2018年5月，医院所在市医学会出具鉴定书，认为不属医疗事故。钟先生与父亲要求重新鉴定，法院又委托省医学会进行鉴定，重新鉴定结论认为，此病例属一级甲等医疗事故，医方负主要责任。钟先生与父亲起诉要求医院支付赔偿款43万余元，其中包括丧葬费14000余元、死亡赔偿金32万余元、精神损害抚慰金96000余元，并请求追究医生的医疗事故刑事责任。

钟先生在起诉书中强调案件案由是人身损害赔偿，应按照《民法通则》和最高人民法院《关于审理人身损害赔偿案件适用法律的解释》处理，而不应按照《医疗事故处理条例》处理，因该司法解释确定的赔偿项目中有死亡赔偿金，而条例没有，使得构成医疗事故的医疗过错反而赔偿更少，如适用该条例，将导致裁判结果显失公平。

医院辩称，两次医疗事故鉴定结果不一，存在争议，应由法院依法裁定是否构成医疗事故。钟先生起诉案由为人身损害赔偿，而有关医疗方面的案由只有医疗服务合同和医疗事故损害赔偿两种，其案由无法律依据。此外，医院认为精神损害抚慰金实际上就是死亡赔偿金。

分析

人民法院经审理认为，虽然两次鉴定结论相反，但应以最后的鉴定为依据，省医学会鉴定结论证明效力大于医院所在市医学会。钟先生要求将案由定为人身损害赔偿，非医疗事故损害赔偿问题，而法院判决认定案由为后者，并认为应按照《医疗事故处理条例》处理，其中丧葬费和精神损害抚慰金属该条例规定赔偿内容。

人民法院认为，死亡赔偿金不等同于精神损害抚慰金。按照《国家赔偿法》《最高人民法院关于审理人身损害赔偿案件适用法律若干问题的解释》，死亡赔偿金的性质在国家立法上已有定论，其属于财产损害赔偿，而不属于精神损害赔偿。精神损害抚慰金是以居民生活费为标准进行计算，而死亡赔偿金是以居民收入为标准进行计算，两者截然不同。

3. 社会补助金是否能成为子女拒绝赡养的“挡箭牌”?[①]

原告张某于1968年12月与被告王甲、王乙之母李某结婚，并抚养王甲、王乙长大成人，为其盖房娶妻生子，而王甲、王乙成年后对张某不履行赡养义务，故张某向法院起诉请求二被告履行赡养义务。两被告以原告现有劳动能力，有其他子女，且享有国家水利建设库区迁移补助费每年600元，每月社会基础性养老金55元等理由而拒绝履行赡养义务。

分析

人民法院经审理认为：《中华人民共和国老年人权益保障法》规定赡养人应当履行对老年人经济上供养、生活上照料和精神上慰藉的义务，二被告已经与原告形成继子女抚养关系且有赡养能力，应当与其他子女共同全面履行赡养义务。根据我国相关法律规定，符合继子女赡养继父母条件为：形成抚养关系；继父母无劳动能力或者生活困难；继子女有赡养能力；精神上慰藉和生活上照料，不应以老人的年龄和生活状况作为赡养前提。原告与二被告系继子女关系，因此原被告间已形成抚养关系；原告靠其他四子女供给维持生活，且患有坐骨神经疼疾病，应认定原告已无劳动能力需要成年子女的赡养；二被告已经结婚成家生子，具有独立生活能力，并且也没有提供证据证明自己没有赡养能力，应予以认定为具有赡养父母的经济能力。

二原告享有的国家库区补助每年600元是原告为国家水利工程建设所作贡献的补偿，自从2011年政府对满60岁以上的老年人给予每人每月55元的社会基础性养老金也是为了让老年人更好地安度晚年，以上两项的本意并非是为了减轻赡养义务人的责任或者作为不履行赡养义务的借口。故二被告的法定赡养义务不能因为以上两项保障而减轻或免除。

4. 张老汉的儿女不尽赡养义务，到人民法院起诉能获得支持吗?

家住某县边远山区的张老汉，现年已是85岁高龄，他中年丧妻，

① 参见王祥滨、段晓东：《社会补助金不能成为子女拒绝赡养的“挡箭牌”》，中国法院网，2012年4月17日。

含辛茹苦地把二男二女拉扯大，儿女们现已成家立业，均有了儿女。照常理，他应享受天伦之乐，安度晚年了，可张老汉没有这个福分，由于儿女不孝，他像皮球一样被踢过来踢过去，仍然过着孤独寂寞、缺钱买药的生活。张老汉亡妻后再未续弦，为了拉扯儿女劳累过度，到了晚年浑身是病。一天，张老汉因患病向大儿子要点钱买些药，长子没搭理他。向二儿子要钱，二儿子说："我没钱。"问大女儿，大女儿说："你的三间房子我不要，钱我也不给。"张老汉听了非常气愤，他认为，我养了你们的小，你们就应该敬我的老，不要房子，也应该给钱看病。为了弄明白这个问题，张老汉托人进城找律师咨询，律师了解情况后，十分同情张老汉的遭遇，当即免费为其代写了诉状。于是，张老汉就把不孝儿女告上了法庭。

分析

我国《婚姻法》明确规定："子女不履行赡养义务时，无劳动能力的或生活困难的父母，有要求子女给付赡养费的权利"。就本案为例，张老汉的两个不尽赡养义务的儿子违背了法律规定，又失之人间伦理；其大女儿可以放弃继承权，但赡养其父的责任和义务不可放弃。当张老汉的子女不履行赡养义务时，法院可依法强制其履行赡养老人的义务。人民法院经审理认为，张老汉确系年老体弱，丧失劳动能力又无生活来源，作为子女依法应尽赡养义务。经法庭反复主持调解，并多次对其子女讲法论理，最后达成赡养协议：两个儿子每月各给付父亲生活费 100 元，两个女儿每月各给付父亲生活费 80 元，以上不包括看病费用，按月负责轮流看护，不可懈怠。案件调解结案后，其子女幡然悔悟，愉快地把张老汉接回家中侍奉起来，使老人的晚年有了依靠。

5. 新农合作医疗报销的费用是否应抵扣侵权人的赔偿费？

许某驾驶货车在路上行驶时撞倒学龄前儿童胡某，造成胡某重伤。根据交警部门作出的道路交通事故认定书，许某、胡某负此次事故的同等责任。经过鉴定，胡某构成 5 级伤残。在住院治疗期间，胡某的家属无法承担高额的医疗费，于是在新型农村合作医疗基金（简称新农合）

报销了6万元的医疗费，以便继续治疗。后胡某起诉到法院，要求许某赔偿交强险限额外的医疗费、伤残赔偿金等损失共计15.9万元。审理过程中，许某提出，胡某在新农合报销的费用应当减除后，余下的部分双方才按责任比例承担。

分析

一审法院经审理认为：许某驾驶机件不符合技术标准的机动车载物超过核定载重量，未在道路中间行使，采取措施不当，未能及时制动车辆，是导致事故发生的主要原因，过错程度较大，应承担70%的民事赔偿责任；胡某为学龄前儿童，未在监护人的带领下横过马路，是导致事故发生的次要原因，过错程度小，应承担30%的民事责任；对许某认为胡某已经在新农合报销了6万元，该部分损失已经不存在，应当扣除的辩解理由，不予支持。

许某不服一审判决上诉后，二审法院认为：新农合制度的建立，既能减轻农民重大疾病医疗费用负担，又能兼顾农民受益面和受益程度，使有限的资金发挥最大的效益，不断提高农民的保障水平，使农民群众获得基本的、最有效的医疗服务水平，胡某在新农合报销的部分医疗费，属另一法律关系，不是本案的审理范围。二审法院驳回其上诉，维持原判。

6. 辽宁新农合制度惠及民生，实现全省全覆盖。[①]

辽宁省新农合制度自2004年开始试点，2006年全面启动，参合人口从2006年的1810万人增加到2016年的1838.9万人，参合率近100%，实现全省全覆盖。

这10年，新农合筹资水平不断提高，保障能力逐步增强。新农合实行以政府资助为主，个人缴费和集体扶持相结合的筹资机制，政府承担起主要筹资责任，筹资水平逐年稳步提高。全省新农合人均筹资水平由2006年的50元提高到2016年的570元左右，翻了10倍多。新农合

① 参见《辽宁新农合制度实现全省全覆盖》，辽宁省人民政府门户网站，2016年6月8日。

统筹区域政策范围内住院费用报销比从最初的30%，提高到2016年的75%左右，最大限度地减轻农民就医费用负担。

这10年，新农合补偿政策不断优化，参合农民受益水平持续提升。辽宁省新农合基金使用一贯遵循收支平衡、略有结余的原则，结合筹资水平的逐年提高，在确保基金安全的前提下，强调充分发挥基金最大效益。10年来，辽宁省新农合补偿方案先后调整了6次，受益人次数从2006年的598万人次上升到2015年的2898万人次，累计受益人口达1.75亿人次；补偿基金支出从2006年的4亿元，增至2015年的85亿元，累计补偿金额达400亿；重点加大了对农村重大疾病新农合保障力度，从2010年儿童先天性心脏病、白血病两个病种，提升到2015年的36个病种，报销比例不低于70%。从最初的两个病种，提升到2015年的36个病种，累计补偿62.29万人次，补偿金额达到28.92亿元。

这10年，新农合制度框架和运行机制建立较为完备。新农合建立了由政府领导、卫生部门主管、相关部门配合、经办机构运作、医疗机构服务、农民群众参与、费用补偿公开的管理运行机制；明确了以家庭为单位自愿参加原则；形成了以住院费用补偿为主，并逐步向门诊统筹和重大疾病扩展的统筹补偿模式。2011年，在90%以上的地区开展了门诊统筹，参合农民受益范围更加广泛；2012年，已有超过80%的地区开展了不同形式的支付方式改革，新农合制度合理有效控制医药费用的作用开始显现；2013年，在全国率先启动新农合大病保险制度，当年即实现全省全覆盖，有力缓解了因病致贫、因病返贫问题。截至2015年年底，累计补偿新农合患者23.71万人次，补偿支出8.37亿元，患者实际住院补偿比提高了12个百分点，深受农民群众的欢迎，这种“辽宁模式”的大病保险得到了中央有关领导的充分肯定，广大农民真正享受到了惠及民生的好政策。

这10年，新农合经办管理机制持续完善，便民服务能力不断增强。辽宁省围绕提高基金运行效益，规范运营管理，不断探索科学有效的监督管理方式，开展基金绩效评价为主的更加客观的监管方式，不断扩大新农合基金监管的范围和力度；为方便参合患者就医结算，实施与大病保险承办机构一站式办公。目前，辽宁省有61家市级、346所县级定点医疗机构实现同步结算，真正实现“一站式，一次办”。同时，建立了一级平台，多级架构、互联互通、实时审核监控的新农合网络信息基础，实现了新农合异地就医费用即时结报，增强了群众看病就医结算“获得感”。

这10年，是辽宁省新农合制度惠民生、入民心的10年，也是新农合制度助推辽宁省卫生事业全面发展，促进全省经济社会健康发展的10年。自医改启动以来，通过新农合补偿政策与方式的引导，有力促进了基层医疗卫生服务体系建设，特别是基层医疗卫生服务能力显著增强，农村居民医疗服务利用率显著提高，基本实现了就医首诊在基层，“小病不出乡、大病不出县”的分级医疗格局逐步形成。可以说，新农合的诞生，为建立健全覆盖全民的基本医疗保障体系奠定了坚实基础，对全省整个医疗资源的布局优化，医院医疗质量的提升，发挥了重大作用。

第十章
农村教育的法律保障

2018年1月2日，中共中央、国务院发布《关于实施乡村振兴战略的意见》（以下简称《意见》）。《意见》指出，要优先发展农村教育事业。高度重视发展农村义务教育，推动建立以城带乡、整体推进、城乡一体、均衡发展的义务教育发展机制。

第一节　农村教育

教育决定一个民族的未来，我国这样一个发展中国家尤其应加大对教育的投资与投入。根据国家统计局2018年2月28日发布的《中华人民共和国国民经济和社会发展统计公报》显示，截至2017年底，我国农村人口为57761万，相应的农村教育所面临的困难与挑战会更多。随着农村经济的发展以及群众对教育的重视，农村9年义务教育的普及率逐渐提高，但由于经济发展水平不同，各地农村教育普及的程度也有所不同。在一些贫困地区，很多孩子还上不起学或中途辍学。国家通过各种政策，保障农村义务教育的推行，如教育经费保障机制，规范学校收费项目等，帮助农村贫困孩子顺利完成学业，国家和社会采取各种措施保护孩子们受教育的权利。国家对西部及贫困地区的教育事业尤为重视，如开展的“西部支教”“特岗教师”“三支一扶”等活动，有力地缓解了当地教育资源缺乏的状况。但最根本的解决之道还是要通过经济的发展、法律的完善和政府的引导及社会的广泛参与共同解决好农村的教育问题。

一、农村教师资格

教师在教育活动中起着关键性作用。俗话说名师出高徒，农村教师的水平很大程度上决定农村教育水平的高低，对孩子的健康成长和综合素质的提高有着重要的作用，故国家对教师实行资格许可制度。根据《中华人民共和国教师法》第 10 条、第 12 条，《教师资格条例》第 6 条，《（教师资格条例）实施办法》第 8 条的规定，中国公民凡遵守宪法和法律，热爱教育事业，具有良好的思想品德，具备我国教师法规定的学历或者经国家教师资格考试合格，有教育教学能力，经认定合格的，可以取得教师资格。其中“有教育教学能力”应当包括符合国家规定的从事教育教学工作的身体条件。受到剥夺政治权利或者故意犯罪受到有期徒刑以上刑事处罚的人，不能取得教师资格；已经取得教师资格的，丧失教师资格。只有取得教师资格的人才能从事相应的教学工作，农村地区的教育机构再招聘教师时也应当考虑招聘对象是否具有教师资格。具体而言，申请认定教师资格者的教育教学能力应当符合下列要求：

一是具备承担教育教学工作所必需的基本素质和能力。具体测试办法和标准由省级教育行政部门制定。

二是普通话水平应当达到国家语言文字工作委员会颁布的《普通话水平测试等级标准》二级乙等以上。语文教师、对外汉语教师不低于二级甲等标准；少数方言复杂地区的普通话水平应当达到三级甲等以上标准；使用汉语和当地民族语言教学的少数民族自治地区的普通话水平，由省级人民政府教育行政部门规定标准。

三是具有良好的身体素质和心理素质，无传染性疾病，无精神病史，适应教育教学工作的需要，在教师资格认定机构指定的县级以上医院体检合格。

由于受到农村经济条件的限制，国家加大了对农村教师的培训和再教育工作力度，多次组织全国范围内贫困地区教师的培养工作，并通过政策引导师范大学生走向农村基层教育。如从 2009 年开始推行的“教育硕士”计划、“特岗教师”活动，向农村输入大量合格的教育者，促进农村教育事业的发展。2016 年开始启动的为期 5 年的“保基本、补短板、促公平”——为边远贫困地区乡村学校补充教师活动——有力促进了城乡协调发展。

二、农村教育机构

目前农村的教育机构主要有幼儿园、全日制的中小学校，同时国家鼓励民办学校和农村职业教育的发展。这些教育机构的设立和发展要符合国家规定的标准，一般来说经济发展水平与教育水平呈正比，经济发展比较好的地方，教育受重视的程度就高，也容易涌现出更优质的教育机构。因此贫困地区的教育更需要社会各界奉献爱心。

随着我国农村经济及城镇化的发展，也有越来越多的农民在自家村里办起了幼儿园，开展了形式多样的学前教育。因此，有必要了解一下关于设立各种教育机构所需要的条件。

1. 设立教育机构的基本条件。根据《教育法》第26条，在农村地区设立学校及其他教育机构与设立一般的教育机构一样，都必须具备下列基本条件：

（1）有组织机构和章程。

（2）有合格的教师。

（3）有符合规定标准的教学场所及设施、设备等。

（4）有必备的办学资金和稳定的经费来源。

2. 设立民办学校的一般条件。根据《中华人民共和国民办教育促进法》第9条、第10条，在农村地区设立民办学校应当符合法律规定的一般条件：

（1）在主体资格方面，举办民办学校的社会组织，应当具有法人资格。举办民办学校的个人，应当具有政治权利和完全民事行为能力。民办学校应当具备法人条件。

（2）设立民办学校应当符合当地教育发展的需求，具备教育法和其他有关法律、法规规定的条件。

（3）民办学校的设置标准参照同级同类公办学校的设置标准执行。

3. 设立职业学校的条件。职业学校的设立，必须符合下列基本条件：

（1）有组织机构和章程。

（2）有合格的教师。

（3）有符合规定标准的教学场所，与职业教育相适应的设施、设备。

（4）有必备的办学资金和稳定的经费来源。

4. 设立职业培训机构的条件。设立职业培训机构，必须符合下列基本条件：

（1）有组织机构和管理制度。

（2）有与培训任务相适应的教师和管理人员。

（3）有与进行培训相适应的场所、设施、设备。

（4）有相应的经费。

县级以上各级地方政府在支持和促进农村教育工作方面肩负着重要的使命和任务。对于设立职业学校及职业培训机构的基本条件，按照《中华人民共和国职业教育法》规定，县级以上地方各级人民政府应当举办发挥骨干和示范作用的职业学校、职业培训机构，对农村、企业、事业组织、社会团体、其他社会组织及公民个人依法举办的职业学校和职业培训机构给予指导和扶持。县级人民政府应当适应农村经济、科学技术、教育统筹发展的需要，举办多种形式的职业教育，开展实用技术的培训，促进农村职业教育的发展。①

三、义务教育

1. 扫除文盲。由于历史的原因，我国仍然存在着为数不少的文盲，为提高全民素质，根据《教育法》第24条规定："各级人民政府、基层群众性自治组织和企业事业组织应当采取各种措施，开展扫除文盲的教育工作。按照国家规定具有接受扫除文盲教育能力的公民，应当接受扫除文盲的教育。"根据《扫除文盲工作条例》第2条规定："凡年满15周岁以上的文盲、半文盲公民，除丧失学习能力的以外，不分性别、民族、种族，均有接受扫除文盲教育的权利和义务。对丧失学习能力者的

① 参见《中华人民共和国职业教育法》第17条、第18条。

鉴定，由县级人民政府教育行政部门组织进行。”

随着社会的进步，文盲不仅仅局限在不认识汉字，不能书写的人。国家鼓励有条件的地区对农村青年进行有关电脑操作的培训与指导，以提高就业能力。

2. 九年义务教育。我国实行九年义务教育制度，在我国凡是适龄的儿童和少年都必须受小学和初中教育，这是国家的公益事业，由国家予以保障。根据《义务教育法》及《未成年人保护法》规定，父母或者其他监护人必须使适龄的子女或者被监护人按时入学，接受规定年限的义务教育，而不论是否是在农村地区。适龄儿童、少年因疾病或者特殊情况，需要延缓入学或者免予入学的，由儿童、少年的父母或者其他监护人提出申请，经当地人民政府批准。禁止任何组织或者个人招用应该接受义务教育的适龄儿童、少年就业。其中适龄儿童是指，依法应当入学至受完规定年限义务教育的年龄阶段的儿童。根据《中华人民共和国义务教育法实施细则》第 6 条，承担实施义务教育任务的学校为：地方人民政府设置或者批准设置的全日制小学，全日制普通中学，9 年一贯制学校，初级中等职业技术学校，各种形式的简易小学或者教学点（班或组），盲童学校，聋哑学校，弱智儿童辅读学校（班），工读学校等。文艺、体育和特种工艺等单位，应当保证招收的适龄儿童、少年接受义务教育。上述单位自行实施义务教育教学工作，需经县级以上教育主管部门批准。

义务教育秩序受法律保护，任何组织或个人都不得干扰。根据《义务教育法》第 49 条规定，义务教育经费严格按照预算规定用于义务教育；任何组织和个人不得侵占、挪用义务教育经费，不得向学校非法收取或者摊派费用。第 29 条规定，教师应当尊重学生的人格，不得歧视学生，不得对学生实施体罚、变相体罚或者其他侮辱人格尊严的行为，不得侵犯学生合法权益。《教育法》第 8 条规定，教育活动必须符合国家和社会公共利益。国家实行教育与宗教相分离。任何组织和个人不得利用宗教进行妨害国家教育制度的活动。

3. 免除学杂费。《义务教育法》第 2 条规定，实施义务教育，不收学费、杂费。国家建立义务教育经费保障机制，保证义务教育制度实施。目前农村的学校已经全部免除学杂费的收取，为农村儿童的受教育权利提供了有利的保障。《国务院关于深化农村义务教育经费保障机制改革的通知》要求，免学杂费的资金由中央和地方按比例分担，西部地区为8∶2，中部地区为6∶4，东部地区除直辖市外，按照财力状况分省确定。关于免费提供教科书资金，中西部地区由中央全额承担，东部地区由地方自行承担。补助寄宿生生活费资金由地方承担，补助对象、标准及方式由地方人民政府确定。免除学杂费之后，学校不得搞另外的变相收费，如向学生收费统一购买教学辅导材料和学具，不得要求学生统一购买校服、卧具等，而应鼓励有条件的地方，采取政府购买的方式，向学生免费提供。

另外，中央财政自2001年起实施了对中西部农村地区义务教育阶段贫困家庭学生免费提供教科书制度。该项制度对于加快农村教育事业发展，提高农村人力资源素质，切实减轻农民负担，促进解决“三农”问题，发挥了重要作用，产生了良好的社会影响，取得了较好的社会效益。根据《财政部教育部关于进一步加强免费提供教科书工作的若干意见》，中央免费教科书专项资金要坚持用于农村义务教育阶段贫困家庭学生，不能用于财政供养人口家庭的学生。享受免费教科书的贫困家庭学生每学年评定一次，要根据农村贫困家庭脱贫、返贫的实际情况，对受资助的贫困学生做出适当调整，确保贫困家庭学生享受资助。2015年，国务院印发了《关于进一步完善城乡义务教育经费保障机制的通知》，决定从2016年起进一步完善城乡义务教育经费保障机制，2017年对城乡义务教育全面实行“两免一补”政策。

四、鼓励捐资助学活动

我国地区经济发展不平衡，仍有一些贫困地区的农民连温饱都无法解决，贫穷使孩子过早地背负起生活的重担，读书成为一种奢望。为了资助贫困地区的孩子上学，社会建立了希望工程、“春蕾计划”等公益性事业。

1. 鼓励支持希望工程。希望工程是共青团中央、中国青少年发展基金会于1989年发起实施的，以改善贫困地区基础教育设施、救助贫困地区失学少年重返校园为使命的社会公益事业。截至 2019 年 9 月，全国希望工程已累计接受捐款 152.29 亿元，资助家庭经济困难学生 599.42 万名，援建希望小学 20195 所。

2019 年是希望工程实施 30 周年，中共中央总书记、国家主席、中央军委主席习近平寄语希望工程。他指出，在党的领导下，希望工程实施 30 年来，聚焦助学育人目标，植根尊师重教传统，创新社会动员机制，架起了爱心互助和传递的桥梁，帮助数以百万计的贫困家庭青少年圆了上学梦、成长为奋斗在祖国建设各条战线上的栋梁之材。希望工程在助力脱贫攻坚、促进教育发展、服务青少年成长、引领社会风尚等方面发挥了重要作用。

习近平强调，让青少年健康成长，是国家和民族的未来所系。进入新时代，共青团要把希望工程这项事业办得更好，努力为青少年提供新助力、播种新希望。全党全社会要继续关注和支持希望工程，让广大青少年都能充分感受到党的关怀和社会主义大家庭的温暖，努力成长为社会主义建设者和接班人。①

凡捐款 20 万元援建希望小学和 10 万元资助改造危旧校舍者，均可将捐款汇至中国青少年发展基金会（以下简称“中国青基会”），并来人或以函电方式提出捐款意愿和有关要求。捐赠者可在实施希望工程的贫困地区选择建校地点、提出相关要求，也可请中国青基会按照其资助计划在贫困地区代为选点。如捐赠者需要，可同中国青基会签署捐资建校协议书，以保证其意愿的落实。具体建校地点、规模经中国青基会同建校地所在省（区、市）希望工程实施机构考察认定后，即由中国青基会、省级希望工程实施机构和建校地所在县级人民政府三方共同签署《资助建校协议书》，对建校的规模、设计、工程预算、匹配资金、工程进度、捐款时间、工程决算和审计等各项工作及各方责任和义务作出详细规定，依法管理。学校建成后，由中国青基会统一授发希望小学校牌。捐赠者在建校过程中，可随时监督工程的进展情况，并可提出质询

① 参见《习近平寄语希望工程强调 把希望工程这项事业办得更好 让广大青少年充分感受到党的关怀和社会主义大家庭的温暖》，新华社、中国政府网，2019 年 11 月 20 日。

或进行实地考察，亦可参加学校奠基仪式或竣工典礼。

根据《希望工程实施管理规则》的规定，享受希望工程助学金的小学生必须具备以下条件：

（1）家庭经济困难，家庭人均收入符合政府确定的扶贫标准。

（2）品学兼优。

（3）符合上述条件的少数民族学生、孤儿、单亲家庭学生、残疾学生及其他符合社会优抚条件家庭的学生在同等条件下优先受资助的权利。

2. 积极支持“春蕾计划”。“春蕾计划”是1989年中国儿童少年基金会发起并组织实施的一项救助贫困地区失学女童重返校园的社会公益事业。“春蕾计划”资助具体标准是：

（1）捐赠400元，可救助一名失学女童完成小学一年的学业。

（2）捐赠600元，可救助一名失学女童完成初中一年的学业。

（3）捐赠800元，可救助一名失学女童完成高中一年的学业。

（4）捐赠2万元，可资助一个50人的女童班完成小学一年的学业。

（5）捐赠20万元，可支持开办一所春蕾小学或“春蕾计划”实用技术培训中心。

（6）“春蕾计划”女童实用技术培训根据培训项目确定资助金额。

2019年10月10日，全国妇联、中国儿童少年基金会在京召开“绽放在党的阳光下——春蕾计划30年成果发布会”。全国妇联主席沈跃跃出席并致辞。沈跃跃指出，在党中央的亲切关怀下，30年来“春蕾计划”服务党和国家工作大局，广泛动员汇聚资源，谱写了呵护祖国花朵茁壮成长的大爱赞歌，是中国特色社会主义制度优越性的生动体现。她希望，“春蕾计划”以习近平新时代中国特色社会主义思想为指引，把培育和践行社会主义核心价值观摆在重要位置，把立德树人贯穿到工作全过程，为培养担当民族复兴大任的时代新人作出更大贡献。30年来“春蕾计划”累计筹集爱心捐赠21.18亿，资助超过369万名女童、援建1811所春蕾学校、发放217万套护蕾手册，获得2784万人次捐赠。①

总之，农村教育事业是一项需要法律对其发展提供制度上的保障、

① 参见《“春蕾计划”30年成果发布会信息》，《人民日报》2019年10月11日。

政府提供优惠政策和扶持，同时也需要全社会予以关注和支持的事业。一方面要加快贫困地区的经济发展，为教育的发展提供物质基础；另一方面也要提高民众对教育的关注和重视，树立教育兴国的理念，加大对教育的宣传力度。

第二节　新型职业农民培育

新型职业农民是以农业为职业、具有相应的专业技能、收入主要来自农业生产经营并达到相当水平的现代农业从业者。[①] 新型职业农民培育是发展现代农业、建设社会主义新农村的重要内容，也是当前农业和农村经济工作的重要基础。发展现代农业，迫切需要造就规模宏大的新型农民队伍，切实把农业发展转移到依靠科技进步、提高农村劳动者素质的轨道上来。农民作为发展现代农业和建设社会主义新农村的主体，对农业和农村经济结构调整的态度，对市场信息的选择和运用水平，对新品种和新科技的吸纳能力，以及能否移风易俗，过上文明、健康、向上的新生活，根本上取决于农民自身的文化、科技、技能、法律和思想道德等素质。农民素质的高低，在构建和谐社会及促进农村稳定中具有基础性、先导性和全局性的重要地位。

2012 年以来，按照党中央、国务院的部署要求，农业部、财政部等部门启动实施新型职业农民培育工程，各地加大组织实施力度，创新机制、建立制度、健全体系，新型职业农民培育工作取得明显进展。为贯彻落实党中央、国务院决策部署，加快培育新型职业农民，造就高素质农业生产经营者队伍，强化人才对现代农业发展和新农村建设的支撑作用，农业部编制了《“十三五”全国新型职业农民培育发展规划》，2017 年 1 月 9 日经农业部 2017 年第 1 次常务会议审议通过。

一、重大意义

1. 培育新型职业农民是解决“谁来种地”问题的根本途径。随着

① 参见《“十三五”全国新型职业农民培育发展规划》。

新型工业化和城镇化进程加快，大量农村青壮年劳动力进城务工就业，务农劳动力数量大幅减少，“兼业化、老龄化、低文化”的现象十分普遍。很多地方务农劳动力平均年龄超过50岁，文化程度以小学及以下为主，“谁来种地”“如何种好地”问题成为现实难题。迫切需要加快培育新型职业农民，吸引一大批年轻人务农创业，形成一支高素质农业生产经营者队伍，确保农业后继有人。

2. 培育新型职业农民是加快农业现代化建设的战略任务。现代农业发展关键在人，培育新型职业农民就是培育中国农业的未来。“十三五”时期，农业现代化要取得明显进展，构建现代农业产业体系、生产体系、经营体系，走产出高效、产品安全、资源节约、环境友好的道路，确保国家粮食安全和重要农产品有效供给，提高农业国际竞争力，迫切需要把农业发展方式转到依靠科技进步和提高劳动者素质上来，加快培养一批综合素质好、生产技能强、经营水平高的新型职业农民。

3. 培育新型职业农民是推进城乡发展一体化的重要保障。长期以来，我国劳动力、资金、土地等要素资源大量从农村流向城镇，导致工农、城乡发展失衡，成为我国经济社会发展的突出矛盾。推进城乡发展一体化，根本是要促进城乡要素平等交换和公共资源均衡配置。迫切需要大力培育新型职业农民，提高农民的科学文化素质和生产经营能力，推动农民由身份向职业转变，逐步成为体面的职业，让广大农民平等参与现代化进程、共同分享现代化成果；吸引一批农民工、中高等院校毕业生、退役士兵、科技人员等到农村创新创业，带动资金、技术、管理等要素流向农村，发展新产业新业态，增强农村发展活力，繁荣农村经济，缩小城乡差距。

4. 培育新型职业农民是全面建成小康社会的重大举措。全面建成小康社会，最艰巨最繁重的任务在农村，重点难点在农民，尤其是贫困地区的农民。农村全面小康，关键是要促进农民收入持续增长。目前，农民增收的渠道还不多、能力比较弱，持续增收的长效机制还没有建立起来。迫切需要培育一支创新创业能力强的新型职业农民队伍，推动农村产业转型升级，发挥示范带动作用，促进贫困农民增收致富，确保农村不拖全面小康的后腿。

二、近年发展成效

1. 新型职业农民正在成为现代农业建设的主导力量。随着现代农业加快发展和农民教育培训工作有效开展，一大批新型职业农民快速成长，一批高素质的青年农民正在成为专业大户、家庭农场主、农民合作社领办人和农业企业骨干，一批农民工、中高等院校毕业生、退役士兵、科技人员等返乡下乡人员加入新型职业农民队伍，工商资本进入农业领域，“互联网＋”现代农业等新业态催生一批新农民，新型职业农民正逐步成为适度规模经营的主体，为现代农业发展注入新鲜血液。截至2015年底，全国新型职业农民达到1272万人，比2010年增长55％，农民职业化进程不断提速。

2. 具有中国特色的新型职业农民培育制度基本确立。适应新型职业农民培育要求，经过创新探索和试点示范，基本确立了教育培训、规范管理、政策扶持“三位一体”，生产经营型、专业技能型、专业服务型“三类协同”，初级、中级、高级“三级贯通”的新型职业农民培育制度框架，为规范化、系统化培育新型职业农民奠定了基础。

3. “一主多元”的新型职业农民培育体系初步形成。各地加强工作协同，优化资源配置，形成了党委政府主导，农业部门牵头，相关部门密切配合，各类教育培训机构和社会力量广泛参与的新型职业农民培育工作格局。发挥农广校、涉农院校、科研院所、农技推广机构在培训中的作用，鼓励和支持农业企业、农业园区、农民合作社等市场主体建立实训基地和农民田间学校，支持农技推广机构对接跟踪服务，初步形成了以各类公益性涉农培训机构为主体、多种资源和市场主体共同参与的“一主多元”新型职业农民教育培训体系。

三、当前存在的问题

1. 外部环境方面。城乡发展差距仍然较大，农村公共设施和公共服务滞后，农业新老矛盾交织，生产成本上升，部分农产品价格持续走低，农业比较效益下降，农民持续增收压力大，农村劳动力特别是青壮年劳动力留农务农的内生动力总体不足，新型职业农民队伍发展面临基础不牢、人员不稳等问题，农民要成为体面的职业任重道远。

2. 内部条件方面。新型职业农民培育的针对性、规范性、有效性亟待提高，高水平师资缺乏，实训及创业孵化基地、信息化手段等基础条件薄弱，社会资源广泛参与的机制不活，培育精准程度总体不高，与现代农业建设加快推进、新型农业经营主体蓬勃发展的需要不相适应。

四、指导思想、发展目标和基本原则

1. 指导思想。全面贯彻党的十九大和习近平新时代中国特色社会主义思想，牢固树立新发展理念，坚持把科教兴农、人才强农、新型职业农民固农作为重大战略，以提高农民、扶持农民、富裕农民为方向，以吸引年轻人务农、培养职业农民为重点，建立专门政策机制，完善培育制度，强化培育体系，提升培育能力，通过培训提高一批、吸引发展一批、培养储备一批，加快构建一支有文化、懂技术、善经营、会管理的新型职业农民队伍，为农业现代化建设提供坚实的人力基础和保障。

2. 发展目标。到 2020 年，新型职业农民队伍不断壮大，总量超过 2000 万人，务农农民职业化程度明显提高；新型职业农民队伍总体文化素质、技能水平和经营能力显著改善；农业职业培训普遍开展，线上线下培训融合发展，基本实现新型农业经营主体带头人轮训一遍。新型职业农民培育工作覆盖所有的农业县市区，培育制度健全完善，培育机制灵活有效，培育能力适应需要，以公益性教育培训机构为主体、多种资源和市场主体有序参与的“一主多元”新型职业农民教育培训体系全面建立。让农业成为有奔头的产业，让农民成为有吸引力的职业，让农村成为安居乐业的美丽家园。

3. 基本原则。

第一，坚持政府主导。新型职业农民培育具有公共性、基础性和社会性，要纳入经济社会发展总体规划，加强统筹协调，制定扶持政策，加大经费投入，改善培育条件，营造良好氛围。

第二，坚持市场机制。发挥市场在资源配置中的决定性作用，尊重农民意愿，突出问题导向，满足农民需求，调动农民参与培育的积极性；建立各类主体参与培育的有效机制，调动社会力量和市场主体参与的积极性，增强培育活力，规范培育行为，提高培育质量。

第三，坚持立足产业。把服务现代农业产业发展作为培育新型职业农民的出发点和落脚点，围绕农业供给侧结构性改革工作主线，以绿色发展为导向，以提质增效和农民增收为目标，着力培育壮大新型农业经营主体，加快推进农业转型升级，促进主导产业、特色产业和优势产业做大做强。

第四，坚持精准培育。着眼构建新型职业农民队伍，科学遴选培育对象，分产业、分类型、分层级、分模块实施教育培训，强化规范管理、政策扶持和跟踪服务，把职业农民培养成建设现代农业的主导力量。

五、工作方法和要求

1. 选准对象、分类施策，提高新型职业农民培育的针对性。

第一，遴选重点培育对象。以县为主，深入开展摸底调查，围绕现代农业产业发展、新型农业经营主体发育和农业重大工程项目实施，选准培育对象，建立培育对象数据库。优先从国家现代农业示范区、农村改革试验区、粮食生产功能区、重要农产品生产保护区、特色农产品优势区、农业可持续发展试验示范区、现代农业产业园遴选培育对象，将新型农业经营主体信息直报平台中的人员纳入培育对象。从类型上分，按照新型农业经营主体和农业社会化服务主体发展情况，重点遴选专业大户、家庭农场经营者、农民合作社带头人、农业企业骨干和返乡下乡涉农创业者为生产经营型职业农民培育对象，遴选在新型农业经营主体稳定就业的农业工人（农业雇员）为专业技能型职业农民培育对象，遴选从事农业产前、产中、产后经营性服务的骨干人员为专业服务型职业农民培育对象。从产业上分，根据农业产业发展需要，重点遴选粮食和主要农产品适度规模生产，种植业、畜牧业、渔业、农产品加工业转型升级，休闲农业与乡村旅游、农村一、二、三产业融合等产业领域和农机、植保、兽医、质量安全、农村信息等服务行业的从业者。把产业扶贫建档立卡贫困户优先遴选为职业农民培育对象。从渠道上分，把具有一定产业基础的务农农民作为培训提高的对象；把到农村创业兴业的农民工、中高等院校毕业生、退役士兵、科技人员等作为吸引发展的对象；把接受中、高等职业教育的农民和涉农专业在校学生作为培养储备的对象。如 2018 年 11 月，河南省农业厅印发《河南省 2018 年新型职业农民培育工作实施方案》，提出实施农业产业精准扶贫对象培训计划，加大新型职业农民培育力度，计划全省各级分层分类培训新型职业农民 69643 人。

第二，科学设置培训内容。围绕提升新型职业农民综合素质、生产技能和经营管理能力，科学确定相应培训内容。在综合素质方面，重点设置职业道德素养、团队合作、科学发展等内容；在生产技能方面，重点设置新知识、新技术、新品种、新成果、新装备的应用，市场化、信息化、标准化和质量安全等内容；在经营管理能力方面，重点设置创新创业、品牌创建、市场营销、企业管理、融资担保等内容。在农民职业教育方面，推动农业职业教育课程改革，设置职业素养、创业实践、产业融合等内容，提高教育培养的系统性科学性，满足高素质新型职业农民培育需求。

第三，分类分层开展培训。分类型、分产业、分等级制定培训标准，设置培训模块和培训课程，组建教学班，合理调配师资力量，开展精细化培训。部、省、市、县分工协作，部省重点开展经营管理、创业兴业能力以及师资培训，市、县重点开展技术技能培训；部级重点抓好农民企业家、国家级农业产业化龙头企业和示范合作社带头人培训，省级重点抓好青年农场主、省级农业产业化龙头企业和示范性合作社带头人培训，市县级根据当地主导产业发展需求，统筹抓好新型农业经营主体带头人、务农农民、农业工人、社会化服务人员的培训工作。

2. 创新机制、多措并举，增强新型职业农民培育的有效性。

第一，创新培育机制。健全完善“一主多元”新型职业农民教育培训体系，统筹利用农广校、涉农院校、农业科研院所、农技推广机构等各类公益性培训资源，开展新型职业农民培育。充分发挥市场机制作用，鼓励和支持有条件的农业企业、农民合作社等市场主体，通过政府购买服务、市场化运作等方式参与培育工作，推动新型职业农民培育面向产业、融入产业、服务产业。深化产教融合、校企合作，发挥农业职业教育集团的作用，支持各地整合资源办好农民学院，拓宽新型职业农民培育渠道。鼓励农业园区、农业企业发挥自身优势，建立新型职业农民实习实训基地和创业孵化基地，引导农民合作社建立农民田间学校，为新型职业农民提供就近就地学习、教学观摩、实习实践和创业孵化场所。

第二，探索培育模式。坚持理论与实践相结合，集中培训与现场实训相结合，线上培训与线下培训相结合。采取“一点两线、全程分段”的培育模式，即以产业发展为立足点，以生产技能和经营管理能力提升为两条主线，在不少于一个产业周期内，分阶段组织集中培训、实训实习、参观考察和生产实践。鼓励各地结合实际，大力推行农民田间学校，探索菜单式学习、顶岗实训、创业孵化等多种培育方式。鼓励有条件的地方组织新型职业农民走出去，开展跨区域和国际交流。

第三，运用信息化手段。建设新型职业农民信息化服务云平台，对接 12316 农业综合信息服务平台，整合农业专家和农技推广服务等线上资源，充分利用云计算、大数据、互联网、智能装备等现代信息技术手段，为农民提供灵活便捷、智能高效的在线教育培训、移动互联服务和全程跟踪指导，提高培育效果。

3. 规范认定、科学管理，加强新型职业农民培育的规范性。

第一，规范认定管理。原则上由县级以上（含）人民政府制定认定管理办法，主要认定生产经营型职业农民，以职业素养、教育培训情况、知识技能水平、生产经营规模和生产经营效益等为参考要素，明确认定条件和标准，开展认定工作。有条件的地方可探索建立按初、中、高三个等级开展分级认定。要充分尊重农民意愿，不得强制或限制农民参加认定。对于专业技能型和专业服务型职业农民，鼓励参加国家职业技能鉴定。

第二，规范培育管理。在各级农业行政主管部门的领导下，依托农民科技教育培训中心（农业广播电视学校）等专门组织管理机构，搭建新型职业农民培育工作基础平台，做好需求调研、培育对象遴选、培育计划和方案编制、认定管理事务、数据库信息维护和培训标准编制、师资库建设、教材开发、绩效评估等基础工作，连接多种资源和市场主体，对接跟踪服务和政策扶持，提高培育工作的专业化、规范化水平。

第三，规范信息管理。完善新型职业农民信息管理系统，健全新型职业农民培育信息档案和数据库，及时录入基本情况、教育培训、产业发展、政策扶持等信息，并根据年度变化情况及时更新相关信息，提高新型职业农民信息采集、申报审核、过程监控、在线考核等信息化管理服务水平。各地可结合实际，积极探索新型职业农民注册登记制度，鼓励新型职业农民到当地农业部门注册登记，建立新型职业农民队伍动态管理机制。

4. 跟踪服务、定向扶持，提升新型职业农民的发展能力。

第一，加强跟踪指导服务。依托新型职业农民培育工程项目，组织培训机构和实训基地对新型职业农民培育对象开展一个生产周期的跟踪指导；推动农技推广机构、农业科研院所、涉农院校等公益性机构将定向服务新型职业农民纳入绩效考核内容，建立跟踪服务长效机制；支持新型农业经营主体和农业社会化服务组织面向新型职业农民开展市场化服务。

第二，加大政策扶持力度。支持新型职业农民享受新型农业经营主体的扶持政策。要梳理现有对新型农业经营主体的扶持政策，确保其落到新型职业农民头上。鼓励新型职业农民带头创办家庭农场、农民合作社等各类新型农业经营主体，发展多种形式的适度规模经营，通过土地流转、产业扶持、财政补贴、金融保险、社会保障、人才奖励激励等政策措施，推进新型职业农民和新型农业经营主体“两新”融合、一体化发展。支持新型职业农民享受创新创业扶持政策。支持新型职业农民创新创业，享受简便市场准入、金融服务、财政支持、用地用电、创业技能培训等鼓励返乡创业的政策措施。支持新型职业农民对接城镇社保政策。有条件的地方，支持新型职业农民参加城镇职工养老、医疗等社会保障，解决新型职业农民长远发展的后顾之忧。

第三，鼓励交流合作。总结各地新型职业农民自发组建合作组织和开展交流合作的经验，支持新型职业农民在产业发展、生产服务、营销促销等方面开展联合与合作，加强对新型职业农民协会、联合会、创业联盟等组织的指导和服务，帮助健全管理制度、完善运行机制，促进职业农民共同发展。鼓励支持新型职业农民参加多种形式的展览展示、创新创业项目路演和技术技能比赛。

5. 巩固基础，改善条件，提升新型职业农民培育的保障能力。

第一，加强师资队伍建设。完善师资选聘管理制度，建立开放共享的新型职业农民培育师资库，重点充实职业道德、经营管理、创业指导、品牌建设、质量安全、市场营销和电子商务等方面的师资。加强师资考核评价，建立培育对象直接评价机制，对师资队伍实行动态管理。加大师资培训力度，支持开展形式多样的教学竞赛、岗位练兵等活动，引导专兼职教师自觉更新知识，推介优秀教师和精品课程，不断提高教育培训能力。

第二，改善培育基础条件。支持教育培训机构充实教学设施设备，改善办学条件，完善信息化教学手段，加强基地建设，遴选建设一批全国新型职业农民培育示范基地，支持各地重点建设实训基地、创业孵化基地和农民田间学校。根据新型职业农民分层培训需求，部省重点加强教学资源开发条件和信息化建设，提升职业教育和培育管理能力；市县重点完善现场教学、在线学习和实习实训条件，提升基础培训和服务能力。

第三，优化教学培训资源。健全教材、课程等教学资源开发选用制度，农业部负责全国通用性文字教材、音视频教材和网络课件等教学资源开发，省级负责区域性教学资源开发，市、县级负责地方特色教学资源开发，形成以全国和省级通用教学资源、地方和特色教学资源衔接配套的新型职业农民教学资源体系。开展精品教材、精品网络课件等教学资源评价推介活动，鼓励各地优先选用优质教学资源，确保培训质量。

六、重点工程

1. 新型职业农民培育工程。中央和地方财政支持实施新型职业农民培育工程，开展整省、整市和整县示范推进，逐步实现所有农业县市区全覆盖。“十三五”期间，重点实施新型农业经营主体带头人轮训计划、现代青年农场主培养计划和农村实用人才带头人培训计划，加快建立一支规模宏大、结构合理、素质优良的新型职业农民队伍。

新型农业经营主体带头人轮训计划以专业大户、家庭农场经营者、农民合作社带头人、农业龙头企业负责人和农业社会化服务组织负责人等为对象，力争用5年时间将其轮训一遍，提高综合素质和职业能力。加强对新型农业经营主体带头人的规范管理、政策扶持、跟踪服务，支持其发展多种形式的适度规模经营，发挥新型职业农民引领现代农业发展的主力军作用。

现代青年农场主培养计划以中等教育及以上学历，年龄在18～45周岁之间的返乡下乡创业农民工、中高等院校毕业生、退役士兵以及农村务农青年为对象，开展为期3年的培养，其中培育2年、后续跟踪服务1年。加强对现代青年农场主的培训指导、创业孵化、认定管理、政策扶持，吸引年轻人务农创业，提高其创业兴业能力。“十三五”期间，全国每年培养1万名以上的现代青年农场主。

农村实用人才带头人培训计划以贫困地区农村两委干部、产业发展带头人、大学生村官等为主要对象，以现代农业和新农村发展的先进典型村为依托，按照“村庄是教室、村官是教师、现场是教材”的培养模式，通过专家授课、现场教学、交流研讨，不断提高农村带头人增收致富本领和示范带动能力。

2. *新型职业农民学历提升工程*。支持涉农职业院校开展新型职业农民学历教育，面向专业大户、家庭农场经营者、农民合作社负责人、农业企业经营管理人员、农村基层干部、返乡下乡涉农创业者、农村信息员和农业社会化服务人员等，采取农学结合、弹性学制、送教下乡等形式开展农民中高等职业教育，重点培养具有科学素养、创新精神、经营能力和示范带动作用的新型农业经营主体带头人与农业社会化服务人员，有效提高新型职业农民队伍综合素质和学历水平。建立学分银行，将培训内容按学时折算学分，搭建农民职业培训与中、高等职业教育衔接“立交桥”，为新型职业农民实现多样化选择、多路径成才创造有利条件。鼓励高等农业院校大力实施卓越农林人才培养计划，创新教育培养模式，面向现代农业培养领军型职业农民。

3. *新型职业农民培育信息化建设工程*。以提升新型职业农民培育信息化服务能力为目标，以改善教育培训和管理服务条件为重点，打造国家、省、县三级新型职业农民培育信息化平台，提供在线学习、管理考核、跟踪指导服务。国家信息化平台重点建设国家培育资源制作基地、信息交换中心、在线学习管理中心、移动互联信息服务系统等硬件、软件和云存储条件；省级信息化平台重点建设各省资源制作基地、资源传播中心和在线学习中心；县级信息化平台重点建设多媒体资源库、双向卫星远端站、现代化多媒体培训教室、农民田间学校信息服务站等。

七、保障措施

1. 加强组织领导。进一步完善党委政府领导，农业部门牵头，教育、人力资源社会保障、财政等相关部门密切配合的工作机制，形成培育新型职业农民的合力。各级农业部门要把新型职业农民培育放在农业农村经济工作的突出位置，“一把手”抓“第一资源”，分管领导要具体抓，明确责任人、制定路线图、确定时间表，层层抓好落实。

2. 加大支持力度。树立人才投资优先理念，建立健全政府主导的多元化投入机制。中央财政继续通过专项补助支持新型职业农民培育工作，各地也要加大投入，提高标准，实行差异化补助。要建立公益性农民培养制度，推动农民职业教育纳入国家职业教育助学政策范畴，鼓励农民通过“半农半读”等方式就地就近接受职业教育。争取发展改革等部门支持，将新型职业农民培育信息化条件建设列入基本建设规划，改善教育培训条件，提升教育培训能力。综合运用项目、信贷、保险、税收等政策工具，引导各类社会力量参与新型职业农民培育工作。

3. 强化督导考核。各地要将新型职业农民培育纳入农业现代化和粮食安全省长责任制、“菜篮子”市长负责制考核指标体系，建立工作督导制度，强化分类指导。制定新型职业农民培育工程项目绩效考核指标体系，建立中央对省、省对市县绩效考评机制，将培育对象的满意度作为考核的重要指标，采用信息化手段开展满意度考核。强化考评结果应用，当年考评结果和下年度任务资金安排直接挂钩。

4. 营造良好氛围。加大对新型职业农民的奖励激励和典型宣传力度，继续开展“全国十佳农民”“风鹏行动——新型职业农民”“全国农村青年致富带头人”“优秀农村实用人才”“全国农村创业创新优秀带头人”等评选资助活动，鼓励农业企业等市场主体对新型职业农民提供资助和服务。要及时总结各地的实践探索，形成一批好经验、好典型、好模式，树立发展标杆，充分利用广播、电视、报刊等传统媒体以及网络、微信、微博等新媒体，加大宣传力度，发挥示范带动作用，努力营造全社会关心支持新型职业农民发展的良好氛围。

案例

1.“春蕾计划”30 年发展综述。[①]

1989 年，在全国妇联领导下，中国儿童少年基金会发起实施了女童助学公益项目“春蕾计划”。30 年来，“春蕾计划”以女童助学为核心，逐渐延伸到职业教育、女童保护、青春期守护、留守儿童亲情陪伴等领域，一大批“春蕾女童”用行动诠释着“自强不息、向上向善、追求美好”的春蕾精神，在不同岗位上演绎出彩人生，并将爱心接续传递。

（1）春蕾绽放。

“27 年前，我和家乡的很多女孩一样辍学在家，是‘春蕾计划’给我带来了春天的消息，我成为布拖县第一批受资助的 107 名‘春蕾女童’之一，得以重返课堂……”说话的人叫王福美，2019 年已 41 岁，来自四川省凉山彝族自治州。这名当年的“春蕾女童”，如今已成长为布拖县拉达乡的副乡长，带领乡亲们在脱贫路上攻坚克难。

20 世纪 80 年代，在广西壮族自治区融水苗族自治县白云乡，当地女童只能放牛、砍柴、绣花，能上学的很少。1989 年 9 月，在“春蕾计划”的帮助下，女童凤桂鲜和其他 10 余名女童进入白云乡中心学校举办的第一届女童班，成为全村有史以来第一批上学的女童。1997 年，凤桂鲜考上了融水县教师进修学校女子边师班。3 年后，她学成回乡，

① 参见杨昊：《托起人生出彩的梦想之翼——“春蕾计划”30 年发展综述》，《人民日报》2019 年 10 月 11 日。

成为当地的第一位女教师。“30 年前我从这里出发，看到了外面的世界。如今我坚守在这里，就是要带一代代‘春蕾女童’走上知识改变命运的道路。”凤桂鲜说。

失辍学问题曾经在我国部分地区特别是贫困地区相对突出。失辍学儿童中，女童又占多数。30 年后的今天，沐浴着爱的雨露阳光，一大批春蕾悄然绽放。截至 2019 年，“春蕾计划”已资助女童超过 369 万人次，资助大龄女童职业培训 52.7 万人次，发放以提升女童安全防范意识和能力为主要内容的宣传辅导手册 217 万套；资助范围以西部和少数民族地区为重点，并覆盖全国 31 个省区市。

“生于厚土，长于时代。‘春蕾计划’已经成为我国促进女性受教育程度提高的重要案例。”中国儿童少年基金会秘书长朱锡生说。

（2）爱心汇聚。

20 多年前，何方礼还是武警融水中队的一名战士。从那时起，他就坚持把自己每月 21 元的津贴分为 3 份，8 元寄给妹妹当学费，8 元寄给春蕾女童班的学生，5 元留给自己。他的战友们也一直坚持给孩子们寄去学费、衣物和学习用品。

“春蕾计划”所及之处，这样的故事并不鲜见。来自青藏高原的玉卓玛和来自天山脚下的米合伦沙都幸运地成为空军资助的“蓝天春蕾”。从西藏民族大学毕业后，玉卓玛光荣地成为人民空军的一员；米合伦沙成为一名空军女军官，并当选为全国人大代表。

武警部队连续 22 年捐助支持“春蕾计划”，共援建 13 所“武警春蕾希望学校”、12 个“武警多媒体教室和图书室”，帮助 14385 名春蕾女童完成学业。空军部队连续 24 年捐助支持“蓝天春蕾计划”，广大官兵从工资和津贴中捐款 1.4 亿元，共资助 28877 名儿童完成学业，援建 97 所学校，对 3920 名春蕾教师及大龄女童开展职业培训。

（3）爱心在更大范围内汇聚。

“2005 年 7 月 8 日，苦瓜一块九，茄子两块八，7 月 9 日还卖了废纸盒，收入五块七……”翻开账本，不难看出这是个节俭的家庭。不过，这个家庭还有一本账，其中两份捐赠收据分别是 21 万元和 9 万元，还有一张给中国儿童少年基金会 20 万元的电汇回执单。

这些账本的主人是北京市朝阳区安贞西里社区的胡方蓉家庭，丈夫刘永胜是残疾军人，妻子胡方蓉是江西省南昌市纺织研究所退休职工。这个并不宽裕的家庭多年来为“春蕾计划”累计捐赠50万元，捐款账本见证了这个普通家庭不凡的精神境界。

涓涓细流汇成爱的海洋。手有余香的“春蕾”守护者凝聚成温暖的力量，让更多贫困女童获得人生出彩的机会。“春蕾计划”从发起初期时23名爱心人士、27家单位捐赠，到目前超过2784万人次、750余家单位（企业）支持，累计筹集社会爱心捐款21亿余元。

(4) 相伴成长。

“姐姐，今天我到大学报到了，一切都好新鲜。记得我第一次画生命树时只画了一枝枯萎的枝条，那是作为孤儿的我的内心写照。今天向同学们自我介绍时，我画下了自己的生命树，枝繁叶茂。有春蕾陪伴的呵护，我不再孤单!”“加油，随时联系，姐姐一直都在!”

这段对话是马兰花（化名）和春蕾陪伴项目志愿者“跑跑姐姐”于耀博的交流日常。马兰花在父亲去世后曾感到十分无助，在和“跑跑姐姐”交流的过程中她逐渐打开心扉，成功考入兰州城市学院，开启新的生活。

“春蕾女童也许有着更多成长的烦恼，春蕾陪伴让更多的爱心志愿者通过网络走进春蕾女童的学习生活，引导她们成长。希望有更多人加入。”于耀博说。

截至2019年，春蕾陪伴项目已为27644名春蕾女童提供上学资助和心灵成长陪伴教育。除了物质上的资助，春蕾陪伴项目更注重女童心灵的成长与关爱，温暖并助力她们追梦的旅程。

30年来，“春蕾计划”紧跟时代发展和女童成长需求，不断丰富深化项目内涵：从春蕾女童班到春蕾学校，从青春期教育到春蕾健康成长项目，从绿色扶贫助学工程到“春蕾计划”实用技术培训，从资助女童学业到保护女童安全的护蕾行动……随着“春蕾计划”视野的不断拓展，受益对象由接受九年义务教育的女童到女高中生、女大学生，由农村贫困家庭儿童到留守儿童，逐步形成了关爱女童教育、安全、健康全方位的资助体系。

2019年9月，中国儿童少年基金会启动了“春蕾计划”的升级版——“春蕾计划——梦想未来”行动。该行动把立德树人作为根本任务，主要开展以研学为载体的社会实践行动、以助学为重点的求学圆梦行动、以女童保护为重点的安全健康行动、以结对帮扶为形式的牵手成长行动和以互联网为平台的公众参与行动。

爱心铺就了“春蕾计划”不平凡的发展之路，也必将汇聚更多爱心力量，助力公平而有质量的教育，托起人生出彩的梦想之翼。

2. 职业农民培育重在提质增效。[①]

随着一大批怀揣梦想的人才加入，新型职业农民呈现出与传统农民不一样的特点。过去农业生产以产量为导向，人才培养更关注数量规模，重点在切蛋糕、分资金、下任务；现在农业农村统筹发展，步入高质量发展阶段，人才培养也要围绕提升质量，向建机制、定规范转变。日前，农业农村部启动职业农民培育3年提质增效行动，推动职业农民培育转型升级，从注重数量向数量质量并重转变。中央一号文件已连续8年对培育新型职业农民作出部署，让农民从几千年的身份认同向职业认同转变。职业农民有何特征，又应该如何培育？建立职业农民制度要从哪些方面发力？经济日报·中国经济网记者采访了有关专家和农业经营主体。

（1）新农民要干新农事。

“谈到乡村振兴，人们多强调对乡村发展的物质投入，其实人力资本投入更重要。”国务院发展研究中心农村部部长叶兴庆认为，新世纪以来，我国农村青壮年劳动力大规模从乡村流向城镇。其特点是年轻的文化程度高的流动性大，年龄大的文化程度低的沉淀在农村。务农老龄化低学历化，使得“谁来种地”的问题日益突出，迫切需要建设一支高素质新型职业农民队伍。

按照规划，“十三五”期间全国要培育职业农民2000万名。“这就要求持续扩大各类型职业农民规模，但更重要的是要着力优化素质结

① 参见乔金亮：《农业农村部启动职业农民培育3年行动　职业农民培训重在提质增效》，《中国经济报》2019年5月24日。

构。”农业农村部科技教育司司长廖西元说，从部分地区抽样统计看，目前农业农村从业者的素质结构不容乐观。在年龄结构上，各地务农农民50岁以上的普遍超过90%，很多地区平均年龄已突破60岁。在教育程度上，农业从业者初中以下文化程度普遍占到90%至95%。因此，职业农民培育必须更加注重后继者培养，采取超常规政策措施，把劳动者素质优化到与发展现代农业相匹配的水平。

随着一大批怀揣梦想的人才加入，新型职业农民呈现出与传统农民不一样的特点。“父辈做农民，一年四季围着大田作物转。如今，我当了农民，却总是想着新农民要干新农事。”这是返乡创业退伍军人赖志刚的心声。33岁的赖志刚在江西省定南县天九镇流转了200多亩土地，建起了蓝莓庄园，每逢周末，采摘的游客络绎不绝。他对市场极为敏感。这种敏感，让他在最初单一的蓝莓之外，加入了枇杷、樱桃等当红水果。蓝莓不易储存，他就把鲜蓝莓加工成附加值高的蓝莓汁、蓝莓酒，并用“电商＋直播”模式，在线上销售。

如今，职业农民在农业农村的辐射带动作用下也更加凸显。在提升产业效益方面，四川职业农民产业效益比普通农民高出20%，甘肃面向贫困户开展一户一个科技明白人培训，有力支撑了全省农业。在促进新型主体发展方面，山东每年培育的职业农民领办兴办新型经营主体超过1万家，陕西新型经营主体由2013年的2.42万个增加到5.54万个。在推动创业创新方面，河南参加培训的学员自主创业率增加20%以上，湖南创业培训学员带动普通农民户均增收5000元。

(2) 创新机制提升质量。

“过去农业生产以产量为导向，人才培养更关注数量规模，重点在切蛋糕、分资金、下任务；现在农业农村统筹发展，步入高质量发展阶段，人才培养也要围绕提升质量，向建机制、定规范转变。”廖西元认为，要创新职业农民培训模式，以产业发展为立足点，以生产技能和经营管理水平提升为两条主线，分阶段集中培训、实习实训、参观考察和生产实践，培训过程至少涵盖一个产业周期。

目前，全国已基本形成农业部门牵头，以公益性培训机构为主体，市场力量参与的“一主多元”职业农民教育培训体系。江苏开展“定制村官”培养、湖北实施“一村多名大学生计划”、安徽联合农业大学培育青年农场主，探索实现短期培训与职业教育的衔接机制，高端职业农民培养迈出新步伐。国家农业担保公司、邮储银行、中信农业等企业积极参与培育工作，为职业农民发展注入市场动能。

农业广播电视学校是我国唯一一所具有从中央到省、市、县完整办学体系的公益性教育培训机构，且专门从事农民教育培训。中央农业广播电视学校党委书记杭大鹏说，农广校体系已成为承担职业农民培训的主阵地。2018年，全国共有1484所农广校承担培训任务，占全国农广校总数的66.3%。体系承担培训任务60.18万人，占全国任务总量的62.24%。今后农广校体系将通过全国新型职业农民培育示范基地遴选，田间学校建设，引领带动各类培育基地更好地发挥作用。

育农（北京）教育科技有限公司是一家农业创新教育机构，集培训学院、聚农智库、校企实训为一体。公司与中国农业大学合办乡村振兴青年精英班，组织农大学子与青年企业家、新型农民等同堂上课，邀请行业专家授课，到现代农企考察，对接校企实训项目，帮助新型农业人才加快成长。公司业务负责人刘亮说：“我们还建立了在线学堂小满学院，通过品牌营销、创业经验等知识分享，帮助新型农民了解创业过程中需掌握哪些知识、避开什么坑，让他们能站在消费者的角度去把控生产。”

（3）探索建立制度框架。

2019年，中央财政安排20亿元，聚焦乡村振兴人才需求，分层分类实施农业经理人、新型农业经营主体带头人、农村实用人才和现代创业创新青年等培育计划，全年将培育职业农民100万人以上。农业农村部提出，今年将探索建立职业农民制度框架，继续从队伍建设、教育培养、政策支持和社会保障等方面推动建立职业农民制度，多渠道支持职业农民发展。同时，启动制定职业农民总体标准，配套开展职业农民统计和监测工作，研究职业农民从业规范。

上海市提出要在全国率先建立职业农民制度。上海市农业农村委员会副主任叶军平说，全面建立职业农民制度，加大产业扶持政策是保证。在上海，职业农民有享受扶持政策的优先权，并作为市级示范家庭农场评定的必要条件。浦东新区在土地流转、农机具购买、农业基础设施建设等方面给予职业农民优惠政策；松江区对家庭农场每年安排专项资金给予奖补；崇明区在产业化项目扶持方面，对职业农民投入专项资金，对于经营粮食的家庭农场，每年有特设考核奖。

农业经理人是新型职业农民中的佼佼者。四川省农业农村厅总畜牧师赵勇介绍，四川把职业农民制度的建设重点放在农业经理人上，探索农业经理人全方位扶持政策。在职称评定方面，优先把认定的农业经理人纳入职业农民职称评定范围。在生产扶持领域，支持农业经理人所在经营主体优先承接农业基础设施建设、农业生产发展等相关支农项目。

廖西元认为，要支持职业农民抱团发展。加强对新型职业农民协会、联合会、创业联盟等组织的指导和服务，支持新型职业农民在产业发展、生产服务、营销促销等方面开展联合与合作，帮助健全管理制度、完善运行机制，促进职业农民共同发展；鼓励其兴办合作组织。引导职业农民通过专业合作、资金合作、股份合作等形式发展多元化、多类型合作经济组织，综合运用政策引导、项目扶持、金融服务等手段，积极培育家庭农场、农民合作社等新型经营主体。

3. 2018 年“求学圆梦行动”启动——郑州大学等 14 所高校招 1. 2 万名农民工。①

河南省 2018 年将继续实施农民工学历与能力提升行动计划——“求学圆梦行动”。郑州大学、河南广播电视大学、河南牧业经济学院等 14 所本、专科院校招收 1. 2 万名农民工。

有些什么层次的学历教育？结合河南省实际，河南省“求学圆梦行动”主要开展农民工专科层次的学历教育，适当开展本科层次的学历教育，提升农民工学历能力和岗位胜任能力，旨在主推返乡农民工“有岗能上、上岗有技”。

有哪些招生专业？据了解，“求学圆梦行动”将对接河南省经济社会发展和产业结构转型升级需求，紧密对接行业需求、岗位要求、职业

---

① 参见樊雪婧：《郑州大学等 14 所高校招 1. 2 万名农民工 “求学圆梦”行动启动》，《大河报》、大河网，2018 年 9 月 12 日。

标准和生产过程，主要设置食品、建筑、轻工、电子信息、服装服饰、装备制造、商贸合作、物流、现代农业、农产品加工、乡村旅游、农村服务业、“互联网+”等产业领域相关的招生专业，以专科层次学历教育为主，为有意愿、有能力的农民工提供相应的学历继续教育和岗位技能培训，更具“实战性”。

谁能报名？根据要求，在豫务工、有学历提升需求，且符合入学条件的农民工都可报名接受高等学历继续教育。其中，共有两所院校提供本科层次教育，共招收3400人。郑州大学开设管理学、工学等两个学科大类，共招收550人；河南广播电视大学开设工学、管理学、医学、农林牧渔等四个学科大类，共招收2850人。此外，还有13所高校开设专科层次教育，共招收8600人，其中，河南广播电视大学开设电子信息、交通运输、旅游、水利、土木建筑、农林牧渔、轻纺食品、装备制造、医药卫生、艺术设计传媒等10个学科大类，共招收5150人。

学习期间工作如何兼顾？根据要求，企业应把农民工纳入职工教育培训计划，合理安排学习时间、提供必要的学习条件、减轻经济负担，有条件的要将农民工参加继续教育情况与个人薪酬、岗位晋升相结合；此外，各级工会要组织有关企业做好生源发动和推荐与高校对接协调实习实训等工作，依法维护农民工学习权益。

参考文献

法律

1. 中华人民共和国宪法，2018 年 3 月 11 日第十三届全国人民代表大会第一次会议通过的《中华人民共和国宪法修正案》修正。

2. 十二届全国人大常委会副委员长兼秘书长王晨 2018 年 3 月 5 日向十三届全国人大一次会议作关于《中华人民共和国宪法修正案（草案)》的说明。

3. 中华人民共和国全国人民代表大会和地方各级人民代表大会选举法，2015 年 8 月 29 日修订。

4. 中华人民共和国村民委员会组织法，2010 年 10 月 28 日修订。

5. 中华人民共和国民法通则，2009 年 8 月 27 日修订。

6. 中华人民共和国民法总则，2017 年 3 月 15 日公布。

7. 中华人民共和国物权法，2007 年 3 月 16 日修订。

8. 中华人民共和国侵权责任法，2009 年 12 月 26 日修订。

9. 中华人民共和国婚姻法，2001 年 4 月 28 日修订。

10. 中华人民共和国人口与计划生育法，2015 年 12 月 27 日修正。

11. 中华人民共和国收养法，1998 年 11 月 4 日修正。

12. 中华人民共和国继承法，1985 年 4 月 10 日公布。

13. 中华人民共和国公司法，2018 年 10 月 26 日修正。

14. 中华人民共和国合伙企业法，2006 年 8 月 27 日修订。

15. 中华人民共和国担保法，1995 年 6 月 30 日公布。

16. 中华人民共和国民事诉讼法，2017 年 6 月 27 日修正。

17. 中华人民共和国刑法，2017 年 11 月 4 日修正。

18. 中华人民共和国刑事诉讼法，2018 年 10 月 26 日修正。

19. 中华人民共和国土地管理法，2019 年 8 月 26 日修订。

20. 中华人民共和国农村土地承包法，2018 年 12 月 29 日修正。
21. 中华人民共和国行政处罚法，2017 年 9 月 1 日修正。
22. 中华人民共和国治安管理处罚法，2012 年 10 月 26 日修正。
23. 中华人民共和国劳动法，2018 年 12 月 29 日修正。
24. 中华人民共和国劳动合同法，2012 年 12 月 28 日修正。
25. 中华人民共和国未成年人保护法，2012 年 10 月 26 日修正。
26. 中华人民共和国妇女权益保障法，2018 年 10 月 26 日修正。
27. 中华人民共和国老年人权益保障法，2018 年 12 月 29 日修正。
28. 中华人民共和国教师法，1993 年 10 月 31 日修订。
29. 中华人民共和国教育法，2015 年 12 月 27 日修正。
30. 中华人民共和国义务教育法，2018 年 12 月 29 日修订。
31. 中华人民共和国职业教育法，1996 年 5 月 15 日修订。
32. 中华人民共和国民办教育促进法，2016 年 11 月 7 日修正。
33. 中华人民共和国职业病防治法，2018 年 12 月 29 日修正。
34. 中华人民共和国安全生产法，2014 年 8 月 31 日修订。
35. 中华人民共和国道路交通安全法，2011 年 4 月 22 日修订。
36. 中华人民共和国执业医师法，1998 年 6 月 26 日修订。
37. 中华人民共和国城市房地产管理法，2019 年 8 月 26 日修订。
38. 中华人民共和国矿产资源法，2009 年 8 月 27 日修正。
39. 中华人民共和国种子法，2015 年 11 月 4 日修订。
40. 中华人民共和国农业法，2012 年 12 月 28 日修订。
41. 中华人民共和国价格法，1997 年 12 月 29 日公布。
42. 中华人民共和国产品质量法，2018 年 12 月 29 日修正。
43. 中华人民共和国社会保险法，2018 年 12 月 29 日修正。
44. 中华人民共和国农民专业合作社法，2017 年 12 月 27 日修订。
45. 中华人民共和国文物保护法，2017 年 11 月 4 日修订。
46. 中华人民共和国行政复议法，2017 年 9 月 1 日修正。
47. 中华人民共和国行政诉讼法，2017 年 6 月 27 日修正。

行政法规

48. 土地管理法实施条例，2014 年 7 月 29 日修正。

49. 植物新品种保护条例，2014 年 7 月 29 日修正。

50. 农药管理条例，2017 年 2 月 8 日修订。

51. 兽药管理条例，2016 年 2 月 6 日修订。

52. 粮食流通管理条例，2016 年 2 月 6 日修订。

53. 农民专业合作社登记管理条例，2014 年 2 月修订。

54. 工伤保险条例，2003 年 4 月 27 日发布。

55. 婚姻登记条例，2003 年 8 月 8 日发布。

56. 医疗机构管理条例，2016 年 2 月 6 日修订。

57. 医疗事故处理条例，2002 年 2 月 20 日公布。

58. 乡村医生从业管理条例，2003 年 8 月 5 日发布。

59. 教师资格条例，1995 年 12 月 12 日发布。

60. 扫除文盲工作条例，1998 年 2 月 5 日发布。

61. 国务院土壤污染防治行动计划，2016 年 5 月 28 日发布。

62. 国务院全国农业现代化规划（2016—2020 年）（国发〔2016〕58 号），2016 年发布。

63. 国务院关于进一步完善城乡义务教育经费保障机制的通知，2015 年 11 月 28 日发布。

64. 国务院关于整合城乡居民基本医疗保险制度的意见，2016 年 1 月 3 日发布。

65. 国务院关于建立统一的城乡居民基本养老保险制度的意见，2014 年 2 月 21 日。

66. 国务院办公厅关于创新农村基础设施投融资体制机制的指导意见，2017 年 2 月 6 日发布。

行政规章

67. 农业部、监察部农村集体经济组织财务公开规定，2011 年 11

月21日发布。

68. 国土资源部关于加强农村宅基地管理的意见，2004年11月2日发布。

69. 国土资源部关于完善征地补偿安置制度的指导意见，2004年11月3日发布。

70. 国土资源部国土资源听证规定，2003年12月30日发布。

71. 教育部义务教育法实施细则，1992年3月14日发布。

72. 农业部农作物种子标签和使用说明管理办法，2016年7月8日发布。

73. 农业部、发展改革委、财政部等九部门关于引导和促进农民合作社规范发展的意见（农经发〔2014〕7号），2014年发布。

74. 农业部“十三五”全国新型职业农民培育发展规划，2017年1月9日，农业部2017年第1次常务会议审议通过。

75. 农业部国家深化农村改革、支持粮食生产、促进农民增收政策措施，2014年4月25日发布。

76. 国家医疗保障局、财政部、人力资源社会保障部、国家卫生健康委员会关于做好2018年城乡居民基本医疗保险工作的通知，2018年7月11日发布。

77. 农业部办公厅、财政部办公厅土壤有机质提升补贴项目实施指导意见，2013年5月24日发布。

78. 农业部农民专业合作社示范章程，2007年6月29日农业部第29次常务会议通过。

79. 人力资源社会保障部、财政部关于建立城乡居民基本养老待遇确定和基础养老金正常调整机制的指导意见，2018年3月26日发布。

80. 国家统计局中华人民共和国国民经济和社会发展统计公报，2018年2月28日发布。

党内法规

81. 中国共产党农村工作条例，2019年8月19日起施行。

82. 中共中央关于推进农村改革发展若干重大问题的决定，2008 年 10 月中国共产党十七届三中全会通过。

83. 中共中央、国务院关于深化医药卫生体制改革的意见，2009 年 3 月 17 日发布。

84. 中共中央、国务院关于加大统筹城乡发展力度、进一步夯实农业农村发展基础的若干意见，2009 年 12 月 31 日发布。

85. 中共中央、国务院关于实施全面两孩政策改革完善计划生育服务管理的决定，2016 年 1 月 5 日发布。

86. 中共中央、国务院关于完善产权保护制度依法保护产权的意见，2016 年 11 月 4 日发布。

87. 中共中央、国务院关于实施乡村振兴战略的意见，2018 年 1 月 2 日发布。

88. 中共中央、国务院乡村振兴战略规划（2018—2022 年），2018 年 9 月发布。

89. 中共中央、国务院关于保持土地承包关系稳定并长久不变的意见，2019 年 11 月 26 日发布。

90. 中共中央办公厅、国务院办公厅关于引导农村土地经营权有序流转发展农业适度规模经营的意见，2014 年发布。

91. 中共中央办公厅、国务院办公厅关于加快构建政策体系培育新型农业经营主体的意见，2017 年 5 月发布。

92. 共青团中央关于加强希望工程管理的若干意见，1994 年 12 月 20 日发布。

司法解释

93. 最高人民法院关于执行《中华人民共和国行政诉讼法》若干问题的解释，2000 年 3 月 10 日施行。

94. 最高人民法院关于人民法院审理离婚案件如何认定夫妻感情确已破裂的若干具体意见，1989 年 11 月 21 日发布。

95. 最高人民法院关于法院审理离婚案件处理子女抚养问题的若干

具体意见，1993 年 11 月 3 日发布。

96. 最高人民法院关于贯彻执行《继承法》若干问题的意见，1985 年 9 月 11 日发布。

97. 最高人民法院关于审理人身损害赔偿案件适用法律若干问题的解释，2003 年 12 月 26 日发布。

后　记

我们两位作者长期在司法战线工作，非常了解农村情况和农民的需求，作为法律工作者的初心使命，热切关注农村的法治建设进程，期盼广大农民和基层公务人员学法、用法，遇到法律问题能“依法”解决。首先就得“懂法”，读懂法律的规定，以应普法的需要。我们编著的《新时代农村实用法律常识》一书，全书共10章39节，对公民的基本权利和义务、村民自治、基层政权建设、土地承包流转、三权分置、农用产品质量、农民专业合作社、农民收入和农民工权益保护、婚姻与生育、收养和继承10个专题进行覆盖分解，共涉及宪法和基本法、部门法、程序法以及相关法规条例等106个，两高对一些违法情形和行为如何适用法律的司法解释5个，具体引用法规条文542个（处）。每个章节中所提出的问题均为农民朋友所需所求，皆与农村、农民群众生产、生活息息相关。因此，对每个章节中所涉及的法律关系和法律焦点问题进行阐释和解读，并在每章节后有针对性地设计、编写和引用最高人民法院公布的典型案例等共计60多个，帮助农民朋友加深对法律规定的理解，在破解法律难题时参考借鉴，使其“学得懂，记得住，用得上”，遇到法律问题迎刃而解，是一部“小百科”意义上的工具书。以期此书的出版问世，能对农民和农村基层工作者在普法过程中有一些指导作用和参考价值。

在本书付梓出版之际，尤其对本书的编著过程中给予指导帮助，关心支持的师长卞建林和同事李纪峰、冯博、苏昱中等表示衷心的感谢！

由于水平所限，时间仓促，错误之处在所难免，敬请批评指正！